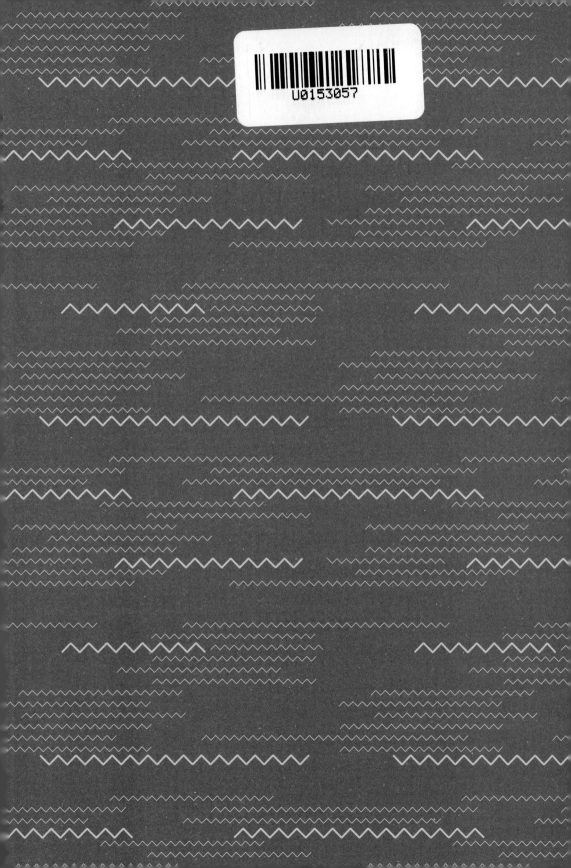

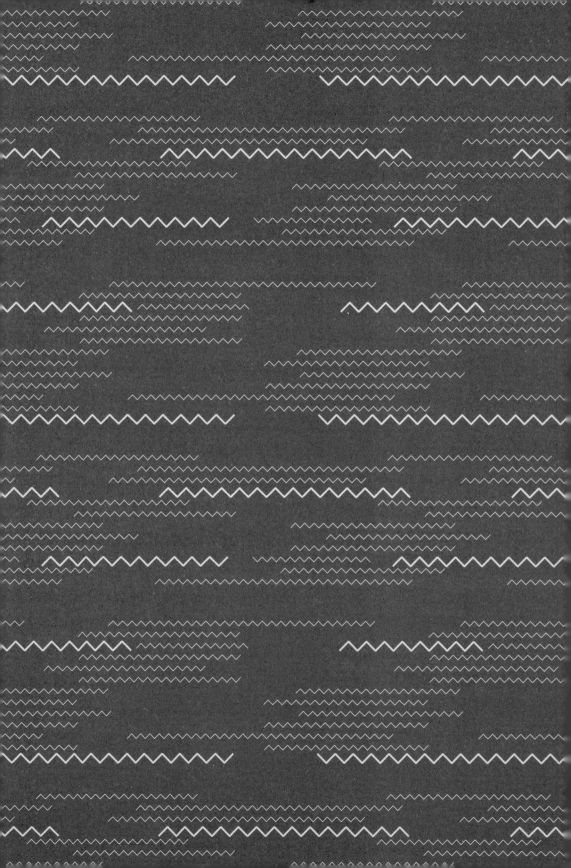

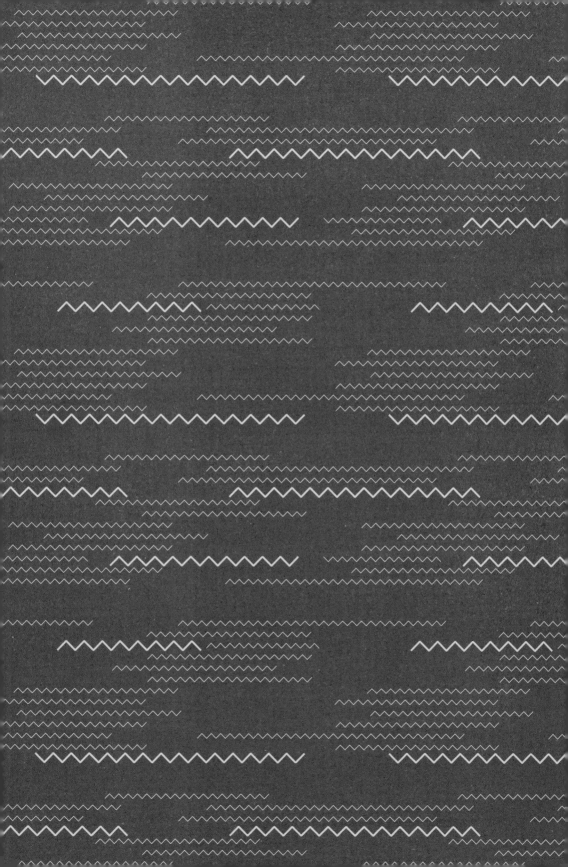

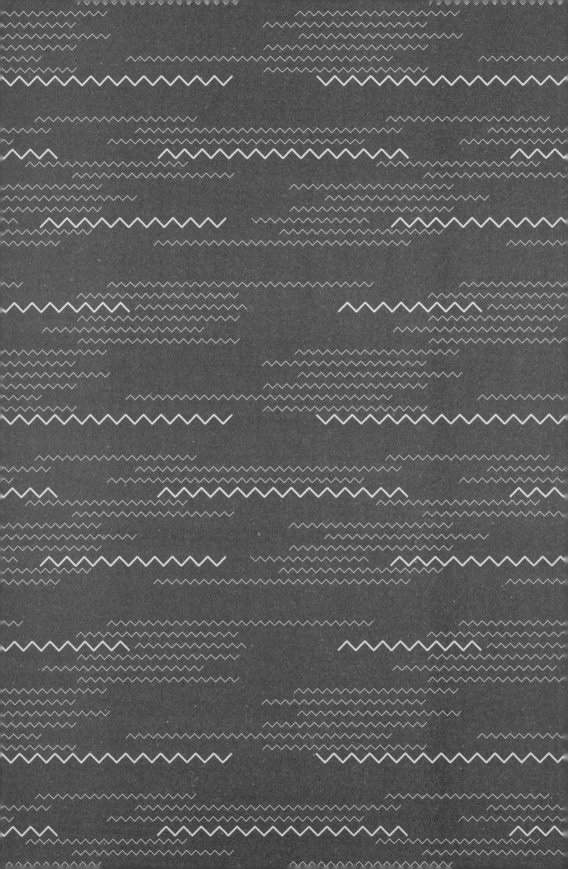

鋰戰

THE WAR BELOW

Lithium, Copper, And The Global Battle To Power Our Lives

全球儲能競賽的未來真相

厄尼斯特·謝德——著　　陳儀——譯

Ernest Scheyder

致雪倫（Sharon）、瑪麗安（Maryanne）與

特芮希（Thérèse）

「空想不如力行。」

——艾蓮娜・羅斯福（Eleanor Roosevelt）

綠色能源礦物之全球爭奪戰

★ 現行礦場或相關設施
□ 擬議中之礦場或相關設施
● 其他攸關的地點

□ 帕蓋傑（Per Geijer）稀土礦床

亞達爾山谷鋰礦專案
□
塞爾維亞

★ 白雲鄂博稀土礦場

中國

印度

阿爾哈里卡（Al Hariqah）葉門金礦專案 □

★ 喀拉拉邦稀土專案

伊沃亞（Ewoyaa）鋰礦專案 □

迦納

所羅瓦柯（Sorowako）鎳礦場 ★

剛果民主共和國

格拉斯伯格銅礦場 ★

印尼

★ 騰克鈷與銅礦場

尤坎峽谷歷史遺跡 ★

澳大利亞

韋德爾山稀土礦場 ★

格林布希（Greensbushes）鋰礦場 ★

加拿大

卵石礦場銅與金礦專案 □

‧美國能源部的關鍵礦物研究所

陶氏化學，密西根州米德蘭郡（Midland）

雙子金屬公司銅
與鎳礦專案 □

岩溪銅與銀礦專案 □   塞尤納（Sayona）鋰礦專案

輝銻礦場金與銻礦專案 ★

薩克隘口鋰礦專案 □   鋰循環公司回收設施 ●

流紋岩嶺鋰礦專案 ★   銀峰鋰礦場   紐約 ●

帕斯山稀土礦場 ★   美國破產法庭，德拉瓦州 ●

索爾頓湖鋰礦專案 □ ★★   美國   華盛頓特區

                        奧斯汀   皮埃蒙特鋰礦專案

鋰循環公司回收設施   休士頓   雅寶公司國王山鋰加工設施

堅毅銅礦專案   鋰循環公司回收設施

莫倫西銅礦場

巴西

玻利維亞   布魯馬丁荷尾礦壩 ●

烏尤尼鹽沼鋰礦專案 □

歐拉洛茲（Olaroz）鋰礦場 ★

阿塔卡馬鋰礦場 ★

厄爾特尼恩特銅礦場 ★

智利   阿根廷

目次

THE WAR BELOW

PART 3　全面開戰

楔子
意外的發現

　　某天傍晚，傑瑞・蒂姆（Jerry Tiehm）在逐漸昏暗的天色中，開車穿越崎嶇的內華達州。突然間，眼前的一道光吸引了他的注意。

　　紐約植物園擁有西半球最大的植物標本室，為了進一步充實館藏植物樣本，這位三十一歲的植物學家前往內華達州，蒐集當地的花卉與其他植被。蒂姆的任務其實相當簡單：尋找奇異、獨特、色彩繽紛且但願尚未被發現的植物。一旦他找到那樣的植物，他會用放在卡車後車斗的標本壓平機把植物壓平，接著夾在報紙裡，寄回紐約。紐約的同事收到郵件後，會把這些植物黏在一大張白紙上進行研究與編目，最後保存下來，供後代子孫查詢。

　　如果這些員工發現寄回來的植物值得進一步深究，紐約植物園就會派出更多科學家到發現該植物的地方，進行更深入的研究與調查。不管是當時或今日，生長在內華達州的植物群都是美國境內最少人探索的植物群：儘管阿拉斯加的地理位置更加偏遠，但一般人對當地植物與花卉的認識，都勝過人稱山艾州（Sagebrush State）的這個崎嶇沙漠裡的植物。[1]

　　曾在內華達大學雷諾分校（University of Nevada, Reno）研習植物學的蒂姆回憶道（他去該校唸書的原因之一是為了避免被徵召去參與越戰）：「對我來說，這是個夢幻職缺。內華達州向來是植物採集工作者心之所向的最後淨土。」[2]

　　那是早在 1983 年 5 月 18 日發生的事，當時白宮的主人還是隆納‧雷根（Ronald Reagan）。挑戰者號（Challenger）太空梭剛在一個月前執行了處女航，而電信業者亞美利科技公司（Ameritech，美國電話電報公司〔AT&T〕分拆後成立的電信公司之一）才正準備接通全世界第一通商業行動電話。[3] 六年前，艾克森公司（Exxon，沒錯，就是那家艾克森）的科學家剛發明出鋰離子電池，這項壯舉最終改造了世界經濟體系，也改變了整個世界對抗氣候變遷的戰局。不僅如此，這項發明也和蒂姆當天在內華達州從事的工作有著直接的關聯；後來，和那件工作有關的後續發展不僅引起世界最大汽車製造廠的興趣，還激起美國最卓越的自然資源保護團體的怒氣，更在華盛頓與華爾街的權力走廊散播了一股濃厚的憂慮氛圍。

　　那一天，蒂姆開著他那台焦橙色的雪佛蘭休旅車 Chevrolet Blazer，沿著陡峭的礫石築堤行駛；因地處偏遠且地形崎嶇，他所經之處，幾乎都看不出道路的痕跡。事實上，在那個當下，身為植物學家的蒂姆滿腦子只想找個安全的地方紮營，他完全沒有意識到未來會怎麼樣。內華達州的銀鋒山脈（Silver Peak Range）是由一系列綿延的荒涼山丘組成，沒有事先做好規劃就貿然前往的人，鐵定會吃足苦頭，尤其是在那樣陰鬱的夜晚。不過，在薄暮之中閃爍的那道光芒就像聲聲召喚，吸引蒂姆為之神往。

　　當時，這位植物學家在一大片深色岩石當中，發現了一小片看起來頗不尋常的淺色地面，地面上長了一大叢看起來幾乎就像某種草藥的野花。[4] 這些野花從土壤伸出的莖長約 6 吋，淺黃色的花卉底下是藍灰色調的葉子。[5] 蒂姆舉目望去，發現似乎有數百、甚至上千株，密密麻麻群聚在這片所謂流紋岩嶺（Rhyolite Ridge）的地帶。不過，當時的蒂姆不太確定為何它們會在此叢生。他恰巧是在這種植物的盛開期（5 月至 6 月）發現它的存在，一叢叢繁盛的金黃色花朵，在這片看似不毛之地的沙漠裡綻放出極其耀眼的自然光彩，把蜜蜂、蜘蛛與其他授粉生物搞得眼花繚亂。到了7月，隨著花期接近尾聲，花會轉為紅色，接著，成熟的種子會慢慢脫落，進而繁殖下一代。不過，從夏末時分開始，這種植物就會進入冬眠，直至隔年。[6]

蒂姆一發現這種花卉，隨即依照標準處理程序，先採集十五朵花作為樣本，接著把花壓平、貼上標籤，再到後車斗上，將這種植物編入紐約植物園的目錄。隨後他拉出帳棚，在浩瀚無垠的銀河底下，紮營度過了那個夜晚。[7] 幾個月後，蒂姆回到東部，他再度檢視前一段時間的田野筆記，但依舊無法看出它究竟是什麼植物。馬里蘭大學（University of Maryland）的教授詹姆斯·瑞維爾（James Reveal）也曾研讀蒂姆的田野筆記，他寫信說明了個中原因：蒂姆很可能是發現了科學界未曾知曉的一種植物。於是，隔年的夏天，瑞維爾、蒂姆和一個由其他植物學家組成的團體再次探訪了這個地點，同時採集了更多樣本。到了1985年，瑞維爾透過一篇學術期刊向整個世界發表他們的研究結果。為了紀念發現這種植物的蒂姆，他們將這種植物取名為 *Eriogonum tiehmii*，即「蒂姆蕎麥」。

這種稱為蒂姆蕎麥的植物雖然渺小，卻在綠色能源轉型的道路上扮演著舉足輕重的角色，因為蒂姆在那個溫暖的春日裡初次發現這種植物的那一片土地底下，蘊藏著一片巨大的鋰礦床，而鋰正是製成鋰電池不可或缺的重要原料，與大宗消費性電子裝置與電動車「續航力」的重要儲能設備有密切關聯。雖然最終以蒂姆來命名的植物共有七種，但只有蒂姆蕎麥生長在內華達州山丘那種富含鋰的土壤中，地球上其他地方全都未曾見過這種植物，至於個中原因為何，當屬植物王國裡的眾多謎團之一。[8]

我在2022年夏天到雷諾市去拜訪蒂姆，當時他腳上穿著一雙白色的 New Balance 運動鞋，身上穿著《檀島警騎》（*Hawaii Five-O*）的白色 T 恤，配上一條海軍藍的短褲。當時已經七十幾歲的蒂姆在他光禿禿的頭頂上架著一副老花眼鏡，不過，從他修長勻稱的身材和精明的腦袋，實在猜不出他的實際年齡。即使年逾古稀，他也沒有退休的打算，但他讓出了「內華達州首屈一指的現代植物學家與植物探險家」的非正式頭銜。[9]

自 2014 年起，蒂姆就在內華達大學雷諾分校教書，在那之前，他曾在三家雷諾市的賭場（主要是在胡椒磨坊賭場度假酒店〔Peppermill〕）擔任行李員和豪華轎車司機等職務。[10]長週末假期來臨時，他常會遠離賭場吃角子老虎和撲克牌桌的喧囂，前往內華達州的偏僻地帶探索。他說：「我五十年來在沙漠中觀察植物的經驗告訴我，植物只會生長在它們想要生長的地方，不會長在其他任何地方。」

2016 年，一家在內華達州探勘黃金的澳洲公司，發現流紋岩嶺一帶蘊藏著相當多鋰，這家公司研判，隨著全世界對這項白色金屬的需求即將激增，如果能將這裡的鋰開採出來，獲利將相當可觀，因為愈來愈多人將特斯拉（Tesla）與其他汽車廠所生產的電動車，視為對抗氣候變遷的關鍵工具。但要取得流紋岩嶺的鋰，公司就得在蒂姆發現那種花卉的地點挖一座露天礦場。

這時，矛盾來了：這種獨特的植物和地底的鋰礦之間，究竟孰輕孰重？歷來這類的抉擇故事不勝枚舉，蒂姆蕎麥與鋰只是其中之一；美國境內與世界上擁有大量鋰、銅、鎳、稀土或鈷的其他地區全都面臨著類似的抉擇。因為這些金屬正是生產太陽能板、電動車、電池、風力發電機以及一系列其他產品的基礎關鍵材料，而這些產品則被譽為全球科技發展與綠能轉型的關鍵。事後，蒂姆說，如此罕見的植物恰巧生長在某種電池用關鍵金屬的巨大礦藏上方，實在是「機緣巧合」，但若這一切真的可形容為機緣巧合，那麼，想必迫切需要鋰的產業會把這個巧合當做倒大楣。

在世界各地，的確有一些金屬礦物蘊藏在某些被視為神聖、太過特殊或對生態過於敏感因而不宜打擾的土地上。我們應該為了緩解氣候變遷，開挖這些不宜打擾的土地嗎？這個疑問絕對堪稱這個時代最重要的課題。對於全球人口占比不到 5%、卻消耗全世界近 17% 能源的美國來說，和全新的綠色能源經濟體系有關的一切，都是需要集體反思的重要課題，問題是，許多美國人還不習慣這樣的反思。其他國家的政府也正努力設法應對這一次轉型，包括全球人口占比達 18% 且消耗全球 25% 能源的中國。[11]

　　1983 年蒂姆意外在寂靜的內華達州山丘地帶發現的那種植物，象徵著我們眼前所面臨的種種困難抉擇，也預告了這場遏制氣候變遷之戰有多麼錯綜複雜。蒂姆告訴我：「就植物學的角度來說，我已永垂不朽。因為就算我死後許多年，民眾還是會津津樂道談起我的發現，以及那個發現所代表的寓意。」

　　蒂姆所言確實一語中的！

序言
我們需要更多「鋰」

| 是什麼讓乾淨的能源變髒了？

 # 能源轉型 # 電動車 # 鋰

　　2016 年地球日當天，聯合國在紐約為會員國舉行了一場追認《巴黎氣候協定》（*Paris Climate Accords*）的簽約儀式；從 1992 年通過《氣候變遷綱要公約》（*Framework Convention on Climate Change*）以來，歷經漫長的談判，多年來的心血結晶終於實現。

　　聯合國祕書長潘基文、美國國務卿約翰・凱瑞（John Kerry）以及法國總統法蘭索瓦・歐蘭德（François Hollande）等眾多高官顯要齊聚紐約，以集體行動來表現他們團結一致的意志，同時彰顯這個主題的嚴肅性。[1]凱瑞為了表明他真心認同這個協定乃後代子孫之福，還特別帶了他的孫女來參加這場盛會。[2]

　　在此之前幾個月，近兩百個國家的代表齊聚法國首都巴黎的近郊，討論全球如何就減緩氣候變遷採取統一口徑與行動的戰略。這些代表最後簽署的協定就是《巴黎氣候協定》，它設定了一個長期目標：將本世紀內的全球平均溫度上升幅度控制在攝氏 2 度（華氏 3.6 度）以下，並在 2050年實現全球淨零碳排的目標。而要達成那個目標，就必須終結化石燃料時代，並完全仰賴以風力發電機、太陽能板及其他能產生再生能源的裝置供電的電池，來維持全球經濟體系運轉。當時的美國總統巴拉克・歐巴馬（Barack Obama）還說，《巴黎氣候協定》是他最自豪的成就之一。在占全球 55% 碳排放量的 55 國代表簽署協議後，歐巴馬在協議生效時表示：「如果我們能切實履行經由這項協定所體現的種種承諾，歷史將會把這項協定論斷為我們這個星球的命運轉捩點。」[3]

《巴黎氣候協定》除了為成員國的政府設定目標，還請求全球各地的消費者一同省思自己的日常習慣，是否也在無形之中加劇了氣候的變遷。消費者的省思對電動車產業來說絕對是好消息。根據國際能源總署（International Energy Agency）的說法，運輸活動所排放的二氧化碳幾乎占全球二氧化碳總排放量的四分之一，也就是說，運輸活動加劇了溫室氣體效應，並導致地球發燒。[4]

2020 年，來自美國運輸部門的溫室氣體排放量，約占美國總溫室氣體排放量的 27%，相當於 16 億公噸（以下簡稱噸）的二氧化碳，換句話說，美國碳排放的最大貢獻者就是運輸部門。根據美國環境保護署（Environmental Protection Agency）的數據，就絕對數值來說，1990 至 2019 年間，美國運輸部門的新增碳排放量數字高於其他部門，主要是差旅成長所致。[5] 的確，這段時間的差旅距離一路增加；以美國來說，1980 至 2010 年間，汽車行駛的里程數大幅增加了 108%。[6] 諸如此類的人為因素對地球環境造成的變化，很可能已經引爆了地球史的全新世代——即所謂的人類世（Anthropocene）——也就是人類對地球與地球氣候留下集體印記的世代。[7]

簡而言之：燃燒汽油或柴油的個人汽車，正導致我們的星球變得愈來愈熱，而簽署《巴黎氣候協定》的近兩百個國家，似乎也已經用行動公開承認了這個事實。根據推估，鋰的需求將會大幅成長。國際能源總署（以下簡稱 IEA）預測，如果這個世界有意實現《巴黎氣候協定》所設定的種種目標，那麼，到了 2040 年，全球各地對這項電動車電池用白色金屬的需求，將會成長 4,000%。[8] 不僅如此，未來人類對其他金屬的需求量同樣也會大幅增長。IEA的研究發現，2022至2030年間，全世界需要興建50座新的鋰礦場、60座新的鎳礦場，還有至少17座新的鈷礦場。[9]如今，隨著相關的技術皆已到位，電動車與其他綠色能源裝置蔚為主流的時機已經成熟，這當然使全球各地對實現「綠色未來」所需的組成要素愈來愈感興趣。

在這項轉型剛剛展開之際，為路透社（Reuters）效力的我正持續報導另一場能源轉型的發展：美國頁岩油革命。我花了六年多的時間追蹤讓美國石油與天然氣產業得以復興的技術、資金與人員。為了這項深入報導任務，我從位於紐約時代廣場（Times Square）的路透辦公室，派駐到北達科他州的巴肯（Bakken）油田，並在當地生活了長達兩年的時間，接著又南下到德州，報導艾克森美孚公司（ExxonMobil）與雪佛龍公司（Chevron）等石油企業的狀況，期間還幾度借調到維也納，報導石油輸出國家組織（Organization of the Petroleum Exporting Countries，以下簡稱OPEC）的動態〔當時，這個卡特爾〔注：cartel，指為控制價格並限制競爭而組成的團體〕的部長們對於美國的頁岩油復興既好奇又害怕〕。到了2018年年中，我及時把握住一個機會，開始撰寫和未來將成為綠色能源革命主要骨幹金屬的相關文章。總之，我既然已報導過一場大型能源轉型故事，當然不會想錯過報導第二場轉型的機會，更重要的是，這場轉型不僅很有可能讓這個世界變得較不依賴能源，也很可能讓這個世界變得更健康。

鋰離子電池是美國科學家史丹利・惠廷安（Stanley Whittingham）在1977年率先發明出來的，他當時任職於石油業巨擘艾克森公司的紐澤西實驗室。[10]雖然惠廷安與他兩位同僚最終因這項發明獲得諾貝爾化學獎──諾貝爾獎委員會在2019年盛讚這項發明「讓零化石燃料的社會」成為可能──艾克森公司卻沒有繼續鑽研這項技術。部分原因在於，該公司擔心這種電池的初期版產品可能會自燃，也就是說，這種電池有所謂「熱失控」的問題，而這是鋰的反應特性所引起的。[11] 不僅如此，阿拉伯石油禁運結束後，油價明顯回跌，不僅使汽油再次受到青睞，也緩解了尋找石油替代品的壓力。[12] 後來有人發現，在電池成分中添加鈷，或許能降低鋰離子電池爆炸的可能性。於是，日本的索尼公司（Sony）取得了相關的專利，並在 1990 年首次推出一系列由可充電式鋰電池，來供應電力的手持式攝影機。這些電池的電力和傳統鉛酸電池一樣強，不僅如此，拜鋰的電化學特性所賜，這類電池的設計可以變得更輕薄短小。

在這項發明的相助之下，個人電子產品開始蔚為主流。不久後，筆記型電腦、手機和一系列的消費性電子產品變得隨處可見，這些裝置全都採用金屬製成的可充電電池，可重複使用成千上萬次。[13] 儘管如此，世界上多數的消費者並沒有察覺到，元素週期表對他們的日常生活乃至未來的影響正變得愈來愈大。2019 年，聯合國為了紀念德米特里·蒙德列夫（Dmitri Mendeleev）創建這份標誌性圖表滿一百五十週年，而宣布那一年為「國際化學元素週期表年」，但到百貨公司或商場購物的一般消費者，卻幾乎無法辨識出電腦的電池、汽車或太陽能板裡，含有元素週期表上的哪幾項元素。根據 2019 年的一份調查，有超過四分之一的美國受訪者表示從未聽過稀土元素，但稀土卻是製造為電動車供應動力的磁鐵的關鍵材料。[14]

2003 年，馬汀·艾伯哈德（Martin Eberhard）創辦特斯拉汽車公司（Tesla Motors）之際，鋰電池在汽車產業裡還屬於非常邊陲的產品；福特汽車（Ford）、克萊斯勒汽車（Chrysler）與其他汽車業巨擘甚至只是把它當做某種科學實驗而已。隔年，伊隆·馬斯克（Elon Musk）加入特斯拉之後，便帶領這家公司在 2008 年發表它第一部電動車 Roadster；在這段時間，該公司和德國的戴姆勒汽車（Daimler）、日本的豐田汽車（Toyota）甚至美國政府建立了電池相關的夥伴關係；約翰·菲亞爾卡（John Fialka）所著的《汽車戰爭》（Car Wars）一書，堪稱紀錄電動車產業初期發展史的權威著作，當中翔實記載了這段曲折的歷程。

由於電動車使換油、每加侖估計行駛里程數、散熱器與內燃式引擎的其他主要組成要素成了「過去式」，消費者漸漸被迫學會精通一連串的新術語，其中首推和鋰電池結構有關的詞彙。鋰電池可分成四個主要部分：陽極、陰極、電解質和隔離膜。陽極通常是以石墨製成，陰極則是以鋰製成，有時會混入一些鎳、錳、鈷或鋁，一切取決於電池的設計而定。陽極和陰極之間是電解質溶液，通常以鋰製成，當中放置了一個以塑膠組成的隔離膜。電動車馬達內部含有長超過一英里的銅線，目的是要將電池的電力轉化為動力。當鋰電池開始為汽車或其他裝置供電，鋰離子就會從陽極通過隔離膜流向陰極，而在充電期間，這個流程則會反過來。[15]

鋰離子電池的功率和它的金屬含量直接相關，問題是，過去一百年間，多數人習慣用「馬力」來思考汽車的功率。因此，學習釐清千瓦（kilowatt）與千瓦時（kilowatt hours）之間的差異，感覺好像會是一件令人氣餒的事。太陽能板與風力發電機組也是以千瓦時為發電單位。

為了搞懂這當中許許多多的問題，我敦請阿爾岡國家實驗室（Argonne National Laboratory）的化學工程師夏比爾・阿梅德（Shabbir Ahmed），幫助我了解一般電動車共使用了多少鋰、銅、鈷、鎳和其他金屬，在他的指引下，我也得以更明白電的語言。[16] 阿梅德取得內布拉斯加大學（University of Nebraska）的博士學位前，曾就讀孟加拉工程暨技術大學（Bangladesh University of Engineering and Technology），他負責操作阿爾岡實驗室的 BatPaC 工具，也就是一種協助計算電池儲能容量所需材料量的工具。[17]

千瓦是能量流動的速率，而千瓦時是能量的數量。[18] 以汽油驅動式引擎來比擬，燃料噴射率可以用千瓦來表示，油箱裡的汽油則以千瓦時來表示。電池愈大，儲電容量就愈大。標準的特斯拉 Model 3（2021 年最受歡迎的電動車車款）配備 55.4 千瓦時的電池，也就是一個小時能提供 55.4 千瓦的電力。[19] 電池的充電速度則取決於充電器本身；典型家庭插座的充電功率大約是 1 千瓦，以這個類比來說，用家庭插座來為一輛 Model 3 充電，要花費 55 個小時才能充飽。不過，多數商用或公共充電器的運轉速度快很多，通常是 50 千瓦，也就是說，那種充電器只要 1 個小時就能為這輛車重新充飽電。有些超級充電器的運轉速度，甚至高達 250 千瓦以上。[20]

阿梅德透過 Zoom 雲端運會議向我解釋：「如果你要儲存的能量愈多，就需要愈大的電池，而電池愈大，續航里程就愈長。」他那頭白色長髮讓我不禁聯想到 1985 年《回到未來》（*Back to the Future*）電影裡的布朗博士（Doc Brown）。想當然耳，電池愈大，需要使用的金屬也就愈多。阿梅德解釋，Model 3 每千瓦時使用了 0.11 公斤的鋰，也就是生產特斯拉 Model 3 所使用的 55.4 千瓦時的電池，大約要耗用 6 公斤的鋰。[21] 如果用阿梅德的估計值來計算，那個電池組裡另外還有大約 42 公斤的鎳、近 8 公斤的鈷、8 公斤的鋁、近 55 公斤的石墨，以及 17 公斤左右的銅，而電池的其他部位還含有更多的鋁和銅。

不過，美國汽車製造商碰到的難題在於，儘管電動車與其他綠色能源裝置已漸漸蔚為主流，美國自行在境內生產的相關金屬卻非常少，只能仰賴外部供應來源。而自特斯拉推出 Roadster 以來，產業界高階主管對這個問題的憂慮更是有增無減。[22] Covid-19 疫情的來襲除了讓消費者更看清自己的日常生活太過依賴遙不可及的製造廠所生產出來的藥品、服裝與能源等產品（大衛·麥史旺〔David McSwane〕的《大流行疫情公司：揪出趁著我們生病而致富的資本家與小偷》〔*Pandemic, Inc.: Chasing the Capitalists and Thieves Who Got Rich While We Got Sick*〕一書對此狀況有深刻且詳細的描繪；不僅如此，麥史旺還深入探討了政府應對 Covid-19 的措施所隱含的財務弱點），也使產業界的不安感嚴重加劇；自俄羅斯入侵烏克蘭以來，這類的不安感受更是進一步上升。

能源安全曾經只和原油與天然氣有關。但如今，能源安全也和鋰、銅與其他電動車用金屬有關。

且讓我們看看以下幾個事實：

• 至 2023 年為止，智利與澳洲是全世界最大的鋰生產國，但這兩個國家還是得仰賴中國，將鋰加工處理到可用於電動車電池的形式。全球最大的兩家鋰業公司都是中國企業，其中一家還掌握了它的競爭對手智利化工礦業公司（SQM）四分之一的股權；全世界有相當多的鋰都是由智利化工礦業公司從阿他加馬鹽沼（Atacama salt flats）生產出來的。美國的鋰產量非常少，而且只透過最初在 1960 年代興建的一個設施來生產，此外，雖然美國擁有足夠供應數百、甚至數千萬輛電動汽車的未開發鋰供給，卻沒有加工處理鋰的大型設施。[23] 至於中國，它雖然擁有一些鋰礦藏，不過大都分布在一些難以開採的礦床上。[24]

• 中國是世界最大的銅消費國，它積極向智利、秘魯與其他國家購買這項做為主要導電體的紅色金屬。然而，儘管美國的銅庫存量是中國的兩倍，但從 2017 年至 2021 年，美國的銅產量卻減少了接近 5%。[25]

• 印尼掌握了世界最大的鎳庫存量，而它為了建立本國的電動汽車產業，已採取行動來阻止這項關鍵金屬的出口。[26] 美國唯一的鎳礦將在 2025 年完全折耗殆盡，而且美國也沒有任何鎳精煉廠。這項金屬是提高電動車電池能源密度（energy density，能使電動車一次充電後行駛更遠的距離）的關鍵。以鎳製成的電動車電池會使用40 至 60 公斤的鎳，而內燃式引擎只使用 1 至 2 公斤的鎳。[27]

- 剛果民主共和國是世界最大的鈷供應國，而鈷的用途是防止電動車電池腐蝕。問題是，剛果民主共和國當地經常雇用童工來採礦，而汽車製造廠、監理機關與政治制訂者都非常重視童工的議題。[28] 舉個例子，由於童工的議題持續延燒，馬斯克曾在 2018 年誓言，特斯拉未來推出的車款將不再使用鈷。不過，截至我撰寫本書為止，這個目標尚未實現。[29] 美國 2021 年的鈷進口量是美國境內鈷開採量的 14 倍。[30]

- 美國在二戰後那幾年啟動了現代稀土產業，後來卻慢慢放任整個產業移往中國；稀土能用來生產磁鐵，可將能量轉化為動力，但如今開採、加工這些關鍵元素的產業，都已被中國控制。[31] 若沒有稀土，就不會有風力發電機、特斯拉電動車、F-35 戰鬥噴射機，乃至無數高科技裝置，因為這些產品都會使用到稀土製成的特用磁鐵。2019 年中國威脅將停止對美國出口稀土，一度造成局面緊張，因為美國只有一座稀土礦，且完全沒有任何稀土加工設施。[32]

- 幾十年來，美國境內沒有針對上述任何一項金屬啟用任何新礦場，只有一個例外：2019 年，內華達州啟用了一個小型銅業設施。[33] 不過，雖然美國沒有啟用任何新礦場，各方卻也提出了多項專案，一旦這些擬議中的專案付諸實行，將能生產足夠製造 600 多萬輛電動汽車所需的銅、200 萬輛電動汽車所需的鋰，以及 6 萬輛電動汽車所需的鎳。[34]

- 2019 年，也就是整個世界尚未受 Covid-19 大流行疫情影響的最後一個完整年度，美國有近 25 萬輛的電動汽車售出。[35] 2021 年，美國的電動車銷售量已略高於 40 萬輛，2022 年的銷售量更上升到 80 萬 7 千輛。[36] 重點是，2022 年一整年，美國的汽車總銷售量減少了 8%，顯示美國人已漸漸從內燃式引擎的幻想中覺醒。[37]

- 我們必須尋找鋰與其他金屬的新供給來源，才能滿足持續不斷增長的電動車需求。2022 年 4 月，馬斯克曾表示：「我們希望釐清有哪些限制因素會導致我們難以加速實現永續能源未來的目標，但不管限制因素是什麼，特斯拉都會採取行動來應對。」「所以，此時此刻，我們認為鋰礦的開採與精煉似乎就是我所謂的限制因素，這個限制因素確實也是造成銷貨成本上漲的主要原因。我認為，就上漲百分比而言，鋰是目前成本漲幅最大的項目，只不過，我要提供一個數據給不完全了解相關利害關係的人參考：一個鋰離子電池的實際鋰含量，可能只占整個電池的 2% 或 3%。」[38] 但無論如何，那年夏天由於需求上升、供給有限，鋰價因而飆漲，美國每部電動車的平均售價大漲到 6 萬 6 千美元，較前一年上漲了 30%。[39] 特斯拉的股價也創下了有史以來的最大漲幅。[40]

- 某種程度來說，儘管美國境內那類擬議中的礦場專案可能有助於消除氣候變遷、甚至降低綠色能源產品的成本，但每一項礦場專案都面臨來自環保人士、鄰近區域、原住民團體或其他人的合法激烈反對，顯現出美國在嘗試走向綠色能源的道路上所面臨的兩難。[41]

- 2021 年，全球 200 座鋰離子電池超級工廠當中，中國已興建完成或正在興建中的工廠就占了 148 座。歐洲有 21 座，北美則只有 11 座。[42] 估計到 2029 年，計劃完成開發的額外 136 座鋰離子電池工廠中，將有 101 座座落於中國。[43] 儘管設廠數量相當多，汽車產業的高階主管還是憂心忡忡，畢竟若要實現全球運輸部門電動車轉型的積極目標，至少還有 90% 的電池供應鏈（包括礦場）目前尚不存在。[44] 而且到了 2023 年，中國的電動車供應鏈實力不但已經固若金湯，在中國製造一輛電動車的成本，更是比在歐洲低了大約 1 萬歐元。[45]

- 即使美國某些政府部門正考慮為新礦場專案提供貸款，美國的環保監理機關卻已將幾個擬議中的國內礦場，列入監理審查；這種發生在美國政府內部的策略脫節現象，不僅令礦業公司十分沮喪，同樣也讓自然資源保護主義人士義憤填膺。美國前總統歐巴馬與唐納・川普（Donald Trump）曾基於環保或文化考量而阻止了幾個採礦專案（沒錯，連川普也這麼做）。喬・拜登（Joe Biden）總統雖曾出手阻擋某些礦場，卻也命令政府的辯護律師為其他某些專案辯護，問題是，他差別對待不同礦場的理由為何，往往沒有明確的跡象。

- 即使 2022 年的《降低通貨膨脹法》（*Inflation Reduction Act*）以電動車租稅抵免，鼓勵業界在美國生產電動車用礦物，但上述種種發展的淨影響，還是對美國礦場的開發造成一股寒蟬效應。[46] 這項措施一通過，汽車製造商隨即提出抗議，理由是，要在美國境內找到足夠的金屬供給，可能要耗費非常多年的時間。[47] 長期以來，反對礦場開發的意見逼得美國不得不仰賴進口金屬，而諷刺的是，這樣的行動反而使海外礦場到加工設施所在地（多半位於亞洲）之間的運輸量大增，最終導致全球溫室氣體的排放量不減反增。

　　拜登政府白宮當局在 2021 年，透過一份有關電動車供應鏈缺口的報告解釋：「美國必須鞏固可靠且永續的關鍵礦物及金屬供給，才能確保美國各地製造活動與國防需求的韌性，但這項任務必須以符合美國勞動、環保、公平與其他價值觀的方式來推動。」[48] 為實現《巴黎氣候協定》中所設定的各項氣候目標，到 2040 年，全球各地對電動車電池用鋰與石墨的需求，將必須增加超過 4,000％。拜登總統已承諾要將美國政府的整個車隊汰換成電動車（大約 64 萬輛車）。光是為了配合那項計劃，美國到 2030 年的鋰生產量就必須增加十二倍之多。[49]

　　總部位於佛羅里達州的稀土磁鐵公司先進磁鐵實驗室公司（Advanced Magnet Lab Inc.）執行長馬克・山提（Mark Senti）表示：「不採礦就不會有綠色能源，這是無可迴避的現實。」[50] 美國想要發展綠色能源，要成功達到目的，就必須生產更多金屬，尤其是鋰、稀土和銅。而要生產更多相關金屬，就得興建更多礦場，問題是在美國，礦場偏偏極具爭議。有誰希望自家隔壁有一個巨大的地面坑洞？不僅如此，礦場位址總是塵土飛揚，來往的卡車更是川流不息，何況，爆破用的火藥可能會震碎鄰近住宅的窗戶，甚至傷害房子的地基。自古以來，很多礦場都曾造成水路汙染，並製造各種有毒廢棄物，最終對土地與景觀造成幾個世代都難以抹滅的傷害。不僅如此，礦場還需要極大量的水才能運作。在約翰・甘迺迪（John. F. Kennedy）總統與林登・詹森（Lyndon B. Johnson）總統任內擔任美國內政部部長的史都華・李・尤德爾（Stewart Lee Udall），曾將採礦活動形容為一種「搜索與摧毀的任務」。[51]

根據密西根大學幾位科學家的研究，目前有超過90％的美國家庭擁有一輛汽車，而如果這些家庭的汽車全都變成電動車，就能減少對能源的消耗，從而降低溫室氣體排放量；但這個驚人的研究結果也清楚凸顯美國需要更多金屬的事實。[52] 華爾街人士預期，到2030年，鋰的需求將會暴增，但他們認為礦業公司可能沒有能力提供足夠的供應量來滿足需求。[53] 不僅如此，生產這些金屬的製程可能依金屬類型的不同而有明顯差異，更和石油與天然氣的生產大相逕庭。考量到這林林總總的歷史背景，或許就不難理解為何華盛頓當局的政府官員，總是無法就這項議題統一口徑了。二十一世紀初，雖然美國國防部對中國控制了稀土與其他武器級礦物生產產業的狀況，愈發憂心忡忡，但多年來，五角大廈的某個部門卻持續出售策略性礦物的國內庫存，民主黨與共和黨執政時期都有。[54] 儘管川普總統否決了擬議中的阿拉斯加卵石礦場（Pebble Mine，若開發完成，將會是美國最大的國內銅來源），他卻趁著Covid-19疫情大流行之際，快速推動了內華達州薩克隘口（Thacker Pass）鋰礦專案的開發進程。[55][56] 另一方面，拜登總統雖凍結了極具爭議的亞利桑納州堅毅銅礦場（Resolution Copper Mine）一案，但拜登政府的律師卻在法庭上為這個案件辯護。

代表西維吉尼亞州的民主黨參議員喬・曼欽（Joe Manchin）告訴我：「國家必須做出抉擇。美國人太天真了，我們總以為採礦這種會造成汙染的骯髒工作自有其他人會為我們做，殊不知我們已因這樣的想法而陷入極度脆弱的處境。」[57]

過去二十年來，中國處心積慮在世界各地搜尋鈷、鋰、銅和其他金屬來源。舉個例子，2021年美國自阿富汗撤軍後，中國的礦業公司就開始和塔利班政權協商，爭取開發梅斯艾納克（Mes Aynak）的銅礦床，距離喀布爾（Kabul）僅約兩小時的車程。[58] 不僅如此，中國的礦業公司還花了數十億美元購買位於剛果民主共和國的鈷礦場[59]，並在阿根廷投資了六個大型鋰礦專案。[60] 另一方面，2023 年年初，印度為了充分滿足國內正蓬勃發展的電動車產業，也開始在阿根廷「搜刮」當地的銅與鋰礦藏。[61]

歐盟期許在 2050 年達到碳中和（carbon neutral）的目標，但這個計劃得仰賴更多的金屬供給才能實現。[62] 事實上，在全球各地，民眾四處搜尋金屬的歷史已有數千年之久，上述種種只不過是最新一波的全球金屬搜尋行動罷了。舉個例子，我任職的新聞機構路透社（Reuters）的創辦人保羅‧路透（Paul Julius Reuter）就曾在 1872 年與波斯沙阿簽署過一份合約，就此掌握當前伊朗境內所有鐵礦砂、銅與其他金屬的控制權。只不過，這份合約一年後宣告破裂，因為當地人激烈反對外國人在鄉村掘地採礦。[63]

矛盾的是，近年來遭到環保遊說團體激烈反對的礦場，卻是長期對抗氣候變遷所需的必要之惡，因為光靠回收一途，無法供應足夠促進全球綠色能源轉型所需的所有原材料。[64] 從前，美國高度依賴 OPEC 的石油，如今卻變得高度依賴中國、剛果民主共和國與其他國家，來供應綠色能源裝置的基礎關鍵材料。換句話說，美國依賴外來關鍵資源的情況並沒有改變，只是依賴的對象變得不同罷了。中國已威脅要限制甚至凍結對美國出口稀土，而能將電動車電池的電力轉化為動力的磁鐵，就是用稀土製造而來。

十九世紀末及二十世紀初石油與天然氣革命發生時，全球各地並沒有就燃燒化石燃料可能造成的環境、社會與經濟成本及效益進行全面性的權衡。事實上，雖然向來頗好揭發醜聞的媒體工作者艾達‧塔貝爾（Ida Tarbell）因揭露老約翰‧洛克斐勒（John D. Rockefeller Sr.）的標準石油公司（Standard Oil）的非法行為而聲名大噪，但她的報導主要是為了揭發洛克斐勒的貪婪和壟斷性商業運作，而不是要將石油開採與提煉活動可能造成的環境傷害公諸於世。總之，目前正如火如荼進行中的電氣化轉型，確實有必要和社會大眾展開對話，了解社會是否樂意接受它，以及社會對它的期望。

就某種意義來說，依賴其他國家供應綠色能源的基礎關鍵材料，無異是讓西方文化幾個世紀以來，所盛行的經濟殖民主義變得更加永垂不朽。米塔夫・葛旭（Amitav Ghosh）在《肉荳蔻的詛咒》（*The Nutmeg's Curse*）一書中，探討了我們以為的氣候危機根源，其實最早可追溯到更久遠以前的十五世紀（但多數人認為氣候危機源自煤、原油和天然氣的生產），當時荷蘭侵略者為了生產肉荳蔻，以奴役的手段強迫印尼班達島（Banda Island）居民從事人造林耕種。葛旭主張，那種耕種形式非常嚴格且具破壞性，不僅揚棄了傳統的農耕技巧，更不尊重大自然流程。因此，荷蘭人強迫班達島人採用該耕種法的同時，無形中也種下了氣候危機的種子。[65] 葛旭的核心論點可延伸適用到綠色能源轉型的議題，探討這些議題之前，我們得先了解每個國家在何處採購、如何採購以及為何採購該國所需的綠色能源基礎關鍵材料。除非整個世界都認真思考氣候危機的真正源頭，否則公平的綠色能源轉型很有可能永遠無法實現。

歐巴馬與拜登的能源顧問阿莫斯・霍克斯坦（Amos Hochstein）曾說：「我們口口聲聲高談『能源轉型』、『能源的未來』還有『氣候行動』等等，但基本上，我們這個世代目前所做的一切，說穿了不過是在大規模改革全球能源系統的同時，把一切都電氣化罷了……二十世紀以石油、天然氣與煤炭生產國為中心的能源地緣政治目前正在轉變……能源地緣政治的中心正漸漸轉向生產太陽能與電動車及其電池原料的國家。二十世紀的我們未曾討論過那些原料，包括鎳、鎂、石墨、鈷、鋰、稀土以及其他關鍵礦物。」[66]

霍克斯坦補充道，儘管美國坐擁全球 24％ 的鋰礦藏量，但到 2030

年，美國預期的鋰生產量大約將只相當於全球年度鋰需求量的 3％。[67] 他主張，美國應該要生產更多這類金屬，並支持發展一個更分散的全球生產網路，以避免美國的地緣政治對手趁整個世界積極轉向綠色能源之際，壟斷這些策略性原料的供給。儘管霍克斯坦言之有理，但那樣的邏輯在基於宗教、文化或環境理由而反對新礦，以及幾十年來不斷警告人類恐對地球環境造成有害影響等人聽來，實在不怎麼順耳。

採礦活動的名聲向來不怎麼光彩，畢竟不可否認，礦場確實就像殘害地球表面的巨大怪獸。礦場會製造非常大的噪音，侵入性也非常強。自古以來，礦場導致數萬甚至數百萬民眾流離失所、汙染水道，動輒製造數兆噸的廢棄物，其中某些廢棄物還具放射性。世界最大的銅生產國兼第二大鋰生產國智利，全國 65％的水資源耗用於礦業部門。[68] 礦業也永遠都處於走下坡的狀態，所以，這個產業的從業人員永遠不得不努力尋找下一個可供挖掘、加工與銷售的金屬礦床。不過，進入二十一世紀，礦業的作業慣例已見改善，很多企業更認為採用全電動推土機與電動垃圾車車隊的那一天終將到來，屆時這些車輛將不再對大氣排放柴油廢氣。

鑑於礦業公司在蓬勃發展的電動車產業裡占有舉足輕重的地位，某些礦業公司遂試圖利用這個地位來抵擋外界所有批評。2020 年 5 月，礦業巨擘力拓集團（Rio Tinto）炸毀了位於澳洲西部，擁有四萬六千年歷史的一批原住民岩穴。這次的爆破行動完全合法，力拓集團的確有依循政府許可流程來處理相關工作，不過還是即刻引爆強烈的抗議，因為那些岩穴的傳統所有權人——普烏塗・昆蒂・庫拉馬人（Puutu Kunti Kurrama）和皮尼庫拉人（Pinikura）——把當地視為族人的神聖遺址，而力拓集團的爆破行動摧毀了他們的聖地。[69]

不過，儘管力拓集團犯下的錯誤既愚蠢又無禮，但與另一家礦業巨擘、巴西的淡水河谷公司（Vale）旗下的綜合採礦設施，在此前一年發生的意外相比，那可真是小巫見大巫。2019年1月，數百名員工在布魯馬丁荷（Brumadinho）食堂吃午餐時，附近的B1尾礦壩突然潰堤；迅速流出的大量有毒汙泥，旋即淹沒了那間食堂以及裡頭的民眾，還有附近的多數村莊，這起事件共導致近300人死亡。[70] 這裡提到的汙泥，是由於採礦過程會產生礦渣，而尾礦壩是用來儲存這些礦渣的設施。舉個例子，如果從地底挖掘出來的每100磅泥土中只含有1磅的銅，那代表通常會有99磅的液態或固態廢棄物，必須設法永久儲存起來，通常會存放在這類的尾礦壩中。

從安全監控攝影機拍下的影片可看見，在高達86公尺的尾礦壩邊緣崩塌之後，壩基隨即跟著垮掉，整個尾礦壩結構瞬間分崩離析。以慢動作播放影片更可以清楚見到，崩塌過程的畫面看起來，簡直就像兒童電視節目的場景——從鏡頭畫面的各個角度能看到，一輛輛為了甩開滾滾而來的致命泥漿，而拚命向前衝的卡車。[71] 這個慘劇原本可以不必發生，尤其從2003年起，有關當局早就知道這個尾礦壩存在一些結構問題。總之，這起意外事件增強了更多大眾對採礦產業的不信任感，尤其是產業界高階主管那種自鳴得意的說詞——他們老是對外聲稱，採礦業早已揚棄舊時代的落伍作業，改採現代化的採礦技術。

嚴密追蹤全球採礦產業現況的環保倡議組織大地工廠（Earthworks）總監佩雅・山姆佩特（Payal Sampat）表示：「汽車製造商逐漸意識到，儘管唯有發展電動車才有未來，但電動車的供應鏈卻不應被侵犯人權的行徑與有毒汙染物給玷汙。」另一個監控採礦活動的組織是英格蘭國教會（Church of England），它利用教會退休基金的影響力（2024年的價值超過30億英鎊）敦促企業界加強安全作業。英格蘭國教會的退休基金在2019年年底發現，全世界有超過三分之一的尾礦壩一旦崩塌，可能會對鄰近社區造成巨大的危害。他們還發現，過去十年間興建的尾礦壩比以往任何十年期間還多。值得留意的是，中國和印度沒有參與英格蘭國教會的研究，令人更加質疑這兩個國家的採礦安全作業是否符合標準。總之，種種跡象都顯示採礦產業確實有必要改進。[72]

巴西尾礦壩災情發生之後，該國政府立刻宣布，所有和那座尾礦壩採用相同設計的尾礦壩均不合法；不過，美國並沒有效仿巴西的做法，因此在明尼蘇達州、亞利桑納州等地引發了深刻的擔憂，當地人擔心，如果興建新礦場，未來也難免會發生類似的不幸崩塌事件。一名亞利桑納州人談到力拓集團計劃，在當地興建一座大型銅礦場與尾礦廢棄物儲存場時說：「我們將面對的是一座高 500 英尺且包含 16 億噸有毒廢棄物的大壩，沒有人知道它何時會崩塌並活埋整個社區。」[73] 長久以來，住在南非雅格斯方坦（Jagersfontein）某座鑽石尾礦壩附近的居民，也對類似的不定時炸彈憂心忡忡，而那顆定時炸彈終於在 2022 年夏天爆炸。那座尾礦壩崩塌後，巨量的淤泥隨即湧進附近的住宅社區，當地居民莉歐－莉塔・布瑞坦貝奇（Rio-Rita Breytenbach）被捲進淤泥裡，拖行了 6 英里之遠。[74]

諸如此類的風險——甚至慘劇——真的是人類邁向綠色能源未來的道路上必須容忍的必要之惡嗎？反過來說，如果美國停止各項採礦專案，會不會導致氣候變遷加速惡化，同時還平白把某種經濟武器送給了中國及其他國家？如今連好萊塢都在思考這個主題，儘管它還是以它一貫荒唐的方式思考。

2021 年的譏諷性電影《千萬別抬頭》（Don't Look Up）描繪了全球各地，如何應對一顆即將在地球造成毀滅性傷害的彗星，其中，美國的政策制訂者決定不炸毀它，只因為這顆彗星，含有有助於人類對抗氣候變遷的寶貴稀土精礦。但到最後，意圖利用這些礦物來獲益的所有盤算全數落空，地球也因此被摧毀。

支持興建礦場的人經常說，美國的礦業環保標準早已是全世界最嚴格的標準，反對者過於杞人憂天。舉例來說，業者得花上十年或甚至更久的時間才能取得聯邦採礦許可證；相較之下，在加拿大，這個流程通常只要花個幾年就能搞定。[75] 不過，反對興建礦場的人還是經常就設立礦場可能造成的代價提出質疑。這座礦場真的值得設立嗎？真的有必要挖這塊地嗎？為什麼要選擇這裡？為什麼要現在挖？如果有人連續提出幾個礦場地點供人選擇，各個地點的反對派更會集結起來，說穿了，反對者就是「逢新礦場必反」；但最終來說，這麼做等於是在阻止美國為履行《巴黎氣候協定》的精神而投入的任何努力。然而，儘管取得美國聯邦採礦許可證的過程的確曠日費時，取得許可證後可獲得的利益卻有可能非常龐大，甚至已經有立法人員正試圖縮短這個流程：因為在美國，企業無須為了它們從多數聯邦土地底下開採出來的礦物繳納礦區使用費，這個奇怪的規定源自1872 年以來被用來管轄美國西部採礦活動的法律。[76]

這項規定加上另外幾個原因，使得採礦業成了電動車供應鏈中最賺錢的環節。根據銀行業巨擘花旗銀行（Citi）所做的研究，近幾年來，採礦業的報酬率超過 10％；那份研究也顯示，相較之下，汽車製造商生產一輛電動車的報酬率低於 2％。[77] 協助礦業公司通過美國採礦許可流程的律師史卡特・安德森（Scot Anderson）曾說：「生產更多電動車是我們解決氣候變遷的方法之一，而要生產更多電動車，就需要更多銅。那座銅礦場勢必位於某處，而且那座銅礦場勢必有人支持，也一定有人反對。」[78]

一味仰賴進口，也就是在全球市場上搶奪供給來源，勢必會延宕美國汽車業電氣化的進程，而且這麼做一樣可能導致溫室氣體排放量增加，畢竟將海外礦產運輸到加工設施（多數位於亞洲），運輸活動勢必也會增加，某種程度來說，這將使「生產更多電動車」的理論基礎（注：即降低碳排）變得更為薄弱。為了應對供應鏈問題並提升美國的產量，美國國會在 2022 年通過了《降低通貨膨脹法》，法案也由拜登總統簽署，從此以後，購買美國本地或美國二十三個貿易夥伴（只有一個國家位於非洲大陸）所生產的電動車的美國人都可獲得租稅抵免。[79]

2021年一場在底特律舉辦的集會中，福特汽車執行長吉姆·法利（Jim Farley）向在場的商業領袖表示：「（電動車）供應鏈必須一路延伸到礦場。那才是攸關成本的環節，問題是，美國人不希望有人在他們的隔壁採礦。」[80] 當時，法利和福特汽車已經開始思考要從哪裡採購鋰，以實現他們抱負不凡的電氣化目標。

自那時起，他們開始鎖定流岩紋嶺。

PART 1

第一章
鋰電池驅動的未來

國際能源署（IEA）指出至 2040 年全球對鋰的需求將增長超過 4,000%。

 # 離子先鋒公司 # 電動車革命 # 可再生能源投資 # 全球能源供應鏈

2018 年秋天，我在銀行業的一個門路告訴我：「你應該會會詹姆斯·卡拉威（James Calaway）。他對鋰瞭如指掌，而且他正在籌備創立一家鋰業公司。」

當時我正一步步轉換報導主題，我原本的重心是報導美國石油產業的頁岩油革命，但自那時起，我開始關注礦業公司，為了綠能轉型而爭相供應鋰與其他金屬的主題。這是個令人望之卻步的主題，但也是我期待已久的機會。既然我先前已深入報導過一次大型能源轉型，第二次能源轉型怎可輕易錯過？畢竟這樣的機會並不常見。不過，儘管世人早已非常了解並熟悉，化石燃料的生產狀況以及它所牽扯的政治生態，電池的生產卻是完全不同的兩回事。生產電池需要使用多種金屬，其中某些金屬的生產方式非常不同，取得來源更是迥異。慢慢轉換到這個報導主題後，我不但得報導石油與天然氣，還要深入鑽研鋰、銅、鎳、鈷和所謂稀土（一種由十七種稀有金屬組成的奇特總稱）的領域；更別說幾千年來，一直是礦業主要支柱的黃金與白銀。

就這樣，我一頭栽進挑戰，為此我得拜會眾多新專家，尤其是像卡拉威那種既有錢又牽涉到利害關係的專家。我聽從這位銀行業門路的建議，2018 年 12 月的某個早上，我寫了一封電子郵件給卡拉威，詢問他是否願意和我喝杯咖啡，並隨意聊聊。九十分鐘後，我的手機響了。

「喂，請問是厄尼斯特嗎？我是詹姆斯·卡拉威。我收到你的電子郵件了。」賓果！看來這個人很想和我好好談談鋰。

卡拉威不只熱切地想跟我聊聊，他還長住休士頓，而我切換報導跑道後，也正好決定繼續待在休士頓。我倆約好在那個星期稍晚的某一天一起吃午餐。見到卡拉威的第一面時，他臉上的眼鏡馬上引起我的注意，那副寬邊圓框眼鏡令人不由得聯想到 J·K·羅琳（J. K. Rowling）筆下的哈利·波特（Harry Potter）。他穿得很休閒，襯衫沒有紮進褲腰裡，整個穿著風格和懶得浪費腦力穿搭、一心只關注其他事務的企業高階主管很類似。

卡拉威的職涯多采多姿，他花了非常多的時間鑽研一系列看似異想天開但極度複雜的概念，其中每一個概念都讓他更加堅信，他這一生的使命就是要拯救地球，讓這個星球不再受到極端氣溫與氣候變遷蹂躪。促使他產生這股使命感的因素，和他的家庭背景有關。卡拉威家族世居德州，到他已是第六代；在世界能源之都長大的他，從小就看著父親把全副心力都投注到石油及天然氣公司，最終也獲得可觀的成就。父親甚至為他取了「德瑞克」（Derrick）當中間名，目的是希望讓人一叫他的名字就想起油井上方常見的油井架。

基於這樣的血統，任誰都想不到卡拉威有一天會經營兩家（不只一家）能讓再生能源革命更向下扎根的企業。總之，這是個驚人但非凡的成就，畢竟他的血統隸屬化石燃料，絕非鋰或其他電動車的關鍵材料。卡拉威告訴我：「一般人想到德州，都只會聯想到石油，但我對能源的興趣源自和石油相反的領域。」[1]

2016 年年初，卡拉威收到一份誘人的邀約，對方邀請他幫忙在偏遠的內華達州沙漠建造一座礦場。雖然這位創業家平日就樂於接受挑戰，但他並不確定美國人是否容得下一座新礦場。美國最近一次啟用硬岩礦場是

1970 年代的事。硬岩礦場是用來開採通常被視為「堅硬」礦物的礦場，例如黃金、鐵礦砂、白銀等金屬；軟岩礦場則開採煤炭和其他化石燃料乃至白堊，例如位於英格蘭多弗（Dover）著名的白色懸崖。[2] 而且，這不是一項典型的採礦專案，它既不以生產黃金為目的，也不是為了生產鐵礦砂，而是要生產鋰，也就是鋰離子電池裡的關鍵成分。不過，當時這項專案的重要性已漸漸撥雲見日，卡拉威也為之神往。

在卡拉威剛成年的 1970 年代，很少有人討論氣候變遷的話題，因為當時一般普遍認為，核子武器才是最有可能招致大規模滅絕事件的手段。那是美國前副總統艾爾・高爾（Al Gore）的紀錄片《不願面對的真相》（*An Inconvenient Truth*）讓溫室效應成為全球發燒的話題之前三十幾年的觀念。

卡拉威在德州大學奧斯汀分校求學時師承瓦特・羅斯托教授（Walt Rostow，曾擔任詹森總統的國家安全顧問），跟著他研習經濟學。在羅斯托教授的反共立場啟發之下，卡拉威找到了他認為或許能拯救地球的第一個方法：核武管制。他說：「我意識到當時各個民族國家之間的關係潛藏著非常大的風險。我們只有一個地球，只有瘋子才會冒著摧毀一切的風險發動核子攻擊。」後來，羅斯托敦促卡拉威到牛津大學攻讀研究所學位，就這樣，在查威爾河（River Cherwell）畔的那兩年裡，卡拉威整個人都浸淫在制止核武擴散的政治學問與政策之中。

隆納・雷根在 1980 年投入總統大選一事改變了卡拉威的計劃；這位來自加州的新總統，不僅暗示他有意願擴充美國的核武彈藥庫，還出手落實這個想法。卡拉威認為，如果這個世界不停止製造炸彈，人類最好的歸宿就是向上遷移，例如移居外太空。於是，他和美國國家航空暨太空總署（NASA）的幾位退休工程師共同成立了太空工業公司（Space Industries

Inc.），這家民間企業的目標是要推動太空旅遊與太空生活的商業化。

雖然雷根的計劃扼殺了卡拉威遏制軍備的願望，但這位總統 1988 年的一項提議，卻在某種程度上對卡拉威做了一些彌補：當時，雷根總統建議國會與太空工業這家新創企業，簽署一份價值 7 億美元的合約，由該公司興建並經營一間民營太空站，好讓 NASA 未來可以在這座太空站進行微重力、材料科學與其他領域的實驗，以釐清人類最終要如何徹底在地球的大氣層之外生存。這是一個遠遠走在時代尖端的大膽計劃，從很多方面來說，這個計劃令人聯想到太空總署目前和 SpaceX（億萬富翁馬斯克所控制的火箭公司，馬斯克也控制了電動車巨擘特斯拉，並在 2020 年取代豐田汽車，成了世界最有價值的汽車製造商）之間的種種協定。[3]

一如多數走在時代尖端的計劃，太空工業公司最終也倒閉了。當時的 NASA 文官體系擔心這家民間企業會瓜分掉 NASA 自家太空站計劃的資金，所以透過各種閉門管道努力遊說，對太空工業公司的專案極盡阻撓之能事。另一方面，國會其實也不太敢把那麼多錢，花在一個實際上處於「化外之境」的民間風險性投資案。到了 1989 年，國家研究委員會（National Research Council，一個為美國總統與國會獻策的科學家團體）甚至公開呼籲廢止這項計劃，成了壓垮太空工業公司的最後一根稻草。當時的新聞報導引用了卡拉威本人的說法，他呼籲 NASA 不要短視近利，應把小型民營太空站視為通往大型官營太空站的橋梁，畢竟大型太空站要花很多年的時間才有可能興建完成（又過了十年，國際太空站〔International Space Station〕才首度亮相）。

太空工業公司倒閉令卡拉威義憤填膺，但最讓卡拉威光火的是，華盛頓當局竟然沒有能力制訂出令人信服且統一的全面性計劃，來促進一個必要的研究領域——以這個個案來說，指的是太空探索的領域。他那時想，華盛頓的政策制訂者怎能如此短視？難道他們沒有意識到這個民營太空站能在科學、探索與自動化等領域為美國帶來巨大的幫助嗎？他們心中除了下一個選舉週期，還關心什麼事嗎？政府的不同部門之間到底有沒有在溝通？多年後，政府單位之間各行其是的情況似乎也沒有改變：即使美國魚類與野生動物管理局（U.S. Fish and Wildlife Service）威脅要採取一個足以搞垮卡拉威另一家公司的行動，但美國能源部卻將該公司列為官方貸款資助的決賽入圍者之一。後來，太空工業公司被一家有意使用它的技術來生產研究設備的企業收購，民營太空站當然沒有建成。卡拉威告訴我：「經過這次打擊，身為商業界人士，我終於首度認清了政治人物的真面目：他們總是說一套、做一套，他們內心想要的跟他們實際上提出的法律與政策根本是兩回事。」

接下來幾年，卡拉威一頭栽進一系列看似不相關的業務。他在網際網路方興未艾之際，成立並經營一家軟體公司，後來又把公司賣掉。他還同時開了一家甜點店，並加入休士頓一所特許學校的董事會。儘管如此，身為一名德州人，當地能源和能源財的傳統持續召喚著他。所以，他和同卵雙胞胎兄弟約翰（他們互稱對方「老哥」）聯手創辦了一家發展石油及天然氣產業 3D 地震技術的公司。隨著歲月消逝，他對自己存在的理由（注：raison d'être，此為法語）有了不同的體會，於是，幾年後他退出這家公司，現在更是承認成立那家公司是個錯誤。

他說：「我無法在道德上說服自己，繼續將生命奉獻給石油與天然氣的生產活動，因為這些生產活動會傷害到後代子孫所居住的地球。我真的無法放任自己繼續做那些事。」這位創業家還警告他的家鄉，應該要朝經濟多元化的方向發展。「年輕人的希望不在石油業。」但接下來要何去何從？又要發展什麼？力求找出答案的卡拉威，開始在企業荒野中展開一場隱喻性的漫遊，努力搜尋能讓他發揮個人創業技能的領域。

許多美國企業夢想家會到亞斯本（Aspen）去尋找靈感，渴望獲得新靈感的卡拉威，也不免俗在 2007 年前往亞斯本。那一年，由歷史學家華德・艾薩克森（Walter Isaacson）創立的亞斯本創意節（Aspen Ideas Festival）聚焦在當時還是「現在進行式」的伊拉克與阿富汗戰爭。亞斯本地區也蘊藏很多石油，但卡拉威對此不太有興趣。他回憶道：「所有討論幾乎都脫不了中東的話題，除了中東還是中東。我實在很受不了那個狀況。」不過，卡拉威在議程表上的一個小角落，發現了一場預定討論電動車的分組會議；他不太了解這個主題，所以決定一探究竟。通用汽車公司早在 1996 年就已推出一部全電氣化的電動車 EV1，隔年，豐田汽車也在全球各地推出油電混合的車型 Prius。這兩款車都是一上市就立刻被瘋狂追逐的利基型產品。

不過，短短三年後，通用汽車公司就因 EV1 無利可圖而決定停產（部分原因在於，車主無法在電動車故障時找到夠用的替換零件，而這個問題對於建構美國電動車的供應鏈來說，是個不祥的兆頭），並將所有 EV1 車款銷毀。這起事件使「通用汽車和石油產業勾結」的陰謀論四起，總之，下了這個決定使得通用汽車變得聲名狼藉，也為 2006 年的紀錄片《誰殺了電動車》（*Who Killed the Electric Car?*）提供了豐富的素材。

電視劇《家族風雲》（*Brothers & Sisters*）中，莎莉・菲爾德（Sally Field）飾演的女性家長角色諾拉・沃克（Nora Walker）常在劇中駕駛 Toyota Prius，且時不時對旁人叨念氣候變遷的危險。菲爾德所飾演的沃克可能不太清楚，她開的 Prius 所使用的鋰最初採自南非，再運到中國加工，最後才被送到日本去製成電池的陰極，而且多年來，這條曲折的供應鏈幾乎沒有任何變化。[4] 事實上，不僅是沃克，全世界很少人知道這個情況，包括卡拉威。不過，他到亞斯本後，馬上深受電動車有助於拯救地球的潛力所吸引。

他對我說：「我竭盡所能翻遍所有和電動車有關的文獻，但可供閱讀的素材並不多。於是我開始參加許許多多的電池研討會，但那絕對是你這輩子參加過最恐怖的場合，因為那種研討會裡到處都是化學工程師。」

我認同卡拉威的說法。我第一次（2018 年代表路透社去）參加電池研討會的經驗也是不知所措、丈二金剛摸不著頭腦。與會者之間熱烈交流的 NCA、LCE、NCM 和 BEV 等縮寫字眼聽在我耳裡，簡直就像神祕的火星文，只有創造那些字的怪咖才懂。那次經驗讓我開始產生研討會恐懼症（儘管出席各式研討會曾是我們這個職場公認的少數歡樂時光），深怕那些研討會的與會者，會期待像我這樣一個只是負責報導產業的媒體工作者，能夠和在場的博士級科學家面對面，針對最深奧的電動車主題交換意見。卡拉威也有和我一樣的感覺。所以，他開始轉而閱讀學術研究報告。他不僅訂閱很多期刊，還開始複習化學。慢慢注意到某種型態──他閱讀的所有研究報告上，都充斥了一種由兩個英文字母組成的化學符號，就像每份沙拉裡一定都會灑的胡椒：Li。

Li 代表鋰。鋰是世界上最輕的金屬，在元素週期表上的位置接近最上方。鋰非常善於保留電荷，所以才會成為鋰離子電池的完美軸心。卡拉威意識到，所有用來打造這些電池的化學方程式裡，都包含那個符號：Li。「所以我告訴我自己：『好吧，如果電動車革命真的發生，人類必然會需要非常大量的鋰。』」在那個時刻，卡拉威打定了主意：他必須在世界上的某個角落找到鋰。

鋰常見於各種不同類型的岩石，而含鋰的岩石多多少少都跟古代的火山有那麼一點關聯，循著這個線索，或許就能釐清鋰（目前被視為拯救地球的關鍵金屬）的原始起源。瑞典科學家約翰·奧古斯特·阿韋德松（Johan August Arfwedson）被譽為第一個發現鋰的人；1817 年，他在瑞典同胞永斯・雅各・貝吉里斯（Jöns Jacob Berzelius，現代化學創始人之一）的實驗室工作時，成功將鋰以一種鹽基化合物的形式，從礦物透鋰長石（mineral petalite）中分離出來。澳洲普遍可見的礦石鋰輝石（spodumene）、中國某些地方的鋰雲母（lepidolite）以及所謂鹵水（brine）的鹹水礦床也含有鋰。巴西科學家若澤・博尼法西奧（José Bonifácio de Andrada e Silva）是更早在瑞典某個小島發現透鋰長石的人，只不過，他並未能從這種礦石中把鋰分離出來。

接下來大約一百年間，鋰的生產方式逐漸改良，不過向來只有小眾需求。第二次世界大戰期間，有人用鋰來製作潤滑脂，使同盟國的軍隊在坦克的操作上比納粹對手更有優勢。戰爭過後，鋰被用來協助打造氫彈，後來，拜在北卡羅萊納州開發的礦場以及在內華達州建造的鹵水蒸發設施所賜，美國開發氫彈的活動也讓它成了全世界最大的鋰生產國。

阿波羅十一號（Apollo 11）太空人伯茲・艾德林（Buzz Aldrin）在他的回憶錄裡，深情款款地談到一種名為氫氧化鋰（lithium hydroxide）的鋰衍生物，主要原因是它有助於吸收二氧化碳，是太空深處的關鍵作用力之一。[5] 另外，基於現代醫療截至目前為止尚無法釐清的某些理由，鋰擁有某種平衡人類腦神經感覺接受器的效果。也就是說，鋰是一種情緒穩定劑，通常被用在憂鬱症或躁鬱症患者的治療處方。

身為一名記者，我報導鋰業多年，但一直到 2022 年，我才終於有機會在北卡羅萊納州的雅寶公司（Albemarle Corp.）實驗室裡，親手握著以純金屬形式存在的這項元素。一般來說，鋰喜歡和其他元素結合在一起，所以需要歷經多次強烈的化學反應，才能將鋰轉化為純鋰金屬。雅寶公司國王山（Kings Mountain）設施裡的科學家提煉了非常多的鋰，他們還把那些金屬，塑造成和雜貨店常見的大罐鳳梨汁罐頭差不多大小的圓柱體。我原本以為那些圓柱體拿起來會很重——至少它看起來很重——不過，當我親手拿起其中一個圓柱體，才發現它的重量竟跟一支手機差不多，了不起約 3 磅至 4 磅重。如果說眼見為憑，感覺和觸摸會帶來更深刻的信念。在那一刻，我隨即領悟到為何這種金屬是生產汽車用電池的利器──它是世上最輕的固體元素。

功率是電壓的指數之一，電壓愈高功率就愈大。由於鋰的尺寸很小、重量很輕，所以它的電子能以驚人的速度在電池裡移動。和元素週期表上的其他金屬比較起來，鋰的這項特質很罕見，非常適合用於電池。世界上沒有任何立即可用的替代品能與鋰的所有特性同效。正因如此，卡拉威以及愈來愈多投資人與企業高階主管對鋰的探索愈來愈熱衷。

2009 年年初，卡拉威獨自坐在阿根廷北部的一片鹽沼之上，那是地球最乾燥的地方之一，卡拉威在那裡冥想了一個小時之久。他身子底下是一片巨大的鋰礦床，礦床的控制權掌握在一家規模非常小、但前途光明的礦業公司手中：歐洛柯布瑞公司（Orocobre）它的名字是一個西班牙語的混成詞，意思是黃金與銅。在那一天的幾個月前，卡拉威聘請的幾位地質學家，偶然讀到了歐洛柯布瑞公司發表的一篇技術報告；該公司原本希望在阿根廷北部的山區開採黃金，卻在開採黃金的過程中，發現了巨大的鹵水礦床，那些鹵水中混雜了極高濃度的鋰精礦，等待有緣人把它從地球吸取出來。

卡拉威回憶他當時冥想的狀況：「我全神貫注，所以我清清楚楚感受到它的存在。」接著，他砸了 400 萬美元，竭盡所能蒐購歐洛柯布瑞公司的股票，最後還成了這家公司的董事長。接下來七年，卡拉威與歐洛柯布瑞公司創立了世界最大的鋰業公司，只不過，他們不時得和克莉絲蒂娜・費南德茲・德基西納（Cristina Fernández de Kirchner，阿根廷總統）政府向來以行事遲緩著稱的官僚體系抗戰。2015 年，歐洛柯布瑞公司和日本達成協議，向豐田汽車以及其他日本汽車製造商供應鋰，於是公司的股票市值翻了一倍。不過，那時卡拉威覺得自己筋疲力盡，他打算將公司的股權變現，好好享受多年辛苦付出後的甜美果實。於是，他退休了。

但他對鋰仍然念念不忘，而身為美國人，卡拉威無法對華盛頓當局與底特律方面，愈來愈期待促成汽車製造商的汽車電氣化一事視而不見。特斯拉已經以行動證明，大量生產電動車是可行的。問題是，特斯拉和早它幾年推出 Prius 的豐田汽車一樣，都太過依賴遙不可及的鋰乃至鎳、銅與其他金屬的供給來源。

因此，卡拉威想釐清美國是否能自行大量生產這些金屬，特別是鋰，但他並未找到肯定的答案。後來很幸運，來自澳洲的一通電話讓他有了解答：澳洲一群以開發商伯納德・羅維（Bernard Rowe）為首的投資人，正打著內華達州沙漠的主意。那群投資人原本指望在他們那片內華達州土地——也就是所謂的流紋岩嶺——找到黃金和銅。那也是卡拉威的阿根廷同僚們在這之前尋覓多年的金屬組合，但諷刺的是，他們最後發現，流紋岩嶺蘊藏的其實是一種含有鋰的黏土狀混合物，那些黏土有多少具體鋰含量也未可知。於是，他們找上卡拉威，因為他是產業界少數懂得興建／經營鋰礦場之道的企業高階主管之一，而且，就聲望來說，業界也鮮少有人能出其右。

鋰要麼是從鹵水生產而來（一如歐洛柯布瑞公司在阿根廷所從事的業務），要麼就是藉由挖掘堅硬的岩石從中提取而來。換句話說，到那時為止，尚未有任何企業成功從黏土中生產出數量大到足以商業化的鋰。所以，這個計劃是否會成功，卡拉威並不是很有把握，他甚至不知道該怎麼執行這項計劃。「我認為這只是一個科學實驗，而我當時對科學實驗完全沒興趣。所以我告訴他們，我興趣缺缺。」

羅維很失望，他雖能理解卡拉威的想法，但還是忍不住問，是否能找卡拉威過去曾經雇用的那位地質學家來幫忙。在商言商的卡拉威答應了羅維的請求，只要求他給個小惠：如果那位地質學家發現任何有趣的東西，必須在第一時間通知卡拉威。卡拉威說：「成為成功創業家的要件之一，就是即使事實證明你是錯的，也要豁達地接受這個事實。」

事實證明，那是一個決定命運的要求。幾個星期之後，民主黨提名人希拉蕊・柯林頓（Hillary Clinton）在 2016 年的美國總統選戰中，將氣候變遷稱為「我們這個時代最緊急的威脅與最具決定性的挑戰」。而就在這場選戰一片喧騰之際，卡拉威的地質學家打來了。流紋岩嶺一案不但不只是個科學實驗，地底下更是蘊藏約 1 億 4,600 萬噸的鋰和硼（這種化學物質可銷售給肥皂及其他消費品製造商），是美國已知的第二大礦床。[6]

也就是說，流紋岩嶺能一次生產兩種受歡迎的產品，就算未來其中一項產品的價格下跌，還有另一種賺錢的管道，一如大宗原物料商品業的常見狀況。重要的是，這片礦床的黏土含量不如原本所想的那麼高，紓解了生產上的憂慮。

卡拉威說：「我驚訝得說不出話來。」流紋岩嶺和蘊藏在此地的鋰雖位於美國內陸，但距離特斯拉（當時該公司即將成為世界最具價值的汽車製造商）計劃中的一座超級工廠還不到 100 英里。所以這個專案幾乎可說是一開業就馬上會有利潤進帳，這是礦業圈非常罕見的情況。「那大大改變了各種動態。」卡拉威掛上電話後，立即如法炮製當年用在歐洛柯布瑞公司的手法，斥資 400 萬美元購買那家澳洲公司的股份，並拿下該公司董事會的控制權。接下來的事實將陸續證明，他先前應對歐洛柯布瑞一案的所有作為，簡直就是內華達州新投資案的「試營運」。那群澳洲人原本把公司取名為全球地球科學公司（Global Geosciences），但卡拉威認為這個名字不夠稱頭。他參考歐洛柯布瑞公司的命名方式，把全球地球科學公司更名為離子先鋒公司（ioneer），根據他的解釋，ioneer 是 ions（離子）與 pioneers（先鋒）的組合詞。

他說：「我們將協助生產電動車電池裡的離子，而我們是這方面的先鋒。所以，我想出了離子先鋒這個名稱。」

那麼，為什麼公司名稱要用小寫？

「這樣才獨特。」

就這樣，離子先鋒公司誕生了，這得歸功於卡拉威在他休士頓的客廳裡，和幾位身在墨爾本的企業高階主管，共同就內華達州鄉村的專案所下的一個決定。

他們做出這個決定的時機幾近完美。希拉蕊輸掉 2016 年的美國總統大選後，她的對手川普竟採取行動，讓美國退出《巴黎氣候協定》。儘管他的舉措引起極大的爭議，卻諷刺地對民營產業造成了相反的效果。[7] 即使當時華盛頓當局似乎不在乎環保議題，但各大汽車製造商及其供應商，卻不惜加班來證明他們有多關懷環境，而電動車成了這些廠商對環保議題表態日益重要的管道。也就是說，全球各地將大肆搜刮鋰與其他電動車用金屬，而美國也有必要開始在國內自行生產這些金屬。卡拉威從這一連串的發展，看見了可供他本人和離子先鋒公司大顯身手的大好機會。

卡拉威說：「以擺脫化石燃料的能源轉型來說，完成交通的電氣化是必要的關鍵作為之一。不過，這件工程將耗費非常多資源，如果其他國家——尤其是我們的競爭對手——發現我們在這個領域非常脆弱，他們一定會趁機占我們便宜。」

接下來四年，卡拉威和他的團隊開始進行地質測試、聘用工程師與建築師，並不斷在投資人會議與產業研討會之間穿梭。卡拉威心知肚明，流紋岩嶺的經濟學並非毫無破綻，所以他設法請獨立超然的經濟家與地質學家透過一份所謂「確定可行性研究」的技術報告，為流紋岩嶺的經濟學背書。那類步驟通常都會等到企業正式為礦場破土的前一刻才進行，由此可見，離子先鋒公司有多麼急切想破土動工。離子先鋒公司在那份報告上表示，這個專案將不會興建有倒塌可能性的尾礦壩；該公司計劃採用所謂「乾疊」尾礦的流程，把它為了這項專案而挖出的泥土脫水成乾尾礦，再把乾尾礦堆疊起來。總之，這是比較安全的尾礦處理方式。不過，即使離子先鋒公司的目標是要為不會產生碳排放的電動車生產鋰，但這項專案還是遭到環保團體群起詆毀。儘管如此，卡拉威和他的澳洲投資人基本上並不怎麼把這些環保人士當一回事，而是一心一意埋首地質報告的所有枝微細節。

但 2020 年夏末發生了一件奇怪的事：原本在拉斯維加斯吃角子老虎機器北方，大約 225 英里外的流紋岩嶺偏僻地帶，賣力綻放的成千上萬朵小花，也就是以傑瑞・蒂姆的姓來命名的蒂姆蕎麥，地球上其他地方都未曾發現過這種花卉，突然在一夕之間神祕死亡。這個事件似乎可能導致卡拉威一生職涯最至高無上的目標「試圖為他的後代子孫，留下一個比他這個時代更潔淨的地球」，變得愈來愈遙不可及。

第二章
綠能毀綠地？

> *真正神聖的事是讓每個人都有工作，而且有家可歸，而不是閃爍其詞*
> *的違心之論。*

 # 力拓集團 # 阿帕契族 # 美國能源發展政策 # 原住民權利 # 銅

美國南北戰爭（Civil War）結束後不到十年，一隊北軍（Union）出擊戰隊的士兵，在當今的亞利桑納州對一群阿帕契（Apache）戰士展開伏擊。初步得手後，他們一路追擊，最終將這些阿帕契戰士逼到了一個高4,700 英尺、可以俯瞰蘇必利爾（Superior，大約位於現今鳳凰城〔Phoenix〕東方 60 英里處）的懸崖頂上。那些戰士在關鍵時刻選擇了榮譽——他們寧死不屈，從懸崖一躍而下，壯烈犧牲。如今，這個懸崖被稱為阿帕契跳崖嶺（Apache Leap）。[1]

這個故事已在聖卡洛斯（San Carlos）的阿帕契族人之間口耳相傳了好幾代。有些人認為這個傳說是杜撰的，或許只是一個述說平民百姓為對抗當權者，最終卻力不從心的痛心寓言；不過，也有些人堅信這個故事的表面陳述，認定那些戰士確實曾經存在，而且的確為了保衛他們的家園和價值觀，不惜從近一英里的高處一躍而下。但無論哪一派的觀點正確，在十九世紀，美國陸軍與其他民眾確實幾乎沒有採取任何行動，來克制他們對該地區原住民族的屈辱，尤其是阿帕契族人。

根據當年領軍對抗這個部落長達十五年的大將軍喬治‧克魯克（George Crook）所言，亞利桑納州的阿帕契族人是「人中之虎」。[2] 另一位將軍甚至下令，只要看到阿帕契男性，一律格殺勿論。[3] 1859 年，美國印地安事務官迪亞哥・阿丘雷塔（Diego Archuleta）在一封寫給《紐約時報》（The New York Times）的信中寫道，阿帕契族人有著「像爪子一樣」、「長且尖銳」的手指，更有「銳利的目光與狂野的眼神」。阿丘雷塔還繼續描述，阿帕契族人對該地區的「礦業公司與商人的營運來說，是最大的阻礙」。為了避免有人不夠理解他對原住民的敵意有多深，他還加油添醋寫道：「以那麼低的身段和阿帕契族、莫哈維族（Mojaves）、納瓦荷族（Navajos）與猶他族（Utes）等部落簽訂條約是個錯誤的決定。」並補充：「將部落轉移到某個保留區」、「遠離白人的定居地，一旦他們有越界的情事，就嚴格執行死刑。這是唯一迅速、經濟且人道的處理流程。」[4] 後來，美國政府竟然完全採納他建議的做法。

1871 年，尤里西斯・格蘭特（Ulysses S. Grant）總統批准創建聖卡洛斯阿帕契保留區。雖然他下令創建的保留區，涵蓋近 180 萬英畝的土地，但那片廣大的土地並不包含目前所謂的阿帕契跳崖嶺，也不包括附近一片被阿帕契族人視為神聖場所的土地（阿帕契語稱這片土地為齊齊畢達哥提爾〔Chi'chil Bi dagoteel〕，意思是長著艾莫里橡樹〔Emory oak tree〕的寬闊平原），而這裡是阿帕契部落世世代代成員舉辦宗教儀式的場所。[5] 齊齊畢達哥提爾距離保留區的西側邊界超過 25 英里之遠，更距離保留區的首府大約 40 英里，但阿帕契族人還是習慣回到那裡祈禱，因為他們認為，那片淨土住著天使與他們的神（也就是加恩〔Ga'an〕）。

有些阿帕契族人會在那裡舉行成年儀式，甚至迄今都還這麼做；初經來潮的少女必須在為期四天的祈禱、歌唱和擊鼓儀式中，重新演繹阿帕契族的創世神話。這片土地上長了很多艾莫里橡樹，橡樹結的果實被阿帕契族人用在傳統的食物和藥物上。此外，有些阿帕契族的祖先被埋葬在此處的火山岩裡，某些觀察家還將這個遺址的原始人石刻，視為遠古祖先的遺跡。[6] 但無論阿帕契族人怎麼看待這片土地，從二十世紀中葉開始，那個地區的某些地方，就被列為所謂橡樹平原（Oak Flat）的聯邦露營地。

　　一如阿丘雷塔的預測，原住民被趕到一邊後，亞利桑納州這個角落的礦業活動隨即蓬勃發展。就在阿帕契族人的跳崖悲劇發生後不出幾年，位於蘇必利爾附近、蘊藏大量礦物的區域，就引來了許許多多的銅礦業者進駐，並為此處贏得了「銅走廊」的名號。1912 年，亞利桑納州成了加入聯邦的第四十八個州，該州印信的設計正彰顯了當地礦業的重要性：印信上一個人形（應該是男性）站在中央偏側的位置，手上握著一個鶴嘴鋤和一把鐵鍬，他頭頂上有一道道陽光，直直灑落在遙遠的山巒與農地上。整個畫面的上方，則是寫著亞利桑納州的訓言：「上帝使人富足。」（注：DITAT DEUS，此為拉丁語）

　　但在礦業蓬勃發展的同時，保留區卻逐漸凋零。在聖卡洛斯阿帕契族人的眼中，這個保留區堪稱世界上最初且最古老的集中營。[7] 到了 2005 年，大約有高達一半在保留區內出生的孩童，毒品或酒精檢驗結果呈現陽性。[8] 另外，這個保留區大約一萬名居民中，有 43% 處於失業狀態且無意求職。[9]

　　蘇必利爾本身就是岩漿礦場的所在地，1937 年，這座礦場成了世上第一個有空調的礦場，空調的裝設讓礦工得以更深入挖掘，直到地球內部更廣闊的炎熱地域。目前山丘的一隅，還擺放著由生鏽金屬殼與管線組成的冷卻設備，它靜靜地躺在那裡，像在俯瞰整座城鎮。多年來，岩漿礦場因銅市場的起起落落而被迫數度關閉，而礦場一次又一次的關閉，也導致這座城鎮一天比一天凋零。2020 年，這個社區的年度所得中位數大約只有 2 萬 2 千美元，比全國平均低了 1 萬美元，此外，這裡有 25% 的人口居住在貧民區[10]，比全國平均高了 10%。[11]

　　1995 年，有人估計岩漿礦場附近與橡樹平原底下，共蘊藏了大約 400 億磅的銅，這個估計蘊藏量讓此處成了世界最大尚未開發的銅礦床，也為當地的經濟燃起了一線希望。這裡的銅等級為 1.5％，比鄰近的亞利桑納州銅礦場來得高。所謂 1.5％等級，是指從這座礦場開採出來的每 100 磅土中，含有 1.5 磅的銅。也因如此，目前正擬議中的礦場（取名為堅毅銅礦）的潛在獲利能力，有可能達到鄰近幾個銅礦場對手的兩倍。

不過，對於必和必拓集團（BHP Group，全世界前幾大的礦業公司）來說，這個前景雖令人垂涎萬分，卻是看得到、吃不到。BHP 集團早在 1996 年 1 月就收購了岩漿礦場，成為礦場的所有權人，但那年稍晚，岩漿礦場就因被判定已完全折耗殆盡而關閉。到了 1999 年，銅價的暴跌更是促使 BHP 集團關閉公司在美國的其他銅礦場。無論如何，BHP 集團雖對此地新發現的估計銅礦藏寄予厚望，但也表示有必要進一步研究當地的開發潛力，而相關的研究工作所費不貲。就在那時，BHP 集團開始和另一家全球礦業巨擘力拓集團合作，它們一方面共同分攤探勘地下礦床相關的巨大財務負擔，一方面合力說服政府放手讓它們進入這片土地。

由於綠能源轉型的裝置幾乎處處用得到銅，如果沒有銅，《巴黎氣候協定》所設定的宏大目標就不可能實現。甚至早在人類發現電的存在以前，這項紅色金屬就已無所不在——近五千年前，銅是人類唯一已知的金屬，甚至比黃金更早為人所知。[12] 地中海島嶼賽普勒斯島（Cyprus）最早就是以當地的銅礦聞名；這項金屬本身的名稱，就是源於這座島嶼的希臘文名稱 Κύπρος。銅與錫的合金催生了青銅器時代，並使古埃及許多法老的勢力得以如日中天。

銅是導電性最好的金屬之一，容易塑型又耐腐蝕，而且能和其他金屬緊密締結在一起。導電性比銅好的金屬只有白銀，但白銀比銅昂貴。每架波音 747 噴射客機上，平均布有長達 135 英里的銅線，此外，每個美國家庭裡，也平均配備了 400 磅的銅線與銅管。北美最大的銅礦場費利浦－麥克莫蘭銅金公司（Freeport-McMoRan）旗下的莫倫西礦場（Morenci）平日使用 797 輛開拓重工（Caterpillar）卡車來載運礦石，每一輛卡車的散熱器裡都至少含有 400 磅的銅。[13]

　　十九世紀，銅礦場有如雨後春筍，在密西根州、康乃狄克州和現今的亞利桑納州等地冒出頭來。1877 年，發明家湯瑪斯・杜立德（Thomas Doolittle）為電報產業打造了銅線，從此通訊用線得以採用比鐵線輕非常多的銅線。湯瑪斯・愛迪生（Thomas Edison）發明電燈泡、打造電廠之後，更使全球各地對銅的需求進一步提升。此外，亞歷山大・葛蘭姆・貝爾（Alexander Graham Bell）發明的電話，同樣也使銅的需求顯著成長。到了二十世紀乃至二十一世紀，銅需求的增長趨勢並沒有停歇。人類有史以來使用的銅當中，大約有 75％是二戰過後才開採的。[14] 不僅如此，未來整個世界對銅的需求只會增加，不會減少。2022 年的銅消費量為 2,500 萬噸，預計到 2050 年銅的年消費量將增加超過一倍，達到 5,300 萬噸。[15]

　　但不祥的是，倘若沒有開發更多銅礦場並回收更多的銅，這個世界的銅恐怕難以應付 2050 年的預估需求。如果希望在 2050 年達到碳中和，也就是《巴黎氣候協定》的核心訴求，即「淨零」目標，人類就必須生產更多銅。著名的能源史學家暨普立茲獎得獎作家丹尼爾・尤金（Daniel Yergin）說：「有人說（世界上）有足夠的銅供給，但他們其實並沒有計入能源轉換的規模，如果不做某種犧牲，那些氣候目標終將無法實現。」[16] 這個世界曾在二十世紀因搶奪石油而爆發戰爭，如今，標準普爾全球顧問公司（S&P Global）已警告，這個世界很有可能為了搶奪銅而爆發戰爭。[17] 2022 年，美國的進口銅占境內銅供給量的 44％，預計到 2035 年，除非美國能自行生產更多的銅，否則銅進口率很有可能被迫提高到 67％。[18]

據說 1950 年代時，第一夫人瑪米·艾森豪（Mamie Eisenhower）曾去橡樹平原露營區野餐，她玩得非常開心，因此鼓勵她先生設法保護這個區域。於是，杜懷特·艾森豪（Dwight Eisenhower）總統在 1955 年發布了一道行政命令，禁止在這個露營區採礦或進行其他任何開發行為。[19] 理查·尼克森（Richard Nixon）總統雖在 1971 年延長了這項禁令，卻也進行了一些微調，開始允許特定的開發行為，而這項微調對採礦業有利。[20]

到了 1990 年代，堅毅銅礦床的發現，更像是在測試政府是否能守住底線，看它會不會從寬解釋那項法令微調。力拓集團與 BHP 集團花了超過十年的時間研究這個礦床，它們在地上鑿了超過一百個探勘鑽孔，前前後後各花了超過 100 萬美元。[21] 具體來說，力拓集團與 BHP 集團在它們控制的一片狹小毗鄰土地上，興建了美國境內最深的礦井（整個結構深達 7,000 英尺）。它們發現，如果這座礦場興建完成，將有能力供應美國每年銅消費量的四分之一；隨著綠色能源革命已初具雛形，這個展望真的是令人心癢難耐。力拓集團與 BHP 集團深知，電動車使用的銅比內燃式引擎汽車使用的銅多出一倍。[22] 何況，這兩家礦業巨擘也都知道，逐漸崛起的電動車業明日之星尼可拉公司（Nikola Corp.）與路西德公司（Lucid Group Inc.），都正在距離蘇必利爾不到 50 英里遠的地方興建製造廠。

但力拓集團與 BHP 集團也發現，由於這個銅礦床的位置非常深，從地表向下挖掘，不見得能開採到銅，而是應該用所謂的崩落採礦法（block caving），從地底來開採銅。這個方法是由下往上切除大片岩石，形成一個人為洞穴，當這個人為洞穴因它本身的重量而倒塌時，洞裡將會充斥那些岩石被擊碎後所留下的碎石。這個採礦法會形成一個寬英里且深 1,000 英尺的大型陷落坑，也就是採礦產業所謂的榮耀洞（glory hole，沒錯，真的是這個名稱）（注：glory hole 原本是用來形容歐美男廁常見的一種用來滿足男同性戀者需要的設施）。總之，若想利用這裡的銅礦藏獲取利益，就必須破壞這一片在聖卡洛斯阿帕契族人眼，跟羅馬天主教徒眼中的聖彼得大教堂（St. Peter's Basilica），或穆斯林眼中的麥加大清真寺（al-Masjid al-Ḥarām）一樣重要的聖地。

聖卡洛斯阿帕契族長老山德拉・藍伯勒（Sandra Rambler）跟我分享：「我應該要擁有想去那裡祈禱就隨時可去的權利。我不能接受任何一家外國企業理直氣壯地跑來對我說：『不行，你不能那麼做。』」[23]

這座礦場最多可能在其礦權年限內使用 59 萬英畝－英尺的水（注：acre-feet，一英畝－英尺等於一座長 25 公尺、寬 16 公尺、深 3 公尺的標準游泳池容量），相當於 1,921 億加侖的水。[24] 換算下來，相當於每生產一磅的銅，就得使用接近五加侖的水；雖然這樣的用水量已經少於附近的礦場，但對從 1994 年開始就處於乾旱狀態的亞利桑納州來說，那是一個令人瞠目結舌的天文數字。[25] 那麼多的水足以供應 16 萬 8 千個家庭長達四十年的用水。[26] 不僅如此，這座礦場還將製造出非常大量的廢棄岩石，屆時這兩家公司將興建一座 500 英尺高、面積達 6 平方英里的尾礦壩（面積將大於紐約的中央公園）來貯存這些碎石。一篇有關這項專案的政府報告冷冷地提到，「大眾」對該擬議中的尾礦設施感到「不安」，尤其 2019 年巴西發生了那場致命的尾礦壩崩塌事件後，憂慮更是有增無減。[27]

到了 2013 年，力拓集團與 BHP 集團，已啟動美國聯邦許可證的申請程序，但直到我撰寫本書之際，它們尚未取得許可證。[28]

2014 年 12 月時，歐巴馬總統簽署了《卡爾・萊文與霍華德・「巴克」・麥基文國防授權法》（Carl Levin and Howard P. "Buck" McKeon National Defense Authorization Act），這項五角大廈撥款法案在最後一刻加入了一項條款：撥給力拓集團 2,422 英畝含有銅礦的土地（包含這塊露營區），以換取該公司在附近持有的 5,459 英畝土地。[29] 這項法律條文長達 698 頁，其中第 442 頁藏著一項規定：在環境評估報告發布之前，不能執行這項土地交換計劃。[30] 不過，川普政府在卸任前五天發布了環評報告，從此引爆了美國原住民、華盛頓當局和力拓集團之間的法律戰。拜登政府上任後不到六個星期，便將這篇已發表的環評報告作廢，堅毅銅礦專案也從此遭到冷凍，但這個做法卻還是落得兩面不討好的下場：既得罪了礦場的支持者，也沒能讓反對者滿意。

更剪不斷理還亂的是，嚴格來說，在拜登凍結土地交換一案時，力拓集團甚至還沒決定要興建礦場，換句話說，它還沒進入所謂最終投資決策的正式階段。力拓集團銅事業部的負責人波爾德‧巴托（Bold Baatar）告訴我：「我們必須先了解地底的地質狀況，才有可能做出那麼重要的投資決策。問題是，如果我們沒有取得土地的所有權，就很難釐清地底的真實地質狀況。」他也承認那片土地所在的地區，確實對聖卡洛斯阿帕契族人有著重大的歷史意義。曾在銀行業巨擘摩根大通（J.P. Morgan）工作的巴托，是個土生土長的蒙古人，他說：「我們絕對不會對他們的聲音裝聾作啞。[31] 除非我們竭盡最大的努力來尋求阿帕契族人的認可，否則絕不可能興建礦場。我們非常嚴肅看待此事。」[32]

隨著我更加了解堅毅銅礦的開發計劃、阿帕契族人慘遭折磨的殘酷歷史、齊齊畢達哥提爾的宗教重要性，以及美國的銅對華盛頓對抗氣候變遷的必要作用力等，我益發感受到，一旦這些糾葛無法順利排解，將足以引爆一場完美風暴（注：perfect storm，原指多重因素罕見疊加的氣象事件，衍生為一發不可收拾的災難）。一如卡拉威的內華達州鋰礦專案與蒂姆喬麥之間的緊張關係持續升溫，相同的問題再次浮現：在各方的諸多考量中，究竟何者為重？

就在那時，我決定親自去蘇必利爾瞧上一瞧。

我在亞利桑納州首府鳳凰城待了一晚後，隔天沿著美國國道六十號向東行駛，朝蘇必利爾前進。接近蘇必利爾時，最先引起我注意的是旭日東昇的景象：洋紅、橙橘和粉紅等醒目的色調融合在一起，整片天空十分豔麗，不僅如此，彩奪目的晨曦還像潮汐般，拍打在城鎮附近的巨大懸崖上，留下不停變幻的壯觀光影。下了州級公路，我開進一條像死胡同的道路，筆直通往那片懸崖，那正是蘇必利爾的主街。街上的主街礦工餐廳（Miners on Main）在戶外張貼了幾張促銷優惠時段的宣傳單，而附近的布魯齊葡萄園品酒體驗室（Bruzzi Vineyard Tasting Room），正在舉辦玫瑰葡萄酒的試飲活動。2010 年，一位智利地產開發商在此買了一棟破舊的寄宿公寓，並將它改建為一間配備訂製燈具、植絨壁紙以及銅製天花板的精品旅館梅格瑪酒店（Hotel Magma）。[33] 這間旅館非常安靜，沒有任何喧囂聲響傳出。

這個只有 3000 個居民的小鎮曾經是採礦發祥地，從主街礦工餐廳的名稱與梅格瑪酒店的天花板，便可略窺往昔的風光。這座小鎮原本非常期待能在力拓與 BHP 兩大集團的幫助下，恢復往日的榮耀。即使在我到訪之際，蘇必利爾市中心有超過一半的建築物都無人入住，但從幾處特斯拉充電樁便可看出，這座小鎮依舊渴望在電動車的熱潮插上一腳。

力拓集團對這座小鎮的渴望自是不言而明。2004 年，力拓集團取得了堅毅銅礦專案 55％的股權，BHP 集團則取得 45％；也就是說，力拓集團掌握了該礦場在策略、預算以及與本地社區聯繫等方面的有效控制權。[34] 其中包括蘇必利爾與聖卡洛斯阿帕契族人，這點尤其攸關重大。2021 年為止，力拓集團與 BHP 集團為了這項專案，已經花了超過 20 億美元，卻連 1 盎司的銅也沒生產出來。[35] 2022 年，華爾街甚至判斷這項專案幾乎已經一文不值。[36]

　　為了贏得當地人的支持，力拓集團承諾聘請 1,400 名勞工（幾乎占該鎮人口的一半），並承諾發給 10 萬美元的平均工資，這個金額是 2020 年美國平均工資的四倍以上。對米拉・貝希奇（Mila Besich）來說，這個數字比什麼都重要。

　　世居蘇必利爾的第四代居民貝希奇，是在 2016 年第一次獲選為蘇必利爾的鎮長。從她堅定的語氣可以聽出，她一心一意為家鄉創造就業機會的念想，只不過，她柔和的眼神可能會讓外人誤判她強大的決心。許多蘇必利爾人和貝希奇一樣，都是西班牙裔的民主黨人；2020 年美國總統大選時，儘管這個小鎮所在的郡以壓倒性多數投票支持川普，但這個小鎮與鎮長，卻把壓倒性多數的票投給了拜登。

　　批准土地交換案的那項國會法律也規定，蘇必利爾鎮可以向聯邦政府購買 600 英畝以上的土地，來興建合宜住宅，並擴建地方機場與工業園區；機場與工業園區是貝希奇和小鎮其他官員，共同推動的長期發展計劃中的一環，他們希望蘇必利爾的經濟，能夠朝旅遊業與製造業多元化發展。不過，除非力拓集團的礦場專案獲准推動，否則他們的計劃將無法落實。我親自去見貝希奇的時候，她的耐心幾乎已被消磨殆盡。

　　我們在小鎮的市政廳裡聊天，市政廳的前身是一所中學，我們就站在原中學的大禮堂裡談論這裡的狀況。這座建築物的牆上有一幅壁畫，畫上描繪著一名打著赤膊但雙腳被鑽頭取代的礦工，他正瞪大雙眼，怒視我們二人。壁畫上還寫著一段西班牙文：*La Cultura Es El Oro Del Pueblo*，意思是文化才是民眾的黃金。但無論如何，這幅壁畫也像在提醒我們，採礦活動對這個社區有多麼重要。[37]

　　我問貝希奇：「在你的家族史裡，橡樹平原一向都被視為宗教場所嗎？」

她斬釘截鐵地回答我：「並沒有。夏天的時候，我們確實偶爾會去那裡野餐，但老居民，尤其我父母那輩一定會說，他們從未在那裡見過那類傳統儀式，一直到這幾年，也就是堅毅銅礦專案被提出後，才開始有類似的儀式舉辦。說白一點，那些神聖儀式是在專案通過立法之後，才開始在此地出現，所以，那些行為看起來很做作。我們社區對這個狀況感到非常沮喪，因為我認為我們已非常盡力尊重那些部落。在此同時，我們也非常擔心，畢竟政治圈權衡這個問題的時間愈久，在這裡舉辦神聖儀式的情況就會愈習慣成自然，變得好像一直以來都是這樣，到時候，蘇必利爾恐怕就萬劫不復了。」

　貝希奇的說法形同宣稱，橡樹平原（也就是齊齊畢達哥提爾）不是世世代代以來舉辦宗教儀式的地點，換句話說，那並不是聖地。所以，現在跳出來捍衛的人，只是拿它作為對抗銅礦開採活動的某種利器罷了。她直白地表示：「對我的社區來說，真正神聖的事是讓每個人都有工作，而且有家可歸，而不是閃爍其詞的違心之論。」

　我對她說，堅毅銅礦的未來似乎因政治、宗教與經濟等方面的紛紛擾擾而岌岌可危。貝希奇並沒有否認我的說法。「我們的確深陷這個漩渦，但我真心相信，拜登總統將會做出勇敢的決定。如果長期的目標是要導入更高效率的汽車……我們就會需要美國在地的銅來實現這個目標……聯邦政府有責任確保力拓集團做正當的事，也有責任確保我們以安全且負責的方式，來開採美國的礦產天然資源。」

　貝希奇除了擔任鎮長，也和本地一家提倡採礦產業發展的非營利組織合作。但這並不代表她會默許力拓集團的所有作為（無論好壞）。事實恰好相反，力拓集團最初提出一年補貼蘇必利爾 35 萬美元的條件時，貝希奇和鎮議會的議員駁回了這項提議，因為有份經濟研究報告顯示，一旦開採活動展開，這座小鎮多花在增加警力、消防隊員與道路維修的成本，一年就將超過 100 萬美元，而力拓集團提出的補貼金，遠遠低於那些潛在的新增成本。後來，力拓集團同意提高小鎮的補貼、保證蘇必利爾的供水無虞，同時承諾從 2019 年至 2023 年，為學區提供 120 萬美元的資金（該學區 2023 學年招收的學生人數為 362 人）。[38][39]

在這座小鎮的堅持之下，力拓集團與堅毅銅礦還支付了 5,000 萬美元來清理舊岩漿礦場存放在某住宅區外的有毒廢棄岩石，以及一座被砷汙染的冶煉場——那是早年用來熔解銅的工廠，營運了將近五十年後，於 1971 年關閉。[40] 這座冶煉廠並不隸屬於力拓集團，但力拓集團知道，它既礙眼又有害健康，除非把它清理乾淨，否則別想爭取到這個社區法律上的支持。[41]

貝希奇說：「力拓集團必須從過往的經驗學會，它不能把礦場所在地的社區視為理所當然。」如果這座礦場能以有利促進經濟又能保護環境的方式來開發，那麼，就該放手讓他們興建。這就是促使貝希奇向拜登請願的關鍵理由。貝希奇表示：「隨著這個專案開始動工興建、最終開始落實生產活動，因此而產生的就業機會，將幫助小型企業繼續蓬勃發展。」

當然，這個目標說來容易做來難。

蘇必利爾木材及五金行（Superior Lumber & Hardware）是貝希奇懇切希望能因這座礦場的啟用而受到幫助的小型企業之一，它的未來可說是完全寄託在堅毅銅礦上。因此，這個專案而起的諸多爭議，讓五金行老闆達林・路易斯（Darrin Lewis）感到十分焦慮。路易斯身材高瘦但舉止穩重，他在亞利桑納州炒房多年後，在 2020 年年初搬到蘇必利爾。[42] 從事後諸葛的角度來看，他在那年一月以 80 萬美元買下這家五金行及木材廠的時機，可說是糟得無以復加；因為接下來不久，Covid-19 大流行疫情就快速擴散，並導致全球經濟陷入停擺。

　　從那時開始，這個小商號的銷貨收入就直線下降，路易斯非常傻眼，因為這樣的發展和他原本的期望恰恰相反；本來他以為被疫情困在家裡的顧客會開始關注住宅翻新專案，他的五金行也將因此大發利市，但事與願違。他在店裡告訴我：「我們沒想到事情會這樣發展。」這間店面的面積有 5,500 平方英尺，但天花板很低，貨架上擺滿了各式各樣的建築設備。整棟建築物以冶金熔渣磚牆建成，外表漆上了混合了桃色與橘色的油漆，建築物的名稱則是以 1930 年代漸層黑的裝置藝術風格（Art Deco）來呈現。由於店裡擺放的設備凌亂不堪，我高度懷疑根本沒

　　有顧客真的能在這一大堆設備裡找到想要的東西，遑論可用來進行複雜住宅翻新的專業化設 備。接著，路易斯又說，小鎮經濟狀況的不確定性導致他不敢貿然進新貨，更別說擴大店面規模了。

　　就在這個艱困時期，力拓集團及時出現，向這家商店購買了大量木材與其他商品，總採購金額達到這家商店 2022 年與 2021 年總銷貨收入的三分之一。他說：「這座礦場是我們的衣食父母。我已經把我的一切全都押在這個地方，如果這座礦場不啟用，我們絕對會遭受毀滅性的打擊。」

　　路易斯和這座小鎮裡的多數人一樣，密切追蹤堅毅銅礦專案的命運。他當初會買下這間店面，就是因為得知在歐巴馬總統任內，已經核准了土地交換案，且繼任的川普總統即將給予最後的批准。川普總統確實在路易斯完成購買手續後兩個星期，批准了這宗土地交換案。不過在拜登總統任內卻出了差錯，這讓路易斯非常不滿。「這原本是已成定局的交易。誰知道一轉身，他們就扯我們後腿。直到現在，我們都還搞不清楚實際情況，一顆心始終懸在那邊，無法做出任何決斷。」

　　我能了解路易斯內心真正的顧慮，尤其是他有 80 萬美元的貸款要還，但我還是向他提出了我也問過貝希奇的問題：美國確實需要銅，但聖卡洛

斯阿帕契族在這個露營區的宗教儀式、乃至他們同樣身為美國人的宗教信仰權等，一樣也很重要。我想知道他對這些權衡之間所牽涉到的複雜性，有何看法。

「我尊重那些東西，非常非常尊重。而且老實說，這就是我在思考的事情之一。我捫心自問，我難道只在意這裡的錢嗎？但認真思考之後，我認為我更重視銅的用途以及未來我們對銅的殷切需求。因此，我認為這個專案不得不為，總有一天還是會有人來開採。」

他暫停了一下，接著隔空喊話。他說：「如果我只能對拜登總統說一句話，那句話就是：『讓這座礦場啟用吧。』」

到了 2021 年年底，這項專案依舊深陷在不確定性的泥沼裡。於是，路易斯決定拍賣蘇必利爾木材行，而且他只開價 45 萬美元，遠比他短短不到兩年之前買進的花費（80 萬美元）還要少。他說，這個小事業每年的營業收入介於 40 萬至 70 萬美元，不過，雖然它的營收篤定可以達到這些數字，卻遠比家得寶（Home Depot）或其他大型競爭對手來得低。而且，店的銷貨收入源流主要得仰賴力拓集團貢獻，但力拓集團如今也是泥菩薩過江，自身難保，畢竟連礦場能不能興建都不得而知。2021 年 12 月 17 日當天，這家五金行在自家的 Facebook 專頁上，分享了這項不動產銷售的委託連結，並自吹自擂地寫道：「好機會來了！這是位於蘇必利爾的一宗絕佳不動產，這裡正開始蓬勃發展……想要進駐這個歷史悠久且獨特的成長型社區嗎？眼前就是一個難得的大好機會。」

這則拍賣貼文幾乎隨即引來其他人的關切。貝希奇在臉書上留言：「你打算拍賣？」

這家商店的 Facebook 帳號是路易斯和他太太寶拉（Paula）一同經營的，他們回覆：「沒錯，我們想看看反應如何……不知道該期待什麼反應……」

一名顧客在那條回覆下方寫了「GLWTS」——祝你有狗屎運。[43]

不過，似乎沒有人有興趣接手。於是，路易斯自動砍價，把價格降到37.5 萬美元。2022 年 5 月，他乾脆撤回銷售委託。當初他是在堅毅銅礦的誘惑下進駐蘇必爾，而如今，他已被捲入煉獄，也就是貝希奇稱之為煉獄。

我向路易斯道別之前問他，美國人和世上其他民眾應該如何看待蘇必利爾這股逐漸沸騰的緊張情勢。他停頓了一下，若有所思地轉過頭來回答我：「如果你是為了愛和付出而來到此地，這座小鎮一定會回報你。但如果你是為了搜刮而來，這座小鎮也會以其人之道，還治其人之身。」

從蘇必利爾開車到橡樹平原的路途並不長，但一路上的景令人驚歎不已。美國國道六十號公路順著地形緩緩爬上雲端，被稜角分明的迷信山脈（Superstition Mountains）山峰環繞，路邊長滿了仙人掌和山艾，阿帕契跳崖嶺就在遠處，時隱時現。流經岩石裂縫的那條水道是皇后溪（Queen Creek），經年累月下來，溪水在通往蘇必利爾的路途上鑿出一條深深的軌道。我經過一座橫跨深邃溪谷的拱橋，發現目前正值年度的枯水期。那一天我開上這條路時，太陽尚有餘溫，但已漸漸西沉，光線從狹窄的峽谷壁上照射過來，在我周圍形成了一道比一道高的影子，一旁崢嶸的火山岩看起來就像一根根指著天空的肥胖手指。[44] 路旁有幾位健客，他們正沿著一路延伸到河谷的步道緩慢前進。我順著高速公路，穿越皇后溪隧道後（1952 年完工，總長 1,217 英尺），進入了一個更大的峽谷，道路兩側盡是若隱若現的高聳山脈。大約又開了兩英里，我右轉進入北岩漿礦井九號公路，朝橡樹平原上的齊齊畢達哥提爾前進。從 2019 年 11 月開始，反對建造礦場的溫斯勒·諾西博士（Dr. Wendsler Nosie）與所謂阿帕契要塞團體（Apache Stronghold）的其他人就一直在此地紮營。沒多久我就發現，這條道路也通往力拓集團為了堅毅銅礦專案而鑽鑿的那個礦井。所以說，這兩個陣營實際上使用的是同一條道路。

我左轉開進露營區，迎接我的是一個美國國家林務局的路標。再往裡頭開一點，我看見一面層板，層板上的手繪標誌號稱齊齊畢達哥提爾是地球精神的自然界化身。附近有一頂傳統印地安圓錐形帳棚和兩間錐形草棚，也稱為印地安棚屋。那天是星期一，營區內相當安靜，我一眼就看到諾西，他和另外幾個人一同坐在營火旁（很多人告訴我，每逢週末，這裡的帳棚數量就會增加）。諾西頭上緊緊纏著一條黑的頭巾，長長的黑髮從背後露了出來，垂到肩膀上。那年稍早，我們就已透過電話交談過幾次，這一次，我終於有機會親自向他自我介紹。當時諾西早已習慣媒體工作者的來訪（但通常只是短暫停留），那些人的目的都是要和他談談銅、談談這座礦場還有齊齊畢達哥提爾。我可以從他臉上的表情看出他對媒體的不滿——長久以來，講到他的動機，新聞媒體的用字遣詞讓他很不滿，而我對這個狀況也了然於胸。[45]

不過，我們最後竟聊了超過兩個小時，不僅是在營火邊聊，還在前往神聖場址的路上邊走邊講。那個地方確實有點特別；它有一種我過去從未感受過的獨特能量、氛圍和空靈存在感。至此，我終於能理解為何諾西和聖卡洛斯阿帕契族人會賦予這個地方那麼高的評價，也能體會為什麼諾西會把這裡當成他真正的家，尤其是放在這裡的阿帕契族設備在 2018 年遭到破壞之後。[46] 就在我們聊天的當下，成群的鳥兒不斷來回在林間穿梭，為柔和的春日氣息增添了不少趣味。即使這個營區相當接近高速公路，但此處除了靜謐還是靜謐。我們後來離開營火區，步行到附近一片岩層上方，從此處遠眺，放眼望去是一片布滿岩石與山艾的遼闊平原。

這個地區的某些其他部落宣稱（力拓集團的主管人員私下也這麼說），橡樹平原並不是世世代代以來舉行宗教儀式的場所，我問諾西對這些說詞有什麼看法。諾西以前是研究聖卡洛斯阿帕契族歷史的歷史學家，他本人先前也曾宣稱這片土地並不具歷史重要性。[47] 不過，諾西對那些認知提出了可能的解釋：十九世紀時，美國政府將至少十個原本居住在目前的德州、加州、墨西哥、亞利桑納州和新墨西哥州一帶，且文化與信仰並不完全相同的阿帕契部落遷移到保留區內。[48] 他繼續說道，這就好像你問一個俄羅斯人「義大利文化是怎樣的文化」，對方的答案一定不可能精確。他還補充，很多阿帕契族的祖先被強迫同化，最終放棄了他們的傳統信仰。他說：「很多阿帕契人在基督信仰的世界裡長大，而且已經適應了這個信仰。」

他接著說：「我們要表達的是，這裡是天使與神靈的家，他們停駐於此。」他一邊說著，一邊用他的雙手比劃著橡樹平原。根據他的描述，這裡相當於傳統阿帕契族天堂和塵世之間的緩衝區。「談到這些神靈，祂們其實和基督教的神靈並沒有兩樣……只不過，基督徒把祂們打造成教堂裡的雕像，並將祂們描繪在圖畫上。那些教徒尊敬他們的神靈，但祂們來自某處，而不是來自教堂。祂們另有停駐與生活的地方；美國擁抱基督信仰，很多天使其實或多或少來自世界的另一端，而這裡的天使和那些天使並無不同。唯一的差別只是，祂們就待在這裡，我想你懂我的意思，祂們就停駐在這些地方。」

在這個地方舉行的儀式——尤其是為少女舉行的儀式——和阿帕契族的傳統神性直接相關，根據諾西的說法，這種神性本質上和女性有關。他說：「我們的儀式提醒我們，我們應該要照顧屬於女性的場所。正因如此，我們萬萬不能失去這個地方。這裡是造物主——也就是神——安置諸神靈之處。如果堅毅銅礦占據了這個地方，一切就會趨於沉寂，屆時你們殺死的將不僅是天使，還會扼殺一切事物的起源。這世上確實有許多獨一無二的地方，這裡只是其中之一。」

我點破他，這個地區歷來都有銅礦開採活動在進行。但諾西反問我，要我回想更久更遠以前的歷史，也就是目前的亞利桑納州尚未有任何礦場啟用以前。「我的族譜可以回溯到數千年前，我們自然知道以前這裡是什麼模樣。」他說。

他接著說：「如今我們的河川支流遭到汙染，環境也受到衝擊。而且，我們更不該忘記人類因此受的罪，這些礦業小鎮有太多人死於癌症群集（注：cancer clusters，指某個地理區域的某個族群發生特定癌症的人數超過預期病例數）。可悲的是，這些銅業小鎮的許多民眾根本沒有搬走的能力。所以，隨著採礦帶來汙染——不管是透過空氣、水還是土地的汙染——他們將會是最直接遭受衝擊的人。真正受苦的是那些人……如果你帶任何一個從未有過採礦產業的東岸人或北部人來這裡，他們一定會說，他們不可能在這裡養育子女，因為這裡沒有一處不受汙染。」

我問諾西，他對貝希奇所堅持的論點有什麼看法——貝希奇認為最重要的是經濟、讓這個區域的居民有工作做、有房子住。他回答：「她被困在這個資本主義的世界太久了，而且那比較像是她個人追求的目標，而非真正的宗教信仰。如果你在資本主義的生活方式下被撫養長大，會抱持這樣的想法並不足為奇……但如果你摧毀這一切，它就會永遠消失，連帶也讓剩餘的一切同時消失。」

諾西的意思就是，一旦環境被摧毀了，擁有一份高薪的工作又有何用？這是最最鮮明的「非黑即白」論點，而這種論點的說服力來自礦業公司過去曾經犯下的惡行——光是不久之前發生的幾個礦業公司重大環境危害案例，就足以支持諾西的動機。

他說，這個擬議中的礦場本身就是「唯利是圖」生活方式的症候之一。

「也就是說，這裡剩餘的一切、所有水、所有光線和環境之美，以及吸引民眾回到此處的所有事物，乃至這裡的至善與聖潔都會徹底消失。」

長久以來，美國原住民常不得不和有意在其傳統土地上挖掘岩石的礦業公司抗爭。舉個例子，第二次世界大戰過後那些年，美國西南部興起了一股鈾礦開發熱，尤其是在納瓦荷國（Navajo Nation）境內以及附近的土地。[49] 鈾被用來製造原子彈，也用於核電廠的潔淨再生發電。但鈾礦開採活動確實對當地好幾代的納瓦荷人造成了毒害，彼得・艾希塔特（Peter Eichstaedt）的《你們是否毒害了我們：鈾與美國原住民》（*If You Poison Us: Uranium and Native Americans*）一書從關懷的角度出發，翔實記載了這個悲劇。[50]

2019 年，身為世界各地超過十億名羅馬天主教徒的精神領袖教宗方濟各（Pope Francis），在梵蒂岡主持了一場討論採礦產業的研討會，他在會中以略帶譴責的語氣提到，這個產業的「誤謬」商業模型不尊重傳統上屬於原住民族群所有的土地。教宗表示，礦業公司應該為人類服務，而非人類為礦業公司服務。原住民族群不該被迫「放棄他們的家園，只為了幫……採礦專案騰出空間，何況採礦活動根本不在乎大自然與文化將因採礦而退化的事實。」[51] 雖然方濟各與諾西的宗教信仰明顯不同，但在齊齊畢達哥提爾一事上，他們兩人之間似乎存有某種程度的共識。

坐在那片土地上聽著諾西娓娓道來，我的內心竟慢慢被那一片土地占據。總有一天，這裡會不會變成一個巨大的礦坑？位於我們腳底下數千英尺處的暗紅色金屬，會不會在四十年後跑到我的手機裡？力拓集團不斷向諾西與其他部落成員保證，就算土地交換一案順利完成，他們也還需要幾十年的時間才能開始取用這片露營區的資源，不僅因為取得聯邦採礦許可證要花更久的時間，更因為「榮耀洞」巨坑是緩慢形成的，而不是一蹴而就。但對一個集體記憶能夠延續數個世紀——而非只是關注每季的企業盈餘週期——的社區來說，那些說法沒有太大的意義。不管集團所做的承諾是好是壞，一樣都會令人想起其他礦業公司過去幾個世紀曾對本地社區許下又打破的諾言。舉個例子，據說馬克·吐溫（Mark Twain）曾若有所思地說：「礦場就是騙子在地上挖的洞。」[52]

諾西的意志並沒有因電動車轉型乃至電動車轉型對鋰、鎳與銅（沒錯，就是銅）巨大的需求而有所動搖。我問他，如果美國和整個世界需要發展綠色能源才能對抗氣候變遷，難道真的不該進行更多採礦活動嗎？

他凝視著營火後方的遠處，輕聲回答：「這是個令人戒慎恐懼的問題。因為，如果我們回答這個問題時說，由於我們需要大量的銅，所以我們需要堅毅銅礦來產出大量的銅……那就表示這個國家的民眾是貪婪的。那個答案代表我們太叛逆，且搞得一團糟……而那不僅應該是對國家領導人的警告，也是對這個國家所有為人父、為人祖父、為人祖母和為人母者的警告：該出手控制貪婪的醜惡了。我們目前擁有的已經足夠。」

這番論調令人想起瓊妮·密契爾（Joni Mitchell）的歌曲：

他們鋪設了天堂的美景
卻又蓋了一座停車場。[53]

諾西在七名兄弟姊妹之中排行老么，1950 年代末期至 1960 年代初期，正值成長期的他，親眼目睹哥哥姊姊成了美國政府政策的受害者——政府強制將他們重新安置到較大的都市，說穿了，這是為了使他們與其他美國原住民被美國文化同化的謀略，更進一步延伸來說，是為了抹滅屬於他們的阿帕契文化。儘管諸如此類的作為多半因《原住民公民權法》（*Indian Civil Rights Act*）的通過而在 1968 年喊停，那些傷害卻已在小諾西心中留下了不可抹滅的印記。當時他就發誓，絕對不要成為他所謂的「戰俘」。

他說，很多蘇必利爾人與其他非原住民社區之所以從未聽說過橡樹平原的神聖儀式，很有可能就是政府當年設下的此類束縛所致。他用手指著四周說道：「我絕對不會因為他們而背棄我的信仰。我本來就理當和那些宗教信仰方式很親近，而我的宗教信仰就在這裡。這才是真正的我，我就是不想在離開這個世界的那一刻，還帶著囚犯的身分。」

值得一提的是，即使到二十一世紀，阿帕契族人所遭受的輕蔑對待並沒有減輕。美國軍方以「傑羅尼莫（Geronimo）」為機密代號，稱呼他們在 2011 年突襲並刺殺奧薩瑪·賓拉登（Osama bin Laden）的行動，而傑羅尼莫正是一位著名的阿帕契族人，別名高伊亞爾（Goyaalé）。[54] 1909 年，他以美國陸軍戰俘的身分，於拘留所中過世。傑羅尼莫過世之前曾低語道：「即使戰至最後一人，我也理當奮鬥到底。」[55]

橡樹平原之爭並不是諾西第一次向政府發動抗爭。早在 1997 年，他就因涉嫌侵入亞利桑納州的葛蘭姆山（Mount Graham，亞利桑納州大學與梵蒂岡在此處設置了一個強效望遠鏡）而遭到審問。諾西說，那座山和橡樹平原很像，都具有崇高的精神意義，他還曾到那個地方祈禱。最後，他被判無罪釋放。[56]

我和諾西本人見面時，他已經在橡樹平原紮營將近兩年；國家林務局大致上對他睜一隻眼、閉一隻眼（根據規定，在聯邦露營區紮營的天數通常最多不得超過十四天）。[57] 他先前曾擔任聖卡洛斯阿帕契部落的主席，但 2021 年，他淡出這個職務，目前他為族人擔綱另一個更強大的角色：他像傑羅尼莫那樣為族人挺身而出，反抗他認為可能侵犯傳統家園的外來入侵者。他有一度還聲稱，參議員約翰·馬侃（John McCain）曾威脅，倘若聖卡洛斯阿帕契族人不支持堅毅銅礦專案，就要扣留政府對族人的聯邦資金補助。[58] 在另外幾次聊天時，他曾對我表示，他把自己當成一個領導某種宗教運動的傳道者。

在因這座礦場而起的幾項法律訴訟中，主要的原告並不是阿帕契部落，而是「阿帕契要塞」這個維權團體。這個團體主要是由諾西與很多其他在這個場址紮營的阿帕契族人組成，但也有一些自然資源保護主義人士、環保主義人士以及來自亞利桑納州及全國各地的其他人士。他承認，他尚未與力拓集團的任何人交換過意見，一部分與美國原住民團體長久以來的堅持有關：他們認為，只有他們所謂的「政府對政府」協商（由部落領導階層和美國官員之間進行協商），才是唯一正當的協商形式。諾西也表示，他尚未和馬斯克或其他任何車業高階主管談過，不過，他提醒車業人士應該要多做一點功課，搞清楚「他們的銅從哪裡來」。

他說：「這已經成為宗教與企業經商方式之間的某種戰爭。」他輕柔的音色再一次令人忘記他有多麼強悍。「造物主正考驗著我們每一個人。這個國家得隨時待命。」

我不斷問我自己，關於這裡的紛紛擾擾，究竟誰是對的，誰又是錯的？誰應該做決定？諾西與其他阿帕契族人傳達給我的痛苦，絕對是發自他們內心、徹徹底底的痛苦。究竟誰有權決定我們值得為了一種可能有助於遏制氣候變遷的金屬而摧毀他們的宗教場所？

諾西誓言，萬一這座礦場最終獲准動工，他將盡一切努力來阻止它的開發。他的計劃與其他阿帕契族人的說法互相呼應——他們聲稱將效法2016 年反北達科他州達科他輸油管（Dakota Access Pipeline）的抗議行動，以自己的血肉之軀作為路障，阻止這個專案在這片土地上開發。

諾西說：「當你熱愛某件事物，就絕對不可能放手讓它消失。我不想讓他們奪走我的宗教信仰，絕對不允許。萬一阻止不了這座礦場的開發，我就會跳進它的大礦坑裡。」

我愈是深入報導與堅毅銅礦有關的風風雨雨，就愈能深刻體會這些議題有多難處理。我的工作並不是要判斷誰對誰錯，或是有沒有對錯。但我強烈覺得，我必須取得涉及此案每一方的意見，聽聽他們對其他方所提出的指控有何說法。

拜訪諾西的前一天，我在位於部落保留區的聖卡洛斯阿帕契文化博物館（San Carlos Apache Cultural Museum）稍作停留。中心主任馬羅・卡薩多爾（Marlowe Cassadore）帶我參觀了幾個陳列聖卡洛斯阿帕契族歷史文物的展館。[59] 他還對我細述他孩提時代的狀況，他說，他祖母經常到橡樹平原去撿艾莫里橡樹的果實來製作傳統藥物，一去就是好幾個星期。他還說，在 Covie-19 疫情大流行期間，阿帕契族人也在這個場址採集其他植物來製作藥物。

談到橡樹平原，他說：「民眾經常會去那裡採集植物。而且，那裡具有某種神聖的意義。不過，阿帕契族人對此通常不會多談。」

他擔心這座礦場可能會對早已歷盡滄桑的阿帕契族人造成無可迴避的新災厄，並再次褻瀆這個部落的精神、文化與身分認同。他說：「以前美國政府和亞利桑納州對阿帕契族人實施了趕盡殺絕的政策（他指的是十九世紀那位美國陸軍將軍所下的「格殺勿論」命令），所以，我們理當不該在這裡出現。但我們的生命終究還是延續了下來。」

我在橡樹平原露營區附近的巨石上結束與諾西的談話時，卡薩多爾的說法還在我腦子裡迴盪。不遠的幾百碼外，立著力拓集團的兩座礦場井架。諾西說：「如果那個狀況發生，這裡的一切都將被摧毀。」

井架是一種高聳入天的巨大支架，這項裝置充分展現了現代礦業的力量與實力。就在諾西的抗議帳棚底下，力拓集團已挖出一個深達 7,000 英尺的礦井，集團的高階主管表示，挖掘這個礦井的理由是為了練習，他們希望藉由這個練習，釐清是否有辦法挖出美洲大陸最深的礦井。

隸屬力拓集團控制的一片狹窄土地邊緣（2014 年的法律授與該集團在這片土地上探勘的權利）有一座小型觀景平台，從這裡可以俯瞰諾西的帳棚，乃至最終可能被這座礦場吞噬的遼闊土地。肉眼看來，這裡就像一座充滿岩石與山艾的公園，極目望去，這裡的奇特與靜謐之美處處可見。這個平台最初是為了迎接英國約克公爵安德魯王子（Prince Andrew, Duke of York）2008 年的到訪而建，當時，安德魯王子背負著一項貿易任務：他是為了促進英國在亞利桑納州的商業利益而來。[60]

我決定前往力拓集團的第十號礦井底部一探究竟，出發前，我聽取了一場冗長的安全簡報，還換了一身衣裳。主管人員解釋，地球的 7,000 英尺深處有著一種完全獨特的氣候，平均溫度大約是華氏 180 度（注：攝氏 82.22 度）；而為了將空氣溫度控制在接近華氏 80 度（注：攝氏 26.67 度）的水準，那裡的空調維持恆久運轉的狀態。力拓集團光是挖掘第十號礦井，就花費了 3 億 5 千萬美元的成本。

一位安全主管指著厚厚的雨褲、靴子和夾克對我說：「你最好穿上這些東西。」除了這些衣物，整套裝備還包括一頂附帶頭燈的硬殼安全帽和一個小型氧氣桶。換裝完成後，我們搭乘位於井架正下方的電梯一路往下降。馬侃也曾在七年多前親自搭這部電梯到地底下視察。從那時開始，這項專案就處於擱置狀態，但為了把水抽出礦井，這裡的幫浦還是持續不斷運轉，工程師也繼續設法確保礦井的穩定性，只不過，這裡還是沒有實際的採礦活動。

我發現這邊的電梯車廂分成兩層，每層可搭載四個人，所以，我們這個八人團隊分成兩組進入電梯。所有人都進入電梯後，電梯操作員拉開一個控制閥，鈴聲系統便發出了五聲響亮的蜂鳴聲。他說：「鈴聲系統是用來表明我們即將到達哪一層。剛剛的鈴聲表示我們將前往最底層。」接下來 15 分鐘，我們的電梯以大約每分鐘 500 英尺的速率下降到伸手不見五指的黑暗之中。隨著小小的電梯轟隆隆地深入地球內部，車廂內不時有濺起的水花或熱空氣滲進來。

　　快到最底層時，印入眼簾的是一片看起來像雨林的地方，所以電梯一觸地，100％的濕度隨即像毛毯般，朝我們包覆而來。這裡到處都是水，不僅地板被水弄得泥濘不堪、天花板上不斷滴水下來，牆壁上也不停流著水。力拓集團就像一時不慎而被不透水的岩石困在古老湖泊裡的巨人，而這裡的濕氣就是那個失誤所造成的。[61] 巨大的礦井外是一條長約 170 英尺的走廊，走廊沿線還有幾條岔路，力拓集團的職員在那裡忙進忙出，處理當天的任務。由於整個區域極度潮濕，持續不斷運轉的幫浦每分鐘可抽出 600 加侖的水（一天大約抽出 100 萬加侖）到地表上的水處理廠，再進而轉賣給當地的農民。那些水是力拓集團從銅礦床抽出來的，而抽水是採礦作業展開前的必要步驟。

　　雖然力拓集團尚未取得這塊蘊藏銅礦的土地所有權，但他們還是設法將它抽乾，好為鑽鑿與挖掘設備的進駐做準備。礦場底部還設有一座變電站，並提供可讓此地員工用手機與地面通話的 Wi-Fi，而且，這裡還有一間配備足夠幾天用量的氧氣、食物和水的加固型緊急避難所，萬一礦井不幸崩塌，這些備用措施就可派上用場。空氣中瀰漫了各式幫浦的巨大嗡嗡聲響，現場吵到幾乎無法交談。

　　自從我幾年前參觀過智利的厄爾特尼恩特地下銅礦（El Teniente，世界最大的地下銅礦）之後，這是我所到過的地球最深處。走廊旁的一個小房間裡擺放著一輛閒置的挖土機，似乎滿心期待有一天能開始上工，擊破並挖開位於上方的巨大銅礦床。第二個礦井位於走廊末端，這裡就是舊岩漿礦場的遺跡，力拓集團已將這個礦井重新使用於堅毅銅礦專案。我眼前所見的每一面牆上，都抹上了某種混凝土，為的是阻止潛在坍方事件發生，而混凝土外層的木模，就是用力拓集團向路易斯的五金行買來的木材製成。這實在是一件了不起的工程，它說明即使在如此幽深的黑暗地帶，上述林林總總的嚴密部署一樣可能完成。

眼見力拓集團擁有如此優異的工程實力，我突然很想知道，他們是否能避免製造一個榮耀洞。既然力拓集團自詡為礦業大師，他們難道找不到在採集銅礦的同時，又不損害阿帕契族宗教場所的方法嗎？倘若真有那麼一個方法，似乎就能皆大歡喜（儘管若不製造巨大的礦坑，就可能無法採集那麼多銅）。我把這個問題丟給負責監督堅毅銅礦專案的監督經理維琪・皮賽（Vicky Peacey）。她說：「換地一案讓我們有機會蒐集更多數據，進而改善我們的計劃，同時可進一步尋找避免破壞這個場址，並將傷害化至最小的其他方法。」[62] 這真是個含糊的回答，雖不至於閃爍其詞，卻巧妙地為力拓集團留下夠大的迴旋空間，換句話說，未來不管力拓集團選擇其中哪條途徑，都不至於招致太大的非議。

修訂礦場計劃的情況在採礦產業並不罕見。以位於華盛頓州的巴克霍恩礦場（Buckhorn Mine，接近英屬哥倫比亞的邊界）來說，開發商最初計劃在 1990 年代將它打造為一座露天金礦，但後來，在自然資源保護主義人士的沉重壓力下，開發商改變了策略，同意建造成地下礦場。[63]

如果一切都按著力拓集團所期待的劇本走，後續他們還得花上十年來建造這座礦場（當然是在取得所有許可證之後），接下來，這座礦場本身會維持四十至五十年的營運。結束營運後，力拓集團又得花五至十年進行填築（reclamation）的流程——目的是為了讓土地的外觀恢復到開發礦場之前的樣貌。[64]

堅毅銅礦只是力拓集團擴大美國營運規模的最新計劃之一。2019 年年底，集團也宣布將斥資 15 億美元，將擁有百餘年歷史的猶他州肯尼柯礦場（Kennecott Mine）的開採年限從 2026 年延長至 2032 年。當時的力拓集團執行長夏傑斯（Jean-Sébastien Jacques）告訴我：「我們喜歡銅，也喜歡美國。」[65]根據美國地質調查局（U.S. Geological Survey）的統計，智利和秘魯是 2021 年全世界前兩大銅生產國，中國排名第三，而美國雖排名第四，產量卻遠遠落後中國。

不僅力拓集團擴大在美國的營運，它的競爭對手也積極鎖定美國——川普支持礦業的政策與愈來愈普及的電動車，正吸引長年放眼國際的礦業公司回到美國。某種程度來說，這個演變途徑和美國的頁岩油熱潮有著異曲同工之妙——當時許多石油及天然氣公司在歷經幾十年的全球化經營後，回到德州、北達科他州和奧克拉荷馬州發展。2019 年，企業承諾投入美國銅礦開採專案的金額超過 11 億美元。總部位於亞利桑納州，並在智利、秘魯與印尼持有、經營銅礦的費利浦－麥克莫蘭銅金公司，也開始將重心轉回國內，因為它認為美國是攸關公司未來發展的核心要素。費利浦執行長理查·阿德克爾森（Richard Adkerson）告訴我：「十五年前，一般人眼中的美國礦業還是個死氣沉沉的產業，但如今，美國在我們眼中又變成一個有利可圖的地區。」[66]

就在拜登出手介入堅毅銅礦的風風雨雨之際，力拓集團好巧不巧正處於一個特別嚴峻的時期，於是，諾西和其他聖卡洛斯阿帕契族人決定把握機會強力反擊，希望能一舉達成他們的訴訟目標。

話說 2020 年 5 月，力拓集團摧毀了澳大利亞西澳州皮爾布拉（Pilbara）地區向來被當地原住民 PKKP 族人（Puutu Kunti Kurrama people）用來作為庇護所的岩穴。事實上，力拓集團並不是私下偷偷進行爆破工程，這次的行動完全合法——當時力拓集團為了擴大礦場的範圍，已先取得了破壞尤坎峽谷（Juukan Gorge）當地許多洞穴的所有必要許可。問題是，那些洞穴早在 4.6 萬年前就已存在，是世上現存最古老生活文化的有利跡證之一，也是澳洲內陸地區唯一有跡象顯示，人類自上一個冰河時期就連續在此定居的地點。這裡曾發現一條以人髮編成的腰帶，而存在於那些頭髮的基因證明，那些頭髮和 PKKP 族之間存在非常明顯的遺傳關係。[67]

破壞發生後，聯合國指責力拓集團的行動，與塔利班 2001 年破壞巴米揚大佛（注：Bamiyan Buddha，位於阿富汗巴米揚的希臘式佛教作品，原為世上最大的立佛像）的行為如出一轍。[68] PKKP 族當然也對這個「毀滅性爆破」行動極度不滿，他們表示，這場爆炸切斷了他們和祖先與傳統土地之間的連結。力拓集團方面則是堅持它摧毀這個場所完全合法，並表示雖然感到遺憾，但「透過多年來的接觸，PKKP 族最近所表達的那些疑慮並未發生」。[69] 不過，隨著大眾發出嚴厲的怒吼，力拓集團的涉事人員很快就遭到報應；在短短一年內，力拓集團解雇了執行長與董事長，以表公司的投資人對此事件的嚴肅回應。[70] 諾西、美國印地安人全國代表大會（National Congress of the American Indians）甚至還有一個倡議步道健行的非營利團體，都十分關切那起事件，他們還趁機表示，他們覺得歷史正在重演，藉此影射力拓集團正（在美國）犯下相同的錯誤。[71]

聖卡洛斯阿帕契族委員會主席泰瑞·藍伯勒（Terry Rambler）在 2020 年 8 月寫給澳洲國會議員的信中提道：「目前正遭到堅毅銅礦貪婪搜索的橡樹平原和尤坎峽谷的岩穴庇護所一樣，都是聖潔與至善之地。」他請求那些國會議員「讓力拓集團為他們自己一手造成的損害，負起完全的責任」。[72]

在尤坎峽谷那次可恥的挫敗後，繼任的力拓集團執行長的石道成（Jakob Stausholm）以非常敏銳的手法來回應那些指控。2021 年 9 月，他飛往亞利桑納州，希望能和藍伯勒、諾西及其他反對堅毅銅礦的人見面。我趁著他在當地時，透過 Zoom 和他聊了一下，當時石道成一身跑步裝域備，汗珠不斷從他頭上流下來——原來他剛在炎熱的鳳凰城陽光下跑完步回家。力拓集團和石道成矢言要取得聖卡洛斯阿帕契族的所謂自由、事前、知情同意（Free, Prior, and Informed Consent，以下簡稱 FPIC），這個產業術語的意思是指礦業公司願意在取得本地原住民的許可之後，才展開新專案的開發。儘管先前力拓集團並未完全取得 PKKP 族的同意，但石道成表示，他們絕對不會在堅毅銅礦一案上重蹈覆轍。他語帶丹麥口音對我說：「如果我們解釋得還不夠充分，那我們就得設法解釋得更清楚一些。」「我們會努力找到雙贏的方法。我真心認為那個開發案對每個人都有利。不過，我也承認，現在的我們還得再加把勁兒。」我問他是否會在美國進行銅的精煉作業，他說會。

不過，藍伯勒卻拒絕與石道成見面，他說他寧可把時間用在和國會民主黨人合作修訂 2014 年通過的換地相關法案。藍伯勒說：「如果他們真心想見面，生米煮成熟飯之前（2014 年）早該見了。現在我只想專心處理那項法律的修法。」[73]

禍不單行，石道成不只這個問題要應付。在塞爾維亞的亞達爾山谷（Jadar Valley）深處，有種地球上其他地方都未曾發現過的礦物存在，人稱亞達爾礦石（jadarite）。基於地質學家迄今仍未全然釐清的理由，亞達爾礦石含有非常高含量的鋰，因此，這裡的開發前景也讓力拓集團垂涎不已，尤其歐洲境內的現行鋰礦場可說是屈指可數。力拓集團已經為此投入了 4 億 5 千萬美元，其中多數的資金用於技術開發——他們還在開發從亞達爾礦石中提煉出鋰的技術。不過，2022 年年初，塞爾維亞政府屈服於環保人士的壓力，撤銷了整個專案。[74] 就這樣，力拓集團原本大有可為的投資計劃也突然變得岌岌可危。[75]

力拓集團的名稱本身就令人不得不想起，他們在創辦時期犯下的一些環境過失。西班牙語中，Rio tinto 是「紅色河流」的意思。1873 年，一群英國投資人買下西班牙境內紅河沿岸的採礦權，之後那條河流就長年因酸性礦物滲入水道而呈現紅色的樣貌。[76] 儘管力拓集團的營運正是從那時開始快速成長，但這個惡名也自此變得歷久不衰。

2022 年年初，力拓集團不僅得和聖卡洛斯阿帕契族、PKKP 族和塞爾維亞人民周旋，還得應付自家員工的問題。精明的石道成為了和前任執行長作切割，他一上任便聘請了一家外部多角化企業，來調查力拓集團內部的文化。不過，這項舉措精明歸精明，卻也冒了相當大的風險，尤其此舉可能導致一些令人尷尬的齷齪情事公諸於世。不過，石道成的目的就是要盡快把所有可能的壞事全都攤在陽光下。最後，這份調查的報告顯示（內容公布在力拓集團的官網上），幾乎一半的問卷受訪員工都曾遭到霸凌。[77] 其中一名員工更分享了她本身遭到性騷擾的故事，內容令人震驚：

> 我第一天進公司，就有一個男人……要求我為他口交。我將此事告訴我的直屬主管，結果對方竟然說：「我確定他只是在開玩笑。我們會確保你不會有和他獨處的機會。」

石道成本人看到這樣的答覆也非常震驚，但他矢言做出改變。「既然現在我已得知這些事，我顯然就有責任解決問題。」不過，這篇報告卻給亞利桑納州反對堅毅銅礦的人，製造更多借題發揮的空間。

隨著 2020 年美國總統大選選情日趨白熱化，亞利桑納州與該州十一票選舉人票，對拜登與川普二人都越發舉足輕重。雖然從 1952 年迄今，亞利桑納州只有在一次總統選舉中，投票支持民主黨籍的總統候選人，但選舉人已漸漸朝中間派傾斜。所以，對候選人來說，即使多獲得某個團體的一丁點兒額外支持，都有可能大大改變選舉結果。於是，意識到這個事實的拜登，開始積極爭取阿帕契族與其他美國原住民部落的支持，更親自帶著他的承諾來到這裡。[78]

10月8日當天，距離選舉日不到一個月，拜登和競選搭檔加州參議員賀錦麗（Kamala Harris）在鳳凰城的哈德博物館（Heard Museum，這個博物館收藏非常大量的美國原住民藝術作品），和亞利桑納州的眾多部落領袖會談了30分鐘。在藍伯勒的步步進逼之下，拜登和賀錦麗不得不談及可再生能源與氣候變遷的話題。不過，由於堅毅銅礦尚未獲得正式許可，藍伯勒無法提出任何具體的要求，但他還是把握住這次的機會結識政治人物，為他後續的作為鋪路。一週後，拜登的競選團隊公布了一份清單，並表示清單上的近兩百個部落在總統選戰中支持拜登，聖卡洛斯阿帕契族也出現在清單上。[79]

不過，藍伯勒和其他部落領袖有所不知的是，其他積極的政治操作也正默默進行——拜登的競選團隊早已私下和全國各地的礦業公司接觸，還向這些企業承諾，拜登團隊將會支持提高用於綠色能源產品（例如太陽能板與電動汽車）的銅與其他金屬的美國產量，因為他們知道，那些新技術與新產品的關鍵組成要素不可能憑空從天上掉下來。競選總統期間，儘管拜登本人從未公開談論礦業，但多數礦業公司都相信拜登競選團隊的說詞。控制明尼蘇達州備受爭議的波利麥特礦業公司（PolyMet Mining）專案的嘉能可公司（Glencore）決定，即使拜登勝選，也不會縮小美國的營運規模。而從2016年開始，迫切希望獲得華盛頓當局支持的許多美國鋰業公司員工捐給民主黨的獻金也增加接近一倍。[80]美國礦業公司同業公會的全國礦業協會（National Mining Association）甚至還借用拜登的競選口號，公開宣稱「重建美好不容礦業公司缺席」。[81]

到那時為止，聖卡洛斯阿帕契族——他們原本就會在族人的保留區內開採一種稱為橄欖石的寶石——已經對抗堅毅銅礦很多年了（至少從

2005 年開始）。該部落的委員會在 2019 年投票一致反對這項專案，而且，2014 年開始（也就是歐巴馬核准換地案那年），部落成員每年都會舉辦一場從保留區首府一路步行到露營區的遊行活動（大約耗時 45 分鐘），目的就是要讓外界注意到他們的動機，當然，他們的訴求確實也獲得愈來愈多人的關注。[82] 他們未曾隱藏堅決反對堅毅銅礦的立場，而摩門教徒、猶太人和其他宗教團體也認同他們，認為這件事具有重要的宗教意義。（舉個例子，藍伯勒告訴我，他不信奉傳統的阿帕契信仰，而是耶穌基督後期聖徒教會〔Church of Jesus Christ of Latter-day Saints〕的成員。）

拜登在 2020 年 10 月的那場會議中向藍伯勒和其他部落領袖承諾，將讓他們在他的政府裡擁有發言的機會。賀錦麗也加碼承諾，誓言將以部落領袖的經驗與願景為重，她說：「我們需要你們。我們需要你們……如果我們當選，你們一定會擁有一席之地。我們將在氣候與我們深知原住民朋友們向來都懂得的事情上合作，我是指我們必須保護這個地球，而且要明智處理和地球有關的事務。我們將帶領你們向前進；你們將永遠占有一席之地。」最終，拜登和賀錦麗在亞利桑納州以些微差距險勝，部分得感謝亞利桑納州原住民選民的壓倒性支持。[83]（儘管有人汙衊選舉人舞弊，並因此爆發了 1 月 6 日的暴動）

1 月 15 日當天，任期只剩不到五天的川普，透過美國林務局發表了一篇最終環評報告。[84] 林務局表示，它已努力設法在不斷上升的銅需求以及尊重環境的承諾之間取得平衡。重要的是，根據聯邦法律規定，林務局並沒有權限考慮是否要否決這座礦場，只有權否決它認為可能會傷害到大自然的那部分礦場營運計劃。[85] 林務局以監理機關特有的含糊語言，承認審核這項擬議中專案的工作是件「錯綜複雜」的任務。該局表示，他們諮詢了這個地區的原住民部落，「以便用最好的方式來解決神聖部落土地所遭受到的負面衝擊」。林務局「設法藉由（和力拓集團）協商的方式來解決這些衝擊」，不過，當局並沒有在發表這份報告的新聞稿裡，提到力拓集團是否已做出具體的調整。[86] 這篇報告在發表前經歷了非常漫長且曲折的過程，然而最終川普還是在離開白宮前夕發布。此外，他也針對內華達州美洲鋰業公司（Lithium Americas）一個擬議中的礦場，發表環評報告。[87]

這個漫長的流程最早可回溯到 2014 年，那年歐巴馬總統簽署了《五角大廈撥款法案》，並啟動了整件事。多年來，支持礦場的人一直試圖透過立法來完成那項換地計劃的授權，但最終都功虧一簣。原本小布希總統（George W. Bush）政府支持一項准許這項計劃的立法行動，但 2009 年歐巴馬總統採取了相反的策略。當時剛在總統大選中敗給歐巴馬的馬侃非常憤怒（他也是亞利桑納州的資深參議員）。事實上，小布希政府裡的永任文官原本就支持這項專案，只提出幾個小疑慮，更指出這座礦場的興建將有助於提振該地區低迷的經濟。馬侃表示：「我在這個圈子打滾夠久了，我知道他們在打什麼如意算盤。他們知道如果拖得夠久……（力拓集團）勢必會打退堂鼓。但到時候，吃苦頭的還是亞利桑納州、全國乃至整個世界的民眾。」[88]

雖然共和黨領導的美國眾議院在 2011 年 10 月就核准了這項換地案，相關的立法卻遭參議院冷處理，因為當時的參議院是由民主黨主導。[89] 接下來幾年，馬侃多次出言感嘆這項換地法案屢戰屢敗，更直言這個案件是他身為國會成員必須對付的案件中，最「令人沮喪的」議題之一。[90]

2014 年秋天，參議員馬侃到蘇必利爾鎮參訪，並直白地就支持這座礦場提出一套經濟論述；他指出，小鎮裡有很多人「正費盡心思尋找能改善他們與家人生活的機會」。他提到，保留區的情況更糟，有超過 70%的人失業，還有很多人深陷酒癮或毒癮之中。深入訪查力拓集團挖好的礦井之後，馬侃提出懇求：「堅毅銅礦專案有潛力徹底改造這些社區。」[91]不過，他的獨立法案從未闖關成功。[92]

不過，那年年底，馬侃想到了一個取勝的計劃。他和亞利桑納州參議員傑夫・弗萊克（Jeff Flake，之前曾代表由力拓集團握有多數股權的某納米比亞礦場進行遊說[93]）在接近午夜時分之際，偷偷塞了一項條款到《五角大廈撥款法案》中，當時各方還在為這條包含換地條文的法案進行辯論。[94]他們在最後一刻採取這項行動，導致其他人幾乎無法阻止該條款納入，甚至根本沒人注意到這件事。原本反對馬侃就換地一案進行獨立立法的歐巴馬，最終不得不批准整套五角大廈撥款法案，因為如果他基於阿帕契族和堅毅銅礦之間的矛盾而否決這項法案，就會阻礙到對全體美軍的撥款。

這個發展隨即引起眾怒。內政部長莎莉・朱威爾（Sally Jewell）表示，她「深感失望」、「此時此刻，這個部落的神聖土地已陷入極度嚴峻的險境。」朱威爾表示，她希望和力拓集團合作、「進一步了解他們的開發計劃，看看他們能否採取額外的對策和各部落合作，包括放棄對這些神聖區域的開發。」[95]

佛蒙特州參議員伯尼・桑德斯（Bernie Sanders）與亞利桑納州眾議員勞爾・葛里哈瓦（Raul Grijalva）等議員也都提出了阻止換地的立法，但這些法案都沒有獲得太多支持。[96]歐巴馬政府方面則是試圖減慢批准流程，更在 2016 年將這個露營區列入國家史蹟名錄（National Register of Historic Places）。[97]不過，到了那個時候，生米已經快煮成熟飯了，而且，幾個月後，川普在總統大選中勝出──並取得堅毅銅礦環境評估作業的控制權。

川普上台後，美國官員開始推進這項專案，力拓集團也非常識時務地在公開場合說該說的話、做該做的事。到了 2017 年，力拓集團的高階主管到美國國會作證，表示該公司將把從堅毅銅礦開採出來的礦石送到猶他州進一步精煉。[98]這項承諾旨在解決美國銅將被運到中國的疑慮，而因為力拓集團最大股東的背景確實啟人疑竇（它的最大股東是受中國政府控制的一家鋁生產商），使相關的疑慮進一步加深。[99]

同一時間，諾西與阿帕契要塞團體則在設法琢磨他們的法律論述；2019年至2020年間，藍伯勒反覆寫信給美國林務局，籲請該局進行更多檢討。藍伯勒在2019年12月寫給政府官員的信中提到：「我擔心一旦沒有水、沒有我族的教堂，阿帕契族人的生活、文化與宗教就會變得岌岌可危，甚至難保從此消失。」[100]

2021年1月12日當天，阿帕契要塞團體意識到川普即將發表環評報告，於是選擇到聯邦法院控告美國政府，希望能藉此阻止報告的發布，使換地一案無法落實。藍伯勒還寫了另一封信給政府，就這座礦場將造成的「潛在災難性環境衝擊」向官方提出警告。[101]這個團體還申請了一項不動產留置權，實質上就是聲稱政府即將在換地案中，送給力拓集團的那片土地的所有權並不屬於政府。[102]

但川普還是在1月15日發表了環評報告。某位聯邦法官拒絕阻止他做這件事，於是，土地轉換一案的六十天倒數計時就此啟動。不僅如此，這名法官還拒絕在六十天期限屆滿前考量換地案的更廣泛議題。[103]幾個星期後，他更擺明了他站在政府那一邊，基本上等於是說，政府有權把它的土地送給它想送的任何人。[104]

不過，阿帕契要塞團體並未示弱，它的律師表示，這個組織「無所畏懼」。[105]事實上，藍伯勒知道他還有一張王牌還沒出手，而他後來也確實打出了這張牌。2021年總統就職典禮過後不久，藍伯勒聯繫賀錦麗，並提出一個請求：「我要求他們撤銷堅毅銅礦的最終環境影響聲明。」藍伯勒表示：「川普政府太急著發表這份聲明了。」他認為，既然剛上任的拜登透過選戰推翻了川普，實質上就等於撤銷了先前發表的聲明。不過沒有人清楚那份聲明是否真的能撤銷。覆水能收回嗎？不過，拜登還是做到了，而他的決定為阿帕契族人爭取到一些時間。另一方面，拜登為了守住他曾對原住民團體許下的公開承諾，還緊盯著安托法加斯塔公司（Antofagasta）在明尼蘇達州的一項銅礦場專案，但這違背了他在競選期間心照不宣地對採礦產業所做出的承諾。

　　儘管如此，法院裡的攻防還是沒有中斷，阿帕契要寨團體針對那位聯邦法官的裁決，向舊金山法院提出上訴。根據國會的要求，拜登最終勢必得就這份報告採取某種行動。然而，上訴法院擔心踩到權力分立的紅線，因此不願介入。2021 年 10 月，上訴法院的某位法官在一場聽證會上表示：「如果國會或某人能更知所進退就好了。」一如林務局在 2021 年直言不諱的，他的自白顯示這個案件確實錯綜複雜。[106]

　　有趣的是，拜登政府的律師還是一邊主張政府有贈地的權利並對此進行辯護，顯示拜登確實是以某種兩面討好的手段，在應對電動車用金屬的採礦活動。具體來說，就在拜登撤銷環評報告的發布並凍結換地一案之際，隸屬總統管轄的司法部律師卻向上訴法院表示，政府法令理應凌駕在所有條約，甚或華盛頓當局先前曾和聖卡洛斯阿帕契族或其他原住民團體達成的所有協議之上。可以肯定的是，這足以對某人造成極大的打擊，而拜登在電動車用礦物方面的政策不一致，自此也變得一覽無遺。[107] 2022 年 6 月，上訴法院判定力拓集團與美國政府勝訴，換句話說，阿帕契要寨團體輸了這場法律戰，不過，他們還是誓言，若有必要將上訴到美國最高法院為止。齊齊畢達哥提爾的風風雨雨讓我們了解到，如果這個世界希望朝綠色能源的方向前進，就必須解決許多盤根錯節且根深柢固的問題，而其中最關鍵的問題，其實是個簡單至極的疑問，究竟怎樣的採礦活動才叫「良性」？

第三章
來自潔淨能源的汙染

坦白告訴你吧，你賣的也是血鑽石。

 # 剛果共和國 # 福特汽車 # 微軟公司 #SEG # 責任採礦標準 # 鈷

在 2006 年的《血鑽石》（*Blood Diamond*）一片中，飾演丹尼·艾奇（Danny Archer）的李奧納多·狄卡皮歐（Leonardo DiCaprio）對著飾演梅蒂·鮑溫（Maddy Bowen）的珍妮佛·康納莉（Jennifer Connelly）說：「坦白告訴你吧，你賣的也是血鑽石。」[1]這部電影在全球各地引爆了一系列辛辣話題：用於婚戒、乃至於雷射產品的鑽石是如何採購的？這些又是從哪裡採購而來？為什麼要為了這些目的而採購鑽石？影片中的鮑溫原本傲慢且自負地認定，她無需為非洲當地鑽石貿易的相關亂象與惡行負責，但艾奇的話尖銳地反駁了她那種自以為是的想法。事實上，一如艾奇所強調的，鮑溫確實難辭其咎，因為她和數十億其他民眾每天都會購買各種從地底開採出來的產品。

早在這部電影上映之前大約七年，麥可·科瓦斯基（Michael J. Kowalski）就開始思量這些議題，最後他決定，他本人和他經營的企業必須設法確認，他們採購的金屬是否用負責任的方式開採並加工而來。1999 年，科瓦斯基接掌代表性零售商蒂芙尼公司（Tiffany & Co.）的營運，這家企業向來以專屬的「蒂芙尼藍」紙袋和紙盒，包裝它以黃金、白銀、白金與其他金屬製成的自有品牌戒指、項鍊、手錶和其他無數高級珠寶，並以其獨特的識別 彩而聞名於世。蒂芙尼公司的珠寶多半是自製的，這麼做不僅能確保產品品質，還能確保員工的勞動條件安全以及公平的勞動作業。儘管如此，蒂芙尼公司卻無法控制用來生產自家產品的金屬是如何開採的。在科瓦斯基眼中，這就是他必須應對的大問題。

科瓦斯基說：「我們漸漸意識到，整個珠寶業乃至蒂芙尼公司本身，並不是非常了解金屬供應鏈的狀況，也不太了解我們銷售的產品所使用的基礎關鍵材料是怎麼來的。」[2] 這對公司的利潤構成了聲譽風險。畢竟購買訂婚戒指或結婚戒指是當事人一生當中，最攸關內心深處情感的購買行為之一。當你向蒂芙尼購買一枚黃金戒指，它必定是用某座礦場開採出來的黃金製成的，而那座礦場的工人一天的工資可能只有幾美分，甚至可能不得不在極度惡劣的條件下工作；而一旦你聯想到這些問題，身為顧客的你對蒂芙尼的品牌忠誠度可能就會降低。科瓦斯基並非礦業工程師出身，他受的是經濟學家的訓練；所以，他並不知道礦場是怎麼經營的。[3]

他說：「珠寶是一種蘊藏豐富情感的產品，珠寶的持有人會希望它的來源絕對令人安心。我們深刻了解到，我們可以利用蒂芙尼的品牌力量來提高大眾對這個議題的認知。像蒂芙尼這麼有威信的品牌所表達出來的意見，一定具有某種程度的分量。」

礦場就像一個個雕刻在地殼上的龐然大物，而礦工在鑿刻地殼的過程中，必然會噴出灰塵和有毒物質。但那些龐然大物也會產出寶藏——製成蒂芙尼以及世上其他所有製造商的產品的許多基礎關鍵材料，便是來自那些礦場。每個人每一天接觸到的很多事物都來自地底，且通常是透過礦場或農田而來。科瓦斯基深知這個事實，他也意識到，萬一蒂芙尼公司未能採取更多措施來鼓勵礦業公司以負責的態度進行採礦活動，那就有可能回過頭來成為蒂芙尼的固有風險。對蒂芙尼來說，光是停止向道德淪喪的地點或業者採購金屬是不夠的；科瓦斯基領悟到，蒂芙尼公司必須利用它的影響力與採購力量，逼迫所有礦場尊重工人與環境。

於是，科瓦斯基先從他認為最顯而易見的領域開始著手。2002 年，蒂芙尼公司開始禁止銷售以珊瑚製成的珠寶，後來，愈來愈多珠寶同業群起效尤。[4] 畢竟珊瑚是海底森林的一種，有助於過濾世界的海洋，並為大量魚類與其他生物提供庇護之所。如果蒂芙尼公司積極鼓勵採集珊瑚，就會讓人認定它不關心海洋乃至整個世界。在科瓦斯基眼中，那樣的臭名蒂芙尼公司萬萬不能背負。

儘管缺乏全球採礦標準，蒂芙尼公司仍在 2002 年和力拓集團簽署了一項協議，將向該集團位於猶他州的賓漢峽谷礦場（Bingham Canyon Mine，接近鹽湖市〔Salt Lake City〕）購買多數的白銀與黃金。[5] 這座礦場自 1906 年就開始營運，到了 2002 年，它已是全世界最深的露天礦坑，深度接近四千英尺。[6] 科瓦斯基說：「那是座老礦場，何況我們並不是在亞馬遜雨林中央挖一個大洞。這是一座以負責任的方式來管理的礦場，現場還有一座精煉廠。」某些環保團體對蒂芙尼公司和這座礦場維持業務往來一事非常不齒，尤其是該礦場座落於美國主要都會區的外緣。不過，如果不和礦場往來，蒂芙尼公司上哪去取得所需的金屬？又該以什麼標準取得？對此，蒂芙尼公司也不知所以，只能一步步慢慢摸索。科瓦斯基說：「我們非常樂意做正確的事，但沒有任何標準能告訴我們，該去哪裡取得黃金才是正確的。」

2004 年 2 月，環保團體大地工廠與全球救濟組織美國樂施會（Oxfam America）共同發起了一項針對珠寶業的國際宣傳活動。這場標榜「不用髒黃金」（No Dirty Gold）的活動計劃，鎖定了蒂芙尼與其他珠寶同業，企圖左右這些業者的黃金採購來源。那一年的情人節當天，這些團體在美國三大都市的眾多珠寶店外分發卡片，上面寫著「別讓髒黃金玷汙你的愛情」的懇切呼籲。[7]

原本就一直在思考黃金採購來源等問題的科瓦斯基，注意到了這場活動。大約也是在那時，他打電話給時任大地工廠總裁史帝夫・迪耶斯波西多（Steve D'Esposito），希望了解他和蒂芙尼公司能為這個活動提供什麼協助。[8] 他的主動來電讓迪耶斯波西多這位環保人士非常震驚，不僅是因為該活動鎖定的珠寶公司，竟主動開口要求成為這場活動的戰力，更因為它是世界上最具代表性的珠寶企業之一——非常多電影裡都可以見到蒂芙尼的名號，以及它獨一無二的蒂芙尼藍註冊商標。[9]

沒多久，這兩位新戰友雙雙鎖定了他們的第一個目標。那年 3 月底，蒂芙尼公司花錢買了《華盛頓郵報》（*The Washington Post*）的全版廣告，廣告的最上方印著蒂芙尼的識別標誌，而廣告的內容基本上就是科瓦斯基寫給當時的林務局長戴爾・波斯沃爾斯（Dale Bosworth）的一封打氣信。科瓦斯基在信中懇求波斯沃爾斯，不要核准明尼蘇達州東部當時正在擬議的岩溪礦場（Rock Creek Mine），儘管那座礦場將能產出極大量的銅與白銀。科瓦斯基寫道：

> 這座巨大的礦場每天將排放數百萬加侖的廢水，汙染物將因此被輸送到克拉克弗克河（Clark Fork River），最終流入國家的寶藏愛達荷州龐多雷湖（Lake Pend Oreille）。巨量的尾礦——說難聽點就是有毒礦泥——則將被存放在保存設施裡頭，但這座設施的耐用性大有疑問。原本已經為了求生而陷入掙扎的野生動物，將因此面臨巨大的新危險。[10]

這則廣告擺明了是採礦產業的最大顧客對產業的大規模猛烈抨擊，許多礦業公司都因這封公開信而怒不可遏。美國西北礦業協會（Northwest Mining Association）的負責人蘿拉・史凱爾（Laura Skaer）表示：「像科瓦斯基先生這種身分地位崇高且擁有精明商業才智的人，竟然會寫出那樣一封信，這實在太令我震驚了。」[11] 但這封公開信奏效了。到 2024 年年初為止，岩溪礦場一直未能取得監理機關的核准函。

2008 年，科瓦斯基更進一步公開反對，某加拿大公司在阿拉斯加興建卵石礦場的計劃，這個礦場專案原本是打算開發世界最大的銅與黃金礦床，一旦計劃落實，其產量能夠滿足蒂芙尼公司與其他珠寶商，未來幾十年的銅與黃金需求。[12] 不過，從這個礦床在 1987 年被發現後，因它而起的大小爭議從未中斷，反對者警告，礦場開發行動將對阿拉斯加荒原造成浩劫，而阿拉斯加廣大的鮭魚捕撈產業就是靠這個荒原吃飯。不僅如此，擬議中的礦場位址非常接近一條活動斷層線，隨時可能發生的地震會導致尾礦壩倒塌，並引發礦坑陷落事件，令人擔心。科瓦斯基表示：「某些特定的地帶永遠都不該興建礦場，阿拉斯加的布里斯托灣（Bristol Bay）只是其中之一。[13] 有些人認為，在世界最大鮭魚漁場的水源地且地質非常活躍的區域興建一座附帶尾礦壩的巨大金礦場沒什麼大不了的，但那種人簡直就是在跟魔鬼打交道。」

2011 年，蒂芙尼公司說服了 50 家珠寶商同業，齊聲反對卵石礦場專案。[14] 2014 年，歐巴馬政府宣布考慮撤銷卵石礦場專案時，蒂芙尼公司又刊登了另一則全版廣告，這一次它不僅買下《華盛頓郵報》的版面，還在《西雅圖時報》（The Seattle Times）以及《舊金山紀事報》（San Francisco Chronicle）刊登全版廣告，部分內容提到：「我們知道世上一定還有其他黃金與銅礦場可以開發，但我們再也找不到比布里斯托灣更莊嚴、物產更豐饒的地方。」[15]

由於珊瑚礁對世界海洋的生態健康極度重要，珊瑚相對容易禁止。此外，即使單就生態危害風險考量，反對岩溪礦與銅金礦專案也算合情合理。不過，身為珠寶公司，蒂芙尼終究不能一味反對所有黃金、白銀與白金礦場，而是應該設法向最好的礦場採購，而且必須堅定推動責任採礦標準的設定。蒂芙尼公司與力拓集團之間的賓漢峽谷礦場交易，可說是它應對這個更廣義問題的某種權宜之計，但蒂芙尼與各行各業的其他製造商，終究還是得向世界各地的其他礦場購買所需的原材料，只不過，在這個過程中，這些製造商必須確保他們採購來的礦產品，是利用一般人廣泛理解且公認可行的標準所生產而來。

蒂芙尼公司的業務仰賴穩定的金屬供給來維繫，金屬不可能從天上掉下來，而是來自某處。科瓦斯基說：「我們希望做正確的事，但我們終究只是一家零售商與製造商，而非採礦商。我們想知道，究竟怎樣的採礦方法才算一般公認的責任採礦法？但這個問題並沒有任何明確的答案。」2006 年，大地工廠與蒂芙尼擴大合作關係，一同踏上設定採礦標準的漫長旅程。原本他們希望利用珠寶公司同業公會負責珠寶協會（Responsible Jewelry Council）來設定採礦標準，但並沒有成功。主要原因在於，珠寶商畢竟只是珠寶商，不是採礦商。科瓦斯基的想法是找一個第三方組織，協助設定他對我形容的「一座礦場該有的理想系統」。

科瓦斯基表示：「如果這個世界真的關心採礦活動，世人就該意識到，光盯著珠寶業是不夠的。」後來，蒂芙尼公司受到制訂木材砍伐與森林管理標準的森林管理委員會（Forest Stewardship Council）啟發，在2006 年與大地工廠合作，協助建構了責任採礦保險倡議組織（Initiative for Responsible Mining Assurance），即一般所熟知的 IRMA。IRMA 的目標是完成一項不可能的任務：促成礦業公司、礦業公司的顧客（包括珠寶商、汽車製造商與科技業公司）、環保團體與其他非政府組織、本地社區（包括原住民團體）與工會等之間的和解，以便設定出最佳礦場營運標準。

打從一開始，IRMA 就像一支雜牌軍。讓礦業公司和環保人士齊聚一堂？把製造商與工會湊在一起？別鬧了，這些團體之間向來沒什麼好交情。我第一次聽到這個計劃也是滿頭問號，百思不解。這聽起來很像1960 年代的嬉皮會策的那種計劃——滿腦子理想，但對這個世界的現實運作模式完全欠缺概念。然而，我沒料到他們竟然真的共同打造出十項參與原則（且同意遵守），第一條原則便開宗明義聲明：「我們致力於透過所有部門的參與，設定多元部門流程與解決方案，並承認相關流程與解決方案的價值。」[16]

這五個團體（或稱為部門）各取得 IRMA 的兩個董事席次（2020 年納入了第六個團體：投資人）。[17] 每一席董事都對一個採礦標準擁有一個投票權。如果各董事對某個待討論的採礦標準有所爭議，並有兩票否決這個議題，這個議題就會被擋下來，各方也必須回到會議桌重新協商。舉個例子，如果代表非政府組織的那兩席，董事不同意採礦產業的兩席董事所提出的水標準，這個議題就會被擱置，直到所有人都同意為止。

那些運作規定為的是促進共識與妥協，不過，也導致 IRMA 的起步變得非常緩慢。最初幾年，IRMA 的成員不斷為了如何與為何要打造標準而角力，也為了究竟要打造多少標準而爭辯不休。不過，到了 2011 年，IRMA 的成員至少做出了一個影響重大的決定：他們決定雇用某人來處理相關事宜。於是，前大地工廠的礦業維權主義者艾咪・布蘭格（Aimee Boulanger）加入 IRMA，擔任執行董事。事實上，布蘭格打從一開始就對科瓦斯基認定 IRMA 一定會成功的想法抱持存疑的態度。布蘭格說：「我說：『這應該行不通。』礦業公司和受影響社區之間的信任……已嚴重破裂。」[18] 不過，她轉念一想，如果美國遲遲不肯翻新 1872 年的《採礦法》，這倒是個利用自由市場打造更理想產業標準的好機會。於是，她接下了這份職務。

IRMA 的目標遠大，超出從前所嘗試過的所有努力。參與其中的每一方都必須共同合作，一起決定要把未來的礦業打造成什麼樣貌，也要就它的最佳運作模式做出決斷，不再只是透過法院或輿論來彼此較量。如果這個世界需要更多的礦場，我們的唯一選擇，就是決定怎麼樣採礦才是最好的——至少這就是 IRMA 的真正目的。布蘭格說：「當你走進房間，裡面的人雖然分別懷抱著不同的世界觀，卻彼此友善對待……這就已經堪稱一件基變工程（radical work）了，尤其是在當今這樣的世道下。」[19]

隨著時間漸漸過去，各方成員開始敞開心胸合作。他們聘請顧問來協助 IRMA 董事會，為所有部門共同同意應編纂法典的 26 個領域打造標準，例如水質、勞工健康與安全、原住民同意權、緊急備援作業以及空氣品質等等。意見最分歧的兩個領域是水質和礦場廢棄物，特別是因為這兩個領域是可量化的。環保與社區團體想要就水中的鹽廢棄物處理水準，以及礦場廢棄物的儲存地點等設定明確的標準，但採礦產業卻表示反對，因為他們認為全球各地的狀況皆有不同，不能一體適用同一套水質標準，而是應該針對不同的地理位置設定不同的標準。舉例來說，賴比瑞亞和阿拉斯加的地勢就截然不同。在大型白金、鎳與鐵礦砂礦商美國安哥洛公司（Anglo American）擔任高階主管的 IRMA 董事裘安·山繆爾（Jon Samuel）說：「有時候，礦場所在位置的鹽本來就會自然流失，並流進河川。如果那些鹽水是流進鹹水的環境，那就無傷大雅。但如果它流入淡水的環境，就可能事關重大。背景不同，情況就會有極大的差異，而這只是一個簡單的例子。[20] 我真心認為，一定有某些採礦業人士會認定這種一體適用的做法絕對行不通。」

一位英屬哥倫比亞省努哈爾克與蘇斯瓦族（Nuxalk and Secwépemc Nations）的成員努斯卡馬塔（Nuskamata）說：「意見最分歧的領域是『水』，每個人的意見都不一致；在 IRMA，這個議題總是一而再、再而三地不斷被拿出來檢討。」[21]

IRMA 在 2014 年發表了一份粗略的責任採礦標準草案供外界指教。[22] 布蘭格表示：「它不完美，但至少它是這些團體有史以來，第一次彼此妥協並真正完成的一套標準。」後來，這個團體收到超過一千則和這套草案有關的大眾評論。接著，位於蒙大拿州的靜水白金礦場（Stillwater Platinum Mine）同意在 2015 年接受一次模擬查核，基本上等於是同意成為 IRMA 的實驗對象。IRMA 完成靜水礦場的模擬查核後（耗費了 6 萬美元），在報告裡提到：「這套標準鉅細靡遺且嚴謹周密。」IRMA 認為，若要進行更深入的現場分析，模擬查核的成本可能必須提高到 10 萬美元。[23] 隔年，IRMA 在另一座白金礦場（這一次是在美國安哥洛公司位於辛巴威的礦場）進行了第二次模擬查核。[24] 2016 年，IRMA 發布了第二版的標準草案，距離科瓦斯基首度打電話到大地工廠已有十年之久。

然而，2018 年，就在敲定最終標準之際，各方的意見卻變得極度分歧，各部門相持不下，甚至差點毀掉了 IRMA。布蘭格回憶：「我們花了十二年的光陰，但所有努力卻幾乎毀於一旦。」[25] 礦業公司威脅要行使否決權，但它們願意等到 IRMA 召開兩組為期三天的會議，並進行更多辯論之後，再做最後的決定。這兩組會議（分別和水及廢棄物有關）邀請了來自加拿大礦業協會（Mining Association of Canada）、哥倫比亞大學以及世界野生動物基金（World Wildlife Fund）等組織的科學家參與辯論。幸好，這個意在促成妥協的做法奏效了。美國安哥洛公司的山繆爾說：「我們並沒有在那個星期達成真正的協議，但在那個星期，至少大家認同每個人都是秉持真誠的態度在做事。不僅如此，那些會議讓專家們得以勾勒出未來的替代路線，最終讓我們得以擺脫僵局。」[26] 後來他們又徵求了更多大眾評論，當然，檯面下爆發的緊張對峙局面也不少。不過，那些緊張情勢並沒有讓整個流程無疾而終；歷來一向爭吵不休的各個團體，最終還是在 2018 年 6 月制訂出長達兩百頁的《責任採礦標準》（*Standard for Responsible Mining*），IRMA 的董事會從未走進死胡同。

蒂芙尼與其他珠寶商早就意識到，他們在 2006 年推動的事務造福了更多消費者，所以，上述的進展自然令他們振奮不已。2016 年，蒂芙尼公司向股東表示：「我們相信 IRMA 將提供受消費者信賴的獨立認證系統，並對社會與環境績效設定崇高的標準，以解決採礦產業目前在各項標準上的落差。」[27] IRMA 的成立並不盡然是為了認可或否定礦場，而是為了讓一個向來短視近利甚至欺瞞成性的產業變得更透明。而在這些標準推出的同時，綠色能源轉型正好開始起飛。

　　IRMA 的審查支出是由礦業公司資助的，這些礦業公司聘請受 IRMA 認可的的獨立顧問到礦場場址參訪，並比對現場的情況與 IRMA 的標準有何差異。比對結果會公開張貼在 IRMA 網站，所有人都能查看，因此，造假或試圖為了自家利益而扭曲相關規定的礦業公司，很快就會無所遁形。2023 年年初，雅寶公司、智利化工礦業公司與李文特公司（Livent）在南美洲經營的鋰礦場，以及美國安哥洛公司在全球各地的多種金屬礦場，都進入 IRMA 查核階段，但只有兩座礦場取得 IRMA 的評分（當時沒有任何美國或加拿大礦場──包括擬議中或已在營運的礦場──接受 IRMA 的審查）。[28] 礦場經過查核後，會獲得零至一百分的分數，分數愈高代表愈完美。不管礦場的排名如何，IRMA 都會基於揭露受查核礦場透明度，進而敦促該礦場採取改善行為等目的，發布一份詳細查核報告。目前電動車產業已開始蒐集且愈來愈重視這些數據。

　　卡瑞察礦業公司（Carrizal Mining，該公司在墨西哥開採鋅、銅、白銀與鉛）的潔西卡・杜蘭（Jessica Duran）說：「現在大型汽車公司已開始要求礦場提供那些數據。」[29] 2020 年，該公司的奇瑪潘礦場（Zimapán Mine）是第一個以 IRMA 的最終標準接受審查的礦場。但就某種意義來說，它並沒有通過審查。不過，雖然奇瑪潘礦場的評分沒有超過五十分，這座礦場卻獲得了「成就等級：透明度」的標記，因為全世界──包括電動車顧客——如今都確切知道這座礦場以這些新標準來衡量的表現，究竟如何。杜蘭表示：「我們對這個結果很滿意，因為我們從中學習到非常多東西，而且它為我們指引了一條明確的途徑，讓我們知道必須做些什麼才能順利達標。」[30] 舉個例子，以前奇瑪潘礦場附近的居民並未取得該礦場的緊急操作計劃影本，所以，附近居民並不知道一旦這座礦場的任一座尾礦壩突然崩塌，它將會採取什麼作為。IRMA 的審查作業敦促該礦場改變了這種不透明的狀況，同時也修正了其他領域的作為。

IRMA 還利用科技業巨擘微軟（Microsoft）所提供的資金，發表了一項數位工具供礦場使用，這麼一來，礦場就可以在進行 IRMA 的認證作業之前，先私下進行自我檢驗。布蘭格說：「我們的目的並不是要整垮某座礦場，我們的目標是要創造，能激勵各礦場改善其作業價值與誘因。」[31]

汽車製造商也開始意識到，如果打算生產更多電動車，就有必要特別留意它們是從哪裡採購生產電動車所必須用到的鋰、銅和其他金屬。而且，有了第三方來獨立檢驗各座礦場是否遵守一般公認的人權與環保標準，汽車製造廠本身也能得到一點保障。但就算某汽車製造商加入這個團體，也不盡然能規定該團體只准向 IRMA 認可的礦場採購金屬，儘管那是科瓦斯基與大地工廠 2006 年開始推動相關事務時，所期望達到的成果。2024 年，自行申請 IRMA 認證的礦場還不夠多，何況 IRMA 的目的是為了讓電動車用礦物的整個供應鏈變得更透明，而不是要阻礙礦場的營運。理論上來說，如果一名消費者在釐清剛果民主共和國的鈷礦場，是如何生產用於 Model Y 裡的鈷以前，不會出手購買特斯拉的車子，那麼，這位消費者的意向，應該就足以敦促特斯拉要求嘉能可公司接受 IRMA 的查核了。理由是特斯拉的鈷購自嘉能可公司，而嘉能可的鈷是從剛果民主共和國開採的。[32]

寶馬汽車（BMW）與福特汽車，是第一批主動表示願意遵守 IRMA

標準的汽車製造商，微軟也表示願意遵守。通用汽車（General Motors）、福斯汽車（Volkswagen）與賓士汽車（Mercedes-Benz）稍後也加入他們的行列。福特基金會（和福特汽車並非關係機構）和服裝業巨擘巴塔哥尼亞公司（Patagonia）都是 IRMA 的會員，並以每年 1 萬 5 千美元的最高應付會員費，為這個組織提供資金贊助，尤其福特汽車更承諾將與各礦業公司合作，促進它心目中的責任採礦法。[33]

福特汽車在 2021 年成為第一家加入 IRMA 的美國汽車製造商時，該公司的一位高階主管表示：「我們生產的所有產品以及整個供應鏈中用來生產本公司產品的所有原材料，都必須遵守本地的法律，也要信守我們對永續發展及人權保障的承諾。」福特汽車表示，福特將與 IRMA 合作，堅定要求作為其供應商的礦業公司，必須達到福特「一直以來對實現責任作業的共同明確期望」[34]

日漸月染，情況愈來愈清楚顯示，IRMA 的標準確實是應對全球各地反礦場人士的有效工具，而且這些標準也讓汽車製造商及其他行業的製造商鬆了一口氣，因為從此以後，他們終於有了可以依循的標準，未來只要根據這些標準，向符合道德標準的來源採購鋰、銅，以及其他有助於綠色能源轉型的金屬，就比較不會引發外界非議。IRMA 肯定是個能改善透明度的工具，但它不會替監理機關或一般消費者制訂決策，監理機關或消費者必須利用 IRMA 提供的大量資訊自行制訂決策。

就在福特汽車加入 IRMA 的那一年 9 月，福特汽車與卡拉威及離子先鋒公司相約在拉斯維加斯賭城大道（Las Vegas Strip）上的大都會酒店（Cosmopolitan Hotel）會面，討論福特汽車從流紋岩嶺採購鋰一事。福特汽車向卡拉威提出了一系列和蒂姆蕎麥有關的尖銳疑問，其中，他們尤其希望釐清離子先鋒公司，如何在保護那些罕見花草的同時，供應鋰給福特汽車。由於當時尚未有任何大型美國汽車製造商，已經與離子先鋒公司簽署具約束力的鋰供應合約，所以，卡拉威迫切想和福特簽下一份那樣的協議。可惜，這場會議最終還是沒有敲定任何協議。

不過，隔年福特汽車又回頭找上離子先鋒公司，表達購買鋰的意願，但考量到因蒂姆蕎麥而起的種種爭端，這個決策似乎與福特汽車支持 IRMA 標準的立場互相矛盾。於是，福特汽車要求離子先鋒公司接受 IRMA 查核，離子先鋒卻表示，希望能採用加拿大礦業協會（它是受礦業公司控制的組織）所制訂的標準。卡拉威告訴我：「我覺得加拿大的標準對我們比較有利。」[35] 最後，由於福特汽車清楚知道，它確實很需要離子先鋒公司的鋰，只好敲定協議。這件事顯示，就算福特汽車只想向通過 IRMA 審查的礦場採購鋰，但從現實面來說，那種礦場的鋰供給量並不是那麼多，不足以促成全面綠能源轉型。

布蘭格說：「經 IRMA 查核的礦場產量並不夠。我們正努力朝那個目標前進，但目前尚未達標。」對 IRMA 來說，離子先鋒公司不打算接受 IRMA 查核一事，是個明顯的漏洞；不過，在福特汽車和離子先鋒公司正式簽署協議時，IRMA 的主管人員正迅速著手填補這個漏洞。一直以來，這個非營利機構不斷努力為新礦場乃至新精煉廠，打造各種標準。其中，關於新礦場的查核，環境危害和原住民權益的分數占比特別高。然而，離子先鋒公司真的會同意遵守這些新標準嗎？尤其是與福特汽車之間的協議已成定局之後。布蘭格說：「採礦作業真的不簡單，但這種活動會引發危害，卻也是不爭的事實。不過，我們確實已有技術能把事情做得更好，現在只差整個供應鏈的支持了。」[36] 也就是說，IRMA 需要的不僅僅是汽車產業的支持。

第四章
吹葉機之戰

> 在自家庭院用吹葉機吹半小時的碳排量，大約與從德州開著一輛福特皮卡到阿拉斯加所排放出來的量一樣多。

 # 智利 # 三星電子 # TTI 集團 # 美國製造

「你聽過吹葉機嗎？」

2018 年夏天，我約了以前的一位同事一起喝酒，喝著喝著，他突然沒頭沒腦問了這個讓我意想不到的問題。事實上，我以前就聽過吹葉機。每次有人在都市的公園、郊區的後院或其他充滿大量落葉、草屑或草坪碎石的場合裡使用吹葉機時，我都會聽到它們的聲音。這玩意兒的聲音非常大，但至少它看起來是清理上述幾種垃圾的理想方法。

我那位前同事說：「你知道嗎？吹葉機會對環境造成極大的危害。基本上，吹葉機排放的汙染物比一般的汽車多很多，而且，吹葉機無處不在。這玩意兒真的太可怕了，真的有必要取締吹葉機。」

在這之前，我從未聽過這場「吹葉機之戰」，不過，聚會一結束，我隨即展開深入的研究，並深受反對這項微小裝置的論述吸引：它雖然體積很小，卻明顯對我們的全球環境造成不成正比的影響。一般所知的吹葉機往往配備廉價的簡便型二衝程引擎（two-stroke engines，這種引擎也用於小型船馬達、鏈鋸和割草機），並以汽油來提供動力。這種引擎之所以稱為「二衝程引擎」，原因在於這種引擎的引擎活塞每運動兩次，就會完成一個內燃循環。不過，這種引擎並沒有（像汽油動力引擎那樣的）內部潤滑作用，因此，汽油必須和機油混在一起。問題是，大約有三分之一的燃料混合物無法在那個兩階段流程中完全燃燒，因此二衝程引擎會噴出危險的空氣汙染物，當中可能包含一氧化碳以及可能導致霧霾惡化並引起酸雨等化學物質。[1]

引擎動力裝置的運作速度當然比草耙子更快，對平日必須維護數十間住宅和企業的專業園藝設計師來說，確實是很棒的工具；此外，它對一般屋主來說也很方便，畢竟很多人可能沒辦法每個星期花兩個小時來除草或清理花壇。總之，吹葉機顯然讓許多人得以擺脫清掃庭園的惡夢。

兩位顯赫的科學家在美國環境保護署主辦的一場研討會上表示，吹葉機是碳排放的「明顯源頭」之一。[2]《紐約時報》一位特約評論家則哀歎，吹葉機讓空氣中「充斥汽油與死亡的惡臭」，他把這些裝置比喻成「機械蝗蟲」，「像舊時代的蝗蟲般席捲而來」，降落到各個鄰里。[3] 汽車網站艾德蒙茲（Edmunds）的一篇報告發現，一般的普通汽油動力吹葉機噴出的汙染物，比一輛福特皮卡車排放的汙染物還要多。艾德蒙茲發現，在自家庭院使用二衝程吹葉機吹半小時的葉子，所排放出來的碳氫化合物量，大約等於你從德州開著一輛福特皮卡車到阿拉斯加，一路上所排放出來的碳氫化合物。這篇研究更有意思（且令人警覺）的一點是，那是 2011 年所做的研究，而自從那時開始，福特汽車已經大幅提昇了旗下各車款的環境標準，而在同一期間，汽油動力二衝程引擎的基本設計大致上沒有改變。雖然增加空氣濾網能改善問題，但也讓這些機器變得更沉重，因此令生產商打消此意。[4]

一直以來，美國各地的社區都在考慮禁用吹葉機。有些地方甚至已經徹底禁用，例如華盛頓特區。[5] 加州則計劃從 2024 年起逐步淘汰所有汽油動力型除草設備。[6] 加州眾議院議員從 2021 年才開始起草，分階段淘汰加州高耗油除草裝置的法案，法案共同起草人蘿倫娜・岡薩雷茲（Lorena Gonzalez）議員將那種裝置形容為，對環境有害且加劇氣候危機的「超級汙染者」。[7]

汽油動力吹葉機發出的嗚嗚聲——在某些情況下，那個聲音會比飛機起飛的聲音還要響亮——甚至可能使人心理受創，並導致幾種健康問題變得更嚴重，包括壓力上升與心血管疾病。[8]

隨著我更深入探討這場「吹葉機之戰」，我發現《華盛頓郵報》曾對此提供一些建議：報上寫著，改用電動吹葉機將「大幅降低」空氣汙染。[9] 電動吹葉機通常比汽油動力吹葉機輕，噪音也比較小。而拜鋰離子電池的進展所賜，電池的平均成本正日益降低，電池壽命也持續延長，順帶一提這種電池和電動車所使用的電池是同一類型。2022 年，我搬到一間有庭院的住處，而且得自行照料庭院，經過考量，我覺得應該要研究一下良明（Ryobi）的電動設備。

良明公司生產數十種家用電動工具，包括電鑽、修剪器、旋轉碎土機，當然還有吹葉機。在美國，這個品牌的產品，主要是透過大型五金商店家得寶來銷售。良明的產品最吸引人之處在於，它開發的一系列產品都可以使用相同的電池。即使你想購買良明旗下好幾種不同的電動工具，也不必採購一堆不同的電池，只要買一批相同的電池就好，因為這些電池可以在每一種工具交換使用，從處理草坪到料理其他家務等許多不同的工具皆然，該公司銷售的家用電動工具共高達 280 種。雖然良明公司並非唯一推出這種互換電池方案的公司，但這個方案（取名為「ONE+」）一推出，很快就得到熱烈迴響，它的產品也成了家得寶連鎖店的暢銷產品之一。[10]

有鑑於此，2022 年夏天，我光顧了家附近的家得寶分店，在一長排的良明 ONE+ 產品當中，選擇了一台 18 伏特的無線變速噴射風扇吹葉機，這台裝置花了我 129 美元（含稅價）。[11] 良明公司的包裝上宣稱，這項新設計吹出的風速可達每小時 100 英里以上。這樣的風速應該有足夠的動力幫我清除院裡那些惱人的落葉。不過，買回家以後我才開始關注真正的問題所在，良明公司是從何處取得鋰、銅和其他金屬，來製造這台吹葉機的鋰離子電池？如果這些金屬來自世界的另一端，這台吹葉機的碳足跡有多少？如果我買的是一台汽油動力吹葉機，兩者的碳足跡孰高孰低？還有，裡頭的金屬是如何開採、如何加工的？這些金屬是用公平勞動條件、並以對環境安全的作業開採出來的嗎？目前有愈來愈多人針對電動車的製程，提出諸如此類的疑問，但鑑於綠色能源轉型的影響深遠，電動車其實只能算是冰山的一角而已。情勢顯示，未來的一切事物似乎遲早都將轉為電動，在這個情況下，金屬的採購來源就更攸關重大了。

幸好，目前某些國家的政府已開始有所作為。其中歐盟已在 2022 年年底出手，對不設法遏制溫室氣體排放的國家進口到歐洲的產品課徵關稅，而中國被視為最大的目標。[12] 值得一提的是，汽車製造商鮮少為悠閒翻閱電動車產品說明書的消費者，提供汽車原料／產品來源國是否遏制溫室氣體排放的資訊。不過，站在這家五金連鎖店走道上的我，無法透過歐盟或其他國家的政府強制推動道德供應鏈的政策，得到任何有用的資訊，至少目前為止還沒有辦法。於是，我決定自行深入，關於這款良明電池的出處。

良明有限公司是一家日本製造業公司，但它和我購買的這台吹葉機幾乎沒有任何關係可言。因為早在很久以前，良明公司就把它的名稱授權給一家名為創科實業（Techtronic Industries Company Limited，一般稱為 TTI 集團）的香港企業使用。2022 年，TTI 集團不僅生產良明的電動工具，還生產歐瑞克（Oreck）、胡佛（Hoover）與汙垢魔王（Dirt Devil）等品牌的吸塵器。

我購買那台吹葉機時，家得寶附上了一堆看起來很像法律術語的技術資訊。其中一份表格是所謂的技術參數表（Technical Data Sheet），這表裡似乎可能包含我想找的資訊。檢視這份表格後，我確實在當中找到部分資訊。表格上方保證會提供「產品與公司識別」。我已經知道電池是18伏特，容量是4安培。我也從表格資訊得知它的型號是「P108」，是2016年5月發表的產品。雖然TTI集團的總部位於香港，但我得知TTI集團在南卡羅來納州的安德森（Anderson）有辦事處。[13]

　　但TTI集團已進一步將電池製造作業，外包給南韓綜合企業三星（Samsung）的某個子公司。三星賦予這款電池的商業產品名稱是INR18650-20Q M，而這項產品是在馬來西亞製造，工廠就在吉隆坡附近的森美蘭州（Negeri Sembilan）。根據參數表上的資訊，我得知這個電池含有銅和鋁。它的陽極是用石墨製成，陰極則是用鋰、鎳、鈷以及錳製成。這些金屬本來就是鋰離子電池常用到的原料，所以我手上這顆電池會使用這些金屬，一點也不足為奇。安全報表上警告，應該將電池放在遠離火源的地方。萬一電池組裡的任何一個電池單元破裂，就有釋出氫氟酸（hydrofluoric acid）或一氧化碳的風險。安全報表上還警告，無論任何情況，都不能吞服電池內部的液態鋰電解溶液。

　　不過，我還是無法從這些資訊看出我特別想要了解的事項，裡面寫的都只是標準的產品及安全性資訊。我無法從中了解，目前正在為我庭院裡的吹葉機提供動力的礦物原本來自何方。這台裝置內部的鋰是來自智利、接著被運送到中國的某電池製造廠、最終又隨著完工的電池組被運輸到馬來西亞嗎？它使用的銅是來自秘魯嗎？當地的農民是否曾痛批礦業的卡車製造了大量汙染作物的灰塵？[14] 這顆電池使用的鎳是來自印尼嗎？印尼是否為了興建更多新礦場而砍伐更多的雨林？[15] 鈷又從哪裡來？是一名七歲孩童從剛果民主共和國的臨時礦場裡開採出來的嗎？

　　我參照這台吹葉機隨附文件上所列的電話號碼，打電話給TTI集團，並留下一則訊息，但從頭到尾都沒有接到回電。

　　儘管很多消費者幾乎從未思考過，他們購買的許多產品是怎麼製造出來的，但隨著 Covid-19 疫情大流行漸漸平息，這種情況已經開始慢慢轉變。舉個例子，耐吉（Nike）的某件衣衫，很可能是在越南生產的，但它使用的棉花是在哪裡栽種的？愈來愈多品牌開始要求取得諸如此類的詳細資訊。

然而，隨著全球經濟體系漸漸大規模朝向電氣化偏移，聚焦在電動產品的新品牌也被要求提供能追本溯源的資訊。但美國真的已經做好自行生產更多金屬的準備了嗎？此外，是否有某些地點真的獨特到不適合進行採礦？

第五章
一個小鎮，兩種渴望

> 我們在這湖裡游泳也喝這裡的水，當然不希望這裡因採礦被汙染，但我們也不願仰賴俄羅斯或中國供應這些金屬。

 # 川普 # 雙子星金屬公司 # 美國採礦專案 # 地方振興 # 地緣政治

明尼蘇達州的伊利鎮（Ely）位於明尼亞波利斯（Minneapolis）北方大約 250 英里處，城鎮中心有一間戶外運動用品店，這間商店的經營者是貝琪·羅姆（Becky Rom）的父親，而貝琪就是在那間戶外運動用品店樓上的小公寓裡長大的。貝琪出生於二戰後的那個時代，所以說，她在甘迺迪總統入主白宮、美國經濟飛快成長的時期長大成人。1950 年代的繁榮期帶領美國經濟進入一個巨大的技術發展時代，而那樣的盛況有部分是拜金屬供給量迅速增加所賜。

貝琪長大後成了一名律師，一生的職涯都在明尼亞波利斯地區度過。我們是 2022 年認識的，那個時候，貝琪正以她退休後的黃金歲月，對抗一座擬議中的地下銅、鈷與鎳礦場（當時一家智利公司打算在她家後院興建礦場）。貝琪身高約 5.5 呎，頂著一頭灰褐色的頭髮，她似乎對藍色情有獨鍾。我們見面當天，她穿著一條藍色登山褲，那天稍晚，她拉開膝蓋處的拉鍊，把那條褲子變成一條藍色短褲。她身上穿著一件巴塔哥尼亞牌的背心，背心裡是一件印有荒野保護協會（Wilderness Society）識別標誌的藍色 T 恤。不僅如此，她還開一輛藍色的奧迪（Audi）汽油動力休旅車，停下車後，她把鼻梁上的眼鏡換成藍色的太陽眼鏡。平日早上，她會先喝一杯熱騰騰的綠茶，接著再展開嶄新的一天。她通常會在星期六早上到伊利鎮的瑜伽館去，平常的上班日，則是忙著打電話給國會議員、州議會議員、自然資源保護圈的同儕等，宣揚她已經反覆叨絮了超過五十年的長篇大論：明尼蘇達州北部不適合啟用任何銅礦場。

她告訴我：「我們並不否認綠色能源轉型的現實需要。不過，如果要在這裡興建礦場，我們勢必得犧牲我們珍愛的一切事物。[1] 美國沒有其他地方像邊界水域（Boundary Waters）這樣水道綿密，彼此緊密相通，牽一髮而動全身，所以這裡太重要了。在這個地區興建礦場是不合理的，因為這裡是通往一大片原始荒野的門戶，絕對不能在此地開採銅礦。」[2]

貝琪是比爾（Bill）與芭波（Barb）唯一的女兒，她和三名兄弟從小就在家族事業裡幫忙，經營獨木舟鄉村戶外運動用品店（Canoe Country Outfitters）。這家店在 1946 年開張，主要銷售供顧客探索明尼蘇達州北部廣闊（達數百萬英畝）土地的裝備，如今，那片廣闊的土地被取名為「邊界水域獨木舟區域荒野」（Boundary Waters Canoe Area Wilderness）。晚間，他們會帶著裝有夜行性蟲兒的容器，來個深夜釣魚探險，順便清理並擦亮獨木舟，累了就直接睡在睡袋和營帳裡。[3]

戰爭期間，比爾·羅姆曾在美國海軍服役，大約在服役的期間，他萌生了開戶外運動用品店的想法，部分是受到自然資源保護人士西格爾德·奧爾森（Sigurd Olson，向來以熱衷保護荒野而聞名）的作品所啟發。比爾認為，如果美國民眾能夠透過第一手的經驗，親自來感受邊界水域的一切，一定會非常欣賞並折服於它的壯麗與美，並因此願意為了後代子孫而挺身保護這個地方。

當時明尼蘇達州的礦業正處於全盛時期，因為二戰時期，同盟國的歐洲、亞洲及非洲軍隊所使用的坦克、船艦和其他工具，多半都是使用這個州開採的鐵礦砂所造。因此，礦業自然也成了支撐明尼蘇達州經濟的主要支柱，尤其是北部鄉野地帶的經濟；這個地區還因採礦活動而得到了「鐵嶺」（Iron Range）的別號。[4] 然而，從二十世紀中葉開始，採礦活動雖依舊欣欣向榮，大自然探索活動卻也同步快速增長。直到比爾1976年賣掉事業之際，他已經擁有六千位顧客及五百艘鋁製獨木舟。一本流行通俗雜誌還因此為他取了「伊利鎮獨木舟大王」的稱號。[5]

貝琪的祖父是地下礦場的礦工，1912年的某一天，他工作的時候被一塊從頂端脫落的礦石砸中；雖被送到本地一家醫院，但還是歷經了近一個星期的痛苦折磨後離世。那時貝琪的父親比爾才一個月大，父親的早逝在比爾心中留下了一道無可抹滅的傷痕，而這起事故甚至進一步在貝琪本人心中留下深刻的印記。從這段歷史可以看出，羅姆家族是三代世居此地的老明尼蘇達人，而這樣的身分也讓某些指控他們「沒有投資明尼蘇達州或本地經濟」的人顯得站不住腳。她告訴我：「我們跟這裡的任何人一樣，都扎根於此。」[6] 即使明尼蘇達州的採礦產業在戰後那些年大放異彩，諸如奧爾森這樣的環保人士卻也不甘示弱。1950年代末期，荒野保護協會與其他環保團體便提議對外封閉這個區域的數百英畝土地，禁止採礦活動進入；而就某種意義來說，歷史是站在他們這一邊的。

1872年通過的一項聯邦法律允許民眾在廣大的聯邦土地上採礦，包括明尼蘇達州。但一年後，明尼蘇達州就從獲准採礦名單中被剔除，對採礦產業造成一大阻礙。到了1909年，老羅斯福（Theodore Roosevelt）總統更進一步禁止在蘇必利爾國家森林（Superior National Forest）進行任何採礦活動；同年，美國和加拿大簽署了《邊界水域條約》（*Boundary Waters Treaty*），明確約定美、加兩國皆不得汙染兩國之間自由流動的水道。[7] 到了1950年代末期，自然資源保護主義人士認為，以《荒野保護法》（Wilderness Act）來擴大保護區範圍的時機已經成熟，於是積極推進這項立法。這項法案旨在阻止新道路的開發，並禁止機動車（包括機動艇與私人車輛）穿越這個廣達一百萬英畝的森林及濕地。

原本當地居民可以隨心所欲探索這個地區，所以，這項法案在居民之間引起了極大的爭議。1962 年，貝琪還是伊利鎮華盛頓國中（Washington Junior High School）的七年級學生，被要求在學校集會中為這項擬議中的法案辯護。她激昂地為這項法案的條文發聲，並特別強調這項法案，對整個地區的戶外運動經濟有著非凡的意義。另一名學生則持反方論述。事後，貝琪的同學投票否決了她的論點，她以 148 比 2 的懸殊比數落敗。她當時的男友還在最後一刻改變主意，導致她以 148 票對 1 票慘敗。不過，貝琪的心靈未因那次經驗受傷，那件事反而讓她變得更加勇猛頑強。她說：「我了解到，就算你不認同某人的觀點，還是能繼續和他作朋友。」[8]

在父親的鼓勵下，貝琪十四歲時就成了明尼蘇達州有史以來第一位正式的少女荒野導遊。從那時開始，她不時會帶領顧客深入森林、幫他們把獨木舟搬到陸地上，並利用營火為他們烹煮晚餐。[9]貝琪說：「我有一位非常了不起的父親，他給了我當時其他女孩所無法獲得的機會。」[10]

隔年夏天，貝琪再次擔任荒野嚮導，而國會經過激辯後，最終也通過了《荒野保護法》。詹森總統在 9 月簽署了這項法案，不過，直到 1978 年的跟催法案通過之後，民眾的熱情才漸漸被點燃。在吉米·卡特（Jimmy Carter）總統時代通過了一項跟催法律，對這個地區的伐木活動與機動艇入場等事宜設限。直至今日，這個區域已成了美國境內最多人造訪的荒野地區。

貝琪的維權主義立場是在 1966 年開始萌芽的，只不過，她當時並沒有意識到這一點。那一年，美國土地管理局不聲不響地核發了兩張聯邦租賃契約，希望在邊界水域一旁的土地開採銅礦的國際鎳業公司（International Nickel Co.），那份租約為期二十年，不過，該公司始終沒有進行任何採礦活動。雷根政府在 1989 年將這份租約展延了十年，而小布希政府又在 2004 年續約了十年。[11]

該公司沒有採取行動以及政府多次續約的部分原因在於，二十世紀末期，這個產業過度快速發展，導致銅價大幅下跌——當時全球市場上充斥太多的銅。不過，那是在中國經濟崛起與二十一世初，初綠色能源革命展開之前的事。不久後，銅的需求又顯著上升。[12] 於是，明尼蘇達州北部地帶又開始顯得「秀色可餐」。到 2008 年 11 月歐巴馬總統當選時為止，這項租約已被轉手了好幾次。2010 年，一家名為杜魯斯金屬有限公司（Duluth Metals Ltd.）的企業深入研究這個礦床後，與智利首富家族所控制的安托法加斯塔公司，共同成立了雙子星金屬有限公司（Twin Metals Limited）。[13] 後來，安托法加斯塔公司更在 2014 年買下整個專案。[14]

諸如貝琪這樣的自然資源保護主義人士，對邊界水域的憂慮始終揮之不去。如果安托法加斯塔公司要取得那裡的銅和鎳，就必須在最深 4,500 英尺的地底下挖掘一座地下礦場。這座擬議中的礦場，將正好位於雷尼河（Rainy River）流域的正下方，而這條河不僅流向邊界水域，最終還注入加拿大的哈德遜灣（Hudson Bay）。貝琪等人也對這個礦床的物理性質憂心忡忡，因為它含有硫化物，一旦這些硫化物接觸到水就會形成酸。

於是，貝琪不再只是基於討厭礦業卡車或炸藥爆破，而反對那座擬議中的礦場，在她眼中這個問題已具體化：她擔心雙子星金屬礦場的廢棄物可能會汙染流經邊界水域高達百萬英畝土地的雷尼河，屆時這條河流將像人體的動脈一樣，把汙染帶到流經的每一寸土地，並對這個地區造成永久的傷害。儘管美國政府要求所有礦業公司購買所謂公債的金融工具，以便作為發生意外或汙染洩漏時的善後資金，但傷害一旦造成，任何善後都於事無補。貝琪直言不諱地對我說：「要怎麼做才能為的邊界水域設定足夠的抵押？那裡那麼遼闊。」[15]

令人訝異的是，伊利鎮的創立其實得歸功於淘金熱。1865 年，正逢南北戰爭結束，此地蘊藏豐富黃金的謠言，很快就吸引了全國各地躍躍欲試的探礦者前來。雖然他們最終察覺，這裡的黃金蘊藏量並不多，卻還是發現了大量可用來生產鋼鐵的鐵礦砂。於是，伊利鎮的採礦熱潮就此展開。[16] 地下礦場如雨後春筍般在伊利鎮內與周遭，乃至這個區域的多數地段冒出。儘管採礦工作非常吃力且危險，但礦工的優渥薪資，還是使得這座小鎮的人口激增。

過往，伊利鎮的礦工一共從地底挖出了大約 8,000 萬噸的岩石，最初他們是用露天礦場的方式採礦，隨後又在整個地區挖掘礦井，將採礦活動延伸到地底下。不過到了最後，分布在這座小鎮邊緣的五座礦場陸續關閉，其中，最後關閉的是先鋒礦場（Pioneer Mine），在 1967 年結束營業。這五座礦場最終都被雨水填滿，形成了目前緊鄰礦工大道（Miners Drive）、所謂的礦工湖（Miners Lake）。[17]

長久以來，某些伊利鎮居民一直期望能重現那段輝煌的歷史，賽拉芬・羅蘭度（Seraphine Rolando）和比爾・厄札爾（Bill Erzar）亦然，他們正竭盡全力在伊利鎮郊外維護這個礦業火種。這兩位退休礦工是伊利鎮先鋒博物館（Pioneer Museum）的經營者，博物館就坐落在老先鋒礦場的某個礦井上方。他們兩人每個星期都會撥出幾天接待訪客，並如實向訪客述說伊利鎮曾經美好、醜陋甚至徹底邪惡的完整採礦史。這棟建築物上方隱約可見一個古老的 A 形框架，它曾被用來支撐一個雙層吊艙（每層吊艙一次可搭載二十五名男性進入地底深處），那些礦工以每十小時輪班一次的方式，在地底採集赤鐵礦。

我是在 2022 年 6 月某個溫暖的春日來到此地，正好趕在兩位經營者關門之前一個小時抵達。我還沒來得及解釋我到這座小鎮的目的，厄札爾就忙不迭地拽住我的手臂，帶我參觀這間博物館裡的各式展覽品。館裡有一些 1890 年代的照片，照片裡的礦工在安全帽上面插了蠟燭。他們就是憑藉著蠟燭的微弱光線，費勁開鑿此地的礦石。他還向我展示一張泛黃的地圖，上面標繪了明尼蘇達的鐵礦砂出口到全球各地後，最終用來造船、興建摩天大樓、橋梁和道路等的路線。館內還有一張巨幅海報，概要描繪 1916 年時，工人為了安全設備而發起的一場罷工。接著，身材矮胖、留著滿臉白鬍的厄札爾又向我展示明尼亞波利斯《明星論壇報》（*Star Tribune*）在 1955 年前後刊登的一篇文章，內容描述某一天泥漿沖垮了礦場圍牆的事件，那起意外導致他父親差點被沖到地底去。[18] 不過，那個可怕的經驗並沒有讓當時年僅七歲的厄札爾退卻，因為他後來在明尼蘇達州的鐵礦砂礦場工作了三十四年之久——那是美國鋼鐵公司（U.S. Steel）旗下的礦場，位於小鎮南方約一小時車程之處。

伊利鎮的最後一座礦場在 1967 年 4 月 1 日愚人節那天關閉，當時約有 450 名勞工因此失業，本地經濟也陷入困境。[19] 事實上，最後一座礦場關閉之前三年，詹森總統才剛把邊界水域納入全新的國家荒野保護（National Wilderness Preservation）系統；總之，這兩起事件對把礦業當成伊利鎮與這個地區的存在理由之士，造成了連續的打擊。

他告訴我：「不管你喜不喜歡礦業，它終究造就了這座小鎮。我們希望這裡有就業機會，這樣年輕人才會回來。」在最鼎盛的時期，這座小鎮的人口曾高達 6,200 人左右，那是 1930 年締造的紀錄，而且那是拜戰前的採礦歲月所賜。到了 2022 年，當地人口已減少到接近 3,200 人。我在伊利鎮中心看見一幅壁飾，上頭描繪一名戴著紅色安全帽、配備探照燈的礦工，這個視覺圖像就好像在提醒世人，別忘了這座小鎮的曾經。[20]

厄札爾以一種幾近崇拜的語氣談論雙子星金屬公司的專案，他滿心期盼能藉由開採地底深處的銅、鎳和鈷，來重振伊利鎮的往日榮光。某種程度來說，厄札爾的抗爭引發了 2016 年美國總統大選期間，那股日益白熱化的緊張情勢——當時，某些居住在經濟壓力惡化區域的民眾，基於經濟上的期待，而愈來愈緬懷早已不復存在的過去。

厄札爾告訴我：「如果這座礦場不會危害環境，那就放手讓我們做吧。」他的聲音聽起來愈來愈有活力：「我們在這些湖裡游泳，也喝湖裡的水，我們當然不希望這裡被汙染，但我們也不該仰賴俄羅斯或中國供應這些金屬給我們。」說完最後那句話後，他拿出 iPhone 晃了晃，彷彿暗示他知道手中的裝置是由很多種金屬組成的，而其中很少金屬是從美國的土壤裡開採出來的。儘管厄札爾和羅蘭度內心極度渴望，但區區一座礦場是否足以提振這個地區的經濟，則仍不得而知。

哈佛大學一位經濟學家在 2020 年提出的一份研究發現，採礦活動會對「區域經濟造成負面影響」，不僅會影響到區域的就業，還會衝擊到該地區居民的所得。[21] 這份研究發 現，所有試圖以銅礦開採業作為經濟基礎的區域經濟體系，最終都遠遠落後以戶外活動產業為經濟基礎的經濟體系。所以，這篇報告對雙子星金屬公司、厄札爾、羅蘭度以及其他支持礦業的人來說，堪稱不祥之兆。[22] 而這也是貝琪和很多和她所見略同的人，長年以來不斷鼓吹的論點之一。不過，華盛頓方面卻總是四兩撥千斤，未曾對這個論點明確表態。

2012 年，由於這個場址的租約即將在兩年之後到期，於是，當時的業主向歐巴馬政府申請再續約十年。不過，這一次華盛頓當局卻採取了不同的做法，因為他們發現，由於這裡實際上並沒有進行採礦活動，租約根本無須續約。而既然租約無須續約，就代表歐巴馬政府的官員隨時可以否決這些租約。果然，他們在 2016 年 12 月，也就是川普入主白宮前一個月，採取了這項行動。[23] 歐巴馬政府的官員還另外啟動了一項二十年內禁止在該地區採礦的計劃，以免安托法加斯塔公司以外的其他人介入，控制這個場址與此處的銅礦。歐巴馬時代的農業部長湯姆・威爾薩克（Tom

Vilsack）說：「邊界水域是大自然的寶藏，對每年到那裡划獨木舟、釣魚和休閒的十五萬民眾而言，它有非常特殊的意義，而且，它對眾多仰賴原始自然資源的本地企業來 說，更可謂經濟血脈。」他要求政府的科學家進行一項謹慎的環境分析，並邀請大眾參與討論未來是否要授權任何人，在邊界水域附近的聯邦土地進行採礦活動。[24]

不過，隔年川普一接掌白宮，隨即撤銷了這項研究——在政權移轉後短短幾個星期內，新政府的官員就開始設法終止這項研究。[25] 接著，安托法加斯塔公司頻繁透過電子郵件，和川普的幾位資深顧問交換意見；控制該公司的家族長輩，更在華盛頓特區買了一棟價值 550 萬美元的豪宅，再毫不避諱地出租給川普的女兒伊凡卡（Ivanka Trump）和她的夫婿傑瑞德·庫西納（Jared Kushner）。[26] 同時，川普政府也開始重新考慮那些租約。到了 2019 年 6 月，川普政府重新正式和雙子星金屬公司續約。總而言之，這一切的一切凸顯出，這個專案被困在多麼令人眼花繚亂的拉鋸戰。[27] 川普政府的內政部號稱，此舉只是為了矯正歐巴馬政府官員「臨走前草率制訂的一個瑕疵決策。」[28]

這個決策當然進一步強化了，貝琪與其他反對這座礦場的人的反川赤忱（2016 年大選，川普僅以些微的差距輸掉明尼蘇達州）。川普敗選後，拜登總統找了個熟面孔回來應對這場拉鋸戰——他再次提名威爾薩克擔任農業部長。威爾薩克的農業部負責監督美國林務局，林務局則控制那個場址所在的地面土地。不過，地底下的銅、鈷還有鎳礦床，卻是受美國土地管理局控制，隸屬美國內政部。因此，有權責決定是否要批准採礦計劃的單位，其實是土地管理局。白宮當局雖能禁止那個區域採礦二十年，卻不能永久禁止，只有國會有權永久禁止當地的採礦。如此一來，雙子星金屬公司的肥皂劇進一步擴大，最終搬到國會山莊上演。

在 2021 年的某場國會聽證會上，明尼蘇達州的參議員皮特·史陶伯

（Pete Stauber，他的選區包含伊利鎮和雙子星金屬礦場場址）要求與拜登的內政部長德布・哈蘭德（Deb Haaland）討論這個專案，但遭她拒絕。

史陶伯在國會聽證會上問哈蘭德：「哈蘭德部長……為什麼政府不再計劃使用國內礦商來供應這些礦物？」[29]

哈蘭德答：「非常感謝議員提出這個疑問，我只能說，拜登總統的確非常支持我國的能源獨立。我們一致認為，為了我國未來能源需求而確保關鍵礦物的供給，對美國的能源獨立至關重要。」

史陶伯又問：「部長，你願意在國內採購這些礦物嗎？……你難道寧可向外國採購這些礦物，也不願在美國開採？」

哈蘭德答：「議員，非常感激你提出的疑問與資訊。當然，我們非常樂意繼續和你討論這個議題。」

2020 年選戰期間，拜登的競選團隊私下告知雙子星金屬公司，以及其他美國採礦專案，拜登將支持提高國內金屬產量，以便為美國電動車、太陽能板和其他對拜登氣候計劃攸關重大的專案，提供後盾。這似乎是為了鞏固他在明尼蘇達州、亞利桑納州與其他蘊藏大量銅與鎳礦的搖擺州的工會支持度，而進行的一種祕密表態。[30]

這種私下互通有無的活動讓環保人士憂心忡忡，尤其歐巴馬政府在他任內設下的嚴格環保監理規定，已成功使美國礦業部門的成長減緩。何況他們原本預期曾任歐巴馬副手、且在自然資源保護人士圈子裡備受推崇的拜登將會蕭規曹隨。[31]

不過，對採礦產業來說，綠色能源轉型的勢在必行似乎是個正向的預兆。事實上，華爾街推估，拜登的勝選將為銅帶來多年的榮景，因為電動車使用的銅比內燃式引擎多一倍。反之但採礦業也覺得如果川普順利連任，銅將迎來多年的榮景。雙子星金屬公司認為，既然拜登競選團隊都私下傳話了，後續應該是十拿九穩，所以，它公開聲明它有把握安全地開發這座礦場。[32]

　　眾所周知，拜登贏了選戰。但不管是選後還是在就職典禮上，他卻完全沒有提到任何和雙子星金屬公司有關的字眼。2021 年 5 月，拜登政府故技重施，再次展開私下傳話行動，只不過，這一次的傳話對象變成自然資源保護人士，而不是前一年秋天的礦業公司。拜登政府傳話表示，政府的目標是要仰賴盟國來供應生產電動車所需的多數金屬，但將致力在美國境內把金屬加工製成電池零件；想當然耳，這其實只是安撫環保人士的策略之一。[33]

　　總之，拜登團隊不再繞著是否要批准更多美國礦場的議題打轉，而是更專注於創造礦物加工業相關就業機會的計劃。這樣既能斬斷美國對電動車材料產業領導者（即中國）的依賴，也能用製造業就業機會來引誘工會。對於反對雙子星金屬公司的人來說，這個戰術堪稱一劑強心針。[34]

　　選區位於明尼亞波利斯地區的民主黨眾議員貝蒂・麥考倫（Betty McCollum）表示：「每個人都把這個議題視同國防論述，他們說，我們必須興建新礦場才能讓經濟體系更加綠化，但我總覺得那種論述很空洞。」[35] 麥考倫已提出一項法案，以永久禁止在作為邊界水域發源地的盆地開採硫化物銅礦，來呼應白宮方面似乎想要推行的方法。

　　威爾薩克受拜登的任命之後好幾個月才做出決定，起初他說他還沒下定決心。他表示，拜登「正試圖找出『保護原始地區』和『設法在農村地區創造就業與經濟成長』之間的平衡點。那就是我們試圖實現的目標」。[36] 幾個月後，他又補充道，他需要哈蘭德的律師發給他一個法律決定。[37] 但哈蘭德本人在公開場合，多半還是跳針似地不斷重複她前一年春天在國會聽證會上提出的說詞，鮮少表達進一步的說法。拜登本人也尚未就關鍵礦物的開採表明任何公開的立場。

　　不過，時序進入秋天，情況開始出現變化。那年 10 月，威爾薩克明令禁止在邊界水域開採銅礦，起初是禁止兩年，但他也同時請求內政部禁止這個地區後續二十年的採礦活動。[38] 先前被川普撤銷的環境研究也重新展開。[39] 隔年 1 月，哈蘭德終於不再對這座礦場保持沉默，她撤銷了雙子星金屬公司開發邊界水域的租約，可謂貝琪與其他環保人士的一大勝利。身為內政部長哈蘭德表示，川普「不當續訂」這些租約，並強調她的部會有責任「確保所有承租人都不能得到特殊待遇。」[40] 多數人認為，即使電動車生產活動對電動車用礦產的需求激增，這個決定卻顯示，拜登已愈來愈勇於以國內自然環境保護的行動為重。

當時麥考倫正積極推動一項，經由國會永久禁止邊界水域銅礦開採活動的法案，她聽到這項裁決後隨即表示讚賞。不過，明尼蘇達州共和黨議員史陶伯（他的選區涵蓋這座礦場所在的地點）則抨擊這是一個政治決定，並不是以科學為依據。史陶伯說：「這個政府決定拋棄藍領美國人，它已屈服於激進分子的壓力，寧可依賴海外敵對國家來供應礦物。」[41]

這些是是非非體現了美國當前的兩難。美國的土地底下確實有足夠的金屬可用來生產本國的電動車。但到 2022 年為止，大家還是圍繞著美國是否要動用這些礦藏的問題打轉。[42]

即使是拜登強力支持的工會團體都試圖影響白宮。鋼鐵勞工聯合會（United Steelworkers，這個工會代表美國部分礦工，包括希望興建雙子星金屬礦場的礦工）的主席湯姆·康威（Tom Conway）表示，拜登政府的電氣化目標「讓採用責任採礦作業——即一方面供應電池所需礦物，一方面又保護環境的勞動階級民眾，獲得高薪的工會就業機會」。[43]

貝琪兜了一大圈後，還是取得了勝利。她說：「擁有一個誠信制訂決策的政府，實在太令人振奮了。打從一開始就不該恢復雙子星金屬公司租約的，這項聲明應該能阻止雙子星金屬礦場的威脅。」[44]

但對於雙子星金屬公司及其母公司安托法加斯塔公司來說，拜登應對採礦活動的方法過於前後矛盾。就在這個專案被扼殺後的兩個月，雙子星金屬公司的高階主管茱莉‧帕迪拉（Julie Padilla）到國會的某個小組作證，她表示，美國「不再被視為擁有穩定監理風氣的國家」。[45] 這斷尖銳的聲明顯然經過預先策劃，措辭也經過謹慎審酌。長期以來，美國一向自詡為遵守規範、常規和法律的國度，但雙子星金屬公司和安托法加斯塔公司卻指責那不過是海市蜃樓、一場鬧劇，以及不以事實為憑的自我感覺良好。該公司斷言，美國監理決策根本就完全取決於白宮主人一時的興致——不論主人是誰。

帕迪拉鏗鏘有力地向美國參議院能源及自然資源委員會（Committee on Energy and Natural Resources）表示：「這些行動所開啟的先例，說明一家企業可能……耗費十年開發一個專案後，到頭來卻會在沒有經過任何環境檢討評估的情況下，被蠻橫地撤銷。」[46] 帕迪拉還進一步補充，雙子星金屬公司失去那些租約之後，裁撤了三分之一的勞動力；拜登公布決策後，「價值數百萬美元的本地承包商工程」更是硬生生喊停。[47] 這些聲明和帕迪拉的上司——安托法加斯塔的執行長伊凡‧阿里亞加達（Iván Arriagada）的發言相互呼應，他在那個星期稍早誓言將和拜登的決定抗爭到底。即使拜登採取了上述行動，阿里亞加達還是直言不諱地表示，他預期這座礦場能在這十年結束時開工，完全無視這項專案尚未取得必要許可證的事實。[48]

諷刺的是，在帕迪拉到國會作證那天，拜登為了提高美國採礦活動而援引了一條冷戰世代的國防法律，並直言美國太過仰賴「不可靠的海外來源」來取得綠能源技術所需的基礎關鍵材料。[49] 拜登說：「我們必須終結長久以來，依賴中國與其他國家取得未來發電用原材料的現況。」儘管政府提供的資金不能用於挖掘新礦藏、購買政府儲備的礦物或是迴避監管或許可標準，白宮方面終究希望這個決定能釋出「拜登總統支持礦業」的強烈訊號。只不過，他在做出這個決定之前，才剛封殺了雙子星金屬公司。這種前後矛盾的表現讓整個採礦業一頭霧水，完全摸不著頭緒。

　　伊利鎮和明尼亞波利斯與聖保羅（St. Paul）相距 250 英里遠。從這座雙城開車出發，一路沿著三十五號州際公路北上到加拿大邊界區域，便可約略領會到明尼蘇達的美麗、它的歷史、它的經濟，乃至它的未來。沿途見到的許多汽車車牌上，都貼著明尼蘇達州的非官方標語：「萬湖之州」，而從一路北上所見到的景觀，便不難理解為何這樣的標語會在這裡如此盛行。一整個明尼蘇達州堪稱戶外運動愛好者的樂土：愈往北行駛，沿途的森林、池塘、湖泊和河流就愈來愈密集。

　　明尼蘇達的名稱源自達科他語（Dakota），它的原始稱呼「*Mnisota*」可譯為「清澈的水」。[50] 在歐洲開拓者入侵這個地區之前，長年定居在此的原住民早已深知水對 *Mnisota* 這個地方的重要性：這裡的社區都是靠著水的滋養才得以成長茁壯。[51] 1909 年，美國與加拿大（當時還是英國的領地）為了監督兩國共有水域的水流簽署了一項條約，也就是《邊界水域條約》，明文禁止兩國當中的任何一方「對上述水域的天然航道進行任何干擾或擅自改道」。[52] 隔年，英國國王愛德華七世（King Edward VII）批准了這項條約。雖然水對這個區域至關重要，但埋藏在這片土壤底下的礦物也很重要；在十九世紀即將結束並進入二十世紀之際，外界開始意識到這個事實，使得整個明尼蘇達州各地的鐵燧岩礦場不斷增加。

　　要前往鐵嶺，就得在二三七號出口下州際公路，並取道北向的三十三號州級公路。行經聖路易斯河（St. Louis River，五大湖區最大的支流）後，必須繼續向北行駛，直到抵達美國曲棍球名人堂（U.S. Hockey Hall of Fame）的所在地伊夫列斯（Eveleth）。抵達這裡後，就算你沒停下來緬懷此地的曲棍球歷史，也不可能沒留意到這裡的礦場，因為在高速公路上就能輕易看見，許多有如龐然大物的露天鐵燧岩礦場。行經此處那幾分鐘，我把車子的空氣過濾系統改為車內循環模式，因為外面的空氣瀰漫著非常厚重的灰塵。

這些礦場，隸屬於美國鋼鐵公司與克里夫斯克里夫蘭公司（Cliffs-Cleveland）等企業，堪稱伊夫列斯的經濟命脈，但這些礦場極端容易受到千變萬化的全球礦業市場影響。這裡的礦場生產煉鋼用的鐵礦石粒，所以，此處的採礦流程，和雙子星金屬公司打算用來開採銅礦的流程有所不同，但同樣極具破壞性。總之，一般人沒事絕對不會待在伊夫列斯。

北美黑熊中心（North American Bear Center）位於伊利鎮鎮外，這裡經常舉辦各種有關本地黑熊族群的生態說明會。進入這座小鎮，會覺得此處看起來比較像自然主義人士的樂園，不太像礦工剛結束長時間輪班工作後採買補給品的地方。鎮內的皮拉吉斯北方森林公司（Piragis Northwoods Company）是銷售獨木舟、衣帽和其他探索本地森林與水域用雜貨的商店，鎮上還有幾家銷售同類商品的競爭對手。看起來，這座小鎮似乎早已拋下採礦的傳統，並禮貌性地淡忘了礦工湖以及位於城鎮中心附近的礦工大道。

雙子星金屬公司的總部就坐落在礦工大道上，這棟兩層樓建築是經過能源與環境設計領導認證（LEED-certified）的建築，外表包覆著銅飾，屋頂則安裝了太陽能板。不過，這棟建築外頭並沒有掛上任何標誌，外人無法從外觀得知它是作何用途。該公司要求訪客根據採礦業的安全標準，把車子停放在後院。這裡的空氣很潮濕，但我在 2022 年拜訪雙子星金屬公司辦公室的那天，天空倒是一片清朗。拜訪公司的前一晚，我住在伊利鎮一間專門招待獨木舟愛好者與露營客的小木屋裡。

這棟建築物的大廳裡掛滿了各式海報，海報上印滿了和銅的歷史有關的資訊（最早可追溯到古埃及人）。無人留守的接待桌上，擺著一疊印有「我們支持雙子星金屬公司」字眼的保險桿貼紙。正對著入口處有一幅壁畫，是某位藝術家對該公司希望開採的這個地下金屬礦床的個人詮釋；畫中深淺不一的色澤令人聯想到不同類型的岩石——黑色調那一層代表所謂的輝長岩（一種不透水的岩石），黑色岩石層下方是紅色調，由此可知那裡就是銅礦所在的位置，而雙子星金屬希望能鑽透那個岩石層來取得銅礦；銅下方那一層則是代表花崗岩的淺灰色。壁畫上的每一層都被清晰地標記出來，感覺就像是雙子星金屬公司一手設計的，用以展示地下的每一層岩石各自獨立且各有不同。不過，現實狀況比這幅壁畫所展現的畫面錯綜複雜許多。

妮可・霍夫曼（Nicole Hoffman）蹲在這棟建築物後方的大型工業用車庫裡，她身邊有一大堆塗蠟紙箱，裡頭裝滿了圓柱體狀的岩石。她抓起一個噴霧器，把介於我們兩人之間的一塊岩石噴濕，石塊上的某些部位隨即在車庫的螢光燈照射下，閃閃發亮。

她向我解釋：「這就是含有銅與鎳的硫化物礦物。」[53] 我問她：「這樣的成色算是很不錯嗎？」

她輕快地回答：「是啊。」霍夫曼身高大約 5.8 呎，棕黃色的頭髮被她隨意挽在後腦勺。她是土生土長的明尼蘇達人，2012 年搬到伊利鎮以來，從未離開。她和兩歲的兒子與先生就住在附近，他們家後院，還有一個大約 100 英尺深的廢棄鐵礦砂礦坑。對畢生致力於地質學的她來說，這些生活上的日常與她的角色似乎搭配得天衣無縫。霍夫曼帶我繞了雙子星金屬公司的車庫一圈，過程中向我展示一個接著一個的岩石樣本，同時也跟我解釋為何就算不考慮薪資，她也會支持這座礦場。

億萬年前，目前的北美大陸差點被徹底撕裂，後來形成了北美中大陸張裂（Midcontinent Rift）。如果當時北美大陸被徹底撕裂，北美洲就會被分成兩塊大陸，就像南美洲和非洲那樣。不過，後來這片陸塊又聚合在一起，地心深處的熔岩因此向上噴發，與其他岩石混合，最後在現代明尼蘇達州西北部所謂杜魯斯複合岩體（Duluth Complex）的地區，留下了受到當今汽車產業高度重視的銅、鎳與其他礦物組成的雜脈石。

雙子星金屬公司希望開採的某些銅礦和鎳礦，位於白樺湖（Birch Lake）附近的地底下。雙子星金屬的目標是在地底 400 英尺深的位置，鑽一個和地下銅及鎳礦床交叉的斜井，而那樣的深度已經遠低於地下水位和任何蓄水層。霍夫曼不斷重申公司曾多次提出的說法，說他們可以安全地開採這些金屬。不過，鑑於環保人士不斷指控雙子星金屬公司及它的智利母公司，完全不在乎明尼蘇達州的土地與水源安全，我問霍夫曼對那些指控有何看法。

她走向我說：「那不是事實。安托法加斯塔公司並那麼多算計，關於這裡什麼東西重要、什麼又不重要，公司方面完全仰賴我們的回饋。」

不久後，霍夫曼的同事凱文・波斯特（Kevin Boerst）加入了我們的對話。他穿著一件夏威夷衫，臉上留著稀疏的鬍子，看起來並不像為規模高達數十億美元的大企業工作的地質學家，倒像是電視節目《怪奇物語》（Stranger Things）裡的角色。不過，他已經從事這份工作超過十五年，這段時間，他和霍夫曼與其他人在明尼蘇達州的地表鑽了一個又一個洞，開採出超過 180 萬英尺的岩芯樣本。他們將這些樣本編載成冊、囤積起來，目的就是為了進一步研究這裡的銅和鎳礦床。他加入該公司時，地上只挖了七個洞，到我在 2022 年拜訪他們之際，那裡已經有四百九十六個洞——那就是他和霍夫曼辛勞工作的成果。

霍夫曼告訴我：「我們正在研究哪些地區是脆弱的，在我們開始採礦之前，先了解這些問題一定有幫助。」我要求親自看看部分挖掘作業，於是霍夫曼的上司迪恩・迪貝爾茲（Dean DeBeltz）自告奮勇說，稍晚會帶我去參觀。迪貝爾茲是伊利鎮本地人，一生幾乎都在為礦業效命。他父親是個礦工，祖父則和明尼蘇達州資深參議員艾咪‧克洛布徹（Amy Klobuchar）的祖父共事過。他常在週末到邊界水域釣玻璃梭鱸。我搭上迪貝爾茲的貨車後，他一路上不斷反覆對我強調，他相信這座礦場絕對能在安全的狀況下開發。看起來他確實是從骨子裡懷抱這個信念。

他告訴我：「如果我們無法證明我們能安全開發這座礦場，那麼，這座礦場就不應該興建。監理機關應該以科學證據為重。」[54] 最後一句話讓我忍不住笑了出來，因為那句話明顯抄襲了 Covid-19 疫情期間突然流行起來的一個口號。迪貝爾茲穿著一件印有雙子星金屬公司識別標誌的馬球衫，配上一件淺卡其色褲子。我們離開辦公室時，他和一位同事送我一個雙子星金屬公司的咖啡杯，上面印著該公司成立十週年慶（2020 年）的識別標誌。不過，直到 2024 年為止，它還是沒有開採出任何銅或鎳，而且和美國國內其他引起爭議的採礦專案不同的是，雙子星金屬公司實際上連許可證申請流程都還沒展開，因為它連能否准入這片蘊藏上述幾項金屬的土地都還有變數，也還在為此努力。那天下午，迪貝爾茲開著福特的汽油動力型皮卡車，載著我前往霍夫曼處理業務的地方。我們經過伊利鎮附近的一座小橋，再右轉到一條泥土道路和霍夫曼會合。她的作業地點距離主線道路大約 1,300 英尺遠，而且她還在皮卡車後車斗上搭了帳棚。

霍夫曼和波斯特把一個叫做聲學電視觀察器（acoustic televiewer，簡稱 ATV）的裝置放進一個預先鑽好的洞，目的是為了掃描礦床，並蒐集更多數據。當時正值黑蠅季中期，我一直忙著拍打臉上的蟲子；我實在不敢想像霍夫曼的感覺有多糟（當時她懷孕了），但她並未表現出任何不適的模樣。她以每分鐘 97 英尺的速度，慢慢把這台 ATV 引導到洞的深處——這個洞總深達 2,500 英尺。根據州法律的規定，她完成這件工作後，必須用水泥把洞口封住。

我問迪貝爾茲，如果這座礦場獲准開發，周遭將會興建哪些設施。他告訴我，屆時將會有幾個通風井，另外還會設置一座面積達 120 英畝的選礦場，處理從地底開採出來的銅。陽光穿透了白樺樹並一路傾瀉而下，許多鳥兒在遠處唧唧喳喳。他說：「就只有這樣而已。」話中似乎是想強調，相對這片浩瀚的林地來說，他認為占地 120 英畝的選礦場實在不算太大。

迪貝爾茲建議我讀讀吉姆・鮑伊爾（Jim Bowyer）的《不負責的追求天堂之路》（*The Irresponsible Pursuit of Paradise*），這本書翔實記載了一個殘酷的現實：富裕國家要求較貧窮的國家在自家後院開採銅和其他礦物，同時，富裕國家的消費者則「沾沾自喜地享受高水準的消費，無視於那種消費習性對環境造成的衝擊，因為他們受環境衝擊所害的程度是最小的」。[55] 實際上，對於許多試圖在美國境內開啟新礦場的企業來說，這本書的論點已經成了戰鬥口號。這些企業利用社會正義運動的劇本，再大量借鑑環保人士的論點，提出一個表面看似合乎邏輯的問題：為什麼美國非得依賴其他國家來取得減碳技術所需的基礎關鍵原料？

開車返回伊利鎮的途中，迪貝爾茲把車子開進南考威錫威河露營區（South Kawishiwi River Campground），這條河流向南流入白樺湖，沿岸就是一大片聯邦露營區。下車後他環顧四周，讚嘆此處的美麗景觀。他對我述說孩提時代在此露營的時光，並強調他絕對希望後代子孫也有機會能享受到這一切。雙子星金屬公司的礦場一旦開發，就會位於我們立足位置的正下方，但他似乎一點也不擔心這個問題。一陣風吹亂了迪貝爾茲的頭髮，但他不以為意，還一邊告訴我：「未來就算礦場啟用，這裡還是可以游泳、露營和釣魚。那有什麼不好？為什麼要排斥？」[56]

在這之前一天，貝琪陪我遊覽這個地區時，也曾帶我來到相同的地點。我們利用露營區的碼頭登上一艘浮舟，划往附近一所戶外學校，這所學校協助治療患有創傷後壓力症候群的退伍軍人。途中我們細細品味了湖泊的風光，這裡的湖水清澈得跟玻璃一樣，在陽光的照射下，波光粼粼，閃閃動人。當時，沉浸在夏日美好陽光裡的貝琪開口問我：「很壯麗吧？我希望這個地方永遠不會改變。」

結束在伊利鎮的停留後，我開車前往位於夏加瓦湖（Shagawa Lake）畔的石嶺園咖啡館（Stony Ridge Cafe），這家咖啡館以供應五十種不同漢堡而聞名。用餐時，一隻母鴨帶著一群小鴨游過岸邊，仔細一看，湖面上布滿了白楊樹的落絮。其他種類的鳥兒或在小型電動艇周圍游動，或停靠在碼頭上等待。我用手機拍下這些畫面，打算稍後在社群媒體上分享。那群鴨子游走時，我為了拍攝更好的照片而走上碼頭，湖面環繞著我，我不禁大口大口呼吸。

此時此刻，我腳下深處的某個位置蘊藏了大量的銅、鈷和鎳，這些金屬可用來生產成千上萬部電動車、割草機、吹葉機、風力發電機、太陽能板，還有其他各式各樣很多人認為，有助於實現綠色能源革命的小裝置和小發明，而這場革命確實對我們的星球攸關重大。但我也很想知道，我腳下的金屬能否安全地開採出來，讓這些鳥兒世世代代的子孫，也能帶著孩子在這片湖裡漫遊。就在我思考這些問題之際，兩名手拿釣具箱的老人走過我的身旁。他們身穿救生衣，一腳跨進一艘鋁製小船，成功發動船上的舷外引擎後，整艘船便一溜煙地駛入湖中央。我想，他們一定期待能滿載而歸。

PART 2

炎上

第六章
挑戰者加入

> 美國的經濟影響力確實有可能受制於其他國家。如果國家經濟需要某種能源，就該有獨立大量生產的能力。

 # 中國 # 印度 # 美國鉬業公司 # 一帶一路 # 稀土

1982 年竣工、位於德拉瓦州威明頓市（Wilmington）市中心北市街（North Market Street）八二四號的十層玻璃磚造大樓，曾在不同時期開過藥局、三明治店、銀行、行動電話公司以及其他零售與專門事業。[1]不過，美國破產法院（Bankruptcy Court）是這棟大樓最大且最知名的租戶。破產法院的不同法庭分別分布在這棟大樓的幾個樓層，通常來說，當企業的資產被債務吞噬到一定程度，導致它們難以繼續維持正常營業時，它們就會到此地申請《美國破產法第十一章》（*Chapter 11 of the United States Bankruptcy Code*）的破產保護。企業申請破產保護的目的，是要讓債務人盡可能有個全新的開始，但同時力保債權人周全。一旦企業申請破產保護，它的資產可能必須進行拍賣，來償還債務；就某些工業領域的破產案件來說，相關的責任可能包括處理被毒素或毒物汙染的場址，而諸如此類的狀況當然得用非常巧妙的方法才能妥善處理。唯有擁有特定的法律技能，才有能力解讀冗長且艱澀的合約、在不相容的索賠要求之間進行權衡，並考量諸如環境整治與地方經濟發展等錯綜複雜的問題。

位於德拉瓦州的這間法院，正是因為擅長處理這類錯綜複雜的問題而門庭若市。由於稅務制度的緣故，德拉瓦州向來是新企業進行公司設立登記的首選之地，也成了促進德拉瓦州首府經濟的重要引擎。因此，這個州的法官、職員、律師事務所以及其他無數法律專業人士，也處理過美國眾多的破產案件。[2] 2017 年 6 月 23 日下午兩點，美國鉬業公司（Molybdenum Corporation of America，簡稱 Molycorp）正在六號法庭接受美國破產法官克里斯多福・桑奇（Honorable Christopher S. Sontchi）的訊問。[3]

美國鉬業公司的歷史，最早可追溯到一戰剛結束之後，這間公司換過很多老闆，石油業巨擘雪佛龍就曾是它歷代所有權人之一；經年累月下來，美國鉬業公司漸漸成長為世界前幾大的礦業公司，旗下的稀土加工廠亦然。廣義來說，稀土是由元素週期表上的十七種金屬組成，包括：鑭、鈰、鐠、釹、鉕、釤、銪、釓、鋱、鏑、鈥、鉺、銩、鐿、鎦、鈧和釔。這些金屬非常難以生產、生產成本很高，而且一旦生產，很容易對環境造成危害。而問題在於，目前這些金屬並無已知的替代品。

這些元素被廣泛利用到經濟體系的每個環節，以及各式各樣的消費性電子產品，但使用量通常很少，簡單來說，你可以把這些元素的用量想成灑在牛排上的胡椒粉。這些元素用於電視與其他電子產品，也用於陶瓷、玻璃、原子能產業與汽油提煉業。1960 年代，美國軍事科學家發明了一種以稀土製成的磁鐵，這種磁鐵比以鐵為基底製成的磁鐵更輕、更小，從此以後，世人得以進一步開發出愈來愈輕薄短小、價格也更實惠的電子產品。[4] 舉凡電動車、電腦和電腦顯示器與其他眾多科技裝置，都需要稀土磁鐵才能運作。舉例來說，每一座風力發電機都至少需要使用兩噸以稀土製成的磁鐵。[5] 現代的軍隊也將這些元素用於雷射導彈、夜視鏡、X 光技術以及其他各種不同的武器。[6] 比方說，洛克希德馬汀公司（Lockheed Martin）生產的 F-35 戰鬥機裡，就含有 417 公斤的稀土，而這些稀土全部來自中國。[7] 蘋果公司（Apple）也使用中國的稀土，來生產能讓 iPhone 震動的觸覺引擎。通用動力公司（General Dynamics Corp.）則使用稀土來打造維吉尼亞級核動力攻擊潛艦。另外，儘管我們可從這些元素稀奇古怪的名稱，約略揣摩到世界上只有極少數地方發現這些元素，但「稀土」一詞其實有用詞不當之嫌，因為這些金屬本身在地球上並非特別稀有，例如地殼裡的鈰含量其實跟銅一樣充沛。[8]

這些元素之所以被冠上「稀土」的名稱，是因為我們很難一次找到大量的這類元素。

二十世紀中葉，有人在後來被稱為帕斯山礦場（Mountain Pass Mine）的地方，發現了這十七種稀土當中的幾種，而且數量龐大。這座礦場位於拉斯維加斯以南 76 英里處，緊鄰加州邊界。後來，美國鉬業公司在當地打造了美國經濟實力的引擎，協助供應美國軍方、美國核電產業及美國剛崛起的消費性電子產品製造商所需的原料。這股熱潮起源於 1964 年，其中一家製造商發現，把鈰使用到電視陰極射線管中的螢光粉後，能使其中的紅色變得更明亮）。[9] 到了 1980 年代，美國鉬業帕斯山礦場供應的稀土，已約占全球稀土供給量的 70％。[10] 這項研究與相關的進展，多半是拜美國政府科學家與產業界的合作所賜，不過，1980 年代末期進入 1990 年代時，美國官民雙方在這方面的合作關係漸漸變淡。另一方面，二十世紀下半葉開始，中國則是緩慢開始發展國內的稀土產業，並鼓勵中國製造商乃至遷移至中國的國際企業，使用中國產出的稀土。就這樣，稀土成了北京當局眼中愈來愈強大的經濟武器之一。

而中國對這項經濟武器的應用，正是導致美國鉬業公司在 2017 年夏天，被迫踏進德拉瓦州破產法庭的原因；當時，一個背後有中國撐腰的投資人團體，已好整以暇在法庭上等待。

現代人對稀土的需求，主要是由燈具製造商開始引爆。[11]

1880 年代，奧地利化學家卡爾・奧爾・馮・威爾斯巴赫（Carl Auer

von Welsbach）發現，將釷與特定型態的稀土混合在一起，可以製造燃氣燈用的燈絲。事後，他進一步改良加工流程，並打造出用於打火機的「混合稀土金屬」打火石。[12] 後來，美國企業林賽燈具公司（Lindsay Light）模仿了這個加工流程，並從一戰爆發後，開始從印度的獨居石（monazite，又稱磷鈰鑭礦）礦床取得稀土。原本是從德國採購稀土，但這個管道因戰爭而被迫中斷。別忘了，電燈泡出現以前，燃氣燈是非常普遍的照明用具，包含螢光燈管本身也是用稀土製成。[13]

1788 年時，瑞典伊特比（Ytterby）附近的某座礦場開採到一批非常奇怪的黑色岩石，這批岩石就是有史以來最早被識別出來的稀土；這些岩石之所以被稱為「稀」，是因為以前從未有人發現這些元素，而「土」是當時常用來形容會溶於酸的岩石的一種地質術語。[14]

後來，在 2023 年一家瑞典礦業公司發現了大約 100 萬噸的稀土蘊藏量，這麼大的蘊藏量對一個早已停止生產這些金屬的陸塊來說，堪稱從天而降的意外之財。[15]

不管是當時還是現在，稀土多半開採自獨居石以及氟碳鈰礦（bastnaesite）。獨居石通常產於印度、馬達加斯加、美國東南部以及澳洲。但遺憾的是，通常發現獨居石的地方也會發現釷，而釷具放射性，所以加工處理的難度較高，加工成本也較高。另一方面，美國和中國擁有世界上最大的氟碳鈰礦蘊藏量，而且，那些礦藏的輻射水準通常極低。

自從世人發現稀土以來，它的新用途就不斷湧現，特別是電興起之後。稀土可用在電極，幫忙點亮探照燈與電影放映機，1941 年時，這兩項產品所耗用的稀土，大約共占全球稀土供給量的一半。[16] 稀土也可用於玻璃拋光作業。第二次世界大戰期間，交戰的兩個陣營分別競相打造原子彈，釷的價值也脫穎而出。當時，整個世界的新技術與武器對稀土的需求愈來愈殷切，而美國深刻了解其中的利害關係，因為美國所有的稀土——

包括用來打造第一顆原子彈的釷，幾乎全都是從印度採購來的。[17]

　　美國政府在 1946 年提出的一份報告寫道：「鑑於取得進口獨居石涉及種種困難，這項礦物的消費者正竭盡所能，尋找國內具商業化規模的礦床。」[18] 當時剛成立不久的印度政府當然也深知個中利害。因為到了戰爭結束之際，印度已成了美國與世界上多數國家，在這項策略性礦物上的主要供應國。起初，各國是從印度西南海岸，也就是當今所謂的喀拉拉邦（Kerala）的黑沙海灘礦床採購這些礦物。1946 年，新德里當局為了評估印度的國家資源狀況而凍結獨居石的出口。[19] 一如二十世紀末的中國，當時的印度希望能藉此將礦產留在本地，同時利用這些金屬來生產無數產品，最終達到促進國內製造業成長的目的。

　　不僅如此，印度還尋求建立本國的稀土加工產業，並希望利用國內的釷來發展印度的核子工業（印度在 1956 年啟用了國內第一座核子動力反應爐）。[20] 但遺憾的是，由於二戰結束後，印度 3.4 億人口面臨多年糧食短缺的問題，新政府不得不先應付民眾對小麥的急迫需求。當時的美國總統哈利・杜魯門（Harry Truman）意識到，這是和新國家印度展開友好外交往來的大好機會，於是杜魯門設法運送了 180 萬噸的穀物到印度，作為美國對印度的人道援助配套方案之一。[21] 某些國會議員與美國產業界人士也意圖以小麥援助，來換取印度放寬稀土出口禁令，於是 1951 年，國會批准了美國向印度放款 1.9 億美元的專案，更明訂這筆錢必須用來購買美國種植的小麥。[22] 不過，印度官方的立場卻十分堅定，並未同意以放寬禁運令來換取這筆貸款。[23]

　　總之，這個例子顯示，美國確實有可能受制於其他國家的經濟影響力。不過，華盛頓當局似乎並沒有從和印度交手的經驗學到教訓，事後也沒有因為這個經驗而對另一個國家的威脅保持警戒；換句話說，華盛頓當局似乎沒有體察到，如果美國經濟需要某種策略性材料，就應該自行大量生產。事實上，美國早該從印度稀土事件以及 1970 年代阿拉伯石油禁運期間的經驗，學到教誨。

　　美國在長崎和廣島上空投擲的炸彈，不僅終結了第二次世界大戰，也點燃了世界各地眾多探礦者對鈾的熱烈追求，因為鈾是裂變過程的關鍵放射性金屬。為了對抗來自蘇聯的核子威脅（美國認知中的威脅），美國原子能委員會（U.S. Atomic Energy Commission）迫切需要鈾，所以委員會提出了優渥的條件，來獎勵發現新供應來源的人。[24] 以某些個案來說，獎勵金甚至高達 1 萬美元（當時的 1 萬美元相當於 2023 年的 12 萬 5,701 美元）。[25] 1949 年 3 月底，赫伯特‧伍華德（Herbert S. Woodward）受到這筆獎勵金的吸引，來到位於內華達州古茲泉（Goodsprings）的一間小校舍。[26] 當時內華達州教育局付費請了一位名叫馬提‧赫斯（Marty Hess）的工程師到此發表演說，他在演講時提到，拉斯維加斯以南的加州邊界附近地區普遍蘊藏鈾礦。赫斯隨口提到，根據過去的發現，鈾有可能和鈷混雜在一起，而長久以來，當地的小礦床早就經常發現鈷這種藍色金屬。綜合這些因素，擁有深厚工程師背景的伍華德隨即假設，他周遭那些荒蕪的土地裡，勢必蘊藏了一些鈾。[27]

　　不過，問題來了。要尋找鈾，最簡單的方法就是使用蓋格計數器（Geiger counter），這是一種用來偵測輻射的裝置，向來以斷斷續續的噪音而聞名。但這種裝置非常昂貴，伍華德和他擔任教職的太太愛麗絲（Alice）根本就買不起。[28] 於是，伍華德和附近一家汽車旅館與汽車服務站的老闆 P‧A‧「波普」‧賽門（P. A. "Pop" Simon）成立一家合夥公司。賽門將負擔購買蓋格計數器的費用，伍華德則會為這項風險性投資貢獻工程專業知識。[29]

打從一開始，伍華德就非常急切，甚至有點急過了頭。這組人馬在該區老舊礦場的廢棄礦坑裡仔細搜尋，試圖找到放射性物質，但每次都無功而返；短短兩個星期，他們幾乎宣告放棄。沮喪的伍華德相當無奈，於是向當地另一位探礦者弗瑞德・皮耶爾（Fred B. Piehl）傾訴挫折感。

皮耶爾建議伍華德的人馬去內華達州硫化物皇后礦場（Sulphide Queen Mine）取回一些岩石樣本來檢驗。聽到這個建議後，這個小組（後來又加入了另外幾位探礦者）隨即奔往該地，一到那裡，蓋格計數器就對礦床產生激烈的反應。由於早在多年前，皮耶爾就為了尋找鉛和黃金而在那裡的土地上打了好幾個界椿，伍華德只好帶著蓋格計數器，將搜尋範圍朝硫化物皇后礦場的西北邊延伸大約 1 英里。1949 年 4 月 2 日當天——那天正好是伍華德的生日——這個小組終於有了重大突破，事後他們以生硬的地質學措辭來形容當時的發現：「沿著礦脈露出地面，可偵測到強烈的放射性。」[30]

伍華德的團隊在莫哈維沙漠東側邊緣的一個淺礦坑裡，發現了一種棕褐色的礦物。不過，他們並沒有認出那是什麼，於是他們先打上界椿，藉此主張他們對這塊地的權利，拜 1872 年通過的《美國採礦法》所賜，這種打椿占地的行為不需付出額外費用）。接著他們把樣本寄到最近的美國礦物局辦事處進行光譜測試，以檢驗那項物質的化學成分；測試結果顯示，這種礦物是氟碳鈰礦，含有非常大量的稀土精礦和氟。換句話說，伍華德沒有發現任何鈾，倒是發現了當時尚未有廣泛用途的大量礦物。蓋格計數器讀數非常高的原因在於，這個礦床裡的其他稀土和釷混雜在一起。[31] 一個月後，美國地質調查局耳聞這項發現，並要求檢視那些岩石樣本。伍華德的團隊在那年夏天稍晚接待了美國地質調查局的人，到了秋天，聯邦與加州的科學家便畫好了 40 英畝土地的地質圖。1949 年 11 月 18 日，美國內政部正式公布伍華德的發現，並稱之為「生日採礦權」

（Birthday Claim），當時距離感恩節還不到一週。那是截至當時為止全世界已發現的最大稀土礦藏。[32]

「生日採礦權」的消息一經披露，隨即引爆了一股探礦熱，許多探礦者紛紛湧入這個地區，並陸續藉由打界樁的方式來聲明他們對土地的權利。多數稀土似乎都位於接近地表的位置，也就是說，所有礦業公司應該都不需要深入往地底挖掘就能開採到稀土，這樣當然很省錢。對於長久以來就不斷尋找稀土新供應來源的美國鉬業公司來說，這自然是天大的好消息。美國鉬業最初是在 1919 年，始於新墨西哥州的奎斯塔（Questa）開始開採鉬（一種用於化學肥料與合金的銀色金屬）。然而，隨著拉斯維加斯到洛杉磯之間的地帶，發現了看來相當容易開採的巨大稀土礦床的消息傳出，總經理馬克斯‧赫旭（Marx Hirsch）立即採取行動，一刻也不願等待。[33]

事實上，赫旭原本就有意開發這些金屬的較新用途，包括將少量稀土作為硬化劑添加到鋼鐵裡，所以，他一直希望美國鉬業能找到蘊藏豐富稀土的礦床，以取得更多可用資源。[34]

有本產業雜誌用下列正向的文字來形容帕斯山礦場一帶的區域：「氣候宜人，有著沙漠的空氣與明媚的陽光，緊鄰主要高速公路，附近有一家還不錯的汽車旅館與餐廳，有一座幾乎隨時可開工的工廠，一片沒有被岩石或泥土層覆蓋的高品質、獨特金屬礦砂礦床，而且，拉斯維加斯的娛樂場所就在山的另一頭。」[35] 總之，1951 年，美國鉬業公司買下了「生日採礦權」的相關權利，並從 1952 年開始在帕斯山礦場挖礦。該公司估計，他們經由購買「生日採礦權」而買下的稀土重達三十億磅。[36] 當時，很少人預見未來會有競爭者出現，其中，那本在 1952 年吹噓帕斯山一帶「氣候宜人」的產業雜誌，雖然預期美國有可能會出現一些競爭，卻完全沒料到未來會有來自中國的競爭。文章寫道：「除非成千上萬名帶著伽瑪射線偵測器，到各地走透透的探礦者與潛在探礦者發現了足夠使大眾市場陷入嚴重競爭的稀土，否則，美國鉬業公司肯定能繼續保有獲利能力以及令人興奮的未來。」[37] 有一段時間，美國鉬業的確維持了那樣的盛況。

美國鉬業的成長主要得歸功於開採供公司，和 1947 年在目前的愛荷華州立大學成立的埃姆斯實驗室（Ames Laboratory）之間的共生關係。這個實驗室源自參與二戰「曼哈頓計劃（Manhattan Project）」的科學家所進行的研究，計劃的重點是要找出分離和加工稀土的更好方法，並與民間產業分享研究的多數成果。[38] 不過，稀土的生產既昂貴又費力，與從岩石中提煉黃金的流程大不相同。

通常來說，黃金的生產流程如下：開採礦砂，接著將礦砂放到一個塗滿酸性溶液的巨大襯墊上。酸性溶液會把黃金從礦石中瀝濾出來，沉積到襯墊底部，加工廠收集好襯墊下的黃金，再進行幾個加工步驟後，就可製為金錠。

稀土的加工就不同了，這項作業需要進行更多步驟。以帕斯山礦場來說，氟碳鈰礦石開採出來後，會被壓碎成小鵝卵石般的大小，再進一步研磨為沙狀粉末。接下來，把粉末和鹽酸與其他化學物質混合，置入某種液態溶液裡，就能啟動所謂「浮選」（flotation）的製程，好去除岩石中可能存在的其他礦物。順帶一提，帕斯山礦場大約有 8％至 10％的岩石含有稀土。氟碳鈰礦會以泡沫的形式，隨著液態溶液浮到水槽的頂端，接著從表面刮除那些氟碳鈰礦物，再進一步加以精煉。[39] 十七種稀土金屬各有不同的製程，而且通常必須以非常精確的順序來提取。舉例來說，要取得釹就得先分離出鈰。進行所有製程後，會產出粉末狀的稀土氧化，這些粉末必須進一步加工，才能轉化為可用來生產磁鐵、合金和其他材料的稀土金屬。整體來說，從開採稀土礦一直到生產出稀土，要花上十天的時間，製程不僅曠日費時，且所費不貲。[40]

後來，這個製程的多數環節更趨完善，部分得感謝美國政府派至埃姆斯實驗室的科學家的協助，事實上，被譽為「現代稀土產業發源地」的埃姆實驗室，在 1960 年代中期曾陸續針對雷射、磁鐵和其他新興技術進行了各種深入研究。[41] 美國鉬業公司當然也善加利用了這個實驗室的技術，來為公司本身創造利益，最終不僅促進了自家業務的成長，還推動了美國產業界的發展：1960 年代，美國鉬業擴大稀土生產量，尤其是用於電視市場的鉬（因為當時電視市場持續快速成長）。此外，美國鉬業除了收購了幾家較小型的競爭對手，還利用新技術開發，持續將不同的稀土加入旗下各種產品——從這些發展便可看出，這間公司對複雜且繁瑣的稀土生產製程，已愈來愈得心應手。[42]

　　1960 年那一年，美國對這些特殊用途金屬的消費量只有 1,600 噸，到了 1980 年，這個數字已躍增到 20,900 噸。[43] 埃姆斯實驗室的研究還促成了其他突破，舉個例子，1965 年，空軍科學家發明了釤鈷永久磁鐵（samarium-cobalt permanent magnet），這種磁鐵比鐵製磁鐵具備更強的吸力，且體積更小，是飛機設計的關鍵。由於當時薩伊共和國（注：Republic of Zaire，今日的剛果民主共和國）國內爆發衝突，導致鈷變得不容易取得，於是有更多人投入稀土磁鐵的研究。

　　1983 年，通用汽車和日本的住友特殊金屬公司（Sumitomo Special Metals）各自宣布它們發明了釹鐵硼磁鐵（neodymium-iron-boron magnets），是個人運算時代即將來臨之際的一項不朽重大突破。而這一系列誘人的成長故事，華爾街與中國全都看在眼裡。[44] 1977 年，加州聯合石油公司（Union Oil Company of California，也就是優尼科 Unocal）以 2.4 億美元（以 2023 年的美元計，相當於 12 億 5 千萬美元）收購了美國鉬業公司，並表示將以獨立營運實體的模式繼續經營。

1951 年，也就是美國鉬業公司，收購位於拉斯維加斯郊外的「生日採礦權」那一年，哥倫比亞大學授與了徐光憲化學博士學位，他是 1949 年在聖路易斯（St. Louis）的華盛頓大學取得科學碩士學位後，進一步到哥大攻讀博士的。當時美國國會即將通過一項法律，來防止到美國留學的中國留學生回到剛被共產黨把持的中國。[45] 為了迴避法令通過後可能遭遇到的限制，徐光憲和妻子化學家高小霞趁著法案尚未正式通過，及時離開紐約回到北京，接下來，徐光憲本人便受聘於北京大學。[46] 文化大革命期間，這對夫婦遭囚禁六年，出獄後，徐光憲被派去研究稀土，他全心投入研究，尤其是錯與鉤的相關研究。最後，中國就是靠著徐光憲的研究成果，來鞏固加工與分離本國稀土礦床的能力。到了 1970 年代中期，世人才終於發現中國的稀土礦床名列世界前幾大。[47]

接下來，中國開始有條不紊地促進國內稀土產業的成長。1985 年，中國稀土信息中心成立，基本上是為了仿效美國在埃姆斯實驗室所進行的稀土研究。中國的稀土生產中心則位於內蒙古的白雲鄂博礦區，因為中國人發現，那裡的某座大型鐵礦砂礦場也含有大量的氟碳鈰礦藏。這個狀況使中國得以一邊生產鋼鐵用鐵礦砂，一邊生產稀土，從而節省非常多成本，並獲得某種策略性優勢。1978 年至 1989 年，中國的稀土產量每年大幅增加 40%。[48] 後來，美國、加拿大與日本企業也開始和中國同業合夥，將稀土技術引進中國，協助促進中國初生的稀土產業。[49]

不過，到那時為止，帕斯山礦場依舊是全球最大的稀土生產地，那裡產出的礦物更被美國士兵用於第一次波斯灣戰爭。不過，眼見五角大廈的技術實力在稀土的相助下強得令北京措手不及，於是，中國也加緊腳步，投入稀土研究。[50] 1980 年代，時任中國領導人鄧小平發表了一席極有遠見的評論，他說：「中東有石油，中國有稀土[51]」，還鼓勵同胞繼續透過這項經濟優勢來獲取利益。[52] 1999 年，繼任者江澤民更建議中國應「改善稀土的開發與應用，並將這項資源優勢轉化為經濟上的優勢」。[53]

正當中國科學家積極推進稀土研究時，美國各地的大學卻漸漸不再那麼重視稀土研究，而是將焦點局部轉向生質燃料（biofuel）與其他可再生能源技術。起初，這個轉變的歷程相當緩慢，主要誘發事件，是美國政府在 1960 年代末期抽回對某重要稀土行業出版品的資金贊助。[54] 雖然事後有民間產業接手並提供資金，但這份出版品最終還是在 2002 年停刊。[55] 到了 1990 年代，埃姆斯實驗室的學術界人士不再對愛荷華州立大學的學生，開設原本相當受歡迎的稀土課程。[56] 1996 年負責監督產業相關研究與安全標準的美國礦業局（U.S. Bureau of Mines），更是在一輪預算縮減行動等因素的影響之下被裁撤。[57] 2010 年 3 月，美國鉬業公司執行長馬克・史密斯（Mark Smith）向國會抱怨，他的公司只有區區十七名科學家，而這十七名科學家面對的競爭對手，是中國高達六千名一心一意投入稀土研究的科學家。不僅如此，由於當時的市場相當疲弱，所以美國鉬業已經停止帕斯山礦場的採礦。[58] 他向美國眾議院的科學及技術委員會（Committee on Science and Technology）表示：「美國境內所有大學裡，我找不到任何一位擁有稀土相關經驗的學生。」[59] 在那場聽證會上，埃姆斯實驗室的卡爾・葛齊尼德納（Karl Gschneidner，被許多人視為美國最權威的稀土學者）教授警告，隨著他的同儕漸漸退休、過世或是單純轉向其他領域的研究，稀土領域將出現某種「知識真空」。[60] 同一年，美國政府的國防儲備（National Defense Stockpile）賣光了手上的稀土儲備；事實上，美國政府從未正式公告這些礦物屬於策略性材料。[61]

中國的勞動、環保與安全標準都低於美國，所以，相對於美國，中國自然擁有顯而易見的價格優勢。在白雲鄂博礦區附近有一個超過 5 英里寬的尾礦廢棄池，裡頭存放著中國稀土生產活動所殘餘的碎屑，既黏稠又危險。[62] 一份 2014 年發表的研究報告發現，這座礦場周遭地區的氟化物含量異常高，特別是以塵埃粒子形式存在的氟化物。[63] 英國國家廣播公司（BBC）的一名記者曾在 2015 年訪問此地，他直言不諱描述所見的景象：「在內蒙古這個不知名的角落，隱藏著一片夢魘般的有毒湖泊，而那片毒湖是整個世界渴求智慧型手機、消費性電子產品與綠色科技所造成的。」[64] 到了 2010 年，每年有超過 910 萬噸多半未經處理的廢水，排入白雲鄂博礦區附近的區域。有鑑於此，當地人早已避免食用從該礦區附近的黃河流域裡，所捕撈到的魚類。[65]

除了白雲鄂博礦區，中國各地還出現了綿密交織的非法稀土網路，經常剝削在此工作的鄰近居民，並在黑市裡銷售生產出來的金屬。[66]

另一方面，美國環境保護署在 1970 年成立後，美國稀土產業承受了愈來愈重的監理壓力。美國當然不可能允許稀土業者在帕斯山礦場附近，興建類似白雲鄂博那樣的廢棄物池塘，畢竟那裡的廢棄物池塘管理草率、泥濘不堪，而且大而不當；加州礦場的老闆們其實也知道他們的作業違反環保監理規定，甚至至少某個方面來說，他們是蓄意違反那些法規的。1980 年，美國鉬業公司興建了一條從礦場場址通往附近的伊凡帕湖（Ivanpah Lake，是一座旱湖，橫跨通往拉斯維加斯方向的十五號公路）的管線，總長 14 英里。美國鉬業的廢水處理許可證允許公司透過那條管線，將鹽水排進已蒸發殆盡的伊凡帕湖裡。不過，接下來的十六年間，美國鉬業明知稀土生產製程的廢水充滿放射性微粒與重金屬，卻還是透過這條管線把將廢水（不單純是獲准排放的鹽水）排進伊凡帕湖的湖床上。[67]

1984 年至 1993 年間，美國鉬業的帕斯山設施共發生過四十起溢漏事件，總計共溢漏了 72.7 萬加侖的汙染物。[68] 1994 年，加州政府官員對美國鉬業處以 10 萬美元的罰金，但懲處的理由只是「廢棄物管理不當」，因為那些官員以為溢漏的只是單純的鹽水，而非有害的廢水，畢竟根據規定，美國鉬業只獲准排放鹽水，所以官員們只要求進行零星的試驗。[69] 1996 年夏天，美國鉬業進行這條管線的清潔作業，結果竟造成更多管線破裂，而且，官方還發現另外十一處破裂的管線，前前後後溢漏了共 38 萬加侖的放射性廢水至莫哈維沙漠，部分廢水還流進沙漠中的稀有龜類棲息地。[70] 那些放射性廢水流進伊凡帕湖湖床後一年多，美國鉬業還是一直拖拖拉拉，未能明快處理，部分原因是它花了不少時間跟監理機關來回爭辯。

到了 1997 年 7 月，清理人員才終於利用手動工具，裝填了 1,840 個鋼桶的廢水（其中有超過一半具放射性），送到垃圾掩埋地儲藏。[71] 這座礦場在 1998 年暫時關閉，美國鉬業公司則被勒令繳交 41 萬美元的罰款。[72] 從 1984 年以來，那些管線共溢漏了近 100 萬加侖的放射性廢水，這讓為了成為美國稀土產業軸心而投入許多努力的美國鉬業公司，留下了一個難以抹滅的嚴重汙點。[73]

1990 年代末期，生物多樣性中心（Center for Biological Diversity，也就是二十一世紀和離子先鋒公司計劃開發的內華達鋰礦場槓上的那個團體）就已對美國鉬業使用那條管線排放有害廢水的行為，提出警告。不過，後來美國鉬業承諾關閉那條管線，並採取其他措施進行補救，才獲得這個環保團體的諒解。當時，團體發言人表示，稀土採礦活動誠然會造成汙染，但至少活動的產物是用在綠能裝置上。[74]

隨著監理壓力愈來愈沉重，美國鉬業公司以 30 年的長期計劃為本，於 1999 年宣布了一個野心勃勃的計劃，表示將減少 62％的用水量與 50％的廢水產生量。此外，公司除了承諾將停止透過管線運送廢棄物，還保證會在礦場的現場進行水質淨化，這又是另一個宏大的短期目標。[75] 不過，計劃趕不上變化，在中國沉重的定價壓力刺激之下，更廣泛的市場力量排山倒海而來，導致這個場址在 2002 年黯然關閉，放任設備在溫暖的加州陽光下鏽蝕。[76]

⚡

2021 年 12 月，通用汽車公司發出了一則令人意外的聲明：考量到未來電動車生產的需要，它將向兩家在美國設立總部的製造廠採購稀土磁鐵。[77] 對於作為主要汽車製造商的通用汽車來說，這個目標雖令人感到意外，卻志向遠大：那年稍早，通用汽車曾公開期許，到 2035 年時，它將百分之百銷售零碳排放的輕型車，這個期許和拜登總統設定的聯邦政府車隊汰換目標一致。[78]

這個訊息有兩個方面令人感到意外。首先，當時並沒有任何總部設在美國的製造設施，能為通用汽車供應釹鐵硼磁石磁鐵（用來將電動車電池的電力轉化為動力，實質上扮演了馬達的角色）。再者，美國境內沒有那類設施的原因，其實和通用汽車本身有著直接的關係，而個中原因說來諷刺：通用汽車曾因旗下的麥格昆磁鐵（Magnequench）事業部而一度成為稀土磁鐵產業的全球領導者，不過，1995 年，通用汽車同意將這家公司及其專利賣給一個由兩家中國合作夥伴組成的財團，其中一家公司甚至由中國前領導人鄧小平的女婿所主導。

把麥格昆磁鐵事業部賣給中國財團的那筆交易，雖然讓通用汽車得以在中國銷售更多汽車，卻也讓中國獲得了最初由美國發展出來的稀土磁鐵技術——一直以來，中國製造商處心積慮，想在美國產業界漸漸看不上眼的產業部門追求發展，稀土產業只是其中一例。美國方面核准這宗交易的單位，是負責監管相關交易的外國投資委員會（Committee on Foreign Investment），不過，核准這宗交易的同時，委員會也要求麥格昆磁鐵事業部必須繼續經營位於印第安納州的磁鐵設施幾年的時間。不過，期限一屆滿印第安納州的工廠隨即結束營運，磁鐵生產鍊也轉移至中國。[79]

奧克拉荷馬州的共和黨籍參議員詹姆斯・英赫菲（James Inhofe）曾在 2005 年惋惜地感嘆：「美國目前已經沒有任何本國的稀土金屬供應商，但要生產精密導彈，就得擁有本國的稀土供應來源，所以，我認為這當中明顯存在國安疑慮。」[80]

通用汽車出售麥格昆磁鐵事業部之際，幾乎沒想到這個事業部的產品竟會在不到三十年後，變成攸關公司存亡的材料之一。事實上，當年通用汽車主要只是把稀土磁鐵用在上下來回移動汽車座椅的馬達。此外，雖然美國軍方的多種武器（包括飛彈追蹤系統）都使用了稀土磁鐵，但五角大廈卻在 2008 年表示：「本國供應鏈不存在任何容易因外國勢力而受傷害的弱點。」[81]

儘管 2021 年 12 月通用汽車已不再掌握任何磁鐵專利的控制權，但它似乎想藉當時發出的一份「重振美國稀土產業」聲明，來洗白當年的決定。通用汽車全球採購暨供應鏈副總經理希爾潘・亞明（Shilpan Amin）說：「我們從北美回收的電池以及電動車相關的天然資源愈多，並在這裡加工、製造愈多資源……我們能創造的價值就愈多。我們的策略是要做到『一切操之在我』。」[82]

考量到通用汽車公司早在 1980 年代，就已賣掉麥格昆磁鐵事業部，亞明所謂「一切操之在我」的計劃，當然顯得非常諷刺。不僅如此，這個新計劃又回過頭來牽涉到加州的帕斯山礦場，再次和中國有所牽連。

由於帕斯山礦場自 2005 年至 2009 年間持續處於休眠狀態，美國的稀土產業實質上已形同封存，在這個背景下，中國更是進一步限制稀土出口，並鼓勵非中國企業購買含有中國稀土的中國製品。[83] 2005 年，雪佛龍打敗中國國有石油企業中國海外石油的出價，以 180 億美元收購了擁有帕斯山礦場的優尼科公司。[84] 不過，由於採礦活動並非雪佛龍的主要本業，所以，這家石油業巨擘遂在 2008 年同意以 8 千萬美元的價格，將帕斯山礦場賣給一個包含銀行業巨擘高盛（Goldman Sachs）在內的財團。[85] 2010 年 7 月，該財團透過股票公開發行，募集到 3 億 9,400 萬美元的資金，也拿下美國鉬業公司的名號；財團的高階主管還把新美國鉬業公司，形容為美國的主要堡壘，藉此對抗中國日益強盛的稀土實力。[86] 這家新公司表示，這次募集到的資金將幫助新美國鉬業重新啟用礦場，並改善環境安全防護措施。[87]

與此同時，向來在澳洲西部韋爾德山（Mount Weld）某處礦床開採稀土的澳洲萊納斯公司（Lynas），同意將多數的稀土賣到日本，其他國家因而「不得其門而入」。[88] 萊納斯這麼做的目的是效法美國鉬業，以中國限制稀土出口的背景來襯托自身的重要性。協助重振萊納斯的營運、並在 2014 年接任執行長的亞曼達・拉卡齊（Amanda Lacaze）表示：「我們真的不會受制於中國。我們的目標是要繼續擔綱稀土市場上的領導者之一。只要顧客對供給有信心，中國以外的地區自有顯著成長的空間。」[89]

2010 年 9 月，基於外交爭端，中國暫停對日本供應稀土，使得全球各地群起爭奪這些已形同武器的策略性礦物，稀土價格也因此飆漲，使得新美國鉬業獲得一股意料外的助力。[90] 新美國鉬業興高采烈，高階主管當然希望能趁這個機會大發利市，公司的股價也在首次公開發行後短短六個月內，上漲了一倍以上。[91] 2010 年 12 月，時任新美國鉬業公司執行長史密斯向路透社表示：「眼前有大量唾手可得的機會，我入這行已近二十五年，從未見過那麼多良機。」[92] 事實上，長久以來，五角大廈方面就對類似的情境憂心忡忡，深怕美國總有一天也會遭遇這樣的窘境。這樣的憂慮甚至滲透到流行文化當中。2021 年發表的電玩遊戲《決勝時刻：黑色行動 II》（Call of Duty: Black Ops II），就設計了中國的全球稀土壟斷勢力，在非洲大陸引爆一場戰爭的情境，供玩家探索。[93]

眼見稀土價格飆漲，日本的住友公司遂投資 1 億 3 千萬美元到新美國鉬業公司，日立金屬（Hitachi Metals）也和住友共同成立一家合資企業，以確保稀土的穩定供應。[94] 新美國鉬業公司掛牌交易後不久，就啟動了一項高達 15 億 5 千萬美元的擴張計劃，名為「鳳凰計劃」（Project Phoenix），目的是希望用比前幾批所有權人更安全且更便宜的方式，來生產稀土。[95] 到了 2012 年，新美國鉬業設下一個稀土生產目標，希望有朝一日公司的產量能滿足全球 20％的需求。[96] 新美國鉬業還在 2012 年斥資 13 億 1 千萬美元，取得一家名為尼奧材料技術公司（Neo Material Technologies Inc.）的加拿大稀土加工廠。[97] 史密斯對新美國鉬業公司的未來期許，是希望能落實「從礦場到磁鐵」的一條龍策略，並贏回先前割讓給中國的「領土」。

史密斯自信滿滿地說：「我研究過所有供需基本面因素，結果顯示這個模型將可永續。」[98] 然而，儘管新美國鉬業投下重金、並對未來懷抱高度期待，這套新設備卻還是以失敗收場，主要原因是公司董事會尚未進行適當的機器檢測，就貿然催促工人快速上線，最終落得欲速則不達的下場。[99] 總之，新美國鉬業雖空有帕斯山這個優質礦場，鳳凰計劃卻自始至終都未達到預定的生產目標。[100] 2012 年，中國反手大幅增加稀土出口量，導致全球稀土價格暴跌。[101] 那年 12 月，美國證券交易委員會（Securities and Exchange Commission）表示它正在調查「新美國鉬業公開揭露資訊的精確性」後，公司執行長史密斯便離職了。[102] 同樣在 2012 年，美國環境保護署針對新美國鉬業的帕斯山設施，展開一次突襲檢查，結果發現該場址的鉛和鐵都已滲漏到雨水之中。由於環保署擔心那些水可能已外洩到鄰近的土地並造成汙染，故而對該公司處以 27,300 美元的罰款。[103]

新美國鉬業公司在 2013 年虧損了 1 億 9,720 萬美元，為了扭轉虧損的命運，它從 2014 年開始啟用一部分新設備，力拚在 2015 年年底將公司的現金流由負轉正。[104] 不過，那成了永遠也無法達成的目標。由於當時中國政策大轉彎（不再阻擋稀土出口），導致全球市場充斥著大量的稀土供給，稀土價格因此崩跌，並重創新美國鉬業的資產負債表。2015 年 6 月，也就是該公司的代表現身德拉瓦州法庭的大約兩年前，該公司正式申請了《破產法》第十一章的破產保護，也就是說，雖然公司的資產超過 24 億 9 千萬美元，卻欠了超過一千名債權人共 17 億 9 千萬美元，包括欠富國銀行近 7 億 5 千萬美元的債務。[105] 於是，一個為期二十四個月的調查流程就此展開，旨在釐清該公司遍布全世界的資產（包括美國唯一的稀土礦場），是否能局部出售。

2016 年 8 月，事情有了第一步進展，當時新美國鉬業公司的某些部門掙脫了破產保護，以尼奧績效材料公司（Neo Performance Materials，和新美國鉬業在 2012 年收購的那家公司同名）的名號自立門戶。新尼奧公司的主導者，還是當年將舊尼奧公司賣給美國鉬業的那一批人，而且，舊尼奧公司的所有資產也幾乎原封不動，留給了新尼奧公司，這個諷刺的轉折讓尼奧公司的經營階層獲得了更多利益。[106] 重點是，那項交易並不包含被許多債權人與潛在買家，視為詛咒的加州帕斯山礦場（其中一人甚至形容這座礦場是拖垮整家公司的「拖油瓶」）。[107] 新美國鉬業公司則是希望把礦場的所有資產賣斷，給出價最高的那一方，並以因此取得的價款來償還債務。但德拉瓦州法官桑奇表示，帕斯山採礦場址的命運仍「在未定之天」。[108]

芝加哥避險基金 JHL 資產集團（JHL Capital Group），後來夥同新美國鉬業的幾位債券持有人達成協議，將以 100 萬美元取得帕斯山場址的礦權，但他們只要礦權，不要場址。不過 2016 年 3 月，JHL 的代表也向法庭表示，他們正考慮和一家外國實體共同出價，購買這個複合設施。[109] 儘管這個場址的策略重要性不可言喻，最初並沒有人在破產法庭表達購買意願，使得破產信託人愈來愈焦慮。[110] 經過幾個月的幕後協商，法院終於決定在 2017 年 2 月為帕斯山礦場舉辦一場拍賣會。[111]

一家和維拉迪米爾・艾歐里奇（Vladimir Iorich，出生於俄羅斯，但已成為德國公民）有關係的投資公司開出了 4 千萬美元的價格。[112] 不過，艾歐里奇打算全面收購帕斯山礦場的計劃，隨即引起了美國國家安全上的憂慮；一般預期，美國外國投資委員會將詳細審查所有人的競標資料。孰知，那年春末時分，艾歐里奇竟突然主動撤回了出價，而且沒有提出太多解釋。[113]

接著，創業家暨環保人士湯姆・克拉克（Tom Clarke）加入戰局，他先前因在維吉尼亞州經營療養院而發了一筆財。一直以來，他在全國各地收購老舊煤礦場，並將礦場清理乾淨，他認為過去的經驗應該能在帕斯山礦場派上用場。克拉克和破產信託人保羅・哈恩（Paul Harne）合作，扮演所謂「掩護馬」（stalking horse）的角色，率先為這場拍賣會喊出一個地板價。克拉克的出價是 120 萬美元，他表示，根據他處理舊煤礦場的經驗，他願意承受這個場址要價 1 億美元的環境責任。不過接下來，隨著訴訟程序繼續進行，就在克拉克看似即將拿下帕斯山的控制權之際，半路卻殺出程咬金，MP 礦場營運有限責任公司（MP Mine Operations LL）突然進場，表示它也對這個場址感興趣。

MP 礦場營運公司是芝加哥避險基金 JHL、一家名為 QVT 金融公司（QVT Financial）的投資基金與中國的盛和資源控股股份有限公司（世界前幾大的稀土公司），這三家企業決定組成的財團。[114] MP 的兩位美國投資人完全沒有採礦的經驗，盛和資源則是經驗豐富。情況顯示，一年前和

JHL 聯手擺了法院一道的那家不知名外國實體，似乎就是中國的盛和資源；對於 MP 而言，盛和資源的礦業經驗攸關重大。

為了這場拍賣會，各方出價者在 2017 年 6 月 14 日約在費城的一家律師事務所見面。協助法院管理這場拍賣會的律師文生・馬利歐（Vincent Marriott），條列了這場拍賣的所有程序與條件。雖然克拉克一開始的出價已定下 120 萬美元的底價，MP 卻申請以 140 萬美元的出價參加這場拍賣，形成了新底價。每一次喊價必須至少加 5 萬美元，因此，起標價將是 145 萬美元。[115]

現場爆發口水戰之前，克拉克的律師奧斯卡・賓卡斯（Oscar Pinkas）曾試圖出手阻擋。[116] 拍賣前一天晚上，克拉克和賓卡斯向桑奇法官提交了一份動議，試圖讓 MP 失去競標的資格，他們在動議中提出幾個理由，指稱 MP 不符資格，其中最聳動的理由是：中國政府正利用盛和資源來控制帕斯山礦場。[117] 雖然 MP 早已向法庭表示，它並不認為和盛和資源之間的合作關係將促使外國投資委員會介入審查，卻也沒有詳細交代盛和資源持有 MP 9.9% 股份的事實。當時，外國投資委員會的監理規定幾乎完全基於國家安全的狹義考量而量身打造，不盡然考慮到經濟安全。不過，2020 年，華盛頓擴大了外國投資委員會的職權範圍，自此得以將經濟安全納入考量，並具體鎖定生產關鍵技術的美國企業。[118]

這場拍賣會有可能在法官做出裁定之前進行嗎？馬利歐認為有可能，他相信拍賣會和破產訴訟程序彼此獨立。馬利歐向拍賣單位表示：「除非我收到法庭指示暫停拍賣的命令，否則我們打算從此刻開始進行競拍。」

但賓卡斯再次試圖搞砸拍賣，他要求和克拉克談談。重新開始拍賣流程時，賓卡斯指著房間裡的一位不知名人士說道：「我們想要了解他們在這場拍賣會上扮演什麼角色。」拜破產法庭拍賣的神祕規定所賜，只有直接投資人能進入房間。

賓卡斯質疑的那個人就是盛和資源的創辦人兼大股東王全根。王全根是公認世界頂尖的稀土加工專家，他和盛和資源在全球各地都有稀土投資案在進行。賓卡斯此舉，似乎是故意要凸顯盛和資源和北京當局之間的關係，只不過他並沒有直接點破。的確，盛和資源的最大股東是中國政府所控制的中國地質科學院。

　　賓卡斯問：「所以說，盛和資源是 MP 礦場營運公司目前的投資人之一，並持有該公司的股權嗎？」

　　馬修·克萊門（Matthew Clemente）律師答道：「是的。盛和資源是 MPMO 目前的少數股權投資人之一。」談到他的客戶 MP 礦場營運公司，克萊門是用全名縮寫稱呼。

　　賓卡斯繼續說：「這一點有在全套的競標文件裡揭露嗎？我並沒有在文件裡看到這項訊息。」

　　主持拍賣會的馬利歐一心只想繼續拍賣程序並落槌結案，於是插話道：「奧斯卡，你這是在浪費時間。」

　　賓卡斯直呼這位受雇於法院的拍賣監督人的名字，反駁道：「文斯，競標程序具體規定，必須向拍賣會上被通知的每一方，充分揭露每一位競標者的身分。而我們是其中一方。」

　　不過，馬利歐並未直接回應賓卡斯的反駁，他堅持說道：「奧斯卡，你到底要不要出價？」他警告克拉克的律師賓卡斯，除非他出價，否則這場拍賣會即將結束，而這個結果將對他的對手有利。

　　賓卡斯聞言後稍微放軟姿態，喊出 145 萬美元的價格，於是，拍賣會就此展開。不過，賓卡斯還想要知道，如果法官最終做出的判決對他有利，將會是什麼狀況？他必須支付最終的拍賣價格嗎？還是只要支付最初開的 120 萬美元？馬利歐愈聽愈火大，並指示賓卡斯，出價不能附帶任何前提，因為他知道，無論法官的判決為何，賓卡斯和克拉克都必須受拍賣結果約束。

賓卡斯說：「我就是不知道除了法院的命令以外，這場拍賣有沒有可能受到其他任何約束嘛！所以，如果不受其他約束，那麼我方的出價是145萬美元。」

馬利歐一聽此言，只覺不可置信，回道：「奧斯卡，我不知道你在說什麼，少廢話。我再給你一次機會，請好好說話，出個能說服我認同你是真心想要參與競標的價格，否則我馬上就結束這場拍賣。」

於是，賓卡斯要求休息五分鐘。

「不行。不能再休息了。之前你早就有充分的時間，現在只是在拖時間，看桑奇法官會不會在這五分鐘之內做出判決罷了。」

賓卡斯反駁道：「因為你剛剛解釋得很清楚，不管桑奇法官做出什麼決定都不重要，現在我只是想和客戶討論一下策略而已。」

這時，身為客戶的克拉克介入，表示他同意這個出價將不可協商且不可撤銷。MP的律師克萊門接著喊出150萬美元的價格。接下來大約一個小時左右，雙方你來我往，MP最終將出價喊到180萬美元。

這時，克拉克直接喊出500萬美元的價格來回應對方。MP也不甘示弱，喊出520萬元的價格。克拉克又繼續喊出750萬，而MP也繼續加碼。於是，克拉克直接跳到1,000萬美元，顯然他很想贏得帕斯山礦場的控制權。他的律師跑出房間打電話給桑奇法官，過了幾分鐘才回來。

賓卡斯向房間裡的所有人說：「我們繼續反對這個流程。」馬利歐說：「你什麼意思？」

MP的律師克萊門忍不住說：「我覺得我們好像在跟一個『魔神仔』競標。」但賓卡斯也不示弱，答道：「彼此彼此。」

經過幾個小時的訊問後，雙方都筋疲力竭。出價已經喊到1,060萬美元，是克拉克那一方喊出來的價格。不過，MP也沒有放棄：

「1,080 萬。」

「1,200 萬。」

「1,220 萬。」

「1,500 萬。」

「1,520 萬。」

「1,600 萬。」

「1,620 萬。」

這時克拉克說：「我正在傳簡訊給我太太取得她的允許。我們能休息一下嗎？」馬利歐問：「休息的理由，是不是因為你需要取得其他投資人的授權？」

克拉克說：「我是真的需要授權。」

馬利歐終於首肯，他說：「那好，我們休息五分鐘。」

不過，在 MP 的律師眼中，克拉克主動要求休息一事暴露了他的弱點——連他都受制於某種出價上限。克拉克回座後，把出價拉高到 2,000 萬美元，但 MP 隨即回覆：「2,050 萬。」

克拉克說：「我不再出價了。」

歷經六個小時的爭辯，克拉克終於棄械投降。控制芝加哥避險基金 JHL（MP 投資人團就是由它領導）的吉姆・李廷斯基（Jim Litinsky）就坐在那個房間後面，但整場聽證會他一語不發，全權由律師代他發言。

九天後，各方律師齊聚在德拉瓦州法院桑奇法官面前。經過多年的來回協商，馬利歐終於可以鬆一口氣，他把拍賣結果呈交給法官，並向庭上表示：「我們相信這是非常成功的結果。」[119]

除了支付現金，MP 已承諾將承擔起這個場址的環境責任。對法院來說，重要的是該公司將使這座礦場保有生命力。MP 礦場營運公司只花了區區 2,050 萬美元的代價，就取得加州帕斯山礦場的一切，這筆錢遠遠低於當時閒置設備的價值。與美國鉬業公司投入這座礦場的金額（數十億美元）相比，這個成交價簡直可謂微不足道，更何況，創辦一家稀土公司可沒那麼容易，使得這筆出價更顯得物超所值。

代表加州聖伯納迪諾郡（San Bernardino County）的律師約瑟夫‧哈斯頓（Joseph Huston）向法庭表示：「坦白說，我們認為這個收購價非常漂亮。」

聖伯納迪諾郡原本擔心，萬一銷售案破局，它就得趕忙向法官遞交接收該場址的許可，以防止存放此處的任何化學物質外洩。不過，如今可好，有一家公司願意一肩擔起風險，這為法院、加州、聖伯納迪諾郡以及其他政府機關省下了可觀的時間、頭痛的麻煩及金錢。

賓卡斯透過電話向法庭表示，他並不反對這項銷售案，還補充道，他感覺他的客戶為收購這座礦場而反覆投入的心力及因此引爆的爭奪戰，無形中幫忙拯救了帕斯山礦場「……庭上，我不會說今天坐在這裡的我們心中很不滿。」

訴訟程序只是把已成既定事實的案件作個了結。在中國的協助下，MP 礦場營運公司將買下帕斯山礦場，並試著在美國鉬業公司跌倒的地方站起來，甚至進一步創造可觀的成就。這個結果讓身為法律學教授、並在 2006 年首度受雇於破產法庭的桑奇法官相當欣慰，他表示：「這是一項非常難賣、甚至根本賣不掉的資產，但如今受託人實現了絕佳的結果。」接著，他面無表情地說：「我原本以為，我得跟你們耗一整個下午。」

於是，美國的加州帕斯山礦場有了新主人。訴訟程序開始不到四十分鐘，法官說道：「我們散會吧。」

就這樣，一個由芝加哥某避險基金以及一家中國礦業公司共同主導的財團，只用了略高於美國籍競爭對手 50 萬美元的出價，就得到了美國唯一稀土供應來源的所有權。[120] 這項判決的影響範圍，使得美國失去了重要的稀土礦場，而稀土可以用於幾乎每一項消費性電子裝置、乃至美國軍事用武器的多項金屬。

十五號州際公路從拉斯維加斯一路蜿蜒向南延伸的途中，會經過一系列廢棄的賭場，再穿越一片灰褐色的沙漠，之後便進入加州。州界位置有一個檢查哨，目的是為了檢查車輛是否攜帶可能危害加州大型農業的入侵型植物。經過檢查哨後，高速公路會繼續通過位於伊凡帕湖湖床的一大片太陽能板區，然後右轉，緩慢向上爬升到近 5,000 英尺的高度，進入克拉克山脈（Clark Mountain Range），那裡的路標引導想前往帕斯山礦場的用路人，從二八一號出口下交流道。一如 1950 年代那份產業出版品的清楚描述，帕斯山礦場的所在位置還算便利——這座礦場的巨大礦坑和成堆的廢棄岩石，距離州際公路僅僅幾百英尺之遠，礦場的笨重設備就擺放在山腰上興建的幾間大型倉庫裡。要說服礦工到這個場址工作似乎並不是太難；畢竟這裡的環境不像加拿大北部那麼酷寒，地形也不像澳洲西部內陸地區那般崎嶇。何況人稱「萬惡之城」的拉斯維加斯就在附近，如果來此地工作的礦工想找點樂子，其實算相當方便；此外，位於另一個方向的洛杉磯海灘也只需要幾小時的路程就能抵達。

2020 年 1 月的某一天，我為了參訪帕斯山礦場，首度開車上那條高速公路。那是個晴朗的日子，不過風相當大。美利堅合眾國與 MP 材料公司（MP Materials，MP 礦場營運公司的新名字）的旗幟，在保全駐點附近的空中飄揚。穿上安全裝備後，我在這個場址的主辦公大樓和李廷斯基見面。他約莫四十出頭，頂著一頭烏黑頭髮，帶著自信且燦爛的笑容來迎接我。他身上穿著牛仔褲和工業正式襯衫，襯衫的兩側都縫著反光的綠色條紋，看起來和很多第一線礦工的典型制服非常類似。李廷斯基是土生土長的芝加哥人，擁有法學博士和工商管理碩士學位。2006 年他創辦了 JHL 避險基金（這檔避險基金管理了價值超過 15 億美元的投資組合），並持有巴里克黃金公司（Barrick Gold Corp.）與紐約時報公司（New York Times Co.）等企業。他說，他在帕斯山礦場看到了一個，能在別人失敗的地方創造成就的機會。

李廷斯基指著建築物的四周對我說：「2017 年我們打算買它時……沒有人認為這會是筆划算的交易。」[121] 到了 2020 年，MP 材料公司已經重新開始在這個場址採礦、開始生產輕度提煉後的稀土混合精礦，並把產品賣給當初協助它購買這座設施的那家中國企業。李廷斯基說，我們只生產這種產品的局部原因在於，新美國鉬業公司鳳凰專案當初安裝在這個場址的設備無法正常運作。他還補充，為了斬斷對中國的依賴，MP 材料公司的工程師正設法讓這些設備恢復正常運轉。

到那時為止，座落於附近山脈的某些建築物多半還閒置著，等待有緣人來指派未來的用途。地面上的巨大坑洞就是帕斯山的採礦坑，深度超過 500 英尺，當中有一條寬闊但蜿蜒的道路可通往狹窄的礦坑底部，是供開拓重工的卡車和推土機行走的通道。礦坑的新老闆計劃再挖深一點，還打算遷走附近的建築物，以便擴展整座礦場的周長。我戴著安全帽、穿著反光背心抵達礦坑底部時，隨即感覺自己好像快被現場的運作給吞噬——我整個人被谷壁包圍，陽光在峽谷的遮蔽下，只能局部穿透到這裡，風也因障礙物的存在而幾乎平息。

MP 材料公司利用巨大的設備從那個位於地面的洞裡挖出岩石，接著將岩石運送到稀土加工產線，製成稀土氧化精礦後，再賣給中國的盛和資源。加工廠外有好幾個巨大的白色麻布袋，每一個袋子裡都裝了重達1,500公斤的稀土氧化精礦。一輛叉式升降裝卸車快速在此穿梭，每一趟運送一個麻布袋到一輛平板卡車上，車上標示著「美國鉬業公司」名稱與該公司藍紅交織的識別標誌。

我在現場遇到的每一位職員都像音樂會上的演奏者般，口徑十分一致，向我述說他們為重振帕斯山礦場而投入眼前的工作是多麼驕傲的事，他們的說詞聽起來甚至像在複誦聖歌。那些員工一致表示，他們的目標是要為「美國政府、特斯拉和豐田汽車」供應稀土。

附近一座大約兩個半足球場大的建築物裡，擺放著新美國鉬業公司當初為了鳳凰專案，而安裝的數十個儲物槽。為了處理廢水而設計的大型氯鹼（chlor-alkali）設施，就安置在附近一棟建築物裡，基本上，那些是北美地區唯一可製造稀土金屬的設備，不過，此時它卻因新美國鉬業公司的「食緊挵破碗」而閒置在那邊。

在我參訪這個場址前不久，一位著名的稀土產業分析師曾告訴我：「MP材料公司買下的是一座大而無用的加工廠。沒有人有辦法依照這座加工廠當初的設計來運作。」[122]

言談間，李廷斯基反覆向我表示，新美國鉬業公司其實是敗在執行面。他也意有所指影射那是雪佛龍、優尼科與舊美國鉬業的失敗，而非環境汙染。他說，這座礦場的新主人——即李廷斯基所控制的MP材料公司——使用的化學品和加工技術，都和這裡所有的舊主人不同，而且也用遠遠不同的方式來管理生產時程。但事實上，當我問到這個場址以前曾面臨的環保罰金以及前老闆曾遭遇過的其他麻煩事時，他的反應突然激動了起來，並極力提出反駁。

李廷斯基談到新美國鉬業公司時說：「整個流程的許多環節根本沒有機會開始就結束了。所以沒有什麼環保挑戰可言。我想在此聲明，那是一種不公平的描述。（前老闆）並沒有遭遇到任何環保上的挑戰。」

那種撇清的說法令人困惑，有待驗證，特別是因為生產稀土本來就會產生少量的放射性廢棄物，以及大量可能有毒的氟化物廢棄物。舉例來說，過去的管道洩漏紀錄導致帕斯山礦場無法繼續利用那條管道，將放射性廢棄物運輸到附近所謂沙漠盆地（playa）的平坦沙漠地帶，只能就地將廢棄物貯存在場址內，或運送到加州以外的地方。那似乎是李廷斯基不得不努力應付的問題，但到目前為止，他好像還沒遇到。

受該場址過去的環保失誤所害，美國鉬業一直以來都把氟化物廢棄物賣給中國買家。如 今，我實在看不出一旦 MP 材料公司再度開始在加州製造稀土金屬，它打算如何應對那些挑戰。

儘管如此，對美國來說，擁有本國境內的稀土生產活動，總比完全不在國內生產稀土好，而李廷斯基與他的團隊深知這個道理，所以，他們喋喋不休地透過大量訪問，反覆向我、向華爾街人士，乃至另外幾十位記者重申這一點。的確，當時的美國正處於一場「未來的綠色軍備競賽，而基於國家安全考量，我們必須爭取領導地位」。

很顯然，李廷斯基認為他在帕斯山礦場專案上所扮演的角色，並不僅僅是一位典型的投資者。他認為，由於他的新公司計劃銷售的產品極度重要，所以他打從心底相信，他為這個場址所付出的一切，將直接為美國及美國的綠色能源目標奠定一個良好的基礎。他說：「儘管我們不盡然獲得很多支持，但我們是如假包換的英雄。如果美國想要擁有稀土產能，就得先從我們開始，我們將身先士卒。」

中國在稀土產業的全球控制力量，暴露了李廷斯基所謂綠色能源供應鏈的「單點故障」問題（注：A Single Point of Failure，指系統上的某一個物理節點故障導致整個系統無法運作的現象），美國人必須妥善應對這個弱點，並在應對過程中，支持礦業與其他能將岩石轉化為高科技裝置的必要生產措施。「目前中國人在這場綠 軍備競賽裡占了上風。他們早就體認到，這個世界正爆發某種經濟冷戰，而且他們希望在未來的產業中占有領先地位。」

從國家安全的角度來看，拿中國的「惡魔級威脅」來慫恿美國人支持最近剛重啟的礦場，似乎是個高明的手段。問題是，MP 卻在 2017 年簽署了一項協議，同意將生產的稀土精礦賣給盛和資源，而這個協議屬於一個所謂「無條件支付」（take or pay）協議的一環。這項協議等於是把 MP 公司的營收與獲利，和中國直接掛勾在一起（儘管內容已在 2022 年更新）。[123] 說穿了，MP 材料完全仰賴盛和資源來處理，他們從加州沙漠挖出的所有岩石，也就是說，它每年必須從加州運送大約四萬噸稀土精礦到中國。這項協議更規定，盛和資源有權留下 MP 材料的所有利潤，直到回收最初投資的 5 千萬美元為止。[124]

這個場址的重新啟用引發了諸多紛擾與抗議活動，但 MP 材料不為所動，甚至在 2020 年 7 月表示，它將申請在紐約證券交易所公開掛牌交易——這其實是仿效帕斯山礦場場址前幾位所有權人的做法。這次首次公開發行的目標，是要為公司本身引進大約 5 億美元的資金，並為公司的投資人（包括李廷斯基）另外引進近 10 億美元的資金。在創投資本家暨前臉書高階主管查瑪斯・帕利哈皮提亞（Chamath Palihapitiya）的背書之下，該公司的股票承銷案件成了 Covid-19 疫情大流行期間被積極鎖定的目標之一，不過矛盾的是，這項承銷案，也利用美國人對日常重要商品供應斷鏈的憂慮來造勢。[125] 相較於當初這座礦場在破產法庭，以區區 2,050 萬美元成交一事，此時的發展堪稱巨大的轉機。

MP 材料公開掛牌後，理查・邁爾斯（Richard Myers）與瑪麗安妮・拉凡（Maryanne Lavan）加入李廷斯基的行列，進駐公司的董事會；邁爾斯曾在小布希總統執政時期擔任參謀長聯席會議主席，拉凡則是國防承包商洛克希德馬汀公司的高階主管，該公司是稀土磁鐵的使用者——它用稀土磁鐵為五角大廈建造戰鬥機。[126]

不過，MP 材料公司首次公開發行後幾個月，華爾街的某些投資人卻愈來愈焦躁不安。其中，葛瑞茲利研究公司（Grizzly Research）在 2021 年 10 月發表了一篇長達二十七頁的揭發性報告，內容宣稱 MP 材料和中國之間的關係，可能會對美國國家安全造成疑慮。那篇報告導致 MP 材料的股價下跌超過 13％。[127] 葛瑞茲利公司的分析師寫道：「MP 公司只不過是個換湯不換藥的案例，說穿了，它只是一家被重新包裝後，再以不合理高價轉賣給投資人的倒閉企業罷了。他們聲稱 MP 材料是對抗中國生產商的唯一可行競爭者，但鑑於 MP 材料的最大客戶與重要股東都受中國財政部控制，那樣的說詞似乎完全在造假。」[128]

美國政府的某些部會也對 MP 材料存有疑慮。隸屬美國能源部的關鍵礦物研究所（Critical Minerals Institute，美國政府在稀土研究方面的主力，通常會與民間產業密切合作）主席湯姆·洛格瑞索（Tom Lograsso）曾在 2020 年年初表達了他對盛和資源參與這項專案的疑慮。洛格瑞索在我參訪帕斯山礦場場址後不久告訴我：「顯而易見，問題出在 MP 材料公司的所有權結構。」[129]

但李廷斯基認為，當初盛和資源純粹是基於冷靜的經濟性投資盤算才會出手相助。見面時他跟我說：「如果沒有中國技術合作夥伴的出手協助，我們根本就不可能自行完成這項重啟計劃。」[130] 他反覆向我強調，盛和資源只不過是技術合作夥伴，他們既未掌握 MP 材料的董事席次，也無權控制公司把產品銷售到何處。他還補充，帕斯山礦場的兩百多名員工當中，只有少數人是非美國籍。問題是，MP 材料只銷售一項產品，而盛和資源是唯一向 MP 材料購買這項產品的企業。

毫無疑問，李廷斯基非常依賴中國的支持，但他也一邊在攻擊中國。

基於當時的世界局勢，這樣的差別態度看起來真的很怪。舉個例子，通用汽車在 2021 年和 MP 材料簽署了一份稀土磁鐵供應協議，問題是，MP 材料根本沒製造過稀土磁鐵。

MP 材料公司為了局部逆轉鳳凰計劃的命運，而設計了一組簡化的流程，而它打算在加州重啟的複雜化學研究，就是那組簡化流程的一環。採訪李廷斯基時，他告訴我，他希望能在 2020 年年底修復現場的加工設備。但到了 2021 年，MP 材料又繼續將目標推延到 2022 年。當通用汽車在 2021 年年底和 MP 材料簽署那份稀土磁鐵供應協議時，公司又改口說，現場設備將在未來幾年就緒。MP 材料向通用汽車承諾，屆時它不僅將加工處理稀土，還要製造稀土磁鐵——問題是，MP 材料在稀土磁鐵的生產上毫無經驗可言，遑論持有任何專利。這一切似乎只凸顯出它有多迫切需要協助帕斯山礦場順利取得進展，甚至不惜引進一家中國企業來投資。

鑑於稀土在武器方面的用途廣泛，2020 年 4 月五角大廈表示，它將為 MP 材料位於加州的稀土加工作業提供財務支援。MP 材料接著表示，它將把這筆錢用在設計工作。[131] 不過，一個月後決策就被推翻了，因為五角大廈私下告知 MP 材料，它有必要展開「進一步研究」。一般普遍認為，五角大廈此舉是為了安撫德州共和黨籍參議員泰德‧克魯茲（Ted Cruz）與其他政治人物的疑慮——當時很多人對 MP 材料與中國之間隱約存在的關係耿耿於懷。[132] 但到了 2020 年 7 月，五角大廈又重新決定為 MP 材料提供資金，因為他們判斷為該公司及其稀土專案提供財務支援，終究還是符合美國政府的最大利益。[133]

就在美國和中國間的稀土戰爭愈演愈烈之際，其他國家也沒閒著。2020 年夏末時分，也就是拜登剛公布他熱切期望實現的電動車目標之際，俄羅斯政府表示將投資 15 億美元到十一項稀土專案，期許俄羅斯經濟體系能在 2025 年，擺脫這些戰略性金屬的進口需求。莫斯科當局直白地宣稱，它的目標是要在那一年成為世界第二大稀土生產國，而且，它將藉由開採本國相關金屬礦藏的方式來達成目標——估計約有 1,200 萬噸，大約是全球總蘊藏量的 10％。[134] 此外，2021 年年底，北京當局為了阻止洛克希德馬汀公司和其他國防承包商，為五角大廈製造戰鬥機與其他戰爭工具，開始考慮停止對美國出口稀土。[135]

而在美國方面，2022 年年初，參議員馬克・凱利（Mark Kelly）與湯姆・卡頓（Tom Cotton）為了間接提振起步中的美國稀土部門，提出了阻止國防承包商向中國採購稀土的法案。[136] 在此前一年，眾議院提出的一份法案，打算對在美國生產稀土製磁鐵的企業提供租稅抵免，這項法案由加州民主黨籍眾議員艾瑞克・史瓦維爾（Eric Swalwell）與賓州共和黨籍眾議員蓋伊・瑞森紹爾（Guy Reschenthaler）共同提出。[137] 儘管這兩項法案雙雙展現出難得的跨黨派合作氛圍，但最終都未能順利通過立法。至少從 1970 年代以來，美國國會就嘗試通過一系列，旨在改善美國本國關鍵礦物生產與庫存狀況的法律——有些成功，有些失敗。而凱利與卡頓提出的法案，是國會就此議題的最新嘗試。[138]

不過，儘管國會兩黨都心存疑慮，五角大廈和白宮方面還是繼續支持MP 材料公司。2022 年稍晚，李廷斯基成了白宮一場虛擬圓桌會議的座上賓，他在這場會議上首度和總統公開會面。最終，他不僅贏得了政府的讚賞，還得到更多資金奧援。看來，在通往綠色能源未來的道路上，重疊的忠誠（overlapping loyalties）似乎是必要之惡。

第七章
政治歸政治，綠能歸綠能？

> 十至十五年前，你可能壓根兒也想不到鋰會成為國家安全議題，但如今鋰確實已成了國家安全議題之一。

 # 阿根廷 # 美洲鋰業公司 # 政府監管 # 民團社運大亂鬥

　　川普總統入主白宮不到十天，就履行了他在選戰中許下的承諾：縮減政府在環保、金融和醫療等領域的過度監理（那其實是他自認的過度監理）。他宣布，永任型政府職員每提出一項新監理規定，就必須廢除兩項現有的規定。監理規定的存廢由白宮裁定，但永任職員有責任向白宮當局提出哪些規定要存要廢。[1]

　　新官上任的川普總統自詡這個行政命令是美國「就監理規定而言，有史以來最大刀闊斧的一次精簡作業」。[2] 有些人擔心此舉將引狼入室，但川普反駁道：「未來還是有監理規定，還是有管控，但將會是合理化的管控，企業能輕易成立，而且能輕易擴張。這才是我國的精神。」[3]

　　距離白宮只有幾個街區之遙的史都華・李・尤德爾大樓（Stewart Lee Udall Building，這棟新政時期興建的現代風複合建築，是美國內政部所在地）自然清清楚楚接收到了這項訊息。美國內政部成立於 1849 年，由許多機關組成，包括管理聯邦政府多數土地的土地管理局；由於它管理非常多土地，因此也有「西部大地主」的稱號。[4]

　　2017 年 8 月，也就是川普簽署這項行政命令後八個月，內政部副部長大衛・伯恩哈特（David Bernhardt）簽署了三三五五號命令（Order No. 3355），此命令的發想來自川普的行政命令。這位副部長在長達四頁的命令中寫道，需要聯邦政府進行環境監督的專案已變得太多、太過混亂，而且過於錯綜複雜（聯邦政府通常得經由《國家環境政策法》〔*National Environmental Policy Act*，簡稱 NEPA〕的審查流程來取得監督權）。

後來，伯恩哈特在《你得向我報告：失靈行政國的當責》（*You Report to Me: Accountability for the Failing Administrative State*，針對川普政府任職時期的回憶錄）一書中回憶：「這項命令承認 NEPA 的諸多規定，不是為了製造一堆書面文件，而是要以對環境影響的明智理解為本，採納良性的決策。」[5]

伯恩哈特經歷且處理過不少他認為太過累贅、太過繁瑣的政府監理規定。他十六歲時曾籌辦一家青少年中心，並在裡面設置一些遊戲機。當時，他成功說服了小鎮的議會，為青少年中心裡的遊戲機提供租稅減免，因為那些稅金會對他的新事業造成過高的成本。他是土身土長的科羅拉多人，並在科羅拉多州上法學院，還曾在美國最高法院實習。三十七歲時，他成了小布希政府的內政部法務官，那個職務實際上就是內政部的首席律師；後來，他又當了幾年的石油暨天然氣業遊說人。

美國內政部有高達七萬名員工，伯恩哈特擔任川普政府內政部副部長（基本上就等於內政部的營運長）的主要任務，就是領導這個龐大的部會強化眾多瑣碎文官事務的推行效率。他告訴幕僚，三三五五號命令的設計，就是為了終結「可能對公共與民間專案的效率發展，造成障礙的不必要複雜 NEPA 分析。」他規定環境影響評估報告的篇幅，最多不能超過一百五十頁（「複雜」的案件則可以增加到三百頁），而且命令宣布之後，內政部的內部機關必須在一年內完成正在處理中的所有報告。[6] 2019 年被川普拔擢為內政部長的伯恩哈特表示，這項命令將能改善內政部的內部管理。[7]

此決策產生了迄今尚未充分為人所理解的深遠影響。不過，至少目前外界知道的影響是，當時內政部的一般職員確實把川普與伯恩哈特的命令，當成加緊行動的號角，而這個發展對北美最大的鋰礦床、以及世界前幾大的汽車製造廠產生了巨大的影響。

1975 年時，美國還深陷水門案與三哩島（Three Mile Island）核外洩事件等紛擾之中（直到四年後才擺脫這些惡夢的糾纏），雪佛龍公司就已為了尋找鈾而開始在內華達州北部的一處山谷挖掘——那個山谷從當今所謂雙 H 山脈（Double H Mountains）的古代火山口邊緣，一路延伸到蒙大拿山脈（Montana Mountains）的崎嶇山頂之間。[8] 雪佛龍原本預期能在那個山谷裡，找到和該地質區域特有的沉積黏土混合在一起的鈾。這雖是個高風險專案，卻相當符合邏輯，因為自然界的鈾天生就喜歡和黏土結合在一起，尤其是美國西部的黏土。[9] 雪佛龍成功找到鈾的可能性非常高（至少表面上看來），而且，該公司使用配備輻射感測器的飛機來進行多數測試，這麼一來，就無需進行大規模的挖掘測試。[10]

另一方面，美國地質調查局也認為，由於那個地點位處古代火山口邊緣，當地也有可能蘊藏異常高濃度的鋰；當時，鋰通常用做藥物與潤滑劑。於是雪佛龍決定擴大任務：從 1980 年至 1987 年間，它開始挖掘黏土層以下的位置，希望能找到鋰。這些挖掘測試相當成功，雪佛龍發現，這個地區確實蘊藏非常大量的鋰。只不過要取得鋰，就得先清除覆蓋在上面的大量黏土，而且，從來沒有人從黏土中提煉出鋰；再者，當時的鋰價非常低迷。因此 1986 年雪佛龍公司將當地的採礦權出租出去，甚至在 1991年時賣斷這項權利。[11]

薩克隘口最吸引人之處，在於它的地理位置：位於兩座山之間的山谷，被兩座山包圍，所以實質上是個盆地。二九三號州級公路正好從中穿越這個隘口，所以此地交通非常方便。那裡有一條巨大的電線，附近還有一條鐵路支線經過。雖然這個地區人煙稀少，但四十分鐘車程之外，倒是有一座物資豐饒的小鎮。一位鋰業高階主管事後回憶薩克隘口時說：「某些專案的場址可能會因後勤補給與基礎建設而受到箝制，但我覺得此處萬事俱備。」「它擁有非常多正向因素，顯示這裡的潛力相當大。」[12]

這個鄉野山谷，位於內華達州與奧勒岡州直線般的州界以南約 20 英里處，是美國境內人口最少的幾個郡。雪佛龍公司賣斷此處的採礦權後，這個權利又陸續在幾家較小型的企業之間轉手，直到 2007 年，西方鋰業美國分公司（Western Lithium USA Corp）才再度開始進行鑽鑿作業，希望能釐清薩克隘口的哪些地點最適合尋找鋰礦。當時，西方鋰業公司為了研究鋰礦床的位置而鑽了許多探勘孔。2015 年 6 月，西方鋰業以 6,500 萬美元的代價，收購了一家較小型的競爭對手美洲鋰業公司（Lithium Americas Corp.），當時它正在阿根廷興建一個鋰礦專案；那年 11 月，毛里西奧·馬克里（Mauricio Macri）當選阿根廷總統，他一上任便明快採取行動，意圖挽回阿根廷企業界的信心，因為多年來的不確定性已對阿根廷多項鋰礦專案造成非常多困擾，包括卡拉威與歐洛柯布瑞公司合建的那個專案。

在那之前，馬克里已先廢除了大宗原物料商品的出口稅（包括鋰），還進行了其他監理與財政改革。美洲鋰業公司表示，「對政府積極改革的速度與願為所有層面提供強力支持的承諾，留下了深刻的印象。這些重要跡象顯示，阿根廷礦業的未來發展將大有可為」。2016 年年初，西方鋰業公司改名為美洲鋰業公司，並擬定了同步發展兩個鋰礦專案的計劃。[13]

對西方鋰業來說，擁有這個阿根廷專案的所有權至關重要，因為它是一個傳統的鋰鹵水礦床，照理說，這個場址應該比較容易興建開採。此外，後來在內華達州進行的額外測試顯示，當地坐擁了遠比北美其他任何地方都多的鋰礦，是全世界最大的黏土混合鋰礦床，據了解可以維持近五十年的供給。[14]

　　不過，問題出在過去從未有人從黏土裡分離出具商業意義數量的鋰，換句話說，這個專案本質上就像科學實驗，而如果公司打算在內華達州展開科學實驗，那公司最好能持有另一個主要鋰供給來源，才能有穩定的銷貨收入進帳。事實上，西方鋰業公司就是基於這樣的盤算，才會進行那宗和阿根廷有關的收購案。無論如何，挑戰才正要開始。

　　2018 年 3 月，美洲鋰業公司正式向美國申請在薩克隘口採礦的許可證，這個申請流程需要進行超過四十項環境研究，以便設定當地水質、音量、噪音與其他要素的基線，畢竟一旦有礦場在此地啟用，這些要素都有可能會改變。[15] 值得一提的是，力拓集團為了堅毅銅礦專案而想向美國政府購買土地，或和政府交換亞利桑納州的土地，但美洲鋰業公司從頭到尾都無意向美國政府購買／交換土地。這項專案的礦區特許使用費屬於金融集團奧利恩礦業融資公司（Orion Mine Finance），也就是說，美洲鋰業必須永久付費給這家金融公司，而不是把錢付給擁有這塊土地的美國納稅人。[16] 隨著許可證審查程序展開，川普政府的內政部也跟著採取行動。

　　打從一開始，川普和伯恩哈特發出的命令，就無聲無息地傳到負責審查這座擬議中礦場的公務人員耳裡。內華達州溫尼馬卡（Winnemucca）土地管理局（這座擬議中礦場的主要審查單位）辦公室的職員敏銳地意識到，他們有必要在預算內加速完成這項專案審查。

　　但他們為了省事而採納的主要捷徑，卻奇妙地牽涉到一種名為艾草松雞（sage grouse）的鳥類；那種鳥類外表看起來會讓人聯想到雞，向來以在山艾樹叢中表演華麗的求偶舞而聞名，而美國西部（尤其是薩克隘口）到處都充斥著山艾樹植被。雄松雞會年復一年回到相同的地點，到它們在山艾樹叢中的巢——也就是所謂的求偶場——對著母松雞表演並交配。山艾樹叢有庇護效果，能讓艾草松雞不致被掠食性動物侵襲。此外，眾所周知，這些鳥很容易被人類活動嚇到，尤其是人為的光線。[17]

由於這個擬議中的礦場場址和山艾松雞的求偶場彼此重疊，典型的程序應該要進行透澈的監理審查才行。不過，究竟怎樣的審查才叫透澈？另外，究竟要調查到什麼程度才能證明這座礦場不會影響到松雞？挖掘露天礦場的活動本就理應會對鄰居造成干擾，即使是禽鳥鄰居。一般所謂《大山艾松雞修正法》（Greater Sage Grouse Amendment）的聯邦規定，早已明訂了礦場和求偶場之間必須保持多長的緩衝距離。不過，土地管理局的職員卻不聲不響判定，由於美洲鋰業公司擁有對這整個場址的「有效權利」，故不應受緩衝規定約束——只不過，他們從未就這個裁定提出合法的法源依據。事實上，該局職員在跨局處的電子郵件中彼此承認，這座擬議中的礦場不符合「季節性時間限制」，也就是說，它不符合「每年特定時間點禁止干擾求偶場」的規定。儘管如此，他們還是繼續向前推展專案的審查進度。[18]

這些監理機關也在內部文件中，承認這座礦場可能會對這個地區的視覺美感產生巨大的影響。從監理的角度來說，拜所謂「視覺資源管理」標準（Visual Resource Management standards）所賜，「視覺美感」所遭受到的影響確實很重要。儘管土地管理局職員表示，他們必須就這個考量，調整針對這座擬議中的礦場所提出的環境評估報告，但到最後，他們卻沒有落實這個步驟。2019 年 5 月，土地管理局的地質學家肯恩・洛達（Ken Loda）寫信給一位同事時，引用了伯恩哈特的備忘錄，並提到，進行那些調整「勢必會延遲」局處環境評估報告初稿的發表時程；除非逼員工加班，否則「那些調整會嚴重影響進度，導致我們無法在三三五五號命令所設定的截止期限前完成任務」。[19] 他的同事羅賓・米契爾（Robin Michel）回覆：

「在截止期限前完成是此案的第一要務。重點是要快，品質和成本考量沒差。」[20]

到了 2020 年 1 月，監理機關開始就這個專案的環境影響徵詢大眾的想法，這是必要的監理程序之一，由此也可見，相關的許可流程正繼續向前推進。監理機關甚至沒有因 Covid-19 的大流行，而減緩徵詢大眾評論的時間軸，這讓內華達州的兩位參議員相當火大。[21] 由於洛達的所屬單位被迫必須遵循特定的時間軸，他一天比一天灰心。2020 年 4 月，他寫信給土地管理局的同事時提到：「我們肯定無法在一年截止期限之內完成。」[22]「這個提案以及需要解決的問題太過錯綜複雜，光是設法維持整個流程推進，就夠讓我沮喪了……何況我們現在還得努力，適當地解決幾個環保議題。」[23]

如果一切順利依照計劃進行，美洲鋰業公司將在一年內取得核准函，公司的高階主管也將「取得核准函」一事譽為「重大成就里程碑」。[24] 短短兩星期後，由於阿根廷的經濟陷入衰退，加上美洲鋰業的債務日益沉重，公司不得不將旗下阿根廷投資案的控制股權，賣給中國的贛鋒鋰業股份有限公司，這麼做的目的，是要將幾乎所有的精力全都集中在內華達州。[25] 美洲鋰業公司很樂觀，它預期薩克隘口的礦場興建工程將在 2021 年展開，也預期將在四十一年後關閉這座礦場，接著再用幾年的時間，把場址恢復到尚未開挖前的狀態。

那年稍後，也就是 2020 年美國總統大選與 Covid-19 疫情大流行期間，洛達決定，他的部門沒有必要調整那篇環境評估報告，換言之，他決定不把這座礦場對整個地區的可能影響納入環境評估報告。2020 年 6 月，洛達寫道：「我們已決定……沒有必要修訂。」[26] 原因是，在此之前一天，土地管理局的公關辦公室吩咐監理機關，「刪除」他們檔案中所有提及 2019 年調查結果的內容——即這個座場可能影響到整個地區的美感。[27]

無論這個指示是否來自川普和伯恩哈特的授意，第一線人員已經做出自己的解讀，也採取了行動。

⚡

川普總統在卸任前五天（也就是 1 月 6 日的暴動事件發生後九天），核准了美洲鋰業公司興建薩克隘口鋰礦場的計劃。這個專案快速通過了許可證審查流程，讓一群高度專注這個議題的環保主義人士感到非常懊惱，所以，儘管一月分的內華達州北部異常酷寒，他們還是動身前往場址，在那裡露營表達抗議。

根據規劃，這座取得核准的礦場一旦全面運轉，每年將生產高達 6 萬 6 千噸的碳酸鋰。[28] 不過，讓環保主義人士耿耿於懷的並非礦場的產量數字，而是屆時每年需要輸入這個專案場址（面積約 5,694 英畝）30 萬 8,666 噸的熔融硫（molten sulfur）。不僅如此，未來幾近 3 億噸的尾礦，將被儲存在附近一座 350 英尺高的山裡，而且公司每年最終將需要使用 5,200 英畝－英尺的水──不過，它當時只有權使用 15.5 英畝－英尺的水。[29] 美洲鋰業公司計劃進口大量的硫到內華達州北部，用來漂洗／過濾當地的沉積黏土岩，以便瀝濾出鋰；但當時這還是一個新穎的處理方法，尚未應用於商業化用途。

不出所料，即使美洲鋰業公司及其前身，早在多年前就已展開許可證申請流程，但川普做出這個決策的時機以及這項計劃的細節，還是立刻引爆外界的怒吼。無論就政治還是生活而言，大眾觀感都非常重要。川普雖核准了這座礦場的許可申請，卻似乎幫了美洲鋰業一個倒忙。

在這個地區飼養牲口的牧場主人愛德華・巴特爾（Edward Bartell）大力抨擊這個決策。他和其他牧場主人最擔心的，就是這個地區的水位可能會受到影響，尤其是薩克隘口專案，一開始就可能需要消耗超過 2,600 英畝－英尺的水，後續的水消耗量還會繼續增加到 5,200 英畝－英尺。[30] 他擔心那樣的用水量不僅會嚴重排擠到本地牧場主人的畜牧用水，還可能會傷害本地物種，包括一種瀕危的鱒魚。所以，川普核准這項礦場開發案後不到一個月，這群牧場主人和他們的律師便透過法律訴訟，攻擊政府監理機關對這座擬議中礦場的審查作業「對該擬議中專案及其潛在負面環境衝擊的分析與鑑定流於偏頗、有嚴重缺陷且不完整」。[31] 巴特爾和其他幾名共同原告向聯邦法院申訴，作為美洲鋰業公司礦場預定地的內華達州地帶，是「一個擁有豐富地質與生態多樣性、野生動物棲息地與絕佳休閒娛樂條件的富饒區域」。[32] 他們主張，這裡有可能（因這座礦場而）變成不毛沙漠。[33] 所以，巴特爾懇求法官推翻川普的決策。

就在那場法庭肥皂劇上演之際，礦場場址內也有一場小集會召開，這場集會的方方面面，都令人不得不聯想到北達科他州之前的狀況。此前五年，我曾為路透社深入報導過達科他州輸油管的紛紛擾擾。起初，只有一小群反輸油管的民眾在北達科他州展開露營抗議，但短短一年內，這場抗議運動開始遍地開花，最後，冰凍的達科他州北部地區共駐紮了超過五千個營帳。而隨著外界對川普薩克隘口決策的怒吼聲持續擴大，我開始好奇內華達州北部會不會也出現和北達科他州相同的抗議型態。儘管如此，截至當時為止，還是只有一小群民眾待在薩克隘口，抗議這座擬議中的礦場。於是，我決定觀望並等待後續的發展。

不過，沒多久，這群抗議人士竟登上《紐約時報》的頭版，這頓時凸顯了訴求的合理性，也讓他們爭取到全球的能見度。[34] 土生土長的西雅圖人馬克斯‧威爾伯特（Max Wilbert）是一名荒野領隊，自詡為社群召集人，他以幾近宗教的用語來談論反薩克隘口專案的行動，還把這場抗議行動描述為美國與全世界在邁向綠色能源轉型的過程中，將遭遇的重大緊張對峙個案之一。著名環保人士比爾‧麥奇本（Bill McKibben）在《紐約客》（The

New Yorker）雜誌的一篇報導中說，這場抗議活動猶如一場「引人入勝的論戰」。[35] 威爾伯特說：「不管他們提出多麼天花亂墜的行銷話術，炸掉一座山終究不環保。」[36] 威爾伯特並不是歷史上第一個挺身反對某座礦場的人，也不會是最後一個。發生在內華達州南部的離子先鋒公司與蒂姆蕎麥之爭、聖卡洛斯阿帕契族人和力拓集團在亞利桑納州爆發的衝突，以及因安托法加斯塔公司，計劃在明尼蘇達州一條國家級河道下挖礦而起的衝突等，在在顯示這類更廣泛的緊張對峙隨時會發生。隨著媒體陸續開始關注上述每一場悶燒多年的抗爭運動，威爾伯特的士氣益發高昂。

2020 年 7 月底，內華達州雷諾市聯邦法院的首席法官米蘭達‧杜（Miranda Du）駁回了巴特爾和其他幾名牧場主人的部分請求。杜法官裁定，美洲鋰業公司可以開挖這個場址，但她同時也考慮到一個牽連更廣的疑問：川普在核准這座礦場時，是否犯下某種錯誤？杜法官的裁定書表明，開挖工作將不會對這個場址產生太大的影響，但她也同時在思考這個更廣泛的疑問。[37] 幾天後，整個訴訟案的關係人範圍繼續擴大，因為杜法官裁定，以威爾伯特為首的團體與這個地區的原住民部落可以加入訴訟，而這個裁定也讓他們擔心這座礦場不僅可能危害到整個區域的生態，還會破壞一個和十九世紀美洲原住民大屠殺事件有關的歷史遺址。杜法官表示，她需要時間好好思考一切的情況，而她的態度對美洲鋰業公司來說，不是個好兆頭。[38]

紅山人民（People of Red Mountain）部落的成員蓋瑞‧麥金尼（Gary McKinney）說：「綠能轉型的一切都只考慮到錢。沒有人談論環境，也沒有人談論被危害的物種，更沒有人談論這一切將對生態帶來什麼影響。如果像那樣一座礦場真的開發了，只會在內華達州諸多礦場不關心原住民或原住民聖物的故事情節，再添上一筆。」[39]

不過，隨著案件的法院審理進度持續向前推進，這個抗議陣營卻變得愈來愈聲名狼籍。各召集人估計，在鼎盛時期，有兩百人聚集於此，他們多半是週末前來，平日則返回工作崗位。營區的領導人是威爾伯特和威爾‧佛克（Will Falk，先前曾在威斯康辛州肯諾夏〔Kenosha〕擔任公設辯護律師）。他們都是在 2020 年夏末時分得知這裡打算開發礦場的。威爾伯特和佛克都是環保團體深綠阻力（Deep Green Resistance）的成員，我後來發現，綠 和平組織（Greenpeace）的行為表現和深綠阻力比較起來，簡直可說是小巫見大巫——兩相對照，綠色和平組織顯得瞻前顧後且非常僵化。事實上，深綠阻力也毫不隱諱，公開聲稱自己是個「激進」團體，成員也對這樣的名號絲毫不以為意。

儘管綠色和平組織向來以激進的手段，來阻撓化石燃料企業的業務，包括關閉航路、機場、銀行和高速公路等，它依舊堅定自詡為二十一世紀的現代鬥士。相較之下，深綠阻力則根深柢固地認定，應對氣候變遷這個全世界所面臨的最大危難，方法並不是遏制化石燃料的消費，深綠阻力認為，要防止地球自燃並自我摧毀，唯一的方法就是摧毀現代社會的工業基礎，回歸農耕的生活方式。

實務上，那代表威爾伯特和深綠阻力支持逐步淘汰所有的汽車、科技，甚至他們認為會對大氣層排放碳、並進而加速氣候變遷的所有農耕作業。威爾伯特是 2021 年出版的《綠色彌天大謊》（Bright Green Lies）一書的共同作者，此書的幾位作者闡述，現代環保運動所提倡的氣候變遷解決方案——包括鋰離子電池——都是一些「為了讓我們得以一邊維持無法永續的生活方式，一邊又假裝我們並沒有在扼殺地球的謊言」。[40] 他們主張「風力與太陽能發電無法阻止地球遭到謀殺」。[41]

不過，這個場址的所有權畢竟屬於聯邦機關，所以威爾伯特和其他反對這座礦場的人，最終還是在機關的逼迫下離開現場。此處偌大的土地被金屬圍籬封鎖了起來，一旁立的告示牌寫著「禁止進入：現行礦場場址，薩克隘口專案。」威爾伯特和佛克因主辦這場露營活動，被罰了近 5 萬美元的罰金，由罰金的金額來看，這筆金額實際上形同指控他們非法侵入那片土地。[42] 但一直到 2022 年 7 月，美洲鋰業公司都還沒有進行任何廣泛的場址作業，也許是在等待杜法官提出更全面的裁定——公司預期法官將在 2022 年 9 月底做出裁定。[43] 只有當地牧場的牛隻無視警告標牌，自由穿越圍籬的破口，如入無人之境，企圖在這片遼闊但貧瘠的土地上找到最好的覓食草地。

2022 年夏天，我從雷諾市開上八十號州際公路，向東北前進，目的地是內華達州和奧勒岡州的邊界，我想親自去看看薩克隘口。儘管威爾伯特最初的抗議營隊被迫解散，他還是經常造訪此地，並在距離先前營地幾英里外的荒野，展開他獨自一人的抗議活動，每次一待就是好幾個星期。

就在那時，其他環保人士也因薩克隘口鋰礦專案開始產生分歧。其中，在最初的訴訟案中，加入巴特爾與其他牧場主人行列的大盆地資源觀察組織（Great Basin Resource Watch，一個非營利組織，主要聚焦在美國西部的生物多樣性），不久前剛和組織本身的共同創辦人葛蘭·米勒（Glenn Miller）分道揚鑣，因為米勒後來轉向支持美洲鋰業公司。米勒的行動格外引起外界關注——畢竟米勒是著名的環保人士，誰也沒想到他竟然會公開為一座露天礦場背書。身為內華達大學雷諾分校退休教授，米勒曾對我說：「每個人都對氣候變遷深感憂慮。這個問題和價值觀有關，而我的價值觀告訴我，我們需要鋰，更多的鋰。這座礦場是我見過最不會產生衝擊的採礦計劃。」[44]

隨著我愈往北開，米勒的評論還在我耳邊迴盪，但我注意到八十號州際公路旁的幾面廣告牌上寫著：「生命比鋰重要：保護薩克隘口——皮希穆哈（注：Peehee Mu'huh，此為派尤特語）」。我發現這些廣告牌是由紅山人民贊助，而非威爾伯特或深綠阻力。那是一個燠熱且煙霧瀰漫的 8 月天，當我開到一處看似古代火山口邊緣的右側時，我決定把車窗打開。

薩克隘口是龐大的麥克德米特（McDermitt）火山岩層的一部分，這座超級死火山擁有四個富含鋰的大型流紋岩火山口。水和岩石混在一起後瀝濾出鋰，接著流進火山口盆地，幾十萬年後，那裡漸漸形成一座湖泊，充斥著黏土與其他沉積岩。所以，如今薩克隘口的多數岩層裡都有一層厚達 160 公尺且富含鋰的黏土。[45] 開發商只要將黏土層上方的表土清除，並找出符合經濟考量的方式來商業化生產那些鋰就好。聽起來當然很吸引人，尤其這裡是美國最大的鋰礦床，其濃度足以傲視全球各地。[46]

下州級高速公路後，我拐錯了一個彎，結果開到一條崎嶇不平的泥土路上，不過，我並沒有折返，而是硬著頭皮繼續往前，任由這條道路帶領我隨機穿越這個區域後端的各種不同地形。一路上山峰山谷層層疊嶂，看起來似乎都是古代火山所留下的遺跡。我開著車在山丘之間穿梭，隨著地形變化，時上時下向前移動；處處可見的山艾樹叢後，偶爾會突然露出一根鹿角，令人喜出望外。最後，我抵達一個滿是農地的巨大山谷。一隻老鷹站在路中被水淹沒的坑洞旁，想來是為了喝水而停駐，不過我一開近，牠便倏地飛走。放眼望去，周遭全是美麗的農田，直到這一刻，我終於能稍稍體會為何巴特爾以及他的農民、牧場主人朋友圈會成為最激烈反對美洲鋰業礦場計劃的一群人。

開車經過某個農場時，我看到那裡懸掛著一面美國國旗和川普的「加把勁兒，布蘭登！」旗幟（注：Let's Go Brandon，當年的迷因政治口號之一，用以取代咒罵拜登的低俗髒話）。我還經過杭伯德狩獵俱樂部（Humboldt Hunting Club），威爾伯特事後告訴我，他受邀的某場宴會將在那裡舉辦。我清楚感受到這裡的濃厚農耕與戶外文化，也非常慶幸自己在前往威爾伯特的臨時營地途中，能意外獲得這趟令人驚喜的迂迴之旅。我繼續往前開，最後終於在內華達州的烈日底下，看見一個藏在巍峨山丘後方的營地。威爾伯特的身高大約 5.9 呎，我開近他時，發現他打著赤膊，只穿一條棕色短褲，腳上踩著一雙登山涼鞋。不過，他頭上倒是戴了一頂有羽毛裝飾的綠色毛氈帽。他把營帳駐紮在一塊巨大圓石旁，我抵達時，他正在大石頭的遮蔭底下，趁著午後的靜謐時光，用電腦撰寫新聞稿。

我在那顆大石頭的遮蔭處找到一個能和威爾伯特聊天的地方，坐定後，一隻老鷹突然飛到我們頭上盤旋。我們聊到「大自然本身具有身分和人格性」的話題，這個法律哲學是他大多數作品的重要立論基礎。他和其他人共同創作的《綠色彌天大謊》一書，刻意選擇以「他」而非「它」等之類代名詞，來談論大自然的各種事物。舉個例子，這本書用「他」而非「它」來稱呼一棵樹，因為「我們相信，我們談論這個世界的方式，會深刻影響到我們感知與體驗這個世界的方式，而這又會進一步深刻影響到我們在這個世界上的行為方式。」[47]（也有其他人抱持這樣的立場：2007 年，紐西蘭就賦予旺阿努伊河〔Whanganui River〕人格地位。）[48]

論及擬議中的礦場、美洲鋰業公司、川普或土地管理局時，威爾伯特都謹守他的禮貌原則，過程中未曾抬高音量或流於激動，只是簡單地把「不讓那些人得逞」描述為他的使命。過去，他曾公開反對猶他州一項擬議中的油砂專案、反對從華盛頓州出口煤炭，並反對達科他州輸油管等，其中，達科他州輸油管的風風雨雨在一年多的時間內，吸引了全世界的目光，最後更是逼得所有與能源有關的對話，都必須將原住民權益列為中心議題。

他說：「我們需要計劃性地收縮經濟體系、計劃性地實現負經濟成長。」隨著太陽的位置慢慢移動，毒辣的陽光直接照射在薩克隘口的岩石以及待在附近的我們兩人身上。我們那次見面時，他剛訂婚不久。聊天的過程中，他提到「不生小孩」是人類減少碳足跡的方法之一。我意識到這個話題是個契機，所以我問他未來有何計劃。他承認他不想生自己的小孩，但或許會考慮領養。

他告訴我：「基本上，我們必須刻意放棄工業主義，愈快愈好，否則我們遲早會走向災難。情勢非常清楚顯示，綠色科技並不足以解決全球暖化的問題。」在此我應該要暫停片刻，說明一下威爾伯特對他自己也使用現代科技與便利性一事，如何自圓其說（我們都在思考這個問題）。沒錯，他開的車是一輛汽油動力車，而且他也使用手機。不過，他自己並不認為那是一種偽善的行徑。

威爾伯特解釋：「我認為此時此刻，效率比個人是否高尚來得重要。我認為能朝我們樂見的方向前進才是最重要的。」他住在奧勒岡州，在當地靠近尤金（Eugene）的地方租了一間小木屋，經常藉由打獵、製作草藥、釣魚與耕種等方式來取得多數食物。根據他的說法，他計劃「打造消費主義的替代方案」，而耕種與打獵等原始生活方式是計劃的一環。[49]

我們見面時，他也使用手機和電腦，但他用的是較舊型號的 iPhone 與 MacBook，比如說，我開的是 2022 年出廠的 Toyota Tacoma 租賃皮卡車，而他雖同樣是開 Toyota Tacoma，卻是 1999 年出廠的——那輛車的總里程數高達 38 萬英里。兩相對照，我們兩人之間的對比非常明顯。他的皮卡車後保險桿上貼著兩張貼紙，一張上面寫著「內華達州不是垃圾場」，顯然是指在尤卡山（Yucca Mountain）儲存核廢料的計劃；另一張則寫著「我們是你們燒不盡的野草」。他把汽車視為奢侈品，還說人類世界應該停止生產汽車。

他說：「我真的不覺得我是激進分子。只顧眼前近利而便宜行事，不在乎未來更大潛在風險的那些人，才是真正的激進分子。我認為那是一種只講求速成的膚淺態度，無法解決根本的問題。」或許他知道很多人聽了他的觀點，多半會對他本身也使用現代科技產品一事，提出質疑並嗤之以鼻，所以他刻意用過去幾代人的抗爭行動來對比他如今的行為，用語似乎是要暗示，他的動機和那些先人有關。「很多廢奴主義人士也會穿著奴隸製作的棉質衣物，畢竟那是市場原本就有在銷售的東西，何況他們不可能想一輩子裸體。」

我回答他：「這倒是個有趣的視角。」

威爾伯特又說：「和殖民者作戰的美洲原住民一樣也使用來自歐洲的槍砲彈藥，因為在很多情況下，那種武器比他們現有的武器更優越。」

「確實。」這部分我也認同他的觀點。

威爾伯特進一步解釋：「對我來說，這是情境下的效率問題。我理應選擇從奧勒岡州走路到這裡，但那得花上六個月左右的時間。我也會幻想自己像《上班一條蟲》（Office Space）裡的情節，拿棒球棒砸爛我的筆電。如果我永遠不必再檢查電子郵件，我一定很樂意砸爛我的筆電。問題是，我們目前生活的世界並不容許我這麼做。」

他提到：「當今一個人可支配的能源數量，遠比幾個世代以前的人多非常多。」他說的一點也沒錯。而且，拜現代醫療、運輸和糧食栽培技術等因素所賜，世界各地的平均壽命也遠比過去延長許多。威爾伯特還一度提到，必須透過更優質的兩性教育來控制人口，他特別在眾多國家當中舉了伊朗為例。1980 年代開始，伊朗透過家庭計劃專案將年度人口成長率從原本的大約 3%，降至 2010 年的大約 0.7%，主要是採用鼓勵輸精管切除術、輸卵管結紮術、避孕藥和保險套等社會計劃來實現目標。[50]

即使威爾伯特和深綠阻力能為他們自己一邊使用現代技術、卻一邊跟生產這些技術的企業抗爭的行為自圓其說，他們對性別的觀點卻有削弱反薩克隘口團隊的整體氣勢之虞。事情是這樣的：威爾伯特和同路人向來對美國與全球社會上多數地區的跨性別言論，抱持強烈的反對意見。他們毫不隱藏表達自己的信念，也沒有因為對抗鋰礦場而淡忘，反之，他們將那些信念納為他們首要的中心思想。威爾伯特和另外幾名共同作者在 2019 年的一篇論文中寫道：「指出……自稱『跨性別者』的男人依舊是男人，在那一瞬間，你就是個有毒的存在。」[51]

威爾伯特和同路人的問題在於，和他們一同對抗薩克隘口專案與美洲鋰業的許多盟友，都隸屬強烈信仰第三性別存在——也就是所謂的「雙重靈魂」——的原住民社會。總部位於華盛頓的能源及環保產業公會刊物《能源與環保新聞》（*E&E News*）在 2022 年發表的一篇報導，很大程度上暴露了威爾伯特等人和原住民之間的緊張關係，不過後續的迴響遠遠跨越了華盛頓特區的疆界。[52] 深綠阻力以前就曾公開在自家網站上，聲明遵守支持生理女（biological women）的「激進女性主義」哲學，根據組織的邏輯，實務上他們主張不該允許跨性別女性使用女廁。外人可能會認為，如果這個組織夠聰明，他們在和美國原住民團體公開聯手對抗薩克隘口專案之前，就應該積極掩飾這些堅定信仰；不過，事實上，他們幾乎沒有清理網際網路或社群媒體上的帳戶。威爾伯特和佛克曾共組一個名為「保護薩克隘口」（Protect Thacker Pass）的組織，和營區所在地的原住民團體合作並共同參與法律訴訟，但他們沒有向原住民團體表明，他們隸屬深綠阻力的事實。

出錢在八十號州際公路上刊登廣告的紅山人民部落表示，威爾伯特和佛克理應揭露他們的人脈。部落發言人麥金尼表示：「我覺得深綠團體的阻力在扯我們的後腿，因為深綠阻力和那個社群的關係太密切了，但我們並不想為它而戰，所以我們被摒除在外。那個組織的跨性別恐懼／厭惡太嚴重了。」[53]

不過，深綠阻力的共同創辦人卻把這些議題掛勾在一起，他們表示，「有意侵犯女性基本界線」的人，和「侵犯森林、河流與草原界線」的人是同類。幾個星期後，佛克在美國聯邦法院提出動議，他要求退出，不再擔任紅山人民的法律代表，部落也隨之放棄了他們的抗議營地。薩克隘口專案抗爭行動雖未從此徹底結束，卻因美國各方在電動車、採礦與綠色能源轉型等議題上的內鬥，不太可能升溫而遭受嚴重的打擊。[54]

隨著太陽逐漸從日正當中的位置漸漸朝地平線的方向移動，威爾伯特問我想不想在礦場場址附近健行。我們雙雙打理好背包，帶上水和零食，一同出發。他穿的是登山涼鞋，而我腳上踩著一雙慢跑鞋。我們一邊爬山，一邊閒聊著馬拉松訓練的話題，沿途一叢叢的山艾樹處處可見，腳下的山路因我們的經過而揚起細小的塵埃。

威爾伯特明顯鄙視現代環保運動，有時候他甚至會以非常極端的類比來批判那些運動。他說，現代氣候運動本意圖「模仿環保主義，但畫虎不成反類犬，並造成毒害」，就好像性侵本意圖「模仿與另一名人類之間實實在在的性行為與連結，但造成毒害」。他把薩克隘口專案比為某種「新殖民」採礦專案，因為那是一家加拿大公司想在美國相對貧窮的地方採礦的專案。他還把氣候變遷倡導者，形容為只想利用他人卻不願自我犧牲的「反社會人士」。（談話過程中，我問他是否讀過卡爾·馬克思〔Karl Marx〕的《共產黨宣言》〔Communist Manifesto〕，不過他說沒讀過。）

威爾伯特把當今未曾質疑過，綠色科技用的金屬採購方式與採購地點的環保人士，比做二戰期間未曾質疑過希特勒政權的一般德國人。他還說，特斯拉的執行長馬斯克有「嚴重的社交問題」，並提到最終來說，啟蒙運動很危險，因為它拿土地神聖論的異教徒傳統，來換取一種更「理解大自然世界的機械世界觀」。走著走著，我們發現幾大塊從地底冒出的白色黏土，我拾起其中一塊，檢視裡面的鋰；放眼望去，遍地都點綴著這種岩石，而這個視覺景象恰恰體現了這個場址的潛力有多麼不容小覷。

我們在夕陽西下之際抵達麥克德米特火山口對面的山脈邊緣，紫色和橙色的暮光團團包圍我們；遠處一隻郊狼的嚎叫聲和附近鳥巢裡的振翅聲此起彼落、相互應和，並順著一股微風傳到我們耳裡。眼前這一切堪稱世上最最真實且生動的田園詩，當下的我著實不敢想像，一旦北美最大的鋰礦場進駐此地，一切將會變成什麼模樣。

我想問威爾伯特幾個敏感的問題，但時機似乎都不怎麼恰當，所以幾度話到嘴邊，又硬生生被我收回。我想知道，他的許多觀點是否曾引發爭議，也想知道那些爭議，是否對他和原住民團體之間的夥伴關係產生影響。出乎意料的是，就在我們坐下來俯瞰整個山谷的當下，他竟主動對我提起這個話題。他形容《能源與環保新聞》上的那篇文章「非常不正確且愚蠢」，但也說「我已經很久沒有讀這本刊物了」，彷彿是在暗示，他並不全然記得那篇文章寫了什麼。儘管威爾伯特說他「不是性別批判觀點或激進女性主義者觀點……的發言人」，但他當初確實在那篇 2019 年的論文掛了名。他說，各個原住民團體都知道這些觀點的存在，不過那篇文章直接引用了幾位部落領袖的說法──他們說他們對此並不知情。

他表示：「平日我周遭就有很多人是女同性戀、男同性戀或被鑑定為非二元性別的人。」

「我真的很痛恨別人把我醜化為某種偏執狂或暴力分子之流……我並不打算為這個議題而戰，也不想把我一生都耗在這種議題上。」

他問我，為什麼懷抱不同觀點的人不能一起站出來，為彼此認定的共同敵人而戰？他說：「基本上，如果對方不是一個徹徹底底的混蛋，我們就會和他合作。」他還補充，他甚至不排斥和白人至上主義者（supremacist）合作，只要對方也反對這座鋰礦場，一切都好談。他說：「我寧可和那種人對話並和他們打交道，說不定我還能扭轉他們的觀點、改變他們的世界觀呢！」

但在我接話以前，他就先發現了話中的語病，於是連忙補充：「不過，如果我是一個生活在那種處境的有色人種，我可能一點也不想和那些人打交道，連靠近都不想。」

我單刀直入問威爾伯特，他是否認為女性空間應該只供生理女性使用。他點頭稱是。接著，我又問他，他的觀點對他和本地區原住民部落一同倡議的活動有何影響，尤其考量到很多部落對性別的觀點，不見得都和西方傳統觀點完全一致。他說，影射他和原住民部落之間的關係已經破裂是不正確的。「從這場運動在多年前展開後，這裡就一直有很多人基於各式各樣不同的理由而不想和我合作，包括和性別議題有關的理由。但我無所謂。」但他也說，那個議題並未「造成極端分歧的立場」。

儘管威爾伯特信誓旦旦，但他似乎蓄意自欺欺人，對一個事實視而不見：他犯了見樹不見林的毛病，換句話說，他對那個高度爭議性社會議題的執著，已產生了分化的效果，分散了他和其他人共同對抗大型礦業專案的力量。不過他似乎認為，這個始料未及的發展純粹是礦場的支持者為了抹黑他而蓄意煽動的。他說：「每次發生諸如此類的衝突，每當擋了他們財路的社會運動成員爆發內訌，美洲鋰業和政府都非常開心。」

聊著聊著，不知不覺天色已經昏暗下來，星星開始忽隱忽現在天上閃爍。我們又步行了好幾英里才回到臨時營地。抵達營地後，威爾伯特用天然氣露營爐做了起司通心粉當晚餐。我則是吃背包裡剩下的三明治，當天稍早準備的。此時太陽已經完全西沉，整個天空被銀河占據。這是我有記憶以來第一次見到這麼完整的星空，也暴露了我鮮少在沒有光害的地區旅行的事實。

我們兩人在黑暗中坐著，威爾伯特向我描述，他尚未走上這條薩克隘口抗爭之路之前曾做過的一個夢。他先聲明，他雖曾經看過這個地區的一張模糊照片，但除此之外，他對薩克隘口的外觀幾乎一無所知。但在那個夢境裡，一股強大的力量突然向他侵襲而來，把他拽到一座能俯瞰整個薩克隘口的山上。「我在那裡坐了一千六百萬年，但除了看著動物與人類來來往往，幾乎沒有其他體驗可言。」他接著說，然後，整個景象突然變成某種夢魘：「一系列爆炸、山崩，還有其他事物導致地面裂開，還有人為了露天採礦而將地面炸開。」

經過一陣漫長的沉默後，我問威爾伯特是否認為，薩克隘口最終還是免不了會有企業進駐，在此興建礦場。他承認，這裡或許遲早會興建某種規模的礦場。說不定他夢中的景象是他給自己的一種預告——他的潛意識裡早已接受他的抗爭運動終將失敗。

那天晚上，威爾伯特爬上他「高齡」二十三歲的 Tacoma 上的床，而我則爬進我全新的 Tacoma 上的床，各自在滿天星斗之下過了一夜。月亮像明亮的手電筒爬升到正上空，它的光芒使原本耀眼的銀河變得相形失色。我還來不及細細品味眼前的美景，便在郊狼的嚎叫聲中沉沉睡去。

隔天早上，就在我們即將道別之際，威爾伯特問我有沒有興趣去看，十九世紀時曾發生過大屠殺的地區。這個地區被取名為皮希穆哈，也就是「腐爛之月」的意思。我開車來這個場址時，曾在高速公路的廣告牌上見過這個名稱。口述傳統細述了派尤特族（Paiute）部落成員，十九世紀時遭另一個部落屠殺後，死者的內臟被刻意根據新月的形狀灑在此處的故事。威爾伯特和派尤特族人說，一旦在此興建鋰礦場，那個駭人聽聞的事件將更令人感到不寒而慄。[55]

我們開車到距離礦場預定地幾英里以外之處，接著左轉到一條坑坑疤疤的泥土路上，再爬上一座巨大的岩石結構，長得有點像指著天空的手指。我們所在的位置至少比附近的草原高幾百英尺，遠處從兩側包夾著薩克隘口的兩座山清晰可見。停下車後，我問威爾伯特，我們是否站在正確的位置。

他說：「沒錯，就是這兒。」美洲鋰業公司希望鑽鑿的區域就位於肉眼幾乎快看不見的遠處。在我離開並北上之前，微風輕拂，我們在此處靜靜地坐了幾分鐘。

⚡

2022 年 8 月，內華達州參議員凱薩琳・柯爾特斯・馬斯托（Catherine Cortez Masto）在爭取連任的選舉過程中，遭逢共和黨籍前州檢察總長亞當・拉索特（Adam Laxalt）的強力挑戰。拉索特在擔任檢察總長時曾提出一份法院摘要，反對麻州為了把氣候變遷局部歸咎於艾克森美孚公司而進行的調查。[56] 這場選戰對全國各地來說具有指標性的寓意，因為當時民主共和兩黨的參議院席次各占五十席，平局票由副總統賀錦麗掌握。萬一馬斯托輸掉選戰，民主黨就會失去參議院的控制權，而這位參議員長久以來就努力展現她樂於接納綠色能源轉型的立場，她甚至還為 2021 年通過的兩黨基礎建設協議裡的某些條款護航──這些條款，將為美國的電動車電池生產與強化電動車電池的美國供應鏈提供資金，當然，這條供應鏈包含鋰。[57]

馬斯托還爭取到時任參議院能源暨天然資源委員會主席（這個委員會大權在握）、西維吉尼亞州參議員曼欽的承諾，曼欽承諾將阻止有關當局透過《重建美好法》（Build Back Better）對聯邦土地開採出來的礦物徵收擬議中的礦區使用費（當時在華府引起激烈爭辯）。那項法案歷經多次起死回生，最終在 2022 年以《降低通貨膨脹法》（Inflation Reduction Act）的名稱通過立法。曼欽後來遵守對馬斯托的承諾，所以，法案的最終版本並未納入美國眾議院提出的「對現有礦場徵收 8% 礦區使用費毛額，並對新礦場徵收 4% 礦區使用費毛額」等措施。根據措施的支持者估計，措施一旦實施，礦場將必須就挖出的每一噸岩石支付 7 美分的費用，屆時官方將在十年之間徵收到大約 20 億美元的礦區使用費。提出這項修訂案的某些國會成員原本希望能促成 1872 年以來，最大規模的美國礦業管理法修訂案（1872 年的法令為了鼓勵美國西部的開發，並未設定礦區使用費），不過馬斯托出手協助擋下了這項修訂案。[58]

長久以來，俗稱白銀州的內華達州，就是美國前幾大的金屬與黃金來源。所以，對民選政治人物來說，反對開採那些金屬，就如同反對這個州的賭博活動——那可是絕對會輸掉選戰的途徑。不過，在這場激烈的期中選舉選戰中，鋰卻對這個向來溫和的州裡向來節制的這位政治人物，構成了一個不同的艱鉅挑戰。儘管馬斯托早已言明美國應該生產更多的鋰，但薩克隘口周圍的許多有錢牧場主人。他們的政治獻金非常可觀，而且原住民部落經常有集體投票的習性。但他們卻不做如是想，總之，薩克隘口似乎在這個風吹兩邊倒的微妙局面中，扮演著舉足輕重的關鍵角色。[59]馬斯托參議員曾在 2019 年年底，參訪位於雷諾市的美洲鋰業公司，也在參觀過某座生產設施後，和公司的高階主管開心合影。[60]

馬斯托參議員在參訪行程中表示：「如果我們不開始接納這項新技術，就會被其他人拋在腦後。」這番說法局部是為了表態支持，當時為了精簡新礦場許可程序、但仍遲遲懸而未決的聯邦法案（在我撰寫本書之際，這項法案尚未通過）。[61]

那年 8 月，薩弗克大學的一份新調查顯示，馬斯托的支持度領先拉索特七個百分點，讀到相關報導時，我覺得很有意思，這個調查結果對這位現任民主黨籍參議員來說，算是個不錯的消息。於是我在推特（Twitter，現為 X）上分享了那份調查，同時附上評論。我在評論中提到這位參議員強力支持薩克隘口專案。幾分鐘後，我接到一通電話。

「你好，我想找路透社的厄尼斯特・謝德。我是馬斯托參議員競選總部的喬許・馬可斯－布蘭克（Josh Marcus-Blank）。很感謝您今天稍早的推特貼文，不過，我打電話來是想請您刪除那一則貼文。」這個要求讓我措手不及，尤其考量到馬斯托確實拜訪過該公司的高階主管[62]，也支持過幾項電動車供應鏈法案，而且強力為現行的《1872 年礦業法》護航等。美洲鋰業公司本身也在 2021 年年底向股東吹噓，說馬斯托參議員「為我們的新興產業背書」。[63]我難道搞錯了嗎？我告訴他：「謝謝你打電話來。我或許搞錯了，但參議員不是一向不吝公開表達對這個專案的支持嗎？如果我真的搞錯了，那我會刪掉這則貼文。」

「我希望我接下來的說法不要公開：她本人並未對這座礦場抱持任何立場，所以，如果你能刪除這則貼文，我們會非常感激。」且容我聲明，所謂「不希望公開」必須經過兩造同意才算數，而我並未同意對方的提議。

由於當時我正在遛狗，我家的狗兒西奧（Theo）不耐煩地扯著皮帶，我只好告訴馬可斯－布蘭克，我一回到辦公桌馬上會回電給他。回到辦公桌後，我益發感到好奇。事實上，就我所知，馬斯托向來支持這個法案。我查了一下網路，馬斯托在 2019 年 9 月間拜訪該公司雷諾市設施的照片，依舊栩栩如生。不過，雖然這位參議員在很多場合都以充滿詩情畫意的語調，談論美國需要擴大礦物生產活動來實現綠色能源革命，但若要說她支持特定礦場——尤其是這座礦場——則確實有過度解讀之嫌。

美國西部的多數採礦活動是受 1872 年的《一般採礦法》（General Mining Law）規範，當初起草這項法律的目的，是為了促進那時明顯還開發不足的美國西部邊陲地帶的發展。這項法律就是為了指導美國西部地區所有在美國政府土地（大約 3 億 5 千萬英畝）上進行的硬岩採礦活動。[64]該法律也規定，在聯邦土地上採礦的企業無需支付礦區使用費，但一直以來，這個規定都讓華盛頓當局的很多人非常困擾。[65]

新墨西哥州參議員馬汀·海因里希（Martin Heinrich）強烈支持礦區使用費的設置，換言之，他支持政府對在聯邦土地上採礦的礦業公司收費，尤其考量到這些稅費可用來作為廢棄礦場的清理基金。海因里希表示：「只要一天沒有徵收硬岩礦區使用費，在我們西部流域裡流竄的有毒金屬就會一天比一天多。」不過，由於海因里希並不打算在 2022 年爭取連任，他無須為了兼顧牧場主人、原住民和氣候變遷社群等強大敵對勢力之間的平衡而傷腦筋，自然也能暢所欲言。[66]

我刪除了那一則貼文，但接著又發布了一則貼文，暗示即使馬斯托曾公開表示美國必須生產更多鋰，但她實際上並未公開發聲支持這個專案。看來，薩克隘口專案似乎已被捲入美國參議院控制權的鬥爭了。

最後，在 102 萬又 850 張選票中，馬斯托僅以 7,928 票的些微差距險勝拉索特。

裘恩・伊凡斯（Jon Evans）的下顎輪廓銳利得像能剪斷一張紙，他的髮型同樣簡單俐落——精心修剪過的頭髮整整齊齊貼在臉頰兩側，整個人的外表令人不由得想起他身上流的軍人血液。他的祖父母從東歐移民到美國後，堅持要求子女與孫子女必須透過教育來修身養性，而且，這對老夫妻還把教育視為求取穩定生活的管道。裘恩的父親頗為受教，他自己取得了有機化學的博士，也鼓勵子女進入科學或工程領域。

儘管如此，年輕時的裘恩卻想當個股票營業員。最後，伊凡斯博士好不容易才說服兒子，等到取得科學、科技、工程和數學領域（STEM）的知識基礎後，再進入商業、研究，或甚至華爾街等領域，才更有發揮的空間。所以，伊凡斯最後選擇讀機械工程系。他加入美國軍方為期四年的儲備軍官訓練團（Reserve Officers' Training Corps），並取得獎學金來支付學費。畢業後，為了爭取政府的資金，伊凡斯加入美國陸軍服役三年，並在第一次波斯灣戰爭期間，以裝甲部隊軍官的身分執行戰鬥任務。

他回憶：「二十二歲就駕駛坦克車的經驗，讓我變得成熟許多。」[67]

退役後，奇異公司（General Electric）延攬這位年輕的退伍軍人進塑膠事業部，只不過，作為綜合企業集團的奇異公司，最終卻賣掉了那個部門。接著，伊凡斯擔任了短短兩年的藥品銷售員；到了 2008 年，某位招聘人員向他提出一個頗有意思的機會：他問伊凡斯是否有興趣管理富美實公司（FMC，總部位於費城）的鋰事業部。

伊凡斯聽到這個機會後，隨即為之神往，不過，他對鋰的了解非常有限，只知道週期元素表上有這項金屬。何況，2008 年的金融危機讓整個世界變得亂七八糟，行動電子產品產業的成長也因而遭到阻礙；當時很多人原本以為行動電子產品產業，將開始取代潤滑油、藥業和玻璃業，成為鋰的主要使用者。但無論如何，伊凡斯還是接下了這份職務，同時舉家搬遷，一頭栽進這個和智利化工礦業公司及洛克伍德控股公司（Rockwood Holdings，雅寶的前身）競爭的事業。當時，這三家企業是全球各地最值得留意的鋰生產商。後來，他和競爭對手與員工都結為好友，包括艾瑞克・諾里斯（Eric Norris，後來接掌雅寶鋰事業部的營運）還有喬・羅瑞（Joe Lowry，成為一名受到高度關注的產業顧問）。直至今日，雅寶、智利化工礦業與富美實（2019 年，鋰事業部獨立成為李文特公司）依舊被視為鋰產業的泰斗。伊凡斯說：「那個產業的生態真的有點像寡頭政治，圈子非常小。」

富美實執行長在 2010 年退休後，伊凡斯對新的經營階層非常惱火，所以開始騎驢找馬，對新的機會躍躍欲試。2013 年，一家掌控自助型法律公司 LegalZoom 與男裝公司雨果博斯（Hugo Boss）的私募基金公司，禮聘伊凡斯去經營投資組合裡的某些企業，包括一家生命科學公司和一家空氣調節系統公司。他後來把這三家公司賣掉或加以分拆，賺了足夠的錢還清房貸，也得以支付子女讀大學的學費。但即使到那時，他還是對鋰念念不忘。

2016 年，美洲鋰業公司正嘗試在阿根廷北部開發一項鋰礦專案，而待過富美實的伊凡斯正好對那個地區相當了解。有趣的是，幾年前，還是一家小公司的中國贛鋒鋰業，正在協助美洲鋰業興建那個阿根廷專案，後來贛鋒鋰業也成為美洲鋰業的最大股東。伊凡斯說：「他們過去的規模很小，孰知物換星移，竟會有如此不可思議的巨大變化。」

同一年，美洲鋰業被有意在內華達州北部，開發薩克隘口鋰礦專案的西方鋰業公司收購。伊凡斯在 2017 年加入公司的董事會，並在隔年接任總經理。隨著他的位階愈爬愈高，在他眼中，新鋰礦場對美國的意義也變得愈來愈非凡。

他說：「我知道總有一天，民眾會希望供應鏈不要再像以前那樣分散。」Covid-19 疫情大流行加速了這個現實的到來，當然，對抗氣候變遷的戰爭也幫了大忙。不過，伊凡斯和其他企業高階主管一樣，都還沒意識到，國家與國際政策會那麼迅速朝對他們有利的方向前進。「每次審視電動車的市場滲透數字，就會發現那些數字一路成長。而美國正好有一項本國資產能滿足這項需求，它的重要性因此與日俱增。」突然間，所謂能源保障已不僅是指石油或天然氣方面的保障。「十至十五年前，你可能壓根兒也想不到鋰會成為國家安全議題，但如今鋰確實已成了國家安全議題之一。」

這番話讓我想起我和威爾伯特在薩克隘口共度的時光，以及這兩方之間互擲的法律手榴彈，所以，我單刀直入問伊凡斯對此事有何看法。他毫不退縮地回答：

「我們在薩克隘口的專案原本並不是什麼燙手山芋，直到那兩個人（威爾伯特與佛克）出現，並贏得《紐約時報》的支持後（《紐約時報》有意將他們的抗爭當作某種平台），情況才有所轉變。接著，他們為了阻止我們的專案，開始對我們潑盡髒水。這些人滿腦子只有去工業化。」

伊凡斯指出，塞拉俱樂部（Sierra Club）、生物多樣性中心以及其他保育團體其實都沒有反對薩克隘口專案。伊凡斯表示，他相信威爾伯特的攻擊局部是針對拜登政府而來。他提到，最近有一些社群媒體在中國與其他外國政府的出資支持下，對美國的稀土專案發動攻擊，話中強烈暗示或許威爾伯特也獲得那批人的資金支持（只不過他沒有證據）。舉個例子，中國和幾個攻擊德州及奧克拉荷馬州稀土專案的線上攻擊行動，向來脫不了干係。[68]

他告訴我：「有一些人是基於政治上的理由，不希望薩克隘口專案開發成功。我不認為這個說法偏離事實。你會基於什麼理由，希望自己的國家能在某個特定領域獲得獨立自主的地位，不仰人鼻息？我認為那個邏輯也適用於這座礦場相關的爭議。」伊凡斯對於至少還有一個部落繼續延聘佛克擔任律師一事感到非常氣餒，畢竟其他部落都已經斷絕和他之間的關係。

他告訴我，或許某些部落是想要錢。這純粹是他個人的猜測，但他說，任何一個部落都可以利用自由、事先以及知情同意權的概念來杯葛任一座礦場，這樣的狀況實在是非常荒唐。而且，伊凡斯認定，華盛頓的政策制訂者並不支持這種同意權。當然，這對拜登團隊乃至拜登之前的兩位總統（只是程度上較低）來說，都是一個大難題：到了某個時間點，當局勢必要做出某種決斷，否則只會讓其他國家坐收漁利，在向美國出售電動車用金屬的同時，又以那些金屬來作為對付美國的經濟武器。

伊凡斯說：「這個議題對美國政府來說茲事體大，因為印度的土地含有非常多鋰。」值得一提的是內華達州某個部落，在美洲鋰業承諾為該部落興建一棟樓板面積達 8 千平方英尺的社區中心後，轉向支持薩克隘口專案。[69]

我問伊凡斯，他認為美國有沒有成為鋰業強權國的能力？他認為有可能，但接著欲言又止。他接著說：「問題不在於我們不懂要如何在此地開採鋰，也不是我們不懂要如何進行加工，問題出在我們自己選擇不開採也不加工。我們必須選擇再次開採鋰、加工鋰，不能再像以前一樣，忙著畫地自限。」伊凡斯也認為，鋰可以成為他的遺產——也就是他幫助這個星球的方法，這個想法跟離子先鋒公司的卡拉威不謀而合。他說：「作為一個美國人，沒有道理不能在這塊土地上進行開發。」

　　儘管法院和威爾伯特一開始可能對伊凡斯造成了一點阻礙，但 2023 年初的發展讓他有了慶祝的理由。世界前幾大汽車廠通用汽車在同年 1 月表示，它將協助伊凡斯與美洲鋰業開發薩克隘口礦場。通用汽車還表示，它將購買美洲鋰業價值 6 億 5 千萬美元的股份，如此一來，它將擠掉中國的贛鋒鋰業，成為美洲鋰業的最大股東，華盛頓方面的監理機關也就不必苦惱是否要核准美洲鋰業了，因為核准他們貸款背後的利益衝突考量，已因這個發展而消除了大半。伊凡斯告訴我，作為成長型企業美洲鋰業的領導人，他認為通用汽車是「合適且全面性的夥伴」，它是美洲鋰業用一年多的時間和超過其他五十名投資者面談後，好不容易才挑出來的夥伴。他說：「等待是值得的。」[70]

　　美洲鋰業和通用汽車之間的協議，要等法院做出有利的裁定後才會成立，而八天後，杜法官做出了裁定：美洲鋰業可以展開這座礦場的建築活動。這等於是裁定伊凡斯與美洲鋰業獲勝，只不過，她還是要求公司必須進行一些小規模的地質測試。美洲鋰業雖打敗了威爾伯特、眾多牧場主人、自然資源保護主義人士和幾個原住民部落，但那些對手全都誓言要和這個裁決抗爭到底。西部流域專案（Western Watersheds Project，遭杜法官裁定敗訴的原告之一）的成員葛蕾塔・安德森（Greta Anderson）說：「我們必須找出真正符合公平正義且能永續的氣候危機解決方案，而不是自掘墳墓，陷入更深的生物多樣性危機。」[71]

　　我在週日的晨曦之中開車離開威爾伯特的營區，那時，乳牛已紛紛出來晨間漫步。我打開收音機，但不管是 FM 還是 AM 頻道，都搜尋不到任何電台。繼續行駛約二十分鐘後，我抵達奧洛瓦達（Orovada）。

　　這座小鎮唯一的學校就位於通往擬議中的礦場場址途中，招收幼稚園到八年級的學生，當然，美洲鋰業公司已承諾搬遷這所學校，相關成本至少 1 千萬美元。[72]

　　由於我的油箱幾乎要見底，而且我本人迫切需要咖啡因，於是我在奧洛瓦達鎮的鋸齒加油站（Sawtooth Station）稍作停留，這個加油站銷售的是殼牌（Shell）汽油，兼賣濃烈的爪哇咖啡。鋸齒加油站停車場正後方最角落的位置有兩個電動車充電站，雖然充電站周遭被綠色的停車路障圍了起來，但看起來，北美最大鋰供應地點旁邊這片不毛之地的未來，已不再那麼遙不可及。

第八章
共存共榮

> 我們和他們之間有太多共同目標，彼此都樂見鮭魚再次洄游，也希望改善水質，更希望強化各部落和產業的關係。

比爾·蓋茲 #摩根士丹利 #風電 #太陽能 #南美洲鋰三角 #全球鋰供應鏈 #銻

黃松村（Yellow Pine）位於博伊西市（Boise）北方大約 130 英里處，沿著五十五號州級公路行駛，經過一系列深入愛達荷州中部崎嶇山脈的狹窄泥土路後，就能抵達這個海拔大約 1 英里，年度常住人口只有三十二人的小村落。[1] 這個社區的郵局一週雖營運五天，但平均每年只處理七十件包裹。[2] 位於詹森溪路（Johnson Creek Road）與普洛菲爾街（Profile Street）轉角的角落餐廳（Corner Restaurant），一週也只營業四天。我在 2022 年夏天到訪此處時，鄰近一間房子的旗桿上，趾高氣昂地飄揚著一面旗幟，上面印著：「川普二〇二四：去你的感覺。」每年 8 月，村裡的人數都會因黃松村音樂及口琴節（Yellow Pine Music & Harmonica Festival）而暴增，因為每到這個時刻，都會有成千上萬的民眾前來這個偏遠的愛達荷州鄉村表演一、兩首曲子。[3] 除了這個時節，黃松村都保持一貫的沉寂，只有把這裡當中繼站的夏日機車族和冬日機動雪車族，偶爾來為這個小村落帶來一些漣漪。

黃松村東南方大約十四英里處的輝銻礦場（Stibnite），曾經有一個和黃松村類似的兄弟社區，不過，如今輝銻礦場實質上已不復存在，使得黃松村成了這個偏遠曠野中唯一有生命的地方。早在幾十年前，輝銻礦場的所有木造房屋已被拆除，並用卡車載走。輝銻礦場的教堂、體育館、社區中心、販賣部和小商店等，如今全都已消失無蹤。不過，二戰期間，輝銻礦場和黃松村都曾因同盟國勢力對銻的超大量需求，而欣欣向榮。這項金屬用於硬化子彈、坦克、滾珠軸承、其他武器，也被用於溴化阻燃劑，而這是由中國間接引爆的成長。[4]

從二十世紀初期開始，拜湖南省錫礦山地區（該區擁有 200 萬噸的銻礦藏）的採礦活動所賜，中國一直是全世界最大的銻生產國。[5] 第一次世界大戰開打後，全球的銻需求明顯增加，於是美國不得不更加依賴本國礦場（尤其是位於內華達州的幾個小型設施），乃至中國和玻利維亞的生產商。到了 1930 年代，內燃式引擎的普及以及隨之興起的鉛酸電池（以銻製成）產業，更促使銻的需求急速增加。直到二戰期間日本侵略中國之際，前述幾項因素已使全球各地對銻的需求增強到近乎飢渴的程度，市場嚴重供不應求，最終甚至爆發了一場供需失衡的完美風暴。由於當時日本阻礙中國出口這項策略性金屬，各地遂爆發一波波追尋替代礦藏地的熱潮。1939 年，美國國會與小羅斯福（Franklin Roosevelt）總統通過了《策略性暨關鍵材料庫存囤積法》（*Strategic and Critical Materials Stock Piling Act*），美國軍方與內政部隨即依循這項法案，編列了一份國防關鍵礦物與材料清單，銻也被納入其中。於是，美國礦業局遂開始在全國各地搜尋銻的供應來源。[6]

從西元 1900 年的雷霆山（Thunder Mountain）淘金熱開始，黃松村與輝銻礦場附近的山脈向來就以蘊藏大量黃金與銻精礦而聞名。只不過，由於愛達荷州的地形錯綜複雜，且該州北部地處偏遠，所以當年的淘金客多半都鎩羽而歸；畢竟光是把挖掘設備運到礦場場址，就得花上令人難以克服的高成本。[7] 接下來三十年裡，幾家企業先後對此地的礦區提出主張權，但直到 1930 年代，舊金山的布拉德利礦業公司（Bradley Mining Co.）才終於選擇申請這個地區的採礦權。一如過去曾到此地試水溫的企業，布拉德利礦業也感覺到，要在獲得適當利潤的前提下分離出銻與黃金，並不是一件容易的事。但事實證明，小羅斯福總統在 1939 年簽署的那項法案，造成了無心插柳柳成蔭的結果——當時在附近挖掘的政府地質學家不僅發現了新鮮的銻礦床，還發現了戰爭時期特別需要的另一種金屬：鎢。就這樣，美國政府利用小羅斯福總統的法案發配權力，為布拉德利礦業的生產活動提供補貼，該公司也如火如荼展開在當地的活動。到了 1941 年 4 月，也就是美國參戰前，布拉德利礦業已鑽好第一個地下礦井，並在那年 8 月開始生產。

　　1942 年，隨著地下採礦活動全速運轉，布拉德利礦業和政府也開始準備擴大營運，進一步開鑿一座巨大的露天礦場。不過，若要開設那麼大一座露天礦場，就必須以人為的方式將附近一條河流改道。到了 1943 年，由於一條主要河流的路徑已遷移完畢，他們開始挖掘露天礦場，並接著生產銻和鎢。岩石從這座礦場開鑿出來後，被運送到南側兩英里處的一家加工廠，進行擊碎與研磨的作業，接著再用化學品來生產每一種金屬的濃縮精礦，最後，濃縮出來的精礦會被運送到 80 英里外的火車站。戰爭期間，這座礦場一天二十四小時無休，不斷運轉。[8] 銻對製造子彈有幫助，但最重要的是，它也以液態的形式塗在航空母艦的木製表面上。[9]（2017 年發生在倫敦的格蘭菲塔〔Grenfell Tower〕大火，突顯了銻作為阻燃劑的重要性；這棟建築的某些部位沒有塗上銻，導致原本的星星之火迅速蔓延到整棟建築的絕緣層，最終吞噬了整個結構，七十二位民眾因此身亡。）[10]

　　隨著這座礦場沿著鮭魚河（Salmon River）南叉（South Fork）的東叉（East Fork）發展，輝銻礦社區也持續開枝散葉。1943 年年底，已有一千五百人居住在輝銻礦場的公共棚屋，那裡另外還有一百多間包含免費設施的小家庭式木造房屋。接下來，當地一所學校和郵局開始營業，其他主要的社區設施也陸續到位。這個村落的醫院擁有愛達荷州第一部 X 光機，輝銻礦場更以投票的方式選出一個由五人組成的村委會。被徵召入伍的男性能以替代役的形式在礦場工作，這對有家庭的男性來說非常有吸引力。儘管當地冬季嚴寒，但輝銻礦場乃至黃松村附近（規模較小），卻漸漸形成了一個溫暖且欣欣向榮的社區，而這一切都是為了支援戰事所需。1945年戰爭結束時，布拉德利礦業和美國官員採光了這個地區所有的鎢，還開採了接近一萬噸的銻——大約相當於美國戰時需求的90％。[11]

那一波成長發生在美國開始落實環保法律之前，由於當時戰事正酣，美國不惜一切代價贏得戰爭的慾望非常強烈。舉個例子，當局在1943年打造了長一百英里的電線，好讓這座礦場有穩定且便宜的水力發電電力可用。至於那條電線可能會對這個農村州的生態產生什麼影響，則幾乎沒有人公開表示意見，遑論進行評估。畢竟能在那麼匆忙的情況下完成這件工程（那可是二十一世紀美國文官結構難以想像的效率[12]），就已經夠難能可貴了，還有誰會說三道四？

二戰過後，輝銻礦場仍繼續營運，並在韓戰期間為盟軍提供不少火力。到了1952年，這座露天礦場終於關閉，但那裡的加工設備為了處理庫存的岩石，又繼續維持了好幾年的運轉，不過，最終這些設備還是停工並被拆卸殆盡。1958年，輝銻礦場徹底廢棄。[13]從那時開始到1970年代，這座礦場的場址就矗立於此，不過，1970年代過後，又有幾家較小型的企業進駐，在這個礦區的某些位置採礦，其中一家企業最終被美孚石油公司（Mobil Oil Corp.）收購（但事後還是被轉賣出去）。[14]這個場址的多數位置因戰爭期間的採礦活動，而遭受嚴重的環境傷害，而且，超過1千萬噸的尾礦也未適當儲存，各種化學物質持續滲進鄰近的水路。事實上，在美國環境保護署成立之前的那幾十年間，這裡的部分廢棄岩石根本直接被傾倒到河川裡，廢棄岩石裡的砷和其他有毒物質，也因此緩慢滲透到愛達荷州的荒野。包括精煉廠在內的老舊採礦設備，甚至被一股腦兒埋到地底下。[15] 無數次野火對本地造成大規模的侵蝕，使沉積物從較高海拔的位置被拉扯到下方，堵住了鮭魚長久以來慣用的繁殖水路。後來，輝銻礦場被指定為所謂的「超級基金場址」（注：superfund site，指美國境內需要長期清理有害物質的嚴重汙染區域），這局部說明了為何此處擁有龐大的黃金與銻礦藏，多年來卻頻繁不斷易主。如果這個位址能清理乾淨，這裡的銻和黃金礦藏，將使它成為一隻超級金雞母，尤其隨著黃金價格大漲，快速成長的電子產業對銻的需求持續增加（進入二十一世紀前後，銻愈來愈被視為實現未來科技的必要礦物，甚至被視為利基型礦物之一），此地的身價更將不可同日而語。

銻對人體健康可能會造成危害，因此在採礦和加工的過程中，需要經過特別的處理。舉個例子，世界衛生組織（World Health Organization）的指引認定，濃度超過十億分之二十的銻，就足以對人體健康造成不利的影響。不過，中國的採礦安全標準不盡然完全符合，某些西方社會所認定的最佳採礦安全作業標準：2011 年一份錫礦山銻礦場的研究發現，在該礦場三百平方公里半徑範圍內採集的飲用水樣本中，含有從十億分之八・一至十億分之一百五十二不等濃度的銻，附近的多數居民都已經由食用米飯、蔬菜或飲水而吸收了這項金屬。[16] 所以，輝銻礦場專案的最大課題在於，它是否能用安全的方式生產蘊藏在此處的銻。後來，一家名為邁達斯金業（Midas Gold）的小公司以大約二十年的時間，鴨子划水般默默收購了輝銻礦場一帶許多彼此競爭的採礦權。到了 2016 年，邁達斯金業的行動終於引起投資人約翰・鮑爾森（John Paulson）的注意。

離開內華達州後，我繼續開車北上到奧勒岡州，接著又到愛達荷州
——愛達荷州在 1890 年將「願此長存」（注：ESTO PERPETUA，此為

拉丁語）選為州的座右銘。[17] 多年來，愛達荷州不斷嘗試在天然資源保護與生產之間取得平衡點，包括諸如黃金與銻等礦物的開採、木材砍伐，或甚至馬鈴薯的種植（愛達荷州的馬鈴薯產量居美國各州之冠）；雖然這些努力稱不上成就斐然，但絕非沒有進展。

我在喀斯喀特（Cascade）待了一晚後，隔天早上就出發前往黃松村，我想親自見見曾經風光的老輝銻礦場場址究竟是什麼模樣。一路上風光明媚，新長成的翠綠松樹在 8 月的清新空氣中緩緩搖曳，燦爛的陽光從樹間傾灑而下，形成一道道穿透的光芒。我開上暖湖路（Warm Lake Road）並朝北行駛，沿途幾乎沒有遇到任何車輛，手機訊號則是斷斷續續，不太穩定。這條道路沿著一座明顯不久前才遭到野火肆虐的山巒蜿蜒而上，空氣中依舊殘存著大火留下的刺鼻煙味，枯死的樹幹像火柴棒般突兀地矗立在地面上。

我在抵達未鋪砌的詹森溪路後左轉，中間經過一座美國林務局護林站，站旁的路標顯示我還要再開 25 英里才會抵達黃松村。我把租來的卡車設定成四輪驅動模式；有人曾警告我，在這裡開車最好使用優質的輪胎，因為這條道路不時會出現坡度 10％以上的急轉彎陡坡。道路的右側是狹窄的溪流，一不小心可能會連人帶車陷進去。我幾乎不敢相信，在這樣偏遠的深山裡竟然有一座礦場。試想，補給品要怎麼運送至此？礦石要怎麼用卡車運出去？我在緬因州長大，對美國鄉野地帶的風貌可說見怪不怪，但這裡的鄉野卻與我的印象完全不同：一個遺世獨立、卻又渴望發展大型產業的鄉野。詹森溪路上每隔幾英里都能見到一些小箱子，箱子上貼著「緊急應對工具箱」的標籤，由此可見這裡有多麼與世隔絕與不便。後來有人跟我說，那些箱子裡裝滿了工業用卡車發生事故時可用來清理漏油的設備。最後，這條道路慢慢爬升到和詹森溪平行的位置，我得以看見溪裡偶爾出現的鮭魚陷阱和攔溪堰。由於一路上的風光太過怡人，我竟差點忘記自己此行北上的目的，不過，一條名叫銻溪（Antimony Creek）的支流把我拉回現實。

黃松村隱藏在一排松樹後方，我看到一整片開闊的建築物，其中有些看起來已經廢棄。不過，這裡的餐廳倒是有營業，兩名員工站在餐廳外招攬客人。我一停好車，就注意到對街也停著一輛休旅車。麥肯錫·萊恩（Mckinsey Lyon）跨出車門向我走來。[18]

萊恩一見到我，臉上就露出大大的笑容，她對我說：「恭喜你辦到了！」穿著登山裝備的萊恩為礦業公司長存資源公司（Perpetua Resources Corp.）工作。萊恩是土生土長的愛達荷人，吃午餐時，她向我解釋為何我剛剛開過的路注定不會像二戰期間那樣，再次開放給採礦業的貨車行駛。她說：「一旦這座礦場啟用，將不會利用那條路來提供補給。」萊恩解釋，長存公司的整體計劃是要在愛達荷州北部展開大規模的活動，並希望能興建一條通往某個舊礦場場址的新路，而那個舊礦場的重新啟用只是整體計劃的第一階段而已。

2021 年以前，長存資源一向以加拿大為基地，當時的名稱是邁達斯金業公司。傳說中，邁達斯國王（King Midas）統治的王國，為當今土耳其的土地；他擁有一種將萬物化為黃金的天賦，只要是他碰觸過的東西，都會變成黃金。[19] 不過，這個傳說其實是個警世寓言，和「貪婪」有關。邁達斯金業公司後來漸漸意識到，公司的名稱並無法投本地社區和監理機關之所好，重要的是，這個名稱還會令人馬上聯想到黃金，而黃金並非綠色能源轉型的必要材料；正好，公司從愛達荷州的座右銘得到靈感，於是同年 2 月，邁達斯金業決定更名為長存資源公司，並將總部搬到博伊西市，同時申請公司股票在紐約那斯達克交易所（Nasdaq）掛牌交易。更名後的新公司誓言聚焦開發「能為我國創造更安全且永續未來的關鍵資源」。[20] 那是個精明的策略宣示：實質上該公司的所有行動幾乎都是以銻的綠色能源外衣，來掩飾開採黃金的計劃。而拜登政府致力於綠色能源轉型的政策，正好讓他們有了落實這個戰術的空間。

萊恩告訴我：「我們一直有在計劃永久將銻列入這項專案。恰好新政府有意討論關鍵礦物的議題，我們因而堅信，這是一條可行的途徑。[21] 我們確實有點超前解讀政府所傳達的訊息，儘管如此，那個訊息終究使這項專案變得更加緊迫。」長存資源的輝銻礦場開發計劃，為美國邁向關鍵礦物生產的道路開闢了一條有趣的蹊徑——這家公司願意清理美國政府以前曾汙染、並放任其他人汙染的土地，同時一肩扛起清理工作的所有成本和風險。

如果長存資源只申請在愛達荷州這個沉寂的角落開採黃金，它很可能永遠也無法取得許可證；不過，銻讓這一切變得不同。開發這裡的礦藏之前，光是清理作業可能就得花費上億美元的資金，而基於其他迫切的需求，美國政府可能不會要求納稅人支付這筆錢。在我撰寫本書之際，整個專案的預估成本高達 13 億美元，不過，這個場址擁有至少 600 萬盎司的黃金，根據 2023 年年底的金價計算，光是這些黃金，價值就超過 114 億美元；不僅如此，這裡還蘊藏了 1 億 8,900 萬磅的銻，以相同時間點的價格計算，這批銻的價值也有大約 9 億 9 千萬美元。[22] 長存資源很懂得自我推銷，它喊出的口號是：「讓我們修復這個場址曾經受過的創傷，而我們希望得到的回報是獲准開採金屬。」

離開那家餐廳後，我們坐進萊恩的休旅車。車子行駛了一小時後就抵達了 14 英里外的輝銻礦場場址，長存資源已經慢慢著手清理這裡的部分土地。這條路是單線道，每隔一英里就有一個標記，每到一個標記位置，萊恩就必須用無線電向控制塔台報告我們的位置，以免和對向來車碰上，弄得進退兩難；沿途部分路段的路基深達數百英尺，上面不時可見生氣勃勃的植被。整段路途的景觀只能用「令人嘆為觀止」來形容，愛達荷州廣闊的土地就像一面巨大的綠色地毯，豪放地在我們面前展開。

　　四十出頭的萊恩育有三名子女，從她的話語之間明顯可聽出她對家鄉與這個州的經濟引以為傲。在為長存資源工作之前，她曾做過州的遊說者，也曾在民主黨籍的前州長底下做事。她承認自己剛加入長存資源時，根本就不敢跟朋友說她在礦業公司工作，因為她擔心朋友會非常反彈。不過，後來她轉念一想，把這家公司形容為致力於協助清理礦場舊場址及生產綠色能源轉型用金屬的企業，情況馬上就變得不同了。銻除了用於武器之外，還被用來製造太陽能板與手機用玻璃、用於電子裝置的銅線塗層，還用在半導體。大約在我們見面前一年，長存資源加速朝生產銻的方向前進，並同意向比爾・蓋茲（Bill Gates）支持的一家新創企業供應銻；這家新創企業是安伯瑞公司（Ambri），已開發出一種只需要使用銻和鹽的液態金屬電池技術。[23] 安伯瑞的電池技術最吸引人之處，在於這種電池不僅也能用來儲存來自太陽能板或風力發電機的電力，且儲存的時間遠比鋰離子電池更長，這對發電的民主化（注：democratizing power generation，指公民透過各種工具廣泛參與發電行列）大有助益。

　　萊恩說：「我們這個產業的從業人員當中，有非常多人是看《地球超人》（Captain Planet）長大的。」她指的是 1990 年代的兒童電視節目，這個節目鼓吹自然資源保護。「我們在一個要求承擔環境責任的時代中長大，而且這家公司的員工幾乎全是愛達荷人。這裡就像我們的後院。」

　　當然，對幾個世紀以來就居住在目前愛達荷州的原住民團體來說，這裡也像他們的後院，問題是，很多部落愈來愈反對長存資源公司的計劃。聶斯坡斯（Nez Perce）部落曾在北美大陸這片區域成千上萬英畝的土地上游牧，但到了十九世紀，奧勒岡小徑（注：Oregon Trail，十九世紀美西拓荒時代的墾荒者使用的主要道路）上的先驅開始闖入這個區域，對那些原住民族世世代代傳承下來的家鄉造成干擾。不久後，採礦人也來了，這對聶斯坡斯和其他部落帶來了新的愁煩；這些部落在 1855 年與 1863 年連續和華府簽署條約後，他們的土地隨之縮小。[24] 自稱尼米普烏（注：Nimíipuu，此為聶斯坡斯語，意思是人）的聶斯坡斯族人非常重視鮭魚，他們從二戰以來投注了非常多的心力，重建這個地區的魚群與孵化場，更不厭其煩地用卡車與其他設備，將鮭魚運過這個區域的水壩，幫助牠們游完從太平洋一路朝愛達荷州山區前進的最後一段路（大約長達900 英里）。這個部落世代相傳的口述歷史以宗教信仰般的用語來談論鮭魚。聶斯坡斯一位部落領袖說：「鮭魚救了我們，而牠在拯救我們的同時，還說會把自己奉獻給我們，而當牠把自己奉獻給我們的那一刻，牠就失去了聲音。所以，接下來我們必須為牠發聲。」[25]

即使長存資源表示願意清理這裡所殘留的汙染，聶斯坡斯族人還是沒有被說服。反之，他們擔心這座礦場將會在未來二十年造成更多損害，這個意見有部分是緣於美國環境保護署的一項研究：研究發現，這座礦場本身可能會對河川和地下水造成汞及其他重金屬汙染。[26] 長存資源雖對指控表示異議，卻也默默地微幅調整了礦場提案，加入更嚴謹的廢石保護罩，以控制水質的汙染程度。它還將原先規劃好的礦場規模縮小 13％，並將計劃開採的岩石量減少 10％。[27] 長存資源表示，它期待能在 2027 年開始再次從這個場址產出黃金和銻。

儘管聶斯坡斯族人反對長存資源，即使聖卡洛斯阿帕契族人和堅毅銅礦對峙，北美乃至全世界各地的許多原住民領袖卻已慢慢軟化，因為他們了解到，原住民社區能在綠色能源轉型的過程中發揮特定的作用力。他們意識到，唯有參與談判，才有施展影響力的可能，而且，他們的策略也心照不宣地以強化這股影響力為重點。因為他們知道，傳統原住民部落的土地經常富含銅、鋰、銻和其他電動車用金屬的礦藏，所以，只要各部落能妥善控制這些金屬的生產方式，不僅能獲得財務上的回報，還能確保這些金屬以安全的方式生產。

責任採礦保險倡議組織執行長布蘭格告訴我:「許多原住民朋友早已被逼到極限,他們的傳統食物來源岌岌可危,工業革命本來就沒為他們帶來什麼好處,而你現在又想要求他們積極參與綠色能源轉型,希望他們同意你開採他們土地裡的礦物。這樣的訴求當然會引發衝突,除非你能想出一個各方都能接受的公平解決方案。」[28]

萊恩開車載著我視察輝鉬礦場一帶時,我問她對聶斯坡斯族人的聲明有何看法,尤其是那些族人擔心長存資源可能只會導致情況更加惡化。她說,雙方都有心改善本地區的水質,而且這個共同目標讓她更有動力,因為這對鮭魚百利而無一害。她說:「我們和他們之間有太多共同的目標,彼此都樂見鮭魚遷移路徑獲得修復,也都希望水質能夠改善,我們更希望能找機會改善各部落和產業之間的關係。」

不過,一如亞利桑納州的聖卡洛斯阿帕契族人、內華達州的紅山人與其他原住民團體的感受,這種冠冕堂皇的說法無法打動聶斯坡斯族人。

接下來幾個小時,萊恩開車載著我在輝鉬礦場專案一帶走透透。雖然基本上這座礦場多半位於私人的土地上,但關鍵的區塊卻控制在美國政府手中,而且有一條公共道路經過。我理應自己開車繞繞這一帶,但萊恩的解說讓我得以更加了解長存資源想要實現的目標,所以我選擇搭她的車。公司計劃把在二戰期間被改道的河流重新轉向,讓鮭魚能再次游經現有的露天礦(在戰爭後便已廢棄),並因此得以繁殖下一代。這是個遠大的目標。它還計劃在舊的廢棄岩石堆上舖設新襯墊、把其他廢棄石堆移走,重建被侵蝕的山丘,並清理場址內其他因重金屬溶解而被毒物汙染的地方。外界的批評指出,長存資源挖掘新露天礦場的計劃,將會使現有場址的整體足跡進一步擴大,對目前還屬於處女地的地帶造成干擾。無論如何,進行清理工作多少能緩解外界的批評,但在進行這些林林總總的清理工作以前，長存資源持續要求聯邦政府保證，將來不會針對非可究責於公司的過往環境危害而興訟，這個舉措和所謂《行善免責法》（*Good Samaritan*，俗稱好撒馬利亞人法）有關。[29] 萊恩說：「我們可不想繼承幾個世代以前的人丟下的法律責任。」何況，儘管長存資源已開始進行清理工作，它終究還是有無法取得必要採礦許可證的風險，萬一最終沒有取得許可證，舊場址的清理費用又已投入，那可就太得不償失了。

她說：「公眾和採礦產業之間不再互信。還有一點真的很重要，我們想藉此證明我們有多麼嚴肅看待此事。我們願意投資這個專案，就代表我們看到願景，也願意為了願景而努力。」

我跟萊恩分享了吹葉機的故事——當時我試圖釐清要從哪裡取得，可以製造我用來清理我家後院落葉的那台新奇玩意兒的金屬。她說：「這些供應鏈一點也不透明。」話中她都在詆毀所謂的「新殖民經濟學」（也就是事事依賴其他國家），這個用語和明尼蘇達州雙子星金屬專案的支持者曾向我引用的說法很類似。「我們真的應該花更多時間更認真思考，要從哪裡取得我們需要的東西。當然，我們也必須思考，我們對那些東西的需要是否真的迫切到，足以讓我們接受在美國生產這些材料？還是說我們的需求並沒有那麼迫切？或許就這個議題來說，這才是比較好的思考方式。如果我們需要材料，難道我們沒有義務在本地生產這些材料嗎？我個人認為，這個問題的答案是肯定的。」

對萊恩與長存資源來說，在國內開採更多礦產——尤其是在目前全國共通的環保標準規定下生產各種礦物——是她所謂的「社會正義」問題。我問萊恩對目前在美國「遍地開花」的緊張對峙、美國希望在哪裡或以何種方式，生產綠色能源轉型所需策略性礦物等問題有何想法。她承認，的確，國內確實有某些地方太過特殊，不見得適合採礦。她不斷強調，為什麼要去宗教相關的場址採礦？有必要在重要的休閒娛樂區採礦嗎？為什麼不直接在類似輝銻礦場這種曾經有過採礦歷史的地方採礦就好？或許回到曾經採過礦的地方採礦，就能緩和採礦產業和保育團體之間，長達幾十年來已習慣成自然的互槓緊張關係。當然，這是她的期許。

她還說：「但那可能會讓雙方都不舒服，因為對採礦產業來說，那代表我們將不得不和某些環保人士合作，並思考要怎麼以不同的方式來推動專案。而對環保人士那一方來說，那表示他們將不得不跟礦業化敵為友，另外尋找針對的目標。但無論如何，如果真心想要改變氣候，一定要把產業界拉進來一同研擬解決方案。」

儘管 2021 年有關綠色能源革命的諸多討論猶如一股東風，為長存資源帶來了些許助力，但其實早在 2016 年，金融家鮑爾森借了大約 4 千萬美元給長存資源後，它的方針早已開始改變。[30] 根據貸款協議上的條款，鮑爾森能在簽約後七年內，隨時以每股 0.26 美元的價格，把他借給公司的貸款轉換成股份。這對鮑爾森來說幾乎是穩賺不賠的有利交易，因為當時長存資源的股票交易價格大約是每股 2.40 美元，而他的有權換股價格遠低於市價。這項交易不僅讓鮑爾森取得兩席董事的控制權，也代表鮑爾森實質上是以極大的折扣取得那些股份。長存資源同意接受這些條件的原因在於，這筆貸款能改善它的資產負債狀況——當時長存資源（那時的名稱還是邁達斯金業）的銀行存款只剩 450 萬美元；鮑爾森的貸款形同一條財務救生索，讓公司得以擺脫現金不足的泥沼。[31] 從那時開始，這位金融家就開始分階段調整公司的經營階層團隊。那年稍晚，蘿芮．賽爾（Laurel Sayer）被派任為公司總裁，成為美國大型礦業開發專案少數的女性領導者。[32] 到了 2022 年，長存資源的六人高階主管團隊中，已有三分之二是女性，這在全球採礦產業可說是聞所未聞的狀況。[33]

2020 年 3 月，鮑爾森又借了更多錢給長存資源，他貸款給長存資源的資金總額增加到大約 6 千萬美元。此時的股票交易價大約是每股 3.63 美元。到了那年 8 月，公司發布了針對愛達荷州專案所做的環評報告草稿。這份必要的報告中詳細分析，公司認為礦場會對整個區域的生態造成什麼影響，包括對區域內河川、山巒及溪流的影響。這份報告象徵專案的一大進展，也像對華爾街宣示：讓投資圈知道公司已有所突破，不再只是光說不練。報告一出爐，鮑爾森隨即將所有的貸款轉換成股份，並因此成為有能力隨意左右公司方向的最大股東。與此同時，他也誓言不管股票漲到多高或跌至多深，他都不會賣出。[34]

有趣的是，即使到了 2020 年，「綠色能源轉型」已成了當紅話題，這份股票轉換聲明裡卻沒提到，任何和綠色能源轉型有關的字眼。銻固然被列為「美國經濟與國家安全不可或缺」的礦物，但它終究不是太陽能板、風力發電機和電動車電池等所需的關鍵材料。換句話說，鮑爾森的介入其實是「項莊舞劍，意在沛公」———一切都是為了黃金。[35]

鮑爾森是土生土長的紐約皇后區人，原本受雇於貝爾斯登（Bear Stearns），但在 1990 年代末期至 2000 年初自立門戶，成立了自己的避險基金。2006 年前後，他注意到一些和美國房價與次級房貸有關的總體經濟數據大有問題，於是，他針對追蹤次貸市場強弱的一項指數進行了複雜的投機操作———古格里．祖克曼（Gregory Zuckerman）的《史上最大交易》（*The Greatest Trade Ever*）一書，專業且詳細地記載了鮑爾森的操作。到了 2007 年，鮑爾森的基金已透過那些投機操作實現了 150 億美元的利潤，據估計，其中至少有 30 億美元屬於鮑爾森個人的分潤。[36] 一般普遍認為，那是投資史上獲利最高的一批投機操作。[37] 結束房地產相關的投機操作後，鮑爾森接著把目標轉向黃金，開始針對金價的上漲展開投機操作布局。後來黃金價格果然上漲，據估計，鮑爾森在 2010 年幫自家公司賺了 50 億美元，公司自此成了華爾街前幾大的避險基金。[38]

後來，鮑爾森在某些黃金投機操作踢到了鐵板，不僅如此，他在其他產業的投資也犯了時機上的錯誤，特別是製藥業的投資；但無論如何，他先前在黃金操作的勝績，已讓他儼然成了黃金的「多頭總司令」。當時的黃金產業充斥著許多對經營策略幾乎一竅不通、卻坐領離譜高薪的企業高階主管。其中很多人慷慨自肥，花公司的錢如流水，鮑爾森率先將這些不當作為公諸於世，並公開嚴詞批評。

2017 年，也就是鮑爾森取得長存資源股權不到一年的時間，他啟動了一場應對金礦業低迷報酬率的「戰爭」。根據他研擬的攻擊計劃，投資人應該：（一）更直接參與自身投資的金礦公司之策略、（二）公開出聲反對可能導致資金浪費的合併案、（三）強力反對過於優渥的高階主管薪酬。[39] 鮑爾森以他不久前對長存資源的投資為例，直言其他礦業公司應該以他為榜樣。[40]

基於鮑爾森一直以來的立場，我很好奇他究竟對美國各地因關鍵礦物專案而起的廣泛緊張對峙有何想法。長存資源蓄意把愛達荷州的礦場塑造為攸關國家綠色未來的關鍵——這個策略似乎也得到鮑爾森的支持。為了釐清我的猜測，我前往這名投資人位於曼哈頓的辦公室。鮑爾森的辦公室位於第六大道，距離時代廣場（Times Square）只有幾個街區之遙，裡頭掛著二十一世紀美國藝術家亞歷山大・考爾德（Alexander Calder）的多幅水彩畫。那些畫中，紅色、藍色與黃色被古怪地搭配在一起，並散落成不同的形狀。從 2009 年開始，馬塞洛・金（Marcelo Kim）開始從事藝術方面的工作，並與鮑爾森合作；鮑爾森在 2016 年放款給長存資源後，就派金去擔任長存資源的董事長。那時，擬議中的輝銻礦場經歷六年的努力，終於取得了監理核准函，但離成功還遠得很。這麼牛步的時間表讓金很惱火，他說：「美國最需要加油的是許可證的核發程序。這是一個完全沒有訂定時間表的落伍流程。」[41]

金穿著一身清爽的白襯衫，配上條紋西裝褲。他對我強調，在他心目中，這項專案有許多明確的優點，包括：這個場址以前曾採過礦，換句話說，它是採礦業所謂的棕地專案（注：brownfield project，指過去曾做工業用的城鎮或都市土地，可作為興建用途）；它擁有大型黃金礦床，對鮑爾森來說，這是一個加分項目；這個場址未來將利用水力發電的電源，這能降低碳排放；而且，它將生產美國推動綠色能源革命所需的銻（即使市場上充斥著中國生產的銻），而它同時也生產黃金的做法，能確保銻的開採活動能保有獲利能力。何況，這個場址將有人清理。他說：「我們願意成為解決方案的一環，反觀政府，他們並沒有解決方案。截至目前為止，沒有人清理這個場址，很多人都只是光說不練。」

對金、鮑爾森和團隊來說，許可證的審核流程真的是個令人沮喪的障礙，他們甚至不知道要怎樣推進，這猶如黑洞般令人摸不著頭緒的採礦許可流程。儘管長存資源已投入不少資金，卻還是不知道何時才能取得核准（或駁回）通知。川普時期的土地管理局原本承諾，公司提出申請後，兩年內會給出一個答覆；但拜登執政後，政府的做法卻變得更天馬行空。金表示：「我實在搞不懂為什麼會有那麼多部會？實在是太複雜了。」

不用我提示，金自己就先提到拜登政府為反對其他國際礦業公司在美國建立礦場的計劃（包括安托法加斯塔的雙子星金屬專案，以及嘉能可的PolyMet 專案，兩者都位於明尼蘇達州），而採取的幾項行動。「真搞不懂美國為什麼要拒世上所有主要礦業公司於千里之外。政治圈的人根本沒有好好研究這些重要專案的細節。」從他的語氣中聽得出濃烈的不滿。

姑且不論金對許可證核准流程的種種責難是否公允，至少，他有一個看法很正確：長存資源和鮑爾森確實掌握了一個具體優勢，那就是輝銻礦場地區從前曾開採過礦，而聯邦政府的某些部會也承認，那的確是個優勢。2022 年年底，五角大廈把重心轉回愛達荷州，並提撥將近 2,500 萬美元給長存資源，協助公司完成許可證申請流程。這筆撥款的法源隸屬國會為協助烏克蘭擊退俄羅斯的持續侵略而通過的一項法案，官員表示，那是五角大廈的任務之一，目的是「為了恢復國內必要的國防工業能力，讓作戰人員更有反制力」。五角大廈還補充，長存資源將協助「提升我國關鍵礦物供應鏈的韌性，同時反制敵方的侵略」。[42] 對長存資源公司來說，只要政府的其他部會（也就是負責核發許可證的那些部會）能夠認同五角大廈的意見，一切就好辦了。

我們開車在愛達荷州偏僻地帶走透透的當下，我內心忍不住拿這裡和阿拉斯加比較。阿拉斯加是美國最大的州，土地下埋藏著極大量的石油、天然氣、銅和黃金等礦物。那裡盛產的野生動物，也讓由自給自足的漁民（其中很多人是因紐特人〔Inuit〕）所組成的多元經濟體系，獲得充沛的補給。每年有超過 3,000 萬尾成年紅鉤吻鮭，游到阿拉斯加最大的城市安克拉治（Anchorage）西南方大約 250 英里的區域繁殖。不過，全球前幾大的銅與金礦床卵石採礦專案（Pebble mining project）也在那個區域之內：在此處的濕地與沼澤底下，埋藏著超過 800 億磅的銅、1 億零 700 萬盎司的黃金及其他金屬，包括 56 億磅的鉬。[43] 雖然黃金多半只具備裝飾價值，但隨著整個世界逐漸走向綠能，銅乃至鉬（程度稍低於銅）的需求正逐漸上升。

不過，卵石礦場和長存公司的專案有所不同，原因在於，卵石礦場位於一片過去未曾有礦業人士「染指」過的荒原。長久以來，所有意圖在這個區域採礦的計劃，都曾引起阿拉斯加州和這個區域許多民眾的強烈抗議，因為他們擔心礦場的化學物質溢出或外洩，不僅有可能摧毀這個州的土地，還會破壞主要漁場布里斯托灣的水域。

這個礦床最早是在 1987 年發現的，2001 年，一家名為北朝礦物有限公司（Northern Dynasty Minerals Ltd.）的加拿大公司買下了開發這座礦場的權利。接下來幾年北朝礦物進行了更多的地質測試，並在 2007 年引進了世界前兩大礦業公司的高額投資（力拓集團與美國安哥洛公司）。[44] 對於力拓集團與美國安哥洛公司來說，那似乎是個幸運的時機，特別是當時市場皆預期，銅的需求將一路上升。不過，這個專案打從一開始就遭到阿拉斯加漁業的強烈反對，由於漁業是阿拉斯加州國內生產毛額（GDP）的基石，它掌握了非常大的影響力，舉例來說，2019 年的鮭魚捕撈活動對阿拉斯加經濟體系的貢獻接近 3 億 1 千萬美元。[45] 一位布里斯托灣聯合部落組織（United Tribes of Bristol Bay，代表這個地區十五個經聯邦政府承認的原住民社群）的主管表示：「如果這個流域與漁業遭受到損害，將對我們作為原住民族的身分造成毀滅性的打擊。」[46]

這個專案導致阿拉斯加州分裂成兩個陣營，只不過，反對與支持陣營之間的勢力差距非常懸殊。共和黨人對這座礦場的態度本就不一致。事實上，泰德·史蒂文斯（Ted Stevens，資深共和黨人，曾在美國參議院擁有強大影響力）參議員就反對這項專案，因為該專案打算挖一個寬 2 英里、深 1,700 英尺的露天礦坑。而且，為了維持礦場場址的營運，得先鋪設天然氣管線，還得興建發電廠。[47]（時任阿拉斯加州長莎拉·裴琳〔Sarah Palin〕則是這座礦場的幕後支持者。）[48] 過去，共和黨人公開反對採礦專案的情況很罕見，但不管這個世界有多需要銅，卵石礦場就是那個例外。儘管如此，那幾家開發商還是努力設法討好當地人，其中，美國安哥洛公司在安克拉治附近用一些大型看板發動一場公關活動，看板上宣稱：「並存。採礦活動與漁業可以長久共存。」[49]

然而，2012 年，美國環境保護署發現，卵石礦場專案有可能摧毀這個區域至少 55 英里的溪流和 2,500 英畝的濕地。不僅如此，環境保護署也對這個專案計劃使用尾礦壩一事惴惴不安，因為阿拉斯加經常發生地震。[50] 萬一某次地震對尾礦設施造成損害，並導致某些有毒金屬滲入布里斯托灣，那該怎麼辦？這個憂慮和阿拉斯加州許多原住民與捕魚社群的擔憂是一致的，環境保護署接收到的多數公眾評論也都反對這項專案。[51]

鑑於反對這項專案的聲浪非常大，但銅的需求確實也又高又廣泛，所以《國家地理雜誌》（*National Geographic*）遂將卵石礦場封為「阿拉斯加天然資源衝突的蓋茨堡」（注：Gettysburg，蓋茨堡之戰是南北戰爭中最血腥的一場戰鬥，常被視為南北戰爭的轉捩點）。[52] 2013 年，儘管美國安哥洛公司已在這項專案上花了 5 億 4,100 萬美元，但他們終究還是不敵沉重的壓力，選擇退出。美國安哥洛公司退出時還酸溜溜地譴責，它寧可把時間金錢投入「最有價值且最沒有風險的專案」。[53]

2014 年，歐巴馬總統領導的政府不再准許美國陸軍工程團（Army Corps of Engineers）核發濕地許可證，從而終止了整個專案，政府方面的說法是，它擔心繼續核發濕地許可證將傷害阿拉斯加的漁業和生態。兩個月後力拓集團也宣布退出，並將持有的 19％ 股權捐給兩家阿拉斯加慈善機構。這顯示力拓集團認為它不僅應該識時務地放棄這項投資案，也自認它不可能為那些股份找到買方，換句話說，力拓集團形同承認這個專案已不可行。總而言之，這是一個令人震驚的無言行動。

不過，川普政府的官員卻沒有放棄，2017 年他們決定故技重施，意圖以處理明尼蘇達州雙子星金屬公司專案的類似手法，來推翻歐巴馬的決定。具體來說，他們力促環保署就它針對這座礦場提出的訴訟案件，做出讓步並達成和解，同時也承諾將為這項專案促成一場公平的聽證會。[54] 2019 年，川普政府的官員進一步表示將為這項專案重啟監理審查流程。[55] 到了 2020 年 7 月，也就是 Covid-19 大流行疫情肆虐與美國總統大選選戰正酣之際，川普政府的官員又放話表示，他們即將核准這項專案，並直言這項專案對美國的銅生產至關重要。那些官員提到，這座礦場固然會危害到美國的部分生態，但北朝礦物已努力尋找最低損害的選項。[56] 川普本人也開始故作姿態地搜尋更多能由美國自主掌控的礦物，甚至一度提議向丹麥購買格陵蘭島。[57]

接著，發生了川普政府始料未及的一系列情況。

2020 年 8 月 3 日當天，尼克・艾伊爾斯（Nick Ayers）在推特上發表一則貼文，希望川普總統能命令環保署擋下卵石礦場專案。艾伊爾斯曾擔任副總統麥克・彭斯（Mike Pence）的參謀長，但在 2018 年辭職。他在貼文中表示，他擔心「某加拿大企業將在美國最大的漁場進行不必要的採礦活動，並造成嚴重的損害」。幾個小時後，川普的兒子小唐納・川普（Donald Trump Jr.）在艾伊爾斯的貼文下留言，表示：「布里斯托灣及周遭的漁場太過獨一無二且太過脆弱，冒不起任何風險。」[58]

幾天後，小川普在紐約布里奇漢普頓（Bridgehampton）豪華地段舉辦的一場募款餐會中走向父親，當面開口懇求川普總統終止卵石礦專案。當時，靠著金屬提煉事業而成為巨富的安德魯・薩賓（Andrew Sabin）也陪他一起向川普請願，他們兩人向川普表示，這座礦場專案應該就此打住，不該允許任何人從阿拉斯加挖出幾十億噸的泥土。川普總統點點頭，但並未做出承諾。薩賓告訴川普：「開發這座礦場毫無道理可言。卵石礦場一開，造成的損害根本就無法收拾。魚類會永遠消失。」[59]

薩賓與小川普提醒川普總統，他才剛簽署了《偉大美國戶外法》（*Great American Outdoors Act*），這項法案的目的在於為公共土地的保育提供資金。川普在簽署法案時還說：「到了某個時點他們勢必會開始審思，共和黨以及我們在自然資源保護及其他很多方面令人讚嘆的貢獻。」[60] 小川普和薩賓強調，如果川普總統真心相信《偉大美國戶外法》的文字與精神，他就會擋下卵石礦場一案。

除了上述種種，反卵石礦場勢力用來說服川普總統的最大利器，或許是堪稱川普個人最喜愛的電視頻道：福克斯新聞網（Fox News）。8 月 14 日當天，塔克・卡爾森（注：Tucker Carlson，美國保守派政治新聞記者、作家與時事評論員）播出了一段五分鐘長的影片，內容警告卵石礦場專案將對阿拉斯加的捕魚產業造成嚴重的危害。卡爾森告訴數百萬名觀眾（包括身為第四十五屆美國總統的川普）：「突然間，有很多共和黨人——包括某些顯赫的共和黨人，以及某些極度保守的共和黨人——都表示：『等等，或許開發卵石礦場不是個好主意，或許我們應該竭盡所能不要掠奪大自然，或許並非所有氣候主張都一定環保。』」[61] 不過，卡爾森並不是基於利他主義而提出這番說法，真正的原因是：卡爾森和小川普都非常喜歡去阿拉斯加布里斯托灣一帶釣魚打獵。[62]

儘管北朝礦物和卵石礦場在共和黨全國代表大會期間，發動了一波為川普總統造勢的廣告攻勢，但川普還是把福克斯新聞網傳達的訊息放在心上。8 月 24 日當天（也就是卡爾森的影片播出後十天），陸軍工程團表示，根據《淨水法》（*Clean Water Act*），他們不可能允許這座礦場開發，因為這座礦場「有可能造成嚴重的環境退化，並對水生系統或人類環境造成嚴重的負面影響」。[63] 阿拉斯加州兩位舉足輕重的參議員莉莎・穆爾考斯基（Lisa Murkowski）和丹・蘇利文（Dan Sullivan）也放棄支持這項專案。[64] 這個發展導致北朝礦物的股價下跌超過 40％。當時一位華爾街分析權威表示，他已經不敢說作為一家企業的北朝礦物究竟還有多少價值可言。實際上，摩根士丹利（Morgan Stanley）更是早在幾個月前前，就出清了手上所有北朝礦物的股票。[65]

這些發展當然令北朝礦物極度震驚，不僅因為它已為了這項專案砸了 6 億美元，更因為它自認已為了保護阿拉斯加的生態而做了適足的讓步，包括承諾不在這個流域使用氰化物等。[66]北朝礦物執行長榮恩‧西森（Ron Thiessen）告訴我：「我們真的很傻眼，很想罵一句『真他媽的見鬼了』。」[67]陸軍團發出聲明那一天，該公司的市值「折損了接近 5 億美元」。

不僅川普不再支持卵石礦場專案，2020 年總統選戰中，川普的對手拜登也從未支持這項專案。2022 年年底，外界建議環境保護署永久終止這項專案。[68]自然資源保護主義人士也開始大量購買專案場址周遭的土地，希望能阻止北朝礦物興建必要的聯外道路。[69]既然阿拉斯加人已經發出怒吼，想來這個大型銅（綠色能源轉型的決定性金屬之一）礦床將不會有開發的一天。

離開輝銻礦場後，我在回程途中再次開上愛達荷州北部的泥土路，不料，我租來的卡車右後輪竟在中途開始洩氣，這個突發事件讓我更深刻感受到這座曾經廢棄的礦場有多偏僻。儀表板上的警示訊息顯示，輪胎的每平方英寸磅力（PSI）正緩慢降低；從 30（和其他四個輪胎一樣）降到 25，接著降到 20、15、10，再降到 5。

PSI 降到 5 時，我不得不把車停在路旁，接受必須自己更換輪胎的事實。幸好我跟萊恩道別之後，她還留在礦場場址那邊，所以，幾分鐘後她便趕來救援。我們在那條塵土飛揚的泥土路上一邊換著輪胎，一邊苦中作樂自嘲——我們好好的便利生活不過，非得要來這個不毛之地自討苦吃，落得連輪胎都得自己換的下場。這裡並沒有美國汽車協會（AAA）或其他道路救援服務。我內心隱約產生一種感覺：此行車子爆胎是否暗喻他們為了重啟這座偏僻礦場而投注的所有心力可能將功虧一簣？

那天稍早發生的一場意外，比車子爆胎更尖銳地突顯出，在那樣一個窮鄉僻壤經營事業有多麼危險。一對雙胞胎兄弟馬克與丹尼爾‧哈洛

（Mark and Daniel Harro）到愛達荷州的偏遠地帶露營（和長存資源擬議中的礦場位於同一個地區），之後兩人開著一架小飛機從詹森溪機場起飛。但這架兩人座的飛機卻在暖和的氣溫、極小的風力以及光天化日之下，墜毀附近的溪流。

哈洛兄弟雙雙不幸身故，只有他們的小狗劫後餘生[70]，而他們起飛時使用的詹森溪機場，正是長存資源打算在礦場啟用後使用的機場。

第九章
又是地松鼠搞的鬼？

> 當時世上只有約 22,500 株蒂姆蕎麥，諷刺的是，這種植物和離子先鋒一樣熱愛鋰。

 # 南韓 # 伊隆・馬斯克 # 福特汽車 # 環保與經濟利益的矛盾 # 生物多樣性

2020 年 9 月 12 日黃昏時分，派崔克・唐納利（Patrick Donnelly）趕到流紋岩嶺時，已經為時已晚。成千上萬株蒂姆蕎麥——世上其他地方都未曾見過的物種——已經受害，兇手不明。植株被連根拔起，凋萎的莖葉和雄蕊被棄置在富含鋰的火山土壤之上，明顯已經死亡。在生物多樣性中心（堅定倡導保護稀有植物與動物王國的環保團體）工作的唐納利說：「親眼見到這些美麗的小野花遭毀，我內心徹底崩潰。」唐納利表示，從整片蒂姆蕎麥被拔除的狀況可看出，這是「一場有預謀且組織化的大規模行動，目的是要消滅這種地球上極其稀有的植物」。[1] 那個星期六，他一直忙著調查某一小簇花卉的損害狀況，隔天又回到此地，調查流紋岩嶺一帶其他地點的狀況，結果一共紀錄了數百起「蕎麥屠殺」事件。[2]

唐納利像哀悼人類亡者般哀悼這些植物的折損，由此或許可見，他已相當程度將這種植物擬人化。他和蒂姆蕎麥之間的緊密羈絆是從 2018 年 6 月開始形成的，當時，美國內政部土地管理局（負責監督多數美國國有土地的聯邦機關）的一名職員基於一些和蒂姆蕎麥有關的問題，主動和生物多樣性中心聯繫。[3] 基於很多理由，那次聯繫有點不尋常，特別是土地管理局與生物多樣性中心，在很多法律案件上的立場經常不合——生物多樣性中心經常代替各種可能因政府（已經或打算）在聯邦土地上做的事，而受害的魚群、青蛙或其他生物發聲。

2015 年加入土地管理局、並擔任環境保護專員的丹尼爾・派特森（Daniel Patterson）在那通電話中建議唐納利依據《資訊自由法》（*Freedom of Information Act*），要求土地管理局提供所謂蒂姆蕎麥這種罕見花卉的資訊。[4] 多年來，由於政府考量這種花需要額外的關注與保護，土地管理局一直都將這種花視為「敏感物種」。據了解，蒂姆蕎麥也能生產豐富的種子，所以，它是小型哺乳動物、授粉型昆蟲及小鳥的絕佳食物來源。[5] 派特森向唐納利建議，根據《資訊自由法》提出要求時，應該一併釐清以下資訊：一家小型澳洲礦業公司，計劃在內華達州與加州邊界附近的流紋岩嶺（銀峰山脈的偏遠山丘）開採鋰和硼，一旦這個計劃落實，蒂姆蕎麥可能會受到什麼影響？

2018 年，派特森向唐納利通風報信後不久，唐納利便開車到流紋岩嶺一探究竟，自此和蒂姆蕎麥結下不解之緣。唐納利回憶：「當時那裡的蒂姆蕎麥花正好盛開，我深受吸引。它開花時非常迷人。」[6]

派特森還建議唐納利，去詢問時任土地管理局巴特爾芒廷區（Battle Mountain District）辦公室主任道格・佛塔多（Doug Furtado，同時負責該區的許可證審查），他們打算如何照顧蒂姆蕎麥。

這個問題的問法帶有一點挑釁的意味，因為當時，除了土地管理局的那個地方辦公室、傑瑞・蒂姆、蒂姆在內華達大學雷諾分校的植物學家同事，以及離子先鋒公司，外界很少有人知道蒂姆蕎麥的存在，更不可能知道這種植物處於岌岌可危的境地。說穿了，派特森的問法等於是在指責，當時受川普總統管轄的土地管理局和理應受該局監督並管理的產業界太過麻吉，導致公共土地受到破壞。

唐納利一根據《資訊自由法》提出申請，土地管理局隨即提高警覺。佛塔多合理懷疑派特森慫恿唐納利深入探究蒂姆蕎麥的可能命運。畢竟還有誰會向這個環保團體通風報信？於是，派特森被安排了五天的有薪行政假。表面上，派特森被「留職察看」的理由是他和一名同事吵架，只不過，派特森宣稱，一切都是因為他向唐納利通風報信，不僅如此，派特森還進一步聲稱，他遭受到比留職察看更嚴重的「惡意報復」。[7]

到了 2019 年 10 月，派特森對土地管理局提起一項吹哨人訴訟。他在一份長達十三頁的法院提交文件中宣稱：「作為一名環境保護專員，派特森先生的專業責任和地區經理人佛塔多的目標相互抵觸」[8]。派特森進一步聲稱，土地管理局存在一種「普遍違法的型態」，具體來說，這個機關向來是以「速審速過」的方式來應對所有擬議中的採礦專案，並未就那些專案對環境的可能影響進行適當的考量，遑論嚴肅以待。不過，派特森沒有在文件中表明他曾在生物多樣性中心工作（這個事實一直到更晚之後才被揭露），而他和土地管理局上司之間的敵對關係，似乎正是潛移默化形成的事實。[9]派特森向內華達州的一個新聞網站表示：「我相信我的職責是要向大眾提供公開資訊。身為大眾的我們對天然資源及公共土地擁有公共所有權。我是為大眾工作。」[10]實際上，派特森的職涯歷程多姿多采，他曾在亞利桑納州的一個工會工作過，還曾任職於美國郵局、拉斯維加斯的消防隊，也在亞利桑納州眾議院工作過一陣子。

2020 年 4 月，派特森和土地管理局達成和解，並離開這個機關。[11]到了 Covid-19 疫情大流行期間，他在某地的消防局工作了幾個月，還在2022 年為了爭取內華達州州參議院席次，而成為獨立參選的選民自填候選人（write-in candidate），不過沒有選上。雖然佛塔多在拜登入主白宮後，還是保住了土地管理局的烏紗帽，並繼續監督離子先鋒公司的專案，但原本不為人知的祕密已經外洩。生物多樣性中心——尤其是唐納利，更是竭盡所能設法進一步了解蒂姆蕎麥，如果可能，他更期待能拯救這種植物。

唐納利根據《資訊自由法》提出的申請，意外立即獲得批准。2018

年 11 月，也就是派特森通風報信後五個月，唐納利和生物多樣性中心就收到土地管理局提供的蒂姆蕎麥相關資訊，內容長達一千兩百九十一頁。唐納利回憶，這份文件算是有點幫助，不過，他親自到政府機關查到一些尚未被電子化的紀錄。尤其是離子先鋒公司獲准在流紋岩嶺一帶的額外 5 英畝土地上，探勘鋰的相關歸檔紀錄，才算真的滿載而歸。唐納利心想，允許離子先鋒進行探勘活動，很可能會對蒂姆蕎麥造成極大的傷害。[12]

派特森在 2019 年提起吹哨人訴訟後三天，唐納利與生物多樣性中心也向美國魚類及野生動物管理局（U.S. Fish and Wildlife Service）提出緊急請願，希望能將蒂姆蕎麥列為瀕危物種。[13] 唐納利回憶：「全世界有很多植物瀕臨生存危險，但鮮少植物面臨有可能導致它們在地球表面徹底消失的生存滅絕要素。」[14] 唐納利和生物多樣性中心主張，離子先鋒公司的探勘活動（包括為了測試岩石樣本而鑽孔）對這種花卉的存亡構成了「立即的威脅」。[15] 當時世上只有大約 22,500 株蒂姆蕎麥，而這些植株全都分布在流紋岩嶺一帶與其周圍的六個地點；諷刺的是，這種植物似乎只有在富含鋰的土地上才會長得非常茂盛，換言之，蒂姆蕎麥似乎和離子先鋒一樣熱愛鋰。[16] 唐納利表示，正因如此，才有必要宣布這種植物為瀕危物種，並根據美國的法律來給予最大的保護。唐納利寫道：「我們呼籲政府將蒂姆蕎麥列入瀕危物種，並為這種植物指定它迫切需要的自然生長環境，如此才能確保它世世代代生存下去。」[17]

短短幾個星期後，生物多樣性中心對離子先鋒公司發動了第二波攻勢，它向法院主張，川普政府漠視保護稀有植物的法律。訴狀指稱，川普逕自發放探勘許可證給離子先鋒，並放任公司探勘超過 5 英畝的流紋岩嶺土地，且完全未徵求大眾評述，此舉明顯已經違法，尤其是該中心的瀕危物種請願還處於審查階段。生物多樣性中心在主張中展現強烈決心：「土地管理局趁著其他機關還在研判是否要將這種花卉納入瀕危物種之際，貿然允許礦業公司破壞其自然生長環境，這很明顯是個錯誤的行為。我們不會放任蒂姆蕎麥因急功近利的行為，而被徹底從地球上抹除」。[18] 然而，該中心所謂「急功近利」的行為，可能有助於生產某種能阻止氣候變遷的關鍵金屬。

離子先鋒公司並非第一家在這個地區進行探勘型鑽鑿活動的企業。早在 1890 年代，流紋岩嶺就建置了兩處礦場豎井，不過，直到某化學企業自 1962 年開始在此處鑽鑿之前，這片土地大致上沒有受到太多干擾。接下來在 1987 年和 2010 年，分別有一家硼砂公司和金礦企業在此進行鑽鑿活動。無論如何，到了 2019 年，離子先鋒已經從流紋岩嶺挖出了近 5 萬英尺的岩芯樣本，主要目的是為了繪製地下鋰礦床地圖和地下水圖。[19]

儘管一路上紛紛擾擾，離子先鋒還是繼續勇往直前。畢竟嚴格來說，它並未被訴訟纏身，甚至到 2019 年稍晚階段，離子先鋒還在銀行業巨擘高盛的幫助下，發行了更多股票。[20] 而發行股票所獲得的資金，就是要用在所謂最終可行性研究（Definitive Feasibility Study），向投資人報告整項專案的經濟效益。[21] 另外，由於在流紋岩嶺發現鋰的同時，也發現了非常大量的硼精礦（硼可用來製造去汙劑和其他家用產品），所以離子先鋒也和一家中國企業達成協議，一旦這座礦場就緒並開始營運，離子先鋒將把透過流紋岩嶺生產出來的硼賣給那家中國企業。從這個專案的財務狀況來說，由於此處蘊藏兩種不同的礦物，即使未來這兩種原物料商品的價格起伏不定，整個專案也擁有某種程度的自然對沖保障。[22]

到了 2020 年 1 月，情勢已清楚顯示，離子先鋒的處境有可能迅速惡化，於是，公司主動介入這項訴訟案，承諾將採取額外的預防措施來迴避生長在礦場場址內的蒂姆蕎麥。其中一個預防措施是和手持式設備（而非工業用機械）的使用有關的承諾：離子先鋒承諾，若這種植物群集位置的方圓 30 英尺內因探勘活動而遭破壞，公司將以手持式設備加以修復。[23]

不過，離子先鋒真的有辦法一邊保護花卉，一邊開採鋰礦嗎？離子先鋒自認有辦法，但唐納利認為這事沒把握，並誓言只要有一株蒂姆蕎麥遭到傷害，就會立即出手阻止整座礦場的開發。[24]

2020 年 4 月，離子先鋒發表了確定可行性研究，研究報告預估，流紋岩嶺專案不僅有利可圖，還會賺進大把鈔票；公司預期的鋰生產成本將是每噸 2,510 美元，遠低於當時的產業平均每噸 7,000 美元。（到了 2022 年年底，鋰價已飆漲到每噸 62,500 美元。）[25] 離子先鋒表示，建築工事將在 2021 年展開，礦場則將在 2023 年開始運轉。它還興沖沖提到，特斯拉巨大的超級工廠距離流紋岩嶺僅短短的車程，儘管當時它尚未和這家汽車製造商簽署任何供應契約。總之，離子先鋒董事長卡拉威透過這份確定可行性研究報告發表他的結論：「我們的內華達州專案將是鋰產業前幾大、成本前幾低的專案。」[26] 此外公司宣稱，流紋岩嶺的鋰將足以在未來三十年間供應每年生產近 40 萬輛電動車之所需。[27]

儘管當時離子先鋒的很多投資者和高階主管都因 Covid-19 剛開始大流行而被困在澳洲的家中，但這個展望依舊令人非常振奮。不過，身為公司董事長（而非員工），卡拉威很快就發現，他是美國境內離子相關業務領域裡最資深的人。所以，到了 2020 年 7 月，離子先鋒公司的流紋岩嶺開發案，實質上已變成卡拉威親自經營。[28]

接下來一個月的發展對離子先鋒公司有利。土地管理局接受了公司的營運計劃，這是邁向下一階段許可流程的必要專業文官程序。公司的營運計劃歷經了兩年的研究終於獲得核准，所有必要的許可證可望在一年內取得。[29]

只不過，好景不常。

2020 年 9 月，唐納利在他所謂「例行參訪」流紋岩嶺之際，他發現，成千上萬株蒂姆蕎麥被連根拔起。他和一位同事估計，共有 18,646 株蒂姆蕎麥被摧毀。看起來似乎有人刻意用小鏟子把那些花挖了起來；有些地方的蒂姆蕎麥不翼而飛，只剩下地上空落落的洞；另外有些地方的蒂姆蕎麥沒有被根除。現場留下非常多腳印，暗示有不少人曾來到這個場址。事後他向監理人員表示：「現場缺乏大量連根拔起的生物量（biomass），這清楚顯示肇事者把大部分連根拔起的植物帶離了現場。」，他還把這起事件稱為「盜獵事件」。[30]

不管是當時還是事後，唐納利都未曾直接指控卡拉威或離子先鋒的其他人殺害這些植物，儘管如此，他在字裡行間強烈暗示他們脫不了干係。

唐納利說：「某種窮凶極惡的怪物，破壞了成千上萬這種無可取代的開花植物。」[31]唐納利也向一位記者聲稱，作惡者是利用全球定位系統（GPS）和地圖找到這些花卉的，換句話說，花卉被破壞一事，是經過縝密策劃、「多階段且多人為之」的結果。[32]

唐納利懇求聯邦政府應立即將蒂姆蕎麥列為瀕危物種，並暫停離子先鋒鋰礦專案的許可證審查流程，直到釐清剩餘的蒂姆蕎麥是否將繼續存活下來，再繼續原先的流程。他寫信給政府官員說：「我們靜候你們的明快行動。」[33]

至於卡拉威本人則十分憤怒，尤其對方影射他或離子先鋒的某人曾三更半夜跑到流紋岩嶺，去殘害一大批植物的事，令他非常不滿。

卡拉威說：「情況清楚顯示，這件事百分之百不是有人拿著鏟子跑去那裡幹的，因為最重要的是，誰沒事會去做那種事？」[34]離子先鋒提出證據，說明內華達大學雷諾分校的一批研究人員曾在當月稍早到過現場，當時他們已經知道有一部分蒂姆蕎麥死掉了。根據那些大學研究人員的猜測，由於當時內華達州正值乾旱期，有可能是口渴又找不到水喝的囓齒動物為了止渴而啃咬這些花卉的根部，才會導致蒂姆蕎麥死亡。內華達州的官員認同這個說法，表示他們確實沒有找到人類涉及這起事件的證據。[35]

兩個月後，內華達大學職員的理論得到美國魚類與野生動物管理局證實：該局透過 DNA 分析研究受損的蒂姆蕎麥根部，並根據那份研究以及附近的動物糞便，研判地松鼠是最可能的嫌疑犯。這個地區本就因有許多白尾羚羊地松鼠而聞名，而這種松鼠向來喜歡鑽到地底下啃食植物的根。[36] 總之，政府官員裁定：謀殺蒂姆蕎麥的兇手是囓齒動物，而非離子先鋒公司。[37]

魚類與野生動物管理局在蒂姆蕎麥遭毀後一個月寫給生物多樣性中心的信中提到：「不管最近導致這些蒂姆蕎麥折損的原因為何，我們都非常關注這個事件，乃至這起事件對該物種之存活力的影響。」[38]

不過，蒂姆蕎麥被毀一事，還是陸續引爆了一系列怒火，而拜登正好是在第一波怒火爆發之際當選美國總統。剛贏得選戰的拜登總統先前雖曾私下向礦業公司承諾，他將支持國內的採礦活動（卡拉威是堅定的民主黨人，他還捐錢給拜登陣營），但他也公開誓言要採行更嚴謹的環保監理規定。[39]（唐納利也是民主黨人，但在 2020 年選戰期間，他並沒有捐錢給拜登，而是捐給幾個左傾的倡議團體。）[40] 蒂姆蕎麥的個案使即將上台的拜登政府陷入兩難的窘境：究竟是保護自然資源重要？還是綠能重要？唐納利宣稱，這種花卉「是我們這個時代的時代象徵之一」。[41]

顯然，要實現拜登野心勃勃的綠色能源目標，就需要更多的鋰——這位新總統誓言要將美國政府車隊的 64 萬輛汽車全數汰換成電動車，根據某家智庫的估計，要達成這個目標，2030 年時，美國的鋰產出量必須大幅提高到原本的十二倍。[42] 路透社報導，拜登正考慮根據現有環保法規，盡量核准能生產電動車用金屬的礦場，換言之，儘管他希望針對煤炭產業緊縮環保規定，卻不會緊縮鋰的相關環保法規。

拜登當選當天，美國魚類與野生動物管理局向離子先鋒表示，它將和公司攜手合作，一同研判「如何在礦場的整體營運週期內，保護並保育蒂姆蕎麥」。[43] 不過事實證明，拜登政府上任後應對離子先鋒專案的方法根本完全令人摸不著頭緒。新政府在 2021 年 7 月宣稱，它正在考慮是否要將蒂姆蕎麥列為瀕危物種。離子先鋒則表示，這個決定完全以「膚淺、推斷性且不完整」的數據為基礎。[44] 但無論如何，當局已開始就這個決定徵求大眾評述，並在 2022 年年底最後確定[45]，因為魚類與野生動物管理局發現，這座礦場以及來自齧齒動物的危害，將摧毀至少 70% 的蒂姆蕎麥。而且，就算設法移植這些花卉，最終也有可能失敗，因為非常諷刺的是，這些花卉喜歡富含鋰的土壤。[46]

該局的說法對離子先鋒造成一大打擊，它原本預期能在那一年開始興建礦場；結果，它現在卻得一邊努力設法挽救許可證審查流程。因為魚類與野生動物管理局正在考慮是否將蒂姆蕎麥列為瀕危物種，土地管理局的許可證審查流程只好暫時喊停，一邊還得設法阻止這種稀有植物滅絕。[47] 卡拉威和離子先鋒公司惱怒地指出，如果氣候持續變遷的速度不減慢，這種花卉遲早也有可能死光，何況為了保育蒂姆蕎麥，他們已經斥資數百萬美元聘請全職植物學家、租用溫室，並研究土壤的成分——這一切都不是礦業公司的傳統投資項目。卡拉威說：「為了讓這座礦場與蒂姆蕎麥並存，我們已經做好盡所有必要努力的準備。」[48]

就在拜登管轄的某個政府機關正辯論著，是否要將蒂姆蕎麥列為瀕危物種之際，另一個機關同時在考慮是否要借數億美元的資金給離子先鋒公司：2021 年 12 月離子先鋒表示，它向美國能源部申請的一筆貸款（特斯拉在此前十年也使用過這項貸款）已進展到四個審查階段當中的第三個階段。[49] 鑑於另一個美國政府機關正在考慮，是否要採納一個有可能毀掉整座礦場的措施，這個消息絕對值得注意。一如美洲鋰業公司在內華達州的薩克隘口礦場，以及亞利桑納州堅毅銅礦專案等所面臨的狀況，華盛頓當局就像一輛多頭馬車，不同政府機關之間似乎總是各彈各調，完全沒有交集，只是徒增當事人的混淆與困難而已。

到了9月，離子先鋒和南非的礦業公司西班伊靜水（Sibanye-Stillwater）敲定了一項協議，導致各方隨著聯邦政府機關各彈各調，而產生的興奮感和緊張氣氛進一步加深。協議內容是：西班伊靜水將支付4億9千萬美元給離子先鋒，換取流紋岩嶺專案50％的股權，不過，條件是離子先鋒必須先取得許可證，但要取得許可證，蒂姆蕎麥就不能滅絕。[50]

同樣在那個月，卡拉威在拉斯維加斯的大都會酒店與福特汽車的代表見面，希望說服這家汽車製造商採購離子先鋒生產的鋰。那年稍早，卡拉威已承諾，將對一家南韓企業銷售離子先鋒一小部分規劃中的未來鋰產出[51]，那時它就非常期待福特汽車（目標是從2026年開始每年銷售200萬輛電動車）也能向離子先鋒買鋰，如今機會終於到來。[52] 早在2019年，福特汽車的董事長比爾‧福特（Bill Ford）就說過，他們正積極尋求與外界簽訂鋰供應協議。[53] 雙方好不容易見面那天，福特汽車的職員向卡拉威提出許多有關蒂姆蕎麥的尖銳疑問，因為在更早之前，福特汽車已經承諾將遵守責任採礦保險倡議組織的標準，而若福特汽車恪遵這些標準，就不能跟離子先鋒簽訂任何協議。所以，那天會議結束卡拉威空手而返。

隨著2021年進入尾聲、來到2022年，拜登政府對礦場的態度似乎漸漸軟化，看起來傾向核准更多礦場，這讓離子先鋒與同業滿懷希望。美國能源部長珍妮佛‧葛蘭霍姆（Jennifer Granholm）在某場研討會中，向能源產業的高階主管與投資人表示：「取得新許可證的日子總是遙遙無期，這實在不可理喻。」在場人士對她的發言報以如雷的掌聲。[54] 這位部長本身就是電動車的愛好者，她開的是一輛租賃的 Chevrolet Bolt，這是由通用汽車生產的純電休旅車，並對外宣稱：「這是我開過最棒的車。」[55]

拜登一上任隨即在那年年初首度以總統的身分，對採礦產業發表公開評論。他表示，美國必須提高鋰產量，唯有如此，才能擺脫對外國供應來源的依賴。他說：「如果我們自己選擇依賴中國，由它來為我們提供為當今與未來各種產品供應動力所需的材料，我們就不可能建構一個『美國製』的未來。」拜登還提供了一筆補助款，給南加州一家受華倫・巴菲特（Warren Buffett）控制的實驗型鋰生產企業，可惜後來這個補助決策卻反過來成了拜登總統的夢魘。[56]

沒多久，福特汽車又主動找上卡拉威。這家汽車巨擘表達了向他採購鋰的興趣。問題是，卡拉威還想賣鋰給它嗎？

他回答：「當然想！」但除非福特汽車簽署所謂「具約束力承購契約」（binding offtake），否則免談；這種契約和一般採礦業界常見的無約束力承購契約不同，它是有合約責任的。福特汽車與離子先鋒雙方在2022年7月宣布這項協議，當中承諾一旦卡拉威的公司能在2025年開始出貨，它每年將為福特汽車供應足夠製造17萬5千輛電動車所需的鋰。即使以保守估計的鋰價來計，光是這項五年期協議，就能為離子先鋒貢獻8億美元。[57]順帶一提，福特汽車另外也和阿根廷一家比爾・蓋茲旗下的新創企業簽署了供應協議，該專案採用「直接鋰萃取」（direct lithium-extraction）技術，能最有效率地利用鋰資源。[58]

總之，最終，福特汽車對蒂姆蕎麥的關切，還是不足以促使它放棄與離子先鋒簽署協議。福特汽車表示，此協議的關鍵吸引力在於，它有助於提高美國境內的鋰產量。[59]我問卡拉威，在監理端存在不確定性的情況下，他怎會把這個專案的鋰賣給這家世界前幾大的企業？卡拉威卻只回答我：「我們不會碰蕎麥的。」[60]

另一方面，唐納利認為福特汽車過於掉以輕心。他發表了一份直搗離子先鋒要害的聲明：「福特汽車剛剛採購了離子先鋒的鋰，也一併購買了物種滅絕，它有必要重新考量這個爛決策。世界上還有很多鋰來源不會導致某個物種滅絕。實在沒必要為了電動車而付出物種滅絕的代價」。[61]

這是一個警告，明顯有意重提他 2020 年所作的影射：那一年，唐納利在許多蒂姆蕎麥被連根拔起後，強烈暗示卡拉威可能和成千上萬株蒂姆蕎麥的死亡脫不了干係。這份聲明讓卡拉威與離子先鋒的高級領導階層怒氣沖天。原因很簡單，一旦他們摧毀那些花卉，也許就不再有機會向福特汽車或其他汽車製造商銷售離子先鋒的鋰，既然如此，他們有什麼理由明知故犯做這種蠢事？即使卡拉威和唐納利素未謀面，他們兩人之間的敵意卻持續升級。卡拉威真的是想破頭都無法理解，為何會有人質疑他的動機。他捫心自問，他真的只是想藉由生產鋰來拯救我們的地球而已，而且，他還在公開場合承諾，礦場一定會在保全這些花卉的前提下，用安全的方式來運作。但另一方面，唐納利則堅信，地球的選項並不見得總是黑白分明，如果一個選擇會導致一個物種折損，那個選擇就太過極端。總之，兩個陣營彼此都不認為對方的論點是真誠的，更糟糕的是，雙方之間隔空放話的內容愈來愈流於人身攻擊。

卡拉威說：「那個派崔克・唐納利實在是個混蛋。你可以儘管引用我現在講的話。」

多年前，我就曾透過電話訪問唐納利，但在 2022 年 8 月之前，我從未見過他本人。那是一個塵土飛揚的溫暖午後，當天早上，我從內華達州的雷諾市出發，南向開了四個小時的車到銀峰鎮，沿途的景觀讓我深刻領略到內華達州過往的採礦歷史。我穿過礦物郡（Mineral County），經過了海拔 4 千英尺到 6,130 英尺不等的幾個廢棄金礦與礫石礦，再穿越布滿山艾樹叢的貧瘠漠原，最後終於抵達美國唯一現存的鋰礦場所在地：銀峰鎮。這座礦場從 1960 年代最初啟用至今已數度易主，目前屬於雅寶公司所有。

銀峰鎮地處偏遠，有點類似《瘋狂麥斯》（*Mad Max*）系列電影裡的某個前哨站。廢棄的卡車與轎車零星散落在進入鎮中心之前的田野道路兩旁；到了鎮中心，映入眼簾的是一間廢棄的郵局和遊樂場，而漆成綠色的雅寶公司辦公室和工業廠房，就坐落於鎮裡的一座小山丘上。這個小鎮沒有加油站（也沒有電動車充電樁），倒是有一家也兼作本地沙龍的小商店，還有一個露營車營地。包括移動沙漠酒館（Shifting Sands）在內的數十棟建築物的門，都被人用木板封了起來，任由沙漠的熾熱陽光摧殘。社區籃球場與網球場上雜草叢生，孩子的遊樂場上則積滿了塵土。路邊一輛孤伶伶的車子上方插著一個標牌，上面寫著：「速限 25 英里。你他媽開慢點！」這座小鎮大約只有兩百位居民，鎮內不時可見橘色與黑色噴漆層板製成的路標，指引路人通往拉斯維加斯的方向。

儘管銀峰鎮是某一項需求正快速增長的金屬在美國境內的唯一來源，但這個地區明顯並未因這股需求而得到任何好處。鎮中心以外是成百上千英畝平坦且遼闊的沙漠，雅寶公司從內華達州的地底礦藏抽出鹵水後，就利用這片沙漠來作為過濾鋰的蒸發池。

我在雅寶辦公室附近一個有點像是五岔路口的泥地上等候唐納利，由於烈日實在太過灼人，我在蒼白的皮膚上抹了一層稍嫌厚重的防曬乳。幾分鐘後，他開著一輛白色休旅車抵達，一下車就上前跟我握手，似乎一點也不介意我手上那層油膩膩的防曬。

他用下巴比了比附近的雅寶辦公室，說：「我們應該繼續向前開。我在這個小鎮可不怎麼受歡迎。」

出自對 Covid-19 大流行疫情的憂慮（唐納利至少確診兩次），我們各自開車離開銀峰鎮；又行駛了 20 英里後，終於進入山區並抵達流紋岩嶺。這似乎是一條一路攀升的道路，讓我不由得慶幸自己這一次租的是皮卡車，轎車恐怕應付不了這樣的地形。隨著海拔來到 7,100 英尺的位置，我們已經更接近派伯峰（Piper Peak）了，猛一抬眼，遠處的派伯峰山巔正透著紫紅不一的色調，相當迷人。

我們繼續向前開，穿越一個狹縫般的峽谷（峽谷裡從地底冒出來的岩石看起來很像斷掉的手指），並在那裡見到三頭隨機出現的乳牛和一個看似臨時畜欄的地方。接著，我眼前一亮，它出現了！當我們沿著山丘向下開，進入一個小河谷時，我注意到遠處的小土丘上，覆蓋著一種看似白灰燼的物質。在那個當下，我隨即理解為何多年前傑瑞・蒂姆會一眼就被它吸引。我們把車開到路邊，停在那座白色小山丘附近，土地管理局已經用籬笆把那堆小丘圍了起來。下車後，唐納利開始向我導覽附近的所有事物，我們走過幾道柵欄，最後爬上一座小丘。從未親眼見過蒂姆蕎麥的我，急著想一親它的芳澤。

但唐納利及時提點我：「小心腳下。」他解釋，這些花卉會在高溫時期休眠，而此時這個地區正處於高溫期。走著走著，我們看遇到一株看起來幾乎和枯死的室內盆栽植物沒兩樣的小東西。不過，蒂姆蕎麥的生命力很強，顯然它在等待天氣轉涼後的雨季為它帶來滋潤的同時，正努力吸收著混合了鋰和硼的養分。唐納利不顧一切地迷戀著這種植物，讓我想起多年前另一位熱情且執著的自然資源保護主義人士。

愛德華・艾比（Edward Abbey）是個不修邊幅的人，但說他不修邊幅已經算客氣了。據報導，他在二戰後當了兩年兵，並多次晉升，但後來又因拒絕向長官敬禮而被降級兩次。[62] 他公開揚棄傳統的繁文縟節，並經常訴諸一些離經叛道的隱喻來表明他的觀點，通常和捍衛美國大西部與當地的自然地帶有關。很多人都知道，他常會在經過風景區時從車上丟出啤酒罐，因為在他看來，橫豎整個景觀早已被車子行駛過的道路破壞了，丟幾個啤酒罐又如何？既然美國人不尊重大自然、不斷核准道路的開發，又怎麼可能真的會介意那一點點垃圾？[63]

　　他說過一句家喻戶曉且經常被引用的名言：「如果荒野受法律保護的權利被剝奪，那麼就只剩不法之徒才能拯救荒野。」而對後代世人更重要的是，他是一位多產的作家，很多人因他筆下的小說與非小說作品而得到深刻的啟發。他深受「一人單槍匹馬與他無法理解或想像的力量對抗」的概念吸引，而從他的小說《勇敢的牛仔》（The Brave Cowboy，1962 年被改編為電影《自古英雄多寂寞》〔Lonely Are the Brave〕。演員寇克・道格拉斯〔Kirk Douglas〕飾演一名逃避快速技術變遷的牧場工人，因為他覺得席捲全國的技術變遷已經危害到他的生活方式），就可看出他的典型個人作風，他也有意透過這本書來凸顯他對美國人戰後生活風氣的憂慮：他認為戰後美國的生活風氣不僅對這個國家有害，也對環境本身有害。

　　1982 年，艾比向亞利桑納州的地方電視台表示：「所以，我希望我們能藉由法律、政治等手段來拯救……美國殘存的東西……我迄今依舊認為我們有這個能力。我還是會在選舉時投票……儘管在沒有太多選擇的情況下，似乎沒有什麼好投票贊成或反對的……我認為如果有夠多的人夠關心個中原因，我們還是可以做出改變……這個國家需要透過政治的方法來改變……老天爺啊，我多麼希望那一天能夠來到。」[64] 多年後，唐納利在美國西部展開背包旅行時，偶然讀到艾比的書並深受啟發。艾比在書中呼籲美國人採取一切手段來，保護這片純淨土地免於美國式實驗的侵蝕等，對年輕的唐納利產生了深遠的影響。唐納利因雙親在美國東部沿岸的聖公會牧會，所以兒時經常搬家。

　　二十歲的唐納利搬到西部後就再也沒有回頭。他說：「我到西部才意識到，這裡才是我的歸宿，更精確來說，沙漠是我的歸宿。」他接下一些零星的健行領隊工作，也會進行背包探險活動，對他來說，浩瀚的蒼穹和明媚的大地就是他的辦公室。後來，他在美國土地管理局找到一份在加州擔任護林員的差事，隨後又在懷俄明州的一所戶外領導學校擔任原野講師。2004 年，加州沙漠的罕見連續降雨帶來長達六個月的開花期，當時唐納利還在土地管理局工作。他回憶：「我坐在那裡，看著所有花兒不斷在我周遭生長，那真的對我產生了巨大的影響。」

有八年的時間，他一邊在某個非營利組織工作，協助修復與重建受創的戶外區域，一邊在加州大學柏克萊分校攻讀學士學位，最後終於在三十一歲那年畢業。

他說：「以前，我對默默私下倡議的做法比較感興趣，但我也會去參加公開的會議，設法炒熱他們正在辯論的所有環境議題。我習慣在主要工作之外，做一些促進大自然復原的事。」

反對採礦的人通常會出席在內華達州舉辦的公開會議。內華達州向來也被稱為白銀州（歷來都對採礦活動非常友善），這個名號不僅認可這個州的採礦歷史，也象徵著對這個州的未來期許。而在這樣一個州發動抗議採礦的活動，似乎流於愚妄，所以，以前的唐納利會暗自嘲笑這類抗議行為。但他說：「我以前認為那樣的人是傻子，但我現在卻成了那個傻子。無論如何，這是我真正關心的事情，我也會為它而戰。」

加州大學柏克萊分校教會他寫作、教會他如何做研究，也教會他如何向美國政府請願。在唐納利眼中，不管是寫作、做研究或向政府請願，都是用來成為他心目中的艾比並盡可能協助拯救荒原的工具。他在加州大學柏克萊分校的論文聚焦在太陽能發電與本地動植物之間的交互影響。本地動植物和太陽能發電能夠和諧共存嗎？如果不能，該怎麼辦？他說：「有些人的人生角 就是整天不斷使用工具，但那不是我的人生角色。我發現我對政策才是真的充滿熱情。」

2017 年，唐納利在生物多樣性中心找到一份差事，當時該中心已因堅定倡導保護大自然稀有生物的努力而廣為人知。積極尋找利基目標的生物多樣性中心就像咬著骨頭的小狗，向來以「永不放棄」而享有盛譽。這樣的組織對唐納利來說是個完美的歸宿，他可以在組織裡好好宣洩內在的叛逆。他在推特的自介寫著「不要溫和地步入那個良夜」（注：Not going gentle into that good night，狄蘭・湯瑪斯〔Dylan Thomas〕的詩句，暗喻不輕易順從命運的安排）。

唐納利生性有點內向，我和他聊過幾次天後，才好不容易從對蒂姆蕎麥的評論，約略揣摩到一絲絲最接近情感的東西。唐納利告訴我，他第一次到訪這個場址、第一眼看到多年前征服傑瑞・蒂姆的那種花卉時，他當場就下定決心，無論勝算如何，他都要努力捍衛這種稀有的奇特花卉。他向我講述這個故事的時候，我問他，他對這種花卉的熱情與動機，是否和他父母以及他們所從事的聖公會牧師職務有關。他沉吟了一下，好像在思考自己的信仰系統為何。他說：「什麼是宗教？不就是在生命的虛無之中尋找意義和宗旨嗎？我個人感覺，生命的奧妙就是解放生物多樣性，而那就是我和大自然連結的方式。」

唐納利經常用一些不尋常的戰術，來展現他和大自然之間的連結。舉個例子，2021 年 4 月某個晴朗且溫暖的日子，唐納利和兩名同儕在幾乎日正當中之際，發現一台相機被固定在流紋岩嶺的一根桿子上，桿子牢牢插進地面。表面上看，這台相機和這個地帶的其他幾台相機，是為了監控剩下的蒂姆蕎麥（也就是 2020 年 9 月大屠殺之後倖存的那些蒂姆蕎麥）而設。當時，唐納利從相機的後方靠近，接著把手舉到相機前，讓鏡頭清晰地拍下他的中指——沒錯，就是中指。接著，他走到相機鏡頭前面，身上的海軍藍襯衫和棕卡哈特（Carhartt）夾克在相機畫面中清晰可見。他慢慢倒退著走，最後調皮地對兩名同事大喊：「喔，我應該脫掉褲子，用我的屁股對著相機！反正這樣又不違法。」一位女性同事帶著激憤的聲音懇求：「不，派崔克，不要，拜託！」

　　但唐納利對她的呼喊充耳不聞，他脫下褲子，背對相機，像彩虹熊（Care Bears）裡的角色那樣左右搖擺屁股。這是一種反抗行為，目的是要讓離子先鋒知道，它在他心目中是個怎樣的存在。當然，這不是一般人心目中的正常辦公行為。[65]

　　女性同事無奈地說了聲：「噁心死了！」

　　儘管唐納利對離子先鋒公司很不屑（並以饒富趣味的方式來表達他的不屑），他還是向我承認，他認為流紋岩嶺鋰礦開發案應該已成定局。他知道鋰很重要，但他認為蒂姆蕎麥的花也一樣重要。如果兩者能並存，自然最好，在他看來兩者不該互相排擠。

　　對唐納利與生物多樣性中心來說，就算這個星球在生物多樣性方面作一點小小的犧牲與讓步，所有為了拯救地球擺脫氣候變遷的作為就沒有意義可言，因為地球之所以獨特與宜居，正是拜生物多樣性所賜。在科學界人士眼中，生物多樣性的相關困境對我們的地球所構成的挑戰，已漸漸不亞於氣候變遷造成的危害，而 2022 年年底在蒙特婁（Montreal）舉辦的聯合國自然大會，讓這個事實變得更加無可否認。當時各會員國通過了一項藉由限制農藥使用等來捍衛生態系統的全球協議，一般認為，這個大會協議對生物多樣化的影響，不亞於《巴黎氣候協定》對氣候變遷的影響。[66] 氣候科學家凱薩琳・海霍（Katharine Hayhoe）表示：「對人類文明的未來而言，氣候變遷屬於近期的威脅，而生物多樣性危機，則是對人類物種之存亡的較長期威脅。」海霍在《拯救我們：氣候科學家論對這個分歧世界的期許與療癒》（*Saving Us: A Climate Scientist's Case for Hope and Healing in a Divided World*）一書中，翔實記錄了全球各地，因為碳排放而起的緊張關係。[67]

　　一隻稀有的蝸牛、一隻瀕臨滅種的貓頭鷹、一朵罕見的小花，都對我們的星球的安好有所貢獻。我們真的要選擇電動車而放棄大自然嗎？多年來，我透過採訪的機會，向眾多投資人及產業高階主管提出諸如此類的問題時，他們都會在正式表態之前，先要求我不具名或不公開報導答案，接著低聲回答：「是的。」即使是打算開採與生產鋰的離子先鋒公司本身，也都對這樣的疑問戒慎恐懼，因為他們知道，只要有一丁點兒線索顯示他們支持鋰勝過蒂姆蕎麥，就有可能釀成公關災難，讓它陷入萬劫不復之地（儘管離子先鋒是為了開採鋰而成立，而不是為了搞園藝）。不過，如今這種心照不宣且語帶保留的態度已開始慢慢改變。2022 年夏末時分，一位（有美國政府為其基金提供局部擔保的）顯赫礦業投資人開出了第一槍，大聲喊出那些悄悄話——他大膽表示，或許蒂姆蕎麥根本不值得救。

礦業投資公司泰克梅（TechMet）的董事長布萊恩・梅奈爾（Brian Menell）直言不諱：

> 我們需要政府公開宣示：「我們當然熱愛野花，而且我們將會尊重環境與社會治理標準，因為那是我國文化的一環。」不過，到了某個時點，我們也不得不說：「野花集團先生，那是你們自己的意見，現在請閉嘴離開吧。沒錯，我們即將開發這座礦場，即使我們將因此摧毀某種野花的自然棲息地，並讓所有人感到遺憾，也在所不惜。畢竟這麼做總比放任氣候變遷摧毀整個世界好。」[68]

我問唐納利對於這段話有何看法，他冷笑了一下表示，他認為梅奈爾是個粗鄙的投資人。不過，唐納利還是再次提到，他相信流紋岩嶺最終還是免不了會走上挖礦一途。我認為他或許是透過這個說法來暗示他已經接受了這個事實，或至少已經改變策略，希望藉由影響礦場的最終設計來保護那裡的蒂姆蕎麥，而不是一味反對礦場的設立。

　　唐納利建議卡拉威與離子先鋒將礦場場址，搬遷到距離流紋岩嶺大約
1 英里的地方。但我提醒唐納利，鋰礦床是位於流紋岩嶺，而不是 1 英里
以外之處。他聽到後看起來有點迷惘，好像是在告訴我，他認為這確實是
一個嚴肅的建議，而且是他真心認為合適的解決方案。他真心認為，只要
調整礦場的計劃，就能令所有人滿意。只要能夠確定蒂姆蕎麥安全，他自
然不會繼續糾纏。

　　他說：「我的目標從來都不是阻止鋰礦場的開發。我的目標一直都很
明確，就是拯救蒂姆蕎麥。我們都知道我們需要鋰，也知道我們必須對抗
氣候變遷。但蒂姆蕎麥催化出一場『鋰採礦活動將衝擊到生物多樣性』的
辯論。」如果離子先鋒不是要開採鋰，而是要開採黃金之類的，「那麼，
我們絕對誓言抗爭到底，我們會說『去你媽的，你們不需要黃金。』」

　　頂著一頭黑髮的唐納利身高大約五呎十吋，他的舉止相當沉靜。他經
常穿著登山靴和登山褲，平日常會待在有稀有植物和動物的偏僻地帶，對
他而言，這是最理想的穿著。我們見面那天，他穿了一件 T 恤，上面用
鮮豔的顏色印著「我是拯救蒂姆蕎麥的蕎麥隊隊員」。他本人相當沉默寡
言，在推特上卻經常砲火猛烈。他告訴我：「我總是說一些有爭議的話、
做有爭議的事。自我從事這件倡導工作以來，就樹立了不少敵人。」

　　週末時，唐納利會在翻唱樂團擔任主奏吉他手。他們有時候會演奏藍
草音樂（bluegrass），有時則表演經典搖滾，或是應觀眾要求表演各種音
樂。我問他最喜歡表演哪些曲目，他脫口便說，他最愛的是葛洛莉雅・蓋
諾（Gloria Gaynor）的〈我會活下去〉（*I Will Survive*）。

　　多年來，蒂姆蕎麥本身能否存活下去的問題一直糾纏著唐納利，除非
他離開這個世界，或植物本身被消滅，否則這個疑問有可能一直纏著他不
放。他希望他的抗爭能夠逼迫美國人和其他地方的消費者認真思考，潔淨

能源革命的得與失。「如果我們放手讓蒂姆蕎麥就這麼滅絕，那麼，接下來五十年的能源轉型之路，似乎會極度黑暗。如果事情真的如此發展，那麼，我就不得不聯想到很多殘酷的事實。如果蒂姆蕎麥就這麼滅絕，我將不得不懷疑，我們為了防止其他物種滅絕而進行的其他抗爭，最終也將走上絕路。」說著說著，我們陷入沉默。我能感覺到唐納利正變得更反躬自省，甚至比平常的他更自省。他提到為了阻擋明尼蘇達州雙子星金屬公司銅礦場、內華達州－奧勒岡州邊界的薩克隘口鋰礦場（就在我們北方）以及亞利桑納州堅毅銅礦專案等而進行的抗爭。

講到這，我忍不住問他：「蒂姆蕎麥的事對那些抗爭活動以及未來的其他抗爭活動，到底有何意義？」他提到他一直以來都持續追蹤遍布美國西部的九十八個擬議中的鋰礦場，包括薩克隘口專案。直到我們那次交談時為止，其中只有四個專案正式提出許可證申請。「我猜那九十八家公司當中，有一半在觀望蒂姆蕎麥一案最後將怎麼發展。要是我們輸了，他們就會正式展開『狩獵』行動。」這才是蒂姆蕎麥保衛戰背後的核心目的。

接下來兩個小時，我們倆沿著矗立在流紋岩嶺下方的幾個山丘漫步，流紋岩嶺就在午後的天空時隱時現。離子先鋒公司向政府監理人員表示，整個專案將占地 7,166 英畝，公司將為這項礦產專案而物理改造其中 2,426 英畝的土地——部分用來作為深 960 英尺的露天礦坑，部分用於生產鋰與硼的化學加工設備。屆時，每天都會有卡車把鋰與硼運出這個場址，也會有一百多輛連結車載補給品進來，到時候，將這個地區一分為二的岩洞溫泉路（Cave Springs Road）一年到頭都會有絡繹不絕的聯結車經過。[69]

唐納利和我從岩洞溫泉路的北側出發，那裡有座小山丘，上方堆積著一些巨大的白色岩石，很可能就是幾十年前吸引傑瑞·蒂姆目光的那片白地表岩層。讓我深感失望的是，此時蒂姆蕎麥正處於休眠期，我無緣見到盛開的花朵。根據離子先鋒的礦場營運計劃，公司預計在某一片花叢附近興建一個儲存硝酸銨顆粒的設施，目的是要炸開地面，好讓鋰暴露在陽光下。[70]

離子先鋒還計劃從加拿大的油砂設施載運接近 1,200 噸的硫到此處，再由場址規劃中的化學工廠，每天利用那些硫來生產硫酸；把這些硫酸用於從流紋岩嶺挖出的岩石後，就能提取出鋰和硼。此外，生產硫酸會產生非常大量的蒸氣，離子先鋒計劃利用那些蒸氣，每天生產 35 兆瓦（megawatts）的電力，因為這座設施將不在內華達州的電網範圍之內。[71]

屆時礦坑裡將安排超過二十輛托運卡車，每一輛能從礦坑載出 136 噸的泥土，此外，現場還會有幾台鑽孔機、一輛輪式推土機、一輛移滑裝載機、兩輛反鏟挖土機，還有，為了將灰塵量降至最低，還會配置三輛灑水車。所有設備每年將消耗總共 470 萬加侖的柴油燃料。為了夜間作業考量，這裡也將架設二十座燈塔來維持整個場址的照明，不僅如此，屆時這裡還會興建五座基地台。而等到這座礦場在這個世紀中葉前後關閉時，占地約 203 英畝的採石場將慢慢任由雨水淹沒。[72]

這座礦場將使用開拓重工的自駕貨車，並因此成為北美第一座使用無人監控機械的新礦場。離子先鋒已和開拓重工（向來以其具代表性的黃漆圖樣而著稱的製造商）簽訂了高達 1 億美元的協議，自駕貨車車隊只是協議中的一環。[73]

離子先鋒公司計劃從流紋岩嶺取出的岩石並不一定全都含有鋰和硼，那些加工後剩下的岩石將被儲存在礦場場址附近，最終堆到 250 英尺高，屆時將累積大約 5,400 噸的廢棄岩石；為了避免重演巴西在 2019 年發生的那種礦業災難，這些廢棄岩石裡的水將被去除。此外，我們倆抵達這個場址前所行經的岩洞溫泉路將稍微北移，才不會占用到礦場的預定範圍。[74]

離子先鋒公司每更新一次礦場的營運計劃，就會加入更多保護蒂姆蕎麥的措施。某種程度來說，這些調整是拜唐納利與生物多樣性中心的步步進逼所賜——因為唐納利與生物多樣性中心向美國魚類與野生動物管理局施壓，而管理局則進而不斷擠壓離子先鋒公司。於是，公司最終能否在此地開採鋰，和蒂姆蕎麥的命運直接掛勾在一起。最初，離子先鋒計劃移植這些植物，但問題當然還是出在，蒂姆蕎麥喜愛生長在流紋岩嶺這種富含鋰的土壤裡。2022 年，離子先鋒改變計劃，提議打造一個所謂的「蕎麥專屬區」，用圍籬為這些花卉圈出一座專屬花園，讓它們不至於受採礦作業所產生的噪音和塵土所害。其中兩座擬議中的專屬圍籬花園位於道路北側，另外還有三座則位於道路南側，但緊鄰離子先鋒打算挖掘的採石場（深 960 英尺）；而且，這三座圍籬花園將各有三面被採礦作業區包圍，呈現一個深入開採區的地峽型態。根據離子先鋒的提議，圍籬和蒂姆蕎麥之間的距離將介於 13 英尺至 127 英尺。公司統計，當地共有 24,174 株蒂姆蕎麥，而它希望未來植株的數量能進一步增加，而非減少。[75]

我和唐納利一同步行到岩洞溫泉路的南側邊緣時，我想像了一下有朝一日出現在我腳下的大坑洞將是什麼模樣。我們爬上一座小山丘，眼前正好有一大片處於休眠期的蒂姆蕎麥，不過，我們怕干擾到它們，所以並沒有走進那片區域。如果離子先鋒的計劃得以落實，那一片花海下方將會是一個芸豆狀的巨大採石場，而這座採石場，將生產一種對氣候變遷之戰攸關重大的金屬。

不出所料，唐納利並不支持這些提案。「我稱（那個區域）為『蕎麥島度假區』。那只是圍繞著蕎麥叢生處的一個小多邊形，根本達不到應有的保育標準。」他簡直不敢相信，離子先鋒公司竟然妄想在更接近這種植物的地方挖礦，同時，他也再次提及把礦場遷移到距離道路 1 英里遠之處的提案。他說：「我們手上所有的數據都顯示，1 英里範圍內的礦場灰塵沉積足以對稀有植物造成災難性的影響。我們不能放任一座巨大的露天礦場把這座生物多樣性小島團團圍住。」實際上，離子先鋒公司的提案其實是有意打造一個類似地峽的東西，而不是島嶼，但「蕎麥地峽度假區」的字眼聽起來比較難以引起共鳴，所以唐納利稱之為島。

顯然，唐納利把一生多數的時間都投入這種植物，他試圖了解這種植物是什麼？它的好惡如何？以及它的最佳生長條件等。我和他的流紋岩嶺之遊，是唐納利個人第四十六次到訪此處。他認為，正是他們一直以來的積極倡導態度，才會讓蒂姆蕎麥成為「全世界最知名的小野花」。全球各地的新聞媒體都詳細記載了這場抗爭，這個事件也突顯出美國與全球在邁向潔淨能源轉型的道路上，所面臨的嚴峻抉擇。「這個事件突顯出真正的問題，但也讓我陷入這場『要如何才能讓潔淨能源真正潔淨』的辯論風暴中心。總之，我目前正深陷鋰相關辯論的風暴中心，但我本身和能源圈子根本就沾不上邊，我只是一個關注稀有物種的生物學家。」

唐納利開的休旅車還相當新，他也使用智慧型手機和其他現代電子裝置。他並不認為自己是為了反對鋰的開採活動而反對這座礦場，也不是為了反現代經濟而反；所以，就這個意義來說，他覺得自己和為了薩克隘口專案而抗爭的威爾伯特之間，沒有太多共同點。唐納利還對威爾伯特的主張提出以下評述：「徹底擺脫電是個不切實際的論點。他們拿薩克隘口專案做文章的原因是，它讓他們有機會永遠延續他們的反文明化行動計劃。」

唐納利苦心想和威爾伯特的策略（即「我們不溝通」）劃清界線，並反覆強調，如果他確認蒂姆蕎麥能和這座礦場和諧並存，他自會離開流紋岩嶺，不再糾纏。不過，情況也清楚顯示，蒂姆蕎麥已成為他存在的理由，就好像鋰已成為卡拉威存在的理由。唐納利洋洋得意地說道：「世上從來沒有任何稀有植物這麼受矚目。」

第十章
回收比開採更重要

全美最大鋰加工廠雅寶公司預估，*2030 年時全球鋰生產量將達到 370
萬噸，而其中 60 萬噸將由雅寶生產。*

 # 澳洲 # 葉門 # 波克夏 #Apple # 特斯拉 # 雅寶公司 # 企業責任

北卡羅萊納州的加斯頓郡（Gaston County）完全自外於附近夏洛特
（Charlotte，美國前二十大城市）的繁華喧囂。這個郡緊緊貼著夏洛特西
側的邊界，從地圖上看，它的輪廓令人不由得聯想到鐵砧。加斯頓郡成立
於1846年，以1844年過世的美國國會前成員暨法官威廉·加斯頓（William
Gaston）的姓來命名。加斯頓一度在北卡羅萊納州擁有很多奴隸，而北卡
羅萊納州後來也成了南方邦聯（注：Confederacy，又稱美利堅邦聯）當中
前幾名活躍的州。

矛盾的是，儘管加斯頓曾擁有不少奴隸，他卻也是一名熱心的廢奴主
義者。身為北卡羅萊納州的最高法院成員，他曾裁定，如果一名聲稱擁有
某奴隸的主人對該奴隸展開不公正的攻擊，這名奴隸依法可進行自我防
衛。最高法院法官班傑明·柯蒂斯（Benjamin Curtis）在審訊惡名遠播的
德瑞德·史考特（Dred Scott）訴訟案時，就曾援引加斯頓「北卡羅萊納
州黑人乃該州公民」的裁定。[1]

1832 年，加斯頓向北卡羅萊納大學畢業生演講時，懇求在場的聽眾
勇敢站出來譴責奴隸制度，他說奴隸制度「比其他任何原因，更足以導致
我們在追求進步的路途上走回頭路」且「對經濟及天道構成致命的打擊
──這個制度阻礙了技能的發展，更削弱我們作為一個社會的力量，並從

源頭開始毒害倫理道德」。[2] 加斯頓還在整篇演講的其他段落，懇求畢業生在追求發展的同時，也應兼顧其他領域的平衡；而隨著綠色能源革命的展開，事實證明，他的建言確實非常睿智：

> 隨著你們的國家的歷史愈來愈悠久，你們也必須敦促國家在科學、文學、藝術和禮教等方面有所成長。國家的發展與其資源的倍增有賴你們的力量來完成，任何不當的舉止也有賴你們加以抑制，而勤勉、節制、中庸、正義、道德與宗教等目標，更是有賴你們來促進。[3]

接下來兩個世紀，棉織廠為這個郡帶來了溫和的工業化氛圍，但郡的經濟依舊以農業為核心。當時，如詩如畫的山丘點綴著一間間舊式的磚房，農田裡則是布滿了農產品與牲畜。1916 年，也就是歐洲還處於第一次世界大戰的死亡掙扎時分，保羅・愛德華・哈斯汀（Paul Edward Hastings）在一個潮濕的 7 月天在此出生。[4] 保羅漸漸長大成人，對農耕有非常濃厚的興趣，並因此開始收購土地。起初他只購買阿德霍德路（Aderholdt Road）旁的一片土地，接著又一片接著一片收購。最後，他一共買下 200 多英畝的山坡地，那些土地長滿了松樹，有許多美國獨立戰爭及南北戰爭時期的退伍軍人墓地（此時多半已長滿了青苔）以及小溪流。從高處俯瞰，保羅的財產位於比佛丹溪（Beaverdam Creek）的南側，被阿德霍德路一分為二。[5]

保羅打算在此長住，不過，他缺乏先進的技術探尋最佳的鑽井位置，也沒有足夠的資金可支付昂貴的鑽井費用，最終他用一種古老的裝置來尋找適合鑽井的位置：尋龍尺（注：dowsing rod，又稱為地靈尺，一種探測地下水或物藏的裝置）。他和弟弟帶著這根叉狀的木棍，在這片土地上走透透，希望能找到顯示有水源存在的感知和震動。最後，這個古老的裝置掉落在阿德霍德路西側的一小片泥地上，兄弟倆隨即開始用水桶挖掘這裡的鬆軟地面。隨著這個洞愈挖愈深、變得無法輕易進出，他們便在洞口上架了一個三腳架，兩人輪流以垂降與拉抬的方式，協助彼此進出。掘地30幾英尺深後，兩人終於發現水。就這樣，保羅找到了興建自家住宅的好地點。

保羅用自家土地上取得的木材，在主幹道旁蓋了一間簡易的三房農舍，裡頭有一間小小的浴室，還有狹窄的二樓。他用土裡撿出來的石頭製成農舍的地基，為了防雨，他還在屋頂釘上木條。房子搞定後，保羅開始種植玉米、秋葵、番茄和其他糧食作物，同時也開始飼養乳牛。

保羅和太太克拉拉（Clara）育有兩名女兒，分別是席爾維雅（Sylvia）和寶拉（Paula）。每天清晨五點，太陽尚未升起，這家人就會展開照料乳牛的例行公事：為牠們擠奶、把新鮮的乾草丟進牛欄裡，最後清理牛糞。到了每天稍晚時刻，同樣的儀式又會重複一遍。日漸月染，這成了哈斯汀一家人習以為常的日常節奏。後來小女兒寶拉到外地的大學求學時，保羅賣掉了乳牛，並開始飼養黑安格斯牛，因為這種牛的肉非常珍貴，是本地眾多餐廳爭相追捧的食材。

後來，寶拉結婚了還生了一個女兒，名叫桑妮雅（Sonya），她們經常會在星期天下午一同到農莊探視保羅和克拉拉。不同季節有不同的農務要忙，他們有時得剝玉米，有時要摘秋葵。到了秋天，哈斯汀夫婦與兒孫們會一起去檢查南瓜田，嬉笑討論哪一種植物做的派最美味。每到暑假，桑妮雅還會幫外公養雞和豬、收鳥蛋，以及清理豬舍。桑妮雅回憶：「那片土地真的很美好，讓人感覺很平靜。」從她的語氣聽起來，那一刻她彷彿回到了早已與世長辭的外公的記憶裡。

值得一提的是，保羅並不全然反對採礦活動。至少從西元1900年起，世人就知道北卡羅萊納州被一條名為錫鋰輝石帶（Tin-Spodumene Belt）的細長岩石帶貫穿，一路延伸到南卡羅萊納州。雖然這條岩石帶的多數厚重岩石接近兩州的邊界，但保羅心知肚明，他收購的土地底下也有一些岩石。他甚至允許外人在他的土地上進行小規模的開鑿作業，所以，到了1982年，他的土地下方39英尺深之處，已有一座地下礦場在進行長石、錫石以及石英礦床的探測活動。這座礦場的主要目的是要開採錫。儘管這裡原本就蘊藏鋰，但當時鋰主要只是一種利基型的金屬，實務上的應用相當有限（那時鋰離子電池才剛開發出來沒幾年）。總之，這座礦場的產量非常小，如今更已被封存。[6]

桑妮雅說：「我外公對採礦活動的概念和皮埃蒙特公司（Piedmont）提出的計劃根本完全不同。」她的語氣中混合了回憶的溫暖以及她對這個礦業新鄰居的憤怒。桑妮雅本人到外地讀書後，愈來愈少回到農莊，但她對這裡的熱情絲毫未減。桑妮雅在北卡羅萊納大學教堂山分校求學時，認識了華倫·史諾登（Warren Snowdon），一名身材高大且非常有自信的學生，而且他實際上和看起來一樣強壯。有一次，桑妮雅帶華倫一起回農莊看看，他的肌肉果然在捆稻草的工作上幫了大忙。

華倫開玩笑說：「她就是看上我這一點才和我結婚的：我舉得起很多乾草。」總之，華倫並沒有被捆乾草的農務嚇跑，反而愛上了加斯頓郡。即使兩人結婚、生了三名子女，他們一家子還是經常會開三十分鐘的車，從夏洛特到阿德霍德路去探望保羅、克拉拉以及那一片土地。保羅在2004年以八十八歲的高壽過世，當時沒有人知道那片土地最後會怎麼樣，也不知道誰會繼承那片土地。

保羅的幾名兒孫為了餬口，不得不繼續在外打拚；有些兒孫雖然希望盡可能常回來，卻也心有餘而力不足。因此接下來十六年，這片土地的歸屬遲遲懸而未決，另一方面，華倫和桑妮雅則在夏洛特打造了一家成功的房地產管理公司。2020 年 3 月，隨著 Covid-19 疫情大流行開始席捲整個美國，加斯頓郡也有傳言沸沸揚揚指稱，有家澳洲公司想在附近開採鋰。

雅寶公司與李文特公司都是經營鋰礦場的企業，這兩家企業自二十世紀中葉開始，就在加斯頓郡隔壁的郡經營鋰礦場，儘管如此，它們認為這個地區的多數鋰礦並不具開採的經濟價值。基於這一點，華倫與桑妮雅決定放手一搏，為了拯救家族的農莊而毅然搬到此地。他們花了 84 萬 9 千美元買下這片土地以及保羅多年前興建的房子。[7]桑妮雅告訴我：「家族的其他人並不像我們這麼熱愛這片土地。而且，既然雅寶、李文特等公司都說過，這個地區的鋰礦藏狀況很糟糕，那麼，購買這片土地雖有點冒險，但我覺得我們承擔的是某種經過縝密計算的風險。」

2020 年夏天，特斯拉的營運勢如破竹，除了欣喜營運上的快速成長，它更希望打鐵趁熱，把握時機向股東展示一項重大的電池技術。那年年底，儘管 Covid-19 大流行疫情曾短暫導致生產活動停滯，特斯拉的銷售量還是成長了 36%，達到近 50 萬輛電動車。[8]

不僅如此，美國民眾漸漸能認同這家汽車製造商的核心使命：必須採取行動來阻止氣候變遷。特斯拉執行長馬斯克提到，風力發電與太陽能發電占美國 2020 年新發電產能的 75%，由此可見美國對燃煤火力發電廠的依賴正日益降低。但馬斯克也強調，要阻止氣候變遷還有非常多事得做。[9]他在 2020 年 9 月底舉辦的特斯拉電池日當天說：「過去五年是有史以來最熱的五年。我們迫切需要採取行動，這一點攸關重大。美國正朝著永續能源的方向前進。長期以後，我們甚至可以用永續能源來採礦，最終達到實質零碳排放的目標。」[10]

美國從未以一條龍的方式，從基礎原料開始一步步生產全本國製的電動車用鋰離子電池。中國控制了大約80％的全球電動車電池市場，但只控制了23％的鋰、鎳和其他生產電動車電池所需的金屬。長期以來，特斯拉本身一直依賴松下電器（Panasonic）在亞洲各國的工廠來取得陰極電池零件。為了協助縮短供應鏈（供應鏈過長會導致運輸活動的碳排放增加，因而加劇氣候變遷），特斯拉預計在德州奧斯汀興建一座超級工廠，以補強公司在美國境內的其他營運活動。公司還計劃在德州興建一座化學工廠，並利用這座工廠把從硬岩石（即所謂的鋰輝石）中提取出來的鋰，轉化為一種稱為氫氧化物的鋰衍生物：氫氧化鋰，而氫氧化鋰能在任何氣候條件下延長電池的續航力。如果這座化學廠真的建成，那將是特斯拉首度跨入化學品生產；據估計，這座化學廠設置完成後，能使公司的鋰成本降低三分之一。特斯拉還計劃使用一種不需要使用硫酸的新化學製程，用這個製程來提取鋰，安全性將遠比傳統製程高非常多。[11]

　　一位名叫透納‧卡德韋爾（Turner Caldwell）的特斯拉工程師向電池日的觀眾表示：「我們希望見到垂直整合的效果，縮短從採礦到製造陰極的流程。這是實實在在的成長。我們將製造整顆電池，每個人都必須跟著我們一起成長。整條供應鏈都必須跟著我們一起成長。」[12] 但對特斯拉和馬斯克來說，問題出在北美並沒有硬岩鋰礦場。特斯拉大可以向美國幾個計劃中的專案採購鋰，但問題是，那些專案都不是硬岩礦，會導致成本上升並增加碳排放。如果到最後，特斯拉大肆宣揚的縮短供應鏈計劃成了泡影，外界很可能會指控特斯拉其實只是試圖藉由那些宣示來「漂綠」（注：greenwashing，面上宣示環保立場，但實際上卻從事破壞環境的勾當）。也因如此，對馬斯克來說，源自硬岩礦的鋰供應來源攸關重大。於是，特斯拉開始和皮埃蒙特鋰業公司接洽。

　　皮埃蒙特鋰業是由一群銀行家與澳洲股票出資人共同創立，他們期望能興建美國前幾大的鋰礦場，包括位於加斯頓郡田園農業社區裡，有一座深 500 多英尺的露天礦坑。那裡多數的土地世代相傳，包括哈斯汀家族的農莊，而且，當地很多農民都知道，在他們一向用來種植玉米及其他農作物的土地底下，埋藏著美洲大陸前幾大的鋰礦床，只不過幾十年來，這種超輕金屬的需求一直不高。特斯拉看上皮埃蒙特的原因在於，德州和北卡羅萊納州之間的距離比德州和中國的距離短得多。多年來，皮埃蒙特和美國各地其他較小型的鋰礦專案一樣，低調但堅定地推動著專案開發；不過，皮埃蒙特的專案特別吸引特斯拉，理由是這項專案含括了位於美國本土的鋰輝石礦。

馬斯克本人非常希望和皮埃蒙特達成鋰供應協議，於是他指示幕僚直接和公司協商。對一家小型新礦業公司來說，潛在大客戶不請自來尋求協商的機會並不多見，甚至可說是天上掉下來的禮物——通常這些創業家就算是低聲下氣，親自懇求汽車製造商，也不見得能爭取到向對方供貨的協議。[13]

特斯拉電池日過後不到一個星期，皮埃蒙特宣布，他們和特斯拉簽署了一項五年期的供應合約，並將從 2022 年 7 月至 2023 年 7 月的某個時間點，開始為特斯拉位於德州的新化工廠供應鋰輝石精礦。皮埃蒙特在聲明中提及的供應數量，雖還不到公司規劃產出量的一半，不過，這項供應契約形同電動車巨擘特斯拉對皮埃蒙特投下的信任票，公司的股價因此狂飆，在接下來一年內上漲了十倍，達到每股 70 美元以上。對一家草創不久且尚未有實際生產活動的礦業公司來說，那是非常罕見的狀況。

市場上有不少被困在類似處境的企業，那些公司的股票交易價每股都不到 1 美元，當時的離子先鋒也不例外。總之，皮埃蒙特鋰業和特斯拉搭上線後，為它的股價帶來強大的加持效果，華爾街也迅速愛上了這家小公司。一切看起來都很順利，只不過，皮埃蒙特鋰業公司——延伸來說是特斯拉公司——忽略了一個關鍵支持者群：北卡羅萊納州的鄰居，包括桑妮雅與華倫。

由於皮埃蒙特需要投資人的實際資金投入才能即刻推動採礦專案，所以，公司的高階主管忙著拉攏華爾街——他們在四年多的時間裡，計劃性地聘請投資銀行業者為它必須斥資 8 億 4 千萬美元的專案（包括生產電池用化學品所需的設施）尋找投資人，但在忙著集資的同時，皮埃蒙特卻冷落了北卡羅萊納州的鄰居。

當時至少有一家媒體刊登過一篇熱情吹捧皮埃蒙特的報導，那篇報導形容，皮埃蒙特在美國對抗氣候變遷與趕上中國綠色能源霸權等方面，具有「領導優勢」。[14] 白宮方面也拿皮埃蒙特和特斯拉之間的協議大做文章，宣稱政府為了促進美國電動車的使用而投注的努力已有成效，並主張電動車已漸漸成為主流。[15] 不過，皮埃蒙特還沒向北卡羅萊納州申請採礦許可證，也尚未向加斯頓郡官員提出分區特殊許可，就先和特斯拉簽署了這項協議。另外也很扯的是，皮埃蒙特根本還沒向加斯頓郡的郡委會簡報它的計劃，就已將企業總部搬到這個蘊藏大量鋰的郡。

由於皮埃蒙特並未積極採取作為來安撫在地民眾，所以它和當地居民之間愈來愈不互信，不實訊息也滿天飛。就在那時，桑妮雅與華倫以及數百位鄰居終於開始反彈，他們絕不允許這個原本就屬於他們的田園天堂，變成綠色能源轉型的受害者。

我第一次和桑妮雅與華倫見面，是在 2021 年一個悶熱的 7 月天，當時我的手機完全收不到訊號，幸好華倫稍早就提醒過我，從夏洛特往西開上高速公路之前，必須先把路線圖印出來，以免迷路。我在阿德霍德路轉彎，經過一排排成熟的玉米後，桑妮雅的外公用北卡羅萊納州的岩石和木材建成的那間房子就映入我的眼簾。我愈靠愈近，那棟褪 且風化的房子就在白楊木與松樹後忽隱忽現。前往那棟房子的道路旁立了一個約莫政治廣告大小的小型路標，上面寫著「加斯頓郡露天礦場」幾個字，只不過文字被圈了起來，還被打了個叉叉。

華倫的身高有 6.4 呎，站在他的身邊很有壓迫感。他穿著登山靴和登山褲，上身則是一件條紋馬球衫，全身的裝扮和他深淺相間的髮色很是相襯。留著棕黃色及肩頭髮的桑妮雅也穿著登山靴，身上則是穿著白色 T 恤和迷彩褲。這對夫婦分別是五十歲與四十八歲，育有一對十幾歲的雙胞胎女兒和一名十幾歲的兒子。桑妮雅外公的房子就蓋在附近，看起來很可親，但又有那麼一點滄桑。華倫告訴我：「我們想要修復這棟房子，也計劃進行大幅升級，但除非我們釐清皮埃蒙特的動向，否則不會貿然採取行動。總之，我們現在可以說是進退維谷。」

他們說，皮埃蒙特兩度開價想買下他們全部的土地，但兩次他們都拒絕了。他們的土地就位於皮埃蒙特的地皮旁邊，兩片土地之間有超過 8 千英尺的邊界接壤在一起，而且，根據北卡羅萊納州的採礦法規定，這座擬議中的礦場只需和他們家的土地保持一小片緩衝區即可。華倫和桑妮雅顯然相當在意這個問題，他們擔心礦場的爆破作業，會對這個農莊和長在土地上的玉米、黃豆和大麥造成不利的影響。此外，這一帶通常會刮西風，偏偏皮埃蒙特那座擬議中的礦場就位於農莊的西側，桑妮雅與華倫擔心，他們將來可能避免不了空氣懸浮微粒的危害。

接下來的兩個小時，史諾登夫婦領我參觀他們家的土地。我們穿過茂密的樹林和玉米田，走到一條隔開這片土地與皮埃蒙特地皮的小溪。我從那裡就能看見公司放置在遠處的地界標牌。我們才散步大約一個小時，7 月的潮濕空氣已經悶得我汗流浹背。走著走著，我們還碰上一片墓地，埋葬著因美國兩次重大戰爭而亡故的先烈。我們可以為了一座鋰礦場而遷葬這些前人的屍體嗎？我們真的可以為了將來而拋棄過去嗎？

華倫告訴我：「解決氣候變遷固然重要，但也不必毀掉美國。這座礦場雖意在解決一個環保議題，它本身卻將造成另一個環保問題。」這對夫婦還煞費苦心地跟我分享他們的綠色認證。舉個例子，史諾登家族透過自然資本交易所（Natural Capital Exchange）將碳信用額（carbon credits）賣給微軟公司；這個家族藉由種樹來吸收碳，而軟體業巨擘微軟則向他們購買碳信用額。他們還計劃在自家土地上安裝太陽能板和風力發電機，而且，他們還擁有一輛油電混合車。

華倫以幾乎像在申論的語氣告訴我：「我們比其他多數人環保非常多。我們並不反對鋰，只是希望礦場開在別處罷了。」

走著走著，一隻老鷹從我們頭頂上飛過，蜜蜂在混濁的夏季空氣中成群飛舞。火雞、鹿，甚至美國國鳥白頭鵰都在史諾登的農莊裡築巢。「這片土地一旦被摧毀，不僅會毀掉這裡的人，還會傷及這裡的動物。」

四年多來，這對夫婦隱約意識到皮埃蒙特正在積極收購鄰近的地皮，但他們對於相關的計劃內容或屆時礦場將會有多大，卻沒什麼明確的概念。但無論計劃內容為何，他們都反對在此地興建任何礦場。所以，當他們在 2020 年買下這個家族農莊時，就已下定決心將不計一切代價和皮埃蒙特周旋到底，而且他們確實也成了皮埃蒙特必須解決的嚴峻挑戰之一。桑妮雅的家族已情牽這片土地三代之久，他們和此地的關係當然早已密不可分；而她的丈夫華倫身為一名專業商用房地產開發商的事實，則表示他深諳土地收購割喉戰的門道。

史諾登夫婦和其他人把皮埃蒙特透露給投資人的資訊，全部拼湊起來後，才意識到皮埃蒙特打算建造的礦場有多麼巨大：它將是一座超級礦場，面積超過 3,600 英畝（這可是占地 1,200 英畝的夏洛特市中心的三倍大）。史諾登家族的房地產將緊鄰地上一個巨大露天礦坑，中間只隔著 15 英尺的柵欄。不僅如此，由於這座礦場將消耗數十億加侖的水，所以，一旦礦場啟用，預估當地的地下水水位將會明顯下降，而且，隨時都有可能傳出的爆破聲將會嚇跑這裡的野生動物。總而言之，當年促使這對夫婦買下這片土地的理由——田園詩般的生活方式——很可能將隨著礦場的開發而從此消失。

於是，他們和某些鄰居聯合起來，組成一個草根性非常濃厚的組織「阻止皮埃蒙特鋰業」，顧名思義，它只有一個目的。2021 年 6 月，就在我造訪北卡羅萊納州之前，這個組織開始透過黃色的宣傳單，呼籲鄰居加入他們的行列。傳單上寫道，皮埃蒙特的礦場不僅可能「對景觀造成永久性的傷害，還會帶來嚴重的汙染」；它可能會「阻礙其他形式的經濟發展」，因為「很多產業寧可避免接近大型露天礦場」。露天開採鋰的活動「已經落伍，不該在我們的未來擁有一席之地」。有趣的是，這張傳單還為幾個直接鋰萃取技術計劃說項，表示「現已開發出能從鹵水中快速提取出鋰、且無須使用太多水或土地的新技術」。[16]

上述最後一點的真偽還有待辯論，EnergyX、萊列克解方公司（Lilac Solutions）、標準鋰業公司（Standard Lithium）與其他直接鋰萃取開發商都已透過他們在其他地點進行的業務領悟到這一點。但無論如何，史諾登夫婦和其他反對皮埃蒙特的人，或許已在無意之中使用了很多避鄰（注：NIMBY，Not In My Back Yard「不要在我家後院」的縮寫）論點的精髓：其他地方更適合做這件事。這張傳單鼓勵每一個反對皮埃蒙特鋰業的人，在 2021 年 7 月 20 日當天，穿著紅色上衣到加斯頓郡的法院大樓外集合，以便在郡委會的定期會議中，向郡委員表達他們反對皮埃蒙特礦場的立場與想法。

皮埃蒙特鋰業正好預定在那場定期會議中，首度正式公開它的計劃，而桑妮雅與華倫打算好好利用日益升高的緊張氣氛，來達成他們的目的。他們在傳單上寫道：

皮埃蒙特鋰業不會如願以償，那一天還遠得很。他們根本還沒有要求修改土地用途，也還得申請很多張重要的許可證。他們網站上的很多資訊也都還不完整。或許他們看起來像一家勢力強大的企業，實際上不過是隻紙老虎。

⚡

在桑妮雅與華倫的農莊北側約莫 200 英尺處，座落著一棟牧場風格的房子，那是卡本特夫婦的家。休和莉比・卡本特（Hugh and Libby Carpenter）最初是在 1970 年代初期搬進這棟房子，並靠著這裡的 5 英畝土地，拉拔子女長大成人。他們原本已經計劃好在這裡度過退休生活，誰知某個時間點開始，家裡的電話老是響個不停，皮埃蒙特鋰業的代表時不時就打電話來問他們是否想出售土地。

但休總是回答：「不，我們不賣地。」[17]

我是透過卡本特夫婦的孫子威爾・巴爾德溫（Will Baldwin）和他們聯繫上的，威爾在更早之前就已加入桑妮雅與華倫的行列，訴求阻止皮埃蒙特鋰業。年輕的威爾剛從大學畢業，顯然他和祖父母特別親近，而由於這兩位老人家不怎麼懂科技，也不太知道如何以現代的方法做事，所以，他介入提供協助。和史諾登夫婦碰面隔天，我就在這棟房子的安靜客廳裡和威爾與休見面，討論與礦場有關的事。

休看起來是位相當優雅的老先生，他的穿著和羅傑斯先生（注：Mister Rogers，美國著名的電視節目主持人）非常神似。我們一坐下來，他就開門見山地對我述說，他對皮埃蒙特鋰業這座擬議中的礦場有何看法。他直白地說：「我不希望那座礦場開在我家前院。」實際上，那座擬議中的礦場並不在他的前院，而是位於對街。他擔心的問題包括：後院裡的井會不會乾涸？他花了許多年利用充滿授粉昆蟲的花園和餵食器，才好不容易引來的小鳥會不會飛走？礦場的廢棄物與汙染又該怎麼處理？那些廢棄物和汙染物會被儲存在什麼地方？

　　高齡八十二歲的休並不打算搬離這裡，即使這座礦場取得核准，他也不打算離開。所以，他的最佳選項就是對抗這座礦場，何況休有一個永遠不打算放棄且同樣義憤填膺的鄰居，可以和他一個鼻孔出氣。他說，皮埃蒙特鋰業根本就本末倒置。「他們真的是一家礦業公司嗎？還是他們只是在炒作？他們是不是想把股票炒高後，再把整個公司賣給出價最高的人？他們甚至連一張許可證都還沒開始申請！只是為了讓投資人更開心而不斷說大話、畫大餅。」

　　我問他，如果皮埃蒙特真的那麼糟糕，那特斯拉怎麼會跟它簽署協議？休回答我：「皮埃蒙特根本無法在期限內達成任務。伊隆‧馬斯克（Elon Musk）可不能指望這家公司。」此外，爺孫倆已經找到許多和鋰產業有關的事實和數字，這讓他們的準備更加充分。如果皮埃蒙特鋰業計劃每年生產 3 萬噸這種白色金屬，那些供給量，也不過是美國全面電氣化所需的 300 萬噸鋰的百分之一左右而已。既然如此，在此時此地採礦真的值得嗎？休認為不值得，他說：「就整個國家來說就算有這座礦場，鋰的總產量也不會明顯增加。」

　　他和孫子熱烈討論著發動抗爭的話題，而且，他們也有意在下個星期郡委會開會時，向皮埃蒙特鋰業開戰。我向他們道別時，他們建議我去找一位可能因皮埃蒙特的進駐而比他們、史諾登夫婦等人失去更多的人聊聊，她的名字是艾蜜莉‧尼爾森（Emilie Nelson）。

　　我對尼爾森家的第一印象是：它真的非常美。這棟木屋風格的房子根據 A 型框架興建，座落一片開放田地與濃密的森林之間。我剛把車停好，頂著一頭大波浪金髮的尼爾森就在屋外迎接我。她一見到我就表現得非常活潑熱情，好像已經認識我一輩子似的。[18]

她問我那天打算在哪裡落腳，還說如果我訂的旅館不夠舒適，她非常歡迎我到她家和他們夫婦同住一晚。我婉拒了這個殷切的善意邀請，並請她談談她與皮埃蒙特鋰業之間的恩恩怨怨。她告訴我，她最初是在2016年搬到加斯頓郡的，來到這裡後，她和先生就在這裡興建他們打算住一輩子的家。隔年，他們還蓋了一座大泳池。尼爾森向來喜歡動物，而這正是她搬到加斯頓郡的原因之一。2016年她成立了NC野生動物康復之家（NC Wildlife Rehab），目的就是要照顧受傷或孤苦伶仃的野生動物——事實上，她搬到加斯頓郡的主要目的，就是希望更有能力照顧飛鼠、負鼠、豬、雞和其他動物幼兒。[19]

尼爾森告訴我，她剛滿三十歲不久曾突然心臟病發，並因此昏迷了一個星期，而這個經歷就是促使她成立這間庇護所的主要原因。她純粹是出於個人的愛好才從事這件苦差事，也就是說，她並沒有因為照顧動物而獲得政府的補助。2018年，佛羅倫斯颶風（Hurricane Florence）襲擊北卡羅萊納州，許多人開了好幾個小時的車，送來各種受傷的動物給她照料。她平日也會利用地下室和屋外的籠子照顧成百上千隻動物，所需經費多半是她省吃儉用而來——她和丈夫不會把錢拿去度假，而是把錢省下來，用來照顧動物。等到受傷的動物復原後，他們會把其中某些動物野放到附近的樹林，也就是位於這個巨大鋰礦床上方的樹林。

皮埃蒙特鋰業從2017年開始在她家附近收購土地，從那時開始，她就變得非常容易焦慮。不久後，皮埃蒙特的主管也開始帶著土地出價來拜訪她，幾年來至少「路過」五次。我們在廚房交談時，尼爾森告訴我：「對方說，就算我們拒絕賣地，他們一樣會在我們周圍採礦。」[20] 說著說著，她的眼眶泛起一層淚水，為了掩飾眼中的淚水，她把目光投向天花板。

尼爾森以前從未和買賣土地的人交過手，也不太了解採礦產業的割喉戰術（非常類似石油與天然氣產業在 2008 年至 2015 年的頁岩油榮景期，企業財團慣用的伎倆）。尼爾森甚至不肯相信鋰對地球的健康有益。她說：「就算沒有電動車，還是有非常多其他方法可以拯救環境。」

由於這座礦場以及它的命運所牽涉到的不確定性，對尼爾森造成了沉重的壓力，所以她在 2020 年 1 月關閉了動物庇護所。到我們見面時，她花了大把的時間在網路上搜尋資料，目的是希望從中找到和皮埃蒙特鋰業礦場計劃有關的資訊，以便和鄰居共同設法對抗這座礦場。這對夫婦還一度買了一部露營車，打算作為未來的住處，因為他們擔心皮埃蒙特鋰業可能會訴諸徵用權，強行奪走他們的財產。

我幾度追問尼爾森是否願意賣地，但她的答覆其實有點模稜兩可。她幫助小動物的夢想已經變成一場惡夢，而且，她先生的工作地點實在也過於遙遠，所以，他們並沒有非住在這片土地上不可。由於無法得知皮埃蒙特鋰業的礦場是否建得成，她的內心一直七上八下，生活也充滿不確定性。某些鄰居曾向她發誓他們永遠不會賣地；但到我們見面時，已有超過七十位鄰居在皮埃蒙特的開價誘惑下，違背了原本的承諾，當然，那也是因為他們擔心自己成了留下來的最後一人。如果皮埃蒙特鋰業取得許可證，她倒也不見得不願意賣地，不過，我們見面的時候，公司甚至連許可證申請都還沒提出。

她帶我去參觀後院那些動物籠子和畜欄，並對我說：「我努力想幫助環境，但我並沒有什麼好下場。」如今她連殘夢都已破滅。

至 2016 年年初為止，一家名為 WCP 資源有限公司（WCP Resource Limited）的澳洲企業已為了在葉門開採黃金而進行多年的嘗試。2014

年爆發的葉門內戰打亂了 WCP 的多數計劃，當時，伊朗支持的胡塞（Houthi）叛軍與沙烏地阿拉伯支持的沙那（Sanaa）中央政府，為了爭奪這個國家（位於阿拉伯半島西南角）的控制權而開戰。這場戰爭隨即成為葉門人民的惡夢，整個國家的多數產業也因這場戰爭而停擺，包括採礦部門。WCP 的黃金專案自然也因此擱置。到了 2016 年年初，WCP 主管這個葉門專案的高階主管也掛冠而去。[21]

但即使葉門的局勢每下愈況，WCP 還是持續在其他地方尋找具商業前景的新機會。WCP 的董事會提到，儘管黃金具有歷久彌新的內在價值，但在即將來臨的綠色能源轉型中，卻幾乎沒有用武之地——這樣的認知相當正確。另一方面，全球各地的政府正一步步引導國家遠離化石燃料，並轉而推行可再生能源專案，而這些專案需要用到更多實務用的金屬，包括鋰。

於是，2016 年 9 月，WCP 宣布它將投資一個從未涉足的大陸與國家：美洲與美國。WCP 支付了 16 萬 5 千美元，取得購買或租用夏洛特西側共 415 英畝農地的選擇權。[22] 就這個計劃本身來看，這筆錢並不是特別多，WCP 其實是抱著搭順風車的想法，希望利用這個地區的現成條件來發展計劃，因為二戰爆發後不久，北卡羅萊納州就已成為世上最大的鋰生產區域。雅寶公司和李文特公司的前身都曾在此地經營巨大的露天鋰礦場，並將它們從礦坑開採出來的岩石，轉化成可在世界各地使用的金屬。索尼公司（Sony）攝影機裡所使用的鋰，就是產自這個地區。

鋰價曾在 2010 年崩跌，在那個時間點鋰的市場還非常小，而且，電動車的市場對當時的鋰生產商來說幾乎還沒有意義可言。鋰價的重挫嚇跑了有意在此營業的其他小型初級礦場。不過，WCP 希望在其他業者失敗的地方開創一番成就，於是，它在 2017 年禮聘了一位新執行長來協助領導公司在美國的新計劃。凱斯・菲利普斯（Keith Phillips）擁有三十多年的投資銀行業經驗，這段期間，他先後待過幾家頂尖的投資行號，包括摩根大通、美林證券（Merrill Lynch）和貝爾斯登——美林證券和貝爾斯登在 2008 年金融危機爆發後，分別被美國銀行（Bank of America）與摩根大通收購。既然菲利普斯是個資深的投資銀行人，他最擅長的當然就是扮演中間人的角色，換句話說，他的工作就是幫企業找到好買家，以及協助買家尋找有意出售的企業。他最擅長的領域是所謂的開採產業（extractive industries），這個企業術語泛指從地底下取出石油、天然氣、黃金和其他礦物的企業。

這是一個高度投機的領域，原因很多，其中最重要的原因之一是，要找到一個夠大、能利用現有技術開採，且不會導致開發商破產的礦床真的非常困難。很多所謂的初級礦場確實曾透過這種探勘活動而致富，但這種礦場事後通常會把他們發現的礦床，移交給諸如菲利普斯這種資深投資銀行人，由這些投資銀行人士設法把新發現的礦床（或礦床背後的整個企業）轉售給出價最高的投資人，或至少賣給能協助開發礦床的投資人。在接近三十年的投資銀行生涯中，菲利普斯經手的案件交易金額超過 1 千億美元——這個總額非常驚人，從這個數字也可看出這位新執行長的專業能耐。他也曾和全世界前兩大黃金企業合作——巴里克黃金公司（Barrick）與紐蒙特黃金公司（Newmont），由此可見，他在產業高層的人脈非常廣。

7 月 4 日國慶假期過後兩天，WCP 正式聘請菲利普斯擔任公司執行長，公司表示，這項聘任案的目的是要為公司股東「創造價值」——這個華爾街專用術語有個非常明確的意義：把公司賣掉或把股價炒高。WPC 還表示，它將更名為皮埃蒙特鋰業（Piedmont Lithium），因為這個新名稱將更能令人聯想到，他們希望開採的那片北卡羅萊納州土地。[23]

我和菲利普斯首度的電話交談是 2019 年 2 月的事，當時我已經和美國鋰產業的幾位企業高階主管有過聯繫。由於當時這個產業還非常小，不少企業執行長與從業人員都想方設法吸引媒體的關注，並為他們的專案爭取到正面的報導。菲利普斯為人熱情且善於交際，他解釋說，他之所以從銀行業轉戰腳踏實地的企業經營，是因為他察覺到這個廣大經濟體系在能源的消耗上，正開始從化石燃料轉為可再生能源，而他不想錯過這個大好機會。

　　他說：「電氣化正在展開。每一家美國汽車製造商一定想向國內的來源採購材料，包括鋰。」[24]

　　不僅如此，菲利普斯堅信，皮埃蒙特鋰業有可能成為這項白色金屬的關鍵供應商之一，公司在地質方面的條件對於實現這個目標有利，因為它擁有的地下礦床主要就蘊藏了鋰輝石，而開採與加工鋰輝石的方法，和黃金或白銀的開採與加工方式並沒有太大的不同：以巨型挖土機將岩石挖到地面後，將岩石擊碎成愈來愈小的碎屑，接著再使用一個化學程序，就能把鋰從岩石的其他成分中分離出來。這個方法正好也是生產電動車特用氫氧化鋰的更簡便方法（特斯拉、BMW 與其他汽車製造商都偏好採用這種材料）。就這樣，皮埃蒙特鋰業意識到，它是氫氧化鋰在美國境內唯一的可行供給來源，各大汽車製造商都對此垂涎不已。

　　那次交談中，菲利普斯告訴我，皮埃蒙特鋰業有如鴨子划水，已經陸陸續續向這個地區大約三十五名地主收購了（或有權收購）大約 1,800 英畝的土地。不過，公司需要至少 3 千英畝的土地，而且必須是彼此接壤的地皮。換句話說，皮埃蒙特鋰業必須鬥贏高達數百名本地土地所有權人，專案才有可能成功；相較之下，它的對手（初級礦場）根本無須應付這些棘手的事，因為那些對手幾乎全部位於美國西部，而美國西部的土地多半只有一位所有權人：美國政府。他說：「像雅寶這種較大型的企業，從頭到尾都不需要煩惱土地整合與打包開發的問題。」

「這些都是民間的土地交易，我們必須逐一和地主商談，讓他們知道這是在他們的地產上探勘與發掘鋰的機會。這是個漫長的過程，有時候一談就得耗上好幾年。」[25]

即使 WCP 公司更名為皮埃蒙特鋰業公司，也聘請菲利普斯擔任執行長，公司的根終究是在澳洲。有幾篇新聞報導把它描述為某「澳洲礦業公司」，況且公司確實有不少股東還待在澳洲，主要是因為公司的股票是在位於雪梨的澳洲股票交易所（Australian Stock Exchange）掛牌交易。（一度擔任皮埃蒙特董事長的李維・莫金〔Levi Mochkin〕因為被控炒作某些礦業公司的股票，而在 2001 年被禁止在澳洲金融服務業工作。）[26] 不過，到了 2020 年歲末年終之際，皮埃蒙特鋰業公司終於決定到美國那斯達克股票交易所掛牌，並遷移總部。不過，皮埃蒙特鋰業並沒有選在紐約或華盛頓設立新的美國辦公室，而是決定全力投入北卡羅萊納州，在公司擬議中的北卡羅萊納州礦場附近，一座風景如畫的小鎮貝爾蒙特（Belmont）設立辦公室。

我問菲利普斯，為什麼他寧可花那麼多時間在投資人身上，而不設法搞定鄰居和地方民選官員。畢竟到那時為止，公司已經為了這項專案花了 5,800 萬美元，這不是一筆小數目，通常企業不會輕易砸那麼多錢在尚未確定未來經營策略的專案上，更何況公司和特斯拉之間的協議，已經惹毛了當地的居民與官員。

時任加斯頓郡委會主席湯姆・凱格（Tom Keigher）問我：「他們憑什麼還沒取得礦場許可證，就先跟特斯拉敲定這個協議？」他還補充，這家公司「有點本末倒置。」[27] 不管是菲利普斯或皮埃蒙特鋰業的其他主管，都從未就公司的計劃向郡委會做過任何簡報，這種資訊真空的狀態讓很多人非常不滿。即使皮埃蒙特鋰業打算生產鋰——這個美國綠色能源計劃裡的關鍵要素，也不代表這類案件絕對能在這個郡或其他地方闖關成功。皮埃蒙特鋰業在 2018 年與 2019 年曾兩度向華爾街表示，它很快就會提出許可證申請，而且即使公司從未和地方監理機關或官員溝通，它卻故做天真地表示，它並不知道地方監理機關或官員會出手阻擋。皮埃蒙特樂觀地預測，它將在 2021 年 6 月取得該礦場的地方核准函[28]，公司還聘請了一位配音員，來為該專案的宣傳影片錄製旁白，因為這位配音員的聲音聽起來很像得過學院獎（Academy Award）的演員摩根·費里曼（Morgan Freeman）。[29]

菲利普斯在 2021 年年中告訴我：「如果當初能讓委員們隨時保持消息靈通，事情或許會比較順利。但我們真的沒有那麼多的時間或資源做這件事，而且我們甚至直到今天都不知道要對他們說什麼。」[30]凱格和加斯頓郡其他官員的盤算，是希望能等到皮埃蒙特鋰業做過正式簡報後再做判斷，但漫長的等待讓他們漸漸失去耐心。到了 2021 年 7 月，菲利普斯才終於去拜會郡委會的成員，不過，數百位礦場反對者也參加了那場簡報，舉辦地點是在加斯頓郡法院大樓。

打從一開始，會議的氣氛就十分緊繃，幾位郡委員因過去那麼多年遲遲等不到皮埃蒙特鋰業分享計劃而當場表達不滿，他們認為公司不斷拖延的行徑，似乎暗示它認為只要打著能源轉型的旗幟，就能為所欲為。菲利普斯隨即向他們道歉，並承諾將加強溝通；不過，皮埃蒙特鋰業的惡劣形象已經深植當地人的心中。菲利普斯做完簡報後，現場有十八位住在加斯頓郡的居民出言反對這座擬議中的礦場，只有一位贊同，不僅如此，更有超過一位已簽署請願書的民眾，要求郡委會阻止這項計劃。住在擬議礦場場址附近的莉比·卡本特（她和丈夫休同住）向在場委員表示，他們不該「明知那些陌生人打算破壞我們的社區，還放任他們侵入」。[31]

這場會議本來就是為了提供資訊而召開，所以並未進行正式投票。無論如何，這場會議對平息反對聲浪並沒有太大幫助。在氣氛緊繃的郡委會議過後幾個星期，皮埃蒙特鋰業和特斯拉之間的合約，在沒有任何具體理由的情況下被無限期延期。[32] 四天後，加斯頓郡的委員也暫時禁止任何人在管轄區域內進行採礦活動，藉此爭取時間，好讓他們得以修訂郡的第一套採礦法。郡委員表示，「在缺乏適當管制措施來保護」社區「健康、安全與福祉的情況下，不能輕易信任」皮埃蒙特鋰業。[33]（2022 年，馬斯克還若有所思地公開表示，特斯拉可能必須為了自家營運的考量而「介入採礦與提煉」鋰的業務。）[34]

那個月稍晚，皮埃蒙特鋰業終於正式向北卡羅萊納州提出採礦許可證申請。幾星期後，加斯頓郡也正式對外公布它的新採礦法，法案中納入了和圍籬、照明、噪音緩解以及岩石爆破有關的新規定。加斯頓郡認為這是一個好的開始，郡委會也誓言，除非州政府核准皮埃蒙特鋰業的許可證，否則加斯頓郡將不會進行必要的分區特殊許可投票。總之，整個申請流程持續延宕，一直到 2023 年年底還是沒有明確的結果。[35]

2022 年，菲利普斯在北卡羅萊納州的一個電視台，發表了一段令人不知所云的聲明，他表示，這座擬議中的礦場不會對這個地區造成危害。「即使你想要興建一個對環境不友善或不安全的礦場，你也做不到。我認為民眾完全沒有必要擔心。」[36] 然而，史諾登夫婦和其他人卻無論如何都放不下心，而皮埃蒙特鋰業後來也漸漸意識到，要讓當地人卸下心防並不是件容易的事。其實，除了在北卡羅萊納州的規劃，皮埃蒙特也分別投資了魁北克與迦納的鋰礦開採專案，而且，它在 2023 年夏天向投資人表示，預期那兩地的礦場將比北卡羅萊納州的礦場更早啟用。此外，公司也決定在田納西州興建一座加工廠，在那裡把從迦納與魁北克開採出來的鋰，轉化成可供汽車製造廠使用的形式，加工廠還得到了白宮 1 億 4,200 萬美元補助。[37] 不過，儘管做了這麼多宣示，皮埃蒙特鋰業還是承認，它不知道何年何月才能取得北卡羅萊納州的採礦許可證。[38]

　　即使皮埃蒙特鋰業在加斯頓郡遭遇那麼大的反對聲浪，它的對手雅寶公司卻如火如荼地在鄰近的克里夫蘭郡（Cleveland County）推動某座已封存鋰礦場的重啟計劃，此舉明顯是在仿效長存資源公司，正在愛達荷州進行的專案。重要的是，雅寶已經獲得白宮與地方官員的支持。那時的雅寶已是全世界最大的鋰業公司，打算穩紮穩打地征服美國境內正在興起的鋰礦產業。雅寶在 2022 年年中表示，它將興建一座每年能加工處理 10 萬噸鋰的設施，產量比公司當時在全球各地（包括中國、智利與澳洲）設施的總產量還多。雅寶期盼那座加工廠，未來能成為美國第一座大型的鋰加工廠。負責管理雅寶鋰事業部的艾瑞克・諾里斯（Eric Norris）告訴我：「我們計劃在五至十年內成為美國最大的生產商。但我們的抱負不僅止於此。」[39]

　　不過，那項計劃也使雅寶成為它本身前幾大客戶特斯拉的競爭者，因為馬斯克早在 2020 年就宣布，特斯拉將在內華達州興建一座鋰加工廠——當時特斯拉已在內華達州爭取到一萬英畝的黏土礦床，那座加工廠就是要利用黏土來生產鋰。在此之前，從未有人從黏土中生產出具商業化規模的鋰，美洲鋰業公司也還在嘗試為薩克隘口專案破解這個生產密碼。馬斯克曾針對這個製程做過一些粗略的解釋，他說，把黏土和「食鹽」與水混合在一起，就能引發一種能濾出鋰的反應，為此特斯拉已向美國官員提出了一份內容長達十九頁的專利申請。[40] 馬斯克說：「這個方法能以相當永續的方式取得鋰。」[41] 然而，接下來三年，特斯拉並沒有繼續落實那些計劃，而且自從公司在 2022 年 9 月宣布想在德州興建一座鋰精煉廠後，它似乎徹底把從黏土生產鋰的計劃束之高閣。只不過，特斯拉也沒有說明它將從何處採購所需的鋰。[42]

　　特斯拉發布德州那份新聞稿後兩個星期，諾里斯正好約了我一起討論雅寶公司的擴張計劃，說著說著，他突然問我：「你最近還有聽到馬斯克談論食鹽的話題嗎？」當時雅寶為了避免步上皮埃蒙特鋰業的後塵，正策略性地積極向華爾街、監理機關和北卡羅萊納州的民眾吹捧它的擴張計劃。雅寶煞費苦心向各方說明，它絕對不會犯下其他較小型同業的錯誤，並展現出它知道如何在興建鋰礦場的同時，協助保護環境。諾里斯強調：「這座礦場位處一座原本就非常採礦導向的小鎮，而且是既存的礦場。」這個現實狀況明顯對雅寶公司有利——特斯拉並未取得任何鋰礦床的控制權，皮埃蒙特鋰業則從未從事過鋰的加工業務，相較之下，雅寶公司擁有這兩項業務的實務經驗，不僅如此，雅寶還強烈暗示，它將利用這些優勢，來稱霸拜登與其他人迫切想建立的美國鋰產業。我打電話給克里夫蘭郡當地的民選官員和商業組織，向他們提出我先前曾問過加斯頓郡民選領袖的那幾個問題，我的目的是想在克里夫蘭郡找到，反對雅寶諸項計劃的企業主、居民和民選官員，結果沒有人反對。

雅寶公司自我設定了幾個極為宏大的目標。它預估 2030 年時，全球的鋰生產量將達到 370 萬噸，而它預期，其中 60 萬噸將由雅寶生產。[43] 16％的全球產量占比將足以讓雅寶在全球鋰市場上呼風喚雨。（對照之下，以 2022 年來說，艾克森美孚的石油產量僅占全球產量的 2.4％。）[44]

拜登總統根據國會在 2021 年年底核准的兩黨基礎建設法相關規定，提撥了 1 億 5 千萬美元給雅寶公司，協助它建造鋰加工設備。[45] 拜登是在 2022 年 10 月於白宮舉辦的一個虛擬活動上宣布這項補助的，當時他形容雅寶公司的計劃將「使美國的電池供應鏈徹底改頭換面」。拜登考量到皮埃蒙特鋰業的困境，於是當場直白地問雅寶執行長肯特·梅斯特（Kent Masters），在地社區對公司的計劃有何反應。[46]

梅斯特告訴總統：「我們將和社區溝通。我們會據實向他們說明真正的狀況。而且我們取得他們的意見後，一定會進行適當的調整，讓他們在整個過程中都有參與感。」

拜登回覆：「好，我當然知道你們做了什麼努力，而我希望確保民眾知道你們會提供什麼援助，更希望他們能夠知道這件事真的很重要。我之所以提出這個疑問，是要讓社區知道你們正在做什麼、提供了什麼資源，以及為何礦場將會安全無虞等……總之，謝謝你們投注的所有努力。」顯然總統希望住在礦場附近的民眾（他是這麼說的）能真心想要那座礦場。

同樣在那一天，還有另一家公司也得到拜登的資金補助，就是皮埃蒙特鋰業公司；到那時為止，皮埃蒙特鋰業已在加斯頓郡購買了 2,100 英畝的土地，也為了這座擬議中的礦場斥資超過 1 億美元。[47] 然而，皮埃蒙特鋰業獲得的 1 億 4,200 萬美元補助金，卻和北卡羅萊納州的專案毫無關係，而是與田納西州鄉下興建加工廠的新計劃有關——這座加工廠預定要處理的是公司在魁北克和迦納的事業夥伴所開採的鋰，而不是在美國開採出來的鋰。從這些跡象來看，皮埃蒙特鋰業似乎漸漸不再把在加斯頓郡山丘地帶開發鋰礦場的計劃，視為當前的第一優先要務，而是決定把未來寄託到其他專案了。

PART 3

全面開戰

第十一章
政府、企業與投資人

> 這對美國而言是場災難，尤其是礦場被賣給中國人；對費利浦公司來說這更是個災難，因為他們陷入雙輸的窘境。

 # 嘉能可公司 # 洛陽鉬業 # 費利浦公司 # 資源民族主義 # 部落主權

紐約市布萊恩公園（Bryant Park）北側距離美洲大道（Avenue of the Americas）只有幾步之遙的倫敦懸鈴樹下，佇立著威廉・厄爾・道奇（William Earl Dodge）的銅像。[1] 這尊莊嚴的青銅像高近 8 英尺，主人翁道奇的身體稍稍倚著柱子上的兩本書，左手抓著右手手背，眼神堅定地凝視前方。1885 年，這尊銅像首度在紐約市的先驅廣場（Herald Square）揭幕，但在 1941 年遷到目前的所在位置，銅像遷移過來時，相關單位還在它下方另外設置了一個花崗岩基座。當年打造這尊銅像的目的，是為了紀念美國基督教青年會（Young Men's Christian Association，簡稱 YMCA）的創始成員道奇，他向來以「節制」的價值觀聞名（位於先驅廣場的原始基座上有一座噴泉，向道奇主張絕對禁酒的態度致敬）。[2]

1834 年，道奇和岳父安森・菲爾普斯（Anson Phelps）共同創辦了一家貿易公司，之後，公司的業務蒸蒸日上，最終成長為一個企業帝國，掌握了非常多產業的大量股權，涉足的行業更涵蓋林業、房地產、鐵道、銀行、棉業與其他大宗商品業等等，亮眼的成績為道奇贏得了「商人王子」的美稱。道奇甚至一度成為紐約第八選區在美國國會的代表，但他的議員任期很短暫，僅介於 1866 年至 1867 年。在那段時間，他苦口婆心推廣戒酒運動，據說成功說服了五十名參議員與眾議員宣誓戒酒。[3] 到了二十世紀初，這家公司逐漸轉型為全世界前幾大銅礦開採公司：菲爾普斯道奇公司（Phelps Dodge）。[4]

不過，這家公司是歷經了漫長的轉型過程，才緩慢蛻變為銅礦公司的。美國銅業的發展最早可追溯到獨立戰爭爆發之前，發源地位於目前的康乃狄克州，後來又擴展到當今的密西根州。1842 年，美國政府向奧吉布瓦族人（Ojibwe）徵用了密西根州基威諾半島（Keweenaw Peninsula）上的一處採銅區域，自此，美國西部各個原住民社群，就一直無法擺脫這種反覆遭到侵犯的命運。[5]

由於美國經濟在十九世紀下半葉持續成長，探礦者遂把焦點轉向西部，並開始在現代的克里夫頓（Clifton）與莫倫西周遭的亞利桑納州山區挖礦。他們原本希望能找到黃金，到頭來卻發現了裸露在地表的氧化銅，這自然引來更多期待致富的探礦人。想當然耳，為了莫倫西銅礦而湧向西部的探礦人，對聖卡洛斯阿帕契族及其他原住民族造成許多折磨與苦難，由此也就不難理解為何堅毅銅礦專案會遭遇那麼大的阻力——因為當地的原住民族把世世代代累積下來的怨氣，一股腦兒宣洩到這個專案上，堅定反對堅毅銅礦場的開發。

1881 年，也就是道奇過世前兩年，威廉・丘奇（William Church）從亞利桑納領地（Territory of Arizona）出發，前往菲爾普斯道奇公司位於紐約的辦公室，請求公司提供 5 萬美元的貸款給他，他打算用這筆錢興建一座銅冶煉廠（這筆錢相當於 2023 年的 150 萬美元）。丘奇是底特律銅礦開採公司（Detroit Copper Mining Company）的老闆，他向菲爾普斯道奇公司提出這樣的要求實在不太尋常，原因有很多，特別是到那時為止，道奇與他的合夥人從來沒有參與過採礦產業。為了評估這個案件，他們聘請一位地質學家去探勘那片土地周遭區域的狀況（丘奇已取得採礦權，並將那個區域取名為莫倫西）。後來，在地質學家的熱情舉薦下，菲爾普斯道奇公司決定買下底特律銅礦開採公司的一半股權，公司也接著著手開發莫倫西礦場。[6] 到了 1921 年，菲爾普斯道奇進一步買下整座礦場的完整控制權。這座礦場雖一度在大蕭條期間短暫關閉，但第二次世界大戰的爆發又讓它滿血復活。[7]

就在莫倫西興起為美國主要銅供應來源的十九世紀末及二十世紀初，愛迪生也善用這項紅色金屬，發明了成百上千種東西，包括電話、馬達和電磁體。[8] 這些發明為採礦產業帶來愈來愈多商機，為了表達感激之意，美國採礦工程師協會（American Institute of Mining Engineers）在 1911 年公開表揚愛迪生一生的貢獻，特別是他在 1879 年發明的白熾燈泡——史上第一個可實際應用到生活上的燈泡。不過，接受表揚的愛迪生並不想要典型的牌匾或小人像，而是要求採礦工程師協會頒給他一塊 1 立方英尺的銅——那是由蒂芙尼公司精心打造的一個立方體，近 500 磅重[9]——愛迪生後來把這塊銅錠，安置在他實驗室圖書館裡的一個基座上。[10]

春去秋來，莫倫西礦場對北美銅業的重要性開始水漲船高，甚至高到近乎傳奇，特別是它在 2007 年被費利浦－麥克莫蘭銅金公司收購之後。後來我輾轉得知，這座北美最大的銅礦場（隸屬全世界最大的公開掛牌交易銅礦開採公司）是從鄰近的聖卡洛斯阿帕契部落取水，這個訊息真的讓我非常訝異。

莫倫西位於鳳凰城東方大約 200 英里處，鎮內只有大約一千五百位居民。幾乎每個住在鎮上的人都在費利浦－麥克莫蘭銅金公司工作，就算不是，也都和為這家礦業巨擘工作的人牽扯上一點關係。小鎮周遭灰濛濛的山丘上，散布著刺柏樹和山艾樹叢，這些植物只能仰賴每年不到 15 英寸的降雨量來滋潤。在此地起伏不定的山丘上，不時可見時而漫步、時而站

崗的洛磯山大角山羊。由於這裡的地形崎嶇不平，道路相當狹小，只能沿著不斷起伏的地面蜿蜒前進。開車經過此處的我，實在難以理解十九世紀（汽車發明以前）一心想挖銅致富的礦工，是用什麼方法在這個地區運送笨重的採礦設備。不過，讓莫倫西獨樹一格的並不是這裡的大自然景觀，而是四處散布的銅礦場。自 1880 年代以來，此地銅礦場的數量就一直穩定增加，目前占地已近 100 平方英里，而且還在擴增。光是這樣的規模就足以讓莫倫西成為北美大陸最大的金屬礦場；直到今日，這裡的採礦業務依舊活躍，以 2022 年來說，當地的銅產量高達 9 億磅。[11]

莫倫西礦場是費利浦－麥克莫蘭銅金公司在亞利桑納州經營的五座礦場之一。2022 年 7 月初，為了更加了解美國境內銅礦場的營運現況（尤其是暴露在空氣中的露天礦場），我決定親自去那裡看看。2019 年，我曾參訪過智利的一座地下銅礦場，可惜那是密閉空間，所以我實在很難體會那個專案的規模與範疇究竟有多龐大。莫倫西礦場的巨大規模與它在美國銅業所扮演的角色激起了我的興趣，畢竟美國過去消費的銅（以及未來希望消費的銅）多數都由此供應。

十九世紀的莫倫西原本是一座地下礦場，當時它快速成長，一路沿著亞利桑納州的銅礦床擴展到該州和當今的新墨西哥州邊界。1939 年，礦業公司在含銅的地面上鑿出一系列露天礦坑，這裡就成了地面礦場。[12] 在二十世紀的多數時間裡，礦場老闆菲爾普斯道奇公司陸續為礦場工人及眷屬興建住宅、學校、醫院、體育館，以及作為美國中堅分子的中產階級常用的設施。1909 年，莫倫西高中（Morenci High School）在一堆礦場廢石之上興建了橄欖球場，從此，該校運動員就經常利用和銅礦場作業的「副產品」來脅迫對手，比方說，以前莫倫西的銅冶煉廠會噴出硫磺煙霧，一旦煙霧飄過學校的橄欖球球場，沒有事先做好預防措施的球員就會咳嗽不止，嚴重者甚至會窒息。[13] 不過，這座冶煉廠已在 1984 年拆除。[14]

如今，若從高空俯瞰，這座礦場本身彷彿排列成一個狹長的圖案，令人不由得聯想到《冰與火之歌：權利遊戲》（Game of Thrones）裡虛構的維斯特洛（Westeros）大陸地圖。礦場的南端有一些瀝濾墊、尾礦池塘和其他貯藏庫，偌大的露天礦坑則分布在北側，每一個礦坑都以逐漸傾斜的方式，朝地下愈挖愈深。這些礦坑還用一些所謂條凳（bench）的小平台來做記號，每隔 20 英尺左右就縮窄一些，直到抵達礦坑的底部為止。礦場有 154 輛採礦卡車，整個卡車車隊每天會從這裡運送 81 萬 5 千噸的岩石，每輛卡車的後車斗每次最多可載重 236 噸（一直到 1970 年代，公司還在使用礦場礦坑內的火車來載運岩石，而不是卡車）。在卡車、鏟子、鑽井機及其他設備相助下，莫倫西礦場及其中三千六百名工人得以在這個銅礦床上挖掘三種類型的礦化沉積（mineralization，基本上是一種地質用語，用來描述銅如何出現在岩石中）。

莫倫西礦床中的銅被評為低等級的銅，含量僅介於 0.23％至 0.5％，意思是，那些卡車每運送 100 磅岩石，只含大約四分之一磅至半磅的銅。由於需要運送的岩石非常多，當然也有非常多廢棄岩石必須找到儲藏的地方。總之，莫倫西本身常不得不隨著這座礦場的突發需求或規劃而改變；舉例來說，1980 年代時，整個社區因為擋到了礦場擴張的路線而不得不全面搬遷。[15] 此外，2015 年，一九一號公路也為了讓路給莫倫西而改道（費用由費利浦公司負擔）。[16]

礦場經理羅伯·「巴比」·波洛克（Robert "Bobby" Pollock）是第三代礦工，一生職涯都在費利浦公司度過。我是在參訪這座礦場的指揮中心時認識他的。這個指揮中心設置了數十台電視監視器，上頭有關礦場岩石運送量、加工廠生產率、尾礦堆穩定度以及其他大量項目的數據不斷跳動。房間角落的標示牌上，還展示著這批工人（十二小時輪班一次）正在努力達成的目標：運送 36 萬噸的岩石。指揮中心外還有一面電子顯示板，上面寫著費利浦公司不斷更新的股價，以及公司總經理凱絲琳‧奎爾克（Kathleen Quirk）和智利總統加布列‧博里奇（Gabriel Boric）的合照——費利浦在智利也有幾個大型營運基地。門上的把手皆採用鍍銅材質製成，這是對銅的抗菌特性的一種認可。[17]

費利浦早就自我營造了「銅業第一把交椅」的品牌形象，這裡也隨處可見它為了開採這項紅金屬而耗費鉅資的痕跡。無論是過去還是現在，莫倫西礦場都是費利浦最珍視的金雞母：因為直到 2021 年年底，這座已啟用一個世紀以上的礦場底下，還蘊藏了超過 150 億磅的銅[18]，而且，這座礦場也和費利浦旗下其他美國礦場一樣，無須支付任何礦區使費給州政府或聯邦政府。

費利浦公司的經理人將莫倫西礦場和公司的整座礦場組合，視為成就他們所謂本世紀「第二個銅世代」的主要驅動力量（中國經濟在二十一世紀初的迅速崛起，促成了「第一個銅世代」的需求）。費利浦－麥克莫蘭銅金公司執行長阿德克爾森告訴我：「整個世界與電的關係愈來愈緊密。沒有銅就沒有電。時至今日，世界各地還有龐大的人口族群仍生活在未開發或低度開發的狀態，他們也嚮往能過上更好的生活，想要更多電力、更好的汽車，更多的家電用品。」[19]阿德克爾森的意思是，莫倫西礦場與費利浦公司其他礦場所出產的銅，是加速促成這個遠景的關鍵。他還把銅的未來和對抗氣候變遷的種種作為掛勾在一起：「我認為世界各地的社會發展無疑正持續製造碳排放，而我們有能力為改善這個問題，貢獻一點心力。」[20]

鑽鑿、爆破莫倫西礦場的礦坑後，費利浦公司接著會把岩石裝載到卡車上運走，再進行兩種基本類型的加工。其中一個方法是在一個全年無休的巨大滾筒裡把岩石擊碎，並將碎石研磨成細粉，然後把粉末輕加工為所謂的銅精礦，最後再送到附近的冶煉廠；冶煉廠接著把銅精礦熔化，注入各種不同的模具裡，製成各種產品（包括銅管）。另一個方法是把岩石堆在瀝濾墊上，透過滴灌（drip irrigation）的方式，將某種酸性混合物混入岩石，以便瀝濾出銅；接下來，那些酸性溶液（即所謂的含銅浸出溶液〔Pregnant Leach Solution〕，每公升含有 2 公克的銅）會被收集在瀝濾墊的底部，再藉由電流加工的方式，製成所謂陰極電解銅的銅板。莫倫西礦場所在位址占地近 100 平方英里，其中四分之一作為尾礦池塘，用來保存採礦過程中所產生的泥質碎屑。為了防止塵土飛揚，費利浦公司還在這些巨大的池塘上方鋪上氧化鎂，從空中俯瞰，很像巨大的三角錐，不過，這些三角錐體的頂端寬闊且平坦，側面則是緩慢傾斜而下，一路延伸到有著數百戶家庭的社區邊緣。這個設施被視為「零液體排放」（zero-discharge）設施，目的是要防止水（不管是雨水還是其他來源）流出這個場址。（2021年，費利浦為了擺平尾礦設施外洩硫酸危害到鳥類與其他野生動物的告發案，支付了 680 萬美元的和解費。）[21]

莫倫西礦場生產的多數銅都被運往費利浦公司位於德州埃爾帕索（El Paso）的埃爾帕索棒材廠（El Paso Rod Mill），這座工廠會將運來的銅，製成用於無數種產品的銅線，包括電動車、太陽能板與風力發電機。

我很快就意識到，說穿了，莫倫西就是一座企業鎮，因為鎮內的一切幾乎都由費利浦公司付費經營。如果說這個產業相對較高的薪資是為了取悅自家工人（費利浦公司的薪資確實「高人一等」，2021年，公司的薪資中位數比美國全國薪資中位數高了 9%）[22]，那麼，它提供的種種社區福利，則是為了要讓工人的配偶與子女滿意。身為礦場經理人的波洛克也身兼這座小鎮的實質鎮長。根據費利浦公司向美國證券交易委員會申報的資料，2021年公司全體員工平均總薪酬為 77,036 美元（執行長阿德克爾森除外）。同一年，美國人口普查局的數據顯示，國民所得中位數為70,784 美元。

因為此處所有的房屋和零售商店，乃至圖書館、醫院和五金行等等，全都屬於費利浦公司。雖然波洛克會定期向小鎮居民說明公司如何維護特定設施（包括馬廄），居民卻不能投票選舉鎮長或其他任何城鎮官員，因為費利浦公司實際上就等於這個小鎮。[23] 費利浦公司也是莫倫西鎮休閒大樓的所有權人兼經營者，大樓裡有許多運動設備、一座戶外游泳池、攀岩牆、籃球場和室內水上樂園（家庭的月費是 30 美元）。莫倫西社區中心外有一個巨大的 A 形裝飾，設置的目的就是為了以視覺形象來向這座礦場致敬。波洛克帶我四處參觀時告訴我：「這一切都是為了贏得本公司的社會認同。」當時正值炎熱的夏天，室內水上樂園裡擠滿了來此解暑的社區居民。

　　儘管公司對工人與居民的補貼相當優渥，礦場本身的需要卻永遠是它的第一優先。我參觀過莫倫西礦場的主要辦公室後（位於一九一號公路旁，是一棟單層結構的棕色建築），更加深刻感受到這一點。道路對面那一側有一個巨大的山谷，左邊稍微偏北的方向隱約可見一座山。波洛克告訴我，隨著時間流逝，等到這個山谷被莫倫西礦場作業的廢棄岩石填滿後，這座山將會向南傾斜。未來二十年至三十年，隨著世人永無止境地追求這項金屬，山裡的銅將繼續被開採並瀝濾出來，這座山則將繼續堆疊，到時候，礦場的主要辦公室將會被籠罩在這座山的陰影之下。

　　1992 年，美國國會通過了《開墾專案授權與調整法》（*Reclamation Projects Authorization and Adjustment Act*，法案事後也獲老布希總統簽署），這項龐大的法案包含了一條將特定水權重新分配給聖卡洛斯阿帕契部落的條款；對住在亞利桑納州、久處於乾旱狀態的聖卡洛斯阿帕契部落來說，這條款絕對是他們的一大勝利。[24] 這項法律將上個世紀未曾被編入法典的協議與做法予以正規化，從此以後，聖卡洛斯阿帕契族人對流經保留區（面積約 180 萬英畝）的水，擁有更多的控制權。這項法律還為部落設立了一筆 4,100 萬美元的信託基金，並賦予他們出售水的權利。[25] 如今，聖卡洛斯阿帕契族人掌握了保留區內的地下水權，不僅如此，流經他們的土地並注入四條河流及其支流的地表水，也屬於他們的權利。[26]

總之，這項法律賦予了這個部落更大的力量，從此以後，他們可以對該地區的水資源使用者發揮更大的影響力，而使用者也包括菲爾普斯道奇公司。公司在二十世紀稍早時，曾協助在保留區附近興建了一座水壩，除了用來儲水，也能防止山洪暴發。由於 1992 年通過的法案讓部落更有權控制屬於他們的水，所以，經由談判，部落和這家銅礦開採業巨擘簽訂了從 1999 年起供水五十年的協議。[27] 控制印地安事務局（Bureau of Indian Affairs）的美國內政部將這項協議譽為歷經數百小時協商的「和解里程碑」。[28] 根據菲爾普斯道奇的規劃，經由這項供水協議取得的水將用於莫倫西礦場，因此，從這項協議便可隱約體察到，聖卡洛斯阿帕契部落本身並不反對所有銅礦開採活動，也就是說，這個部落的立場可能比一般所想的更加微妙。

他們的立場確實非常微妙。某次聊天時，我向聖卡洛斯阿帕契族委員會主席藍伯勒提出這個疑問。我問他：「你們部落一邊賣水給某座大型銅礦場，一邊又要族人強化對堅毅銅礦專案的反對立場，你們真正的訴求到底是什麼？」他表示，這個問題的答案和部落的主權有關。藍伯勒指出，原住民部落理應能自由處置屬於他們的土地和水，就像他們理應可以選擇自己的命運一樣，而就算他們想要支持某個銅專案，但不支持另一座銅礦場，那也是他們的特權（這個部落也曾把水權賣給附近的住宅開發案）。[29] 藍伯勒說：「我們對那些事情有話語權，重點是外人必須切記，我們擁有這個話語權。」[30]

儘管如此，在堅毅銅礦的所有權人力拓集團明顯屢戰屢敗的同時，菲爾普斯道奇公司（以及後來的所有權人費利浦公司），又是怎麼成功被這個部落接受的？雖然供應水和興建一座可能會摧毀宗教與文化場所的礦場，是非常不同的兩回事，但這項售水協議顯示，聖卡洛斯阿帕契部落並不是逢銅必反，也不是逢綠色能源轉型相關政策必反。當然，誠如我們所見，很多人確實對興建全新的礦場愈來愈反感。

　　和藍伯勒聊過後，我拿這個問題去問阿德克爾森，他其實不願意對特定同行兼競爭對手多做評論，尤其是在他擔任國際礦業與金屬協會（International Council on Mining and Metals，力拓集團、費利浦公司與其他礦業公司組成的協會）主席兩年之後，有這樣的立場並不難理解。阿德克爾森告訴我：「我們和聖卡洛斯阿帕契部落很親近。」言談之中有意無意展現出，他對於公司和亞利桑納州原住民社區之間的友好關係非常自豪。儘管阿德克爾森本人和已故參議員馬侃之間，私下的關係很密切（馬侃過世後，阿德克爾森還擔任亞利桑納州追思會的名譽護柩人）[31]，他的公司和聖卡洛斯阿帕契族人之間還是建立了友好的關係。（要知道，馬侃選在 2014 年的最後一刻，在五角大廈撥款法案中塞進一項條款，讓力拓集團得以進入橡樹平原營區，這件事讓聖卡洛斯阿帕契族人相當無法諒解）。

　　阿德克爾森還提到力拓集團破壞澳洲尤坎峽谷洞穴一事，他說：「堅毅銅礦位於美國原住民團體眼中的聖地。」他也提到，就算力拓集團真的取得礦場的開發許可，還得解決這裡的地質複雜性。阿德克爾森表示：「嘗試開新礦場是一回事，延續現有礦場的業務則是另一回事，這兩者是有差異的。」[32]

2007 年，總部位於紐奧良的費利浦－麥克莫蘭銅金公司收購了總部位於鳳凰城的菲爾普斯道奇公司，這是罕見的「小蝦米吞大鯨魚」案例（較小型企業收購較大型企業）。當時，菲爾普斯道奇公司控制了美國、非洲和南美洲各地的許多礦場，費利浦公司只控制了一座礦場：印尼的格拉斯伯格銅礦（Grasberg），這座礦場在 2023 年躍升為世界第二大銅礦場，且以產量來說，還是全球最大的黃金礦場（印尼巴布亞省〔Papua〕西部的地質礦床中混雜了這兩種金屬）。

在這之前，席捲全球礦業公司的購併熱潮讓費利浦公司憂心忡忡，它擔心一旦未能及時跟上這股風潮，就有可能被邊緣化。受過會計師訓練並在 2003 年成為費利浦執行長的阿德克爾森說：「我們一直在觀望產業整併的狀況，整個產業的公司愈來愈少，留下的企業愈來愈大，但我們未能參與其中。」[33] 阿德克爾森原本試圖將費利浦公司賣給菲爾普斯道奇公司，但過程中，這兩家公司卻主客易位，最後反倒是由費利浦公司收購了最早可回溯到威廉・厄爾・道奇（也就是紐約市那座銅像要紀念的人）的那家大企業。

阿德克爾森告訴我：「那就像小蝦米吞掉大鯨魚。在這之前，我們一直想方設法，希望能找到一個策略性處置費利浦公司的方式，因為我們並不認為只擁有單一資產的企業有能力維持永續經營。[34] 我們不斷嘗試找人來收購我們，但每次都不了了之。後來，金融市場為我們開啟了收購菲爾普斯道奇的大門。我們認為，這家公司跟我們簡直是天作之合。」費利浦公司的格拉斯伯格礦場擁有異常高等級的銅和黃金，代表就算其中一種金屬的價格下跌，這座礦場還是能維持獲利。相對的，菲爾普斯道奇公司旗下多座礦場的礦藏雖多半屬於較低等級的礦物，但這些礦場分布的地理位置非常分散，因此當金屬價格普遍上漲，這些礦場將能廣泛獲利。總之，這兩家公司的資產組合能互相平衡。於是，交易就這麼敲定了，2007 年，費利浦公司以股票加現金的方式，以 296 億美元的總收購價，買下了菲爾普斯道奇公司。

打從一開始，要結合兩家公司的不同文化，就是一項巨大的挑戰，當然，這是大型企業合併案中司空見慣的問題。菲爾普斯道奇公司的名號就此消失，而費利浦公司則裁撤了紐奧良的企業總部，搬到鄰近莫倫西礦場與其他亞利桑納州礦場的鳳凰城，不僅如此，費利浦公司還積極處理菲爾普斯道奇公司從成立以來所累積的惡名。雖然道奇本人崇尚禁酒且以仁慈聞名，但他過世以後，這家以他為名的企業漸漸變成一家汲汲營營、幾乎別無其他理想的無趣勢利企業巨擘。舉個例子，1917 年，一千兩百名參與罷工的工會員工，在菲爾普斯道奇公司的槍口脅迫下被推進運牛車，從公司位於亞利桑納州的比斯比（Bisbee）銅礦場，載到 173 英里之外的新墨西哥州沙漠，然後就地丟包──這起事件被後人視為美國史上最大的民間企業強制驅逐案例。

此外，1983 年，低迷的銅價拖累了菲爾普斯道奇的利潤，當時公司旗下的莫倫西礦場與另外三座礦場的員工，在勞動契約談判過程中離席。面對這個狀況，公司並未繼續和工會勞工協商，而是逕自引進暫時員工，關閉與工會的協商大門，果引爆了一場將近三年的罷工，最終更是促使公司取消工會認證。基姆‧凱利（Kim Kelly）的著作《如陷地獄之戰：美國勞工不為人知的歷史》（*Fight Like Hell: The Untold History of American Labor*）翔實且深入紀錄了這兩場罷工，是一本描繪美國勞工和採礦等產業的互動狀況的權威著作。[35]

相較之下，費利浦公司在格拉斯伯格礦場遭遇的問題，歷來和環保議題較為相關。這座礦場的場址位於海拔超過 1 萬 6 千英尺以上，是印尼境內前幾偏遠的礦場，而且，那裡也是印尼最常爆發地震的地區。正因如此，興建傳統的尾礦壩太過危險，於是，費利浦公司將尾礦倒進河流與較接近海岸線的低地。阿德克爾森說：「礦場的地理位置不允許我們以傳統的方式處理尾礦。我們必須想出一個能利用現有水道的方法。我們把尾礦運送到低地，並興建堤壩來容納那些尾礦。」[36] 不意外，這個做法對島上的生態與環境造成了顯著的衝擊，直到我撰寫本書之際，那些衝擊還是現在進行式。

後來，這兩家公司的企業文化終究還是慢慢融合在一起，但那是公司完成另一場大型收購案之後的事了。2012年，費利浦公司不想錯過當時的石油及天然氣熱潮，於是在那年聖誕節前，宣布將斥資大約200億美元，買斷兩家較小型石油企業的所有股權。當時美國的原油價格接近每桶100美元，石油業的前景確實令人垂涎。這兩宗交易得到時任董事長詹姆斯·墨菲特（James Moffett，也就是阿德克爾森當時的頂頭上司）的高調支持。墨菲特向華爾街吹噓，這兩宗交易將讓費利浦成為一個「遠比現在更大且資本更充足的平台」（問題是，墨菲特持有其中一家公司的部分股權）。不過，華爾街基於很多理由被他惹毛，特別是這兩筆交易並不需要取得股東的核准，因為費利浦公司只要發行8%的股份（低於取得股東核准的規定門檻）就能完成這宗交易。[37]

墨菲特是著名的石油及天然氣投機大戶，他向投資人表示，黃金的行情不可能「天天過年」，有時候可能會輪到石油及天然氣大賺，有時候則風水輪流轉，換成銅當紅。基本上他的論述就是：把上述所有專案全都納入費利浦的大傘之下，才是明智的經營之道。

不過，平日以評估企業策略優劣為業的股票分析師，卻不認為這是明智之舉，尤其墨菲特本人明顯有利益衝突之嫌，畢竟他持有費利浦正打算收購的其中一家石油公司的股份。金融評論家也認同股票分析師的看法，有篇專欄文章還評論道：「一邊開採印尼的黃金，一邊開採美國的石油及天然氣，並不會產生明顯的綜效。」[38]

最後，市場波動性重創了這家企業。在費利浦合併菲爾普斯道奇一案完成後幾年，也就是 2010 年 12 月，公司的股票交易價還高達每股 60 美元以上。但接下來，油價開始下跌，2016 年年初，原油價格僅剩大約每桶 26 美元，低迷的油價把費利浦的股價也一併拖下水—— 2016 年 1 月，費利浦的股票交易價只剩不到每股 4 美元；更糟的是，當時至少有一名分析師猜測費利浦有可能會宣告破產，因為當時它的市值只剩 48 億美元，而負債卻超過 200 億美元。[39] 墨菲特在 2015 年年底辭去董事長職務。[40]阿德克爾森本人事後承認，投資人「恨死了那兩筆交易。他們的看法是：『就算我們想要投資石油與天然氣，大有其他管道可以為之，不必如此大費周章。』」。那個局面對阿德克爾森及其幾位副手造成了極大的壓力，畢竟他們手上掌握了世上某些最寶貴的石油、黃金、天然氣、銅和其他原物料來源。費利浦公司估計，如果把格拉斯伯格礦場賣掉，光是這座礦場的「身價」就有可能高達 162 億美元，很容易引來有心人的覬覦。[41]

外界也非常覬覦費利浦公司控制的另一座礦場，中國對手更是對它望眼欲穿。阿德克爾森回憶：「我們面臨非常險峻的局面。那是一個驚心動魄的時期。」[42] 當時有位商業專欄作家寫道：「費利浦公司就像個絕望的賣家。」[43]

在敵意收購者卡爾・伊坎（Carl Icahn）的施壓下，費利浦在 2016 年 9 月以 20 億美元賣掉公司旗下石油企業的部分股權。[44] 不久後，它又以 7 億 4,200 萬美元賣掉了更多石油資產，這一次出售的是位於加州的資產。[45] 其實那年稍早，費利浦已將莫倫西礦場的 13％ 股權賣給了日本的住友金屬礦山公司（Sumitomo Metal Mining Co.），換回 10 億美元的現金；住友金屬礦山原本就持有北美最大礦場莫倫西的部分股權，而這筆交易使住友持有的股權上升到 28%。[46] 不過，相較於接下來要描述的主要事件來說，這幾筆銷售案只不過是前菜。

2016 年 5 月，阿德克爾森和費利浦公司在公司沉重的債務負擔逼迫下，以 26 億 5 千萬美元，將公司持有的剛果民主共和國騰克（Tenke）銅與鈷礦場控制股權，賣給了一家稱為洛陽鉬業的中國企業。多年來，費利浦公司為騰克礦場的營運投資了非常多資金，最初還因為重新安置了一千五百多名居民而激怒一些人。[47]

不過，後來公司透過幾項社會與社區健康醫療專案，在地方社區贏得不少尊敬，後來更因嚴謹的勞工安全計劃，成為當地家喻戶曉的企業。[48] 阿德克爾森告訴我：「剛果民主共和國最大的投資案就是我們投資的。我們不僅為勞工、利害關係人和其他人帶來好處，還去那裡創造就業機會、改善居民健康狀況、為村莊改善供水品質、興建教育設施等，這一切都非常有意義，而且做這些事的感覺真的很棒。」[49]

在公司債務危機以及低迷的銅價等因素拖累下，費利浦早就把騰克專案 2016 年的預算刪減了 50%。[50] 它還縮減了礦場的擴張計劃（公司自 2009 年開始就在剛果民主共和國南部的銅與鈷礦帶採礦）。總之，費利浦和洛陽鉬業之間的交易簡直可謂「跳樓大拍賣」，洛陽鉬業——乃至中國——因這件交易而獲得的利益，其實就建立在費利浦的痛苦之上。阿德克爾森說：「我們真的很希望把這座礦場保留在我們的礦場組合裡。當我們迫於情勢不得不賣，所有人都大失所望。」[51] 2016 年，費利浦公司還是剛果民主共和國前幾大的鈷生產商，但不出多久，它甚至已從這個國家淡出。

美國前外交官梅莉莎・桑德森（Melissa Sanderson）曾協助管理費利浦公司在剛果民主共和國的營運長達四年之久，她和另外數千名費利浦員工一樣，對這宗銷售案感到無比震驚和無奈。她說：「就策略層次來說，這對美利堅合眾國而言是個災難，尤其是被賣給中國人。對費利浦公司來說，這更是個災難，因為這筆交易導致它陷入雙輸的窘境。但就個人層次來說，我很慶幸我不是理查·阿德克爾森，不必為了此事傷那麼多腦筋，也不用做出那麼艱難的選擇。」[52]費利浦公司之所以退出剛果民主共和國，部分得歸咎於它幾年前倉促投入石油投資案的那些決定，不過，若不是當時中國以飛快的速度在非洲大陸各地崛起，並瘋狂蒐羅各種策略性金屬，最後的發展也不盡然會如此令人感嘆。銅對洛陽鉬業固然重要，騰克礦場的鈷礦對中國倡議的一帶一路更是極具吸引力（這個概念由中國國家主席習近平在 2013 年提出，目標是要用中國的基礎建設實力，在非洲、亞洲與拉丁美洲各地「建立起一個廣大的利益共同體」）[53]到了 2020 年，剛果民主共和國的十九個鈷礦場中，已有十五個有中國企業的融資，或直接屬於中國企業。[54]

當時經營全球礦業巨擘嘉能可（費利浦公司的對手）的伊凡·葛拉森伯格（Ivan Glasenberg）表示：「中國大企業已意識到鈷的重要性。」[55]鈷是一種藍色至綠調的金屬，幾千年來，鈷被用在陶器、玻璃與其他藝術品上。一如稀土礦，某些最早期的鈷礦場位於現代的北歐地區。到了十九世紀，世人發現中非不僅蘊藏了大量的鈷，還有非常豐富的銅礦，促使歐洲人對當地產生極大的興趣，比利時國王利奧波德二世（Leopold II）也不例外——他以粗暴的手段親自治理後來所謂的剛果自由邦（Congo Free State）；亞當·霍克希爾德（Adam Hochschild）在《利奧波德國王的鬼魂：比利時恐怖殖民與剛果血色地獄》（*King Leopold's Ghost: A Story of Greed, Terror, and Heroism in Colonial Africa*）一書中，翔實記載了這段令人痛苦的歷史。美國的鈷礦開採活動則在二戰過後開始迅速成長，尤其是愛達荷州，但 2023 年美國的鈷產量已經非常少了。

這當然成了美國亟需解決的問題，尤其是綠色能源轉型正風起雲湧之際，因為鈷主要就是用於電動車電池，作用是確保電池不會過熱與著火。[56] 這項金屬也有助於延長電動車電池的壽命。[57] 不過，從費利浦公司賣掉剛果民主共和國的礦場後，它就不再控制全球最大的鈷來源，當然也不再是這項金屬全球最大的現行生產者。從此以後，這項控制權落到洛陽鉬業手中，問題是，和幾家前身企業相比，洛陽鉬業無論是在安全性還是社區關係方面的表現，都明顯江河日下。不過，中國開採的鈷或許不是最有問題的，問題更大的是其他人開採的鈷：剛果民主共和國有接近三分之一的鈷產量來自所謂的手工礦工，說穿了，這些礦工就是一般公民，有時甚至是幼童；他們帶著鎬子和鏟子去挖礦，有時候是在自家地底下挖，有時是在樹林裡挖，有時則是偷偷闖入礦場場址去挖。[58]

一名剛果人回憶：「我們會趁著夜黑風高，到有特許權的礦場去。我們花錢買通警衛，他們就會放水讓我們進礦坑裡挖礦。那裡比較肯定能找到鈷。沒錢買通警衛的人，就會偷溜進特許礦場挖。有時候我們會被狗追，但多數狀況下並不會受干擾。」[59]

這些礦工並沒有使用精密的設備，為了抵達鈷礦床所在位置，他們有時不得不挖掘一些隧道，因此，隧道崩塌並導致礦工死亡的事件時有所聞。洛陽鉬業等企業也會向那些業餘礦工買鈷，形同暗地裡鼓勵這種危險行為；而他們向業餘礦工購買的一部分鈷會順勢流入全球供應鏈，最後還是被用到數億個消費性商品當中。鈷有時會對皮膚造成刺激，長久反覆暴露在鈷粉塵中的人罹患肺纖維化的風險相當高。這兩種問題對所有業餘礦工來說，都是嚴峻的挑戰，特別是兒童。2016 年，國際特赦組織（Amnesty International）曾警告：

這裡的孩子告訴我們，他們不得不忍著不適，長時間在礦場裡工作，一天長達十二小時，每天的工資只有 1 至 2 美元，他們卻得背負二十至四十公斤不等的重物，非常疲累。很多人一整天都沒東西吃。十四歲的保羅從十二歲就開始在地底下採礦勞動，他告訴我們，他經常「二十四小時都待在隧道裡。我一早就到了，隔天早上才會離開」。[60]

這個問題讓蘋果、微軟和其他大型科技公司愈來愈憂心。2023 年，有個人權團體曾警告：「如今電動車製造商與電子公司全都睜一隻眼閉一隻眼。實務上來說，這些企業根本不可能完全不使用人工開採的鈷，特別是開採出來之後，再送到剛果民主共和國與中國冶煉場和精煉廠的鈷。」[61] 舉例來說，生產一輛遠程特斯拉電動車將使用 10 磅的鈷，這個用量大約是手機的四百倍。[62] 多年來，馬斯克和特斯拉一直設法在營運上擺脫對鈷的依賴，但由於預期未來幾年，電動車生產數量將急速增加，後續勢必會有更多的鈷湧入全球市場，其中多數的鈷將來自剛果民主共和國。[63]

華盛頓當局並非沒有注意到這個問題。2022 年年底，美國國務卿安東尼・布林肯（Anthony Blinken）和剛果民主共和國與辛巴威簽署了一份備忘錄，目的是要協助這兩國進一步開發鈷與銅礦場，以便解決電動車產業的供應難題。這項協議的設計似乎是要削弱中國在這個區域日益強盛的實力，布林肯本人也默認了這點：「這就是未來，而剛果民主共和國和辛巴威正在迎接未來……這項發展電動車電池供應鏈計劃，為美國和志同道合的投資案開啟了一扇大門，未來這些投資案，將為非洲留下更多附加價值。電動車有助於降低碳排放，將成為全球應對氣候危機的絕佳後援。」[64]

不過，當時中國在這個區域已有大規模的投資，不僅如此，美國的費利浦公司才剛被迫賣掉它在剛果的寶貴資產，更糟的是，兒童在這個國家的採礦鏈中扮演著重要的角色。凡此種種，都使得美國的重要政治人物愈來愈不能接受華盛頓當局竟然還選擇支持這個地區的礦場，尤其是意圖促進美國本土採礦活動的那幾位政治人物。史陶伯參議員表示：「美國必須在我們自己的國度內，開發我們的龐大礦業財富。我們必須為受工會保護的就業機會提供優渥的薪資，而不是繼續把美國納稅人的錢，送到諸如剛果民主共和國那種使用兒童奴工的國家去。那只會讓中國成為唯一的贏家。」他的選區是在明尼蘇達州北部，區內有美國境內已發現的最大銅、鈷和鎳礦床，特別是在邊界水域地區接近雙子星金屬公司有意挖掘的礦區。[65] 全球各地十億名羅馬天主教徒的精神領袖教宗方濟各也和史陶伯一樣憤怒，他說：「放過剛果民主共和國。放過非洲。停止扼殺非洲：那裡不是一個用來採礦的礦場，也不是一個用來掠奪的地方。」[66]

費利浦執行長阿德克爾森和其他高階主管，沒有繼續沉溺對往昔的留戀，而是放眼未來，把注意力迅速轉向了莫倫西礦場和公司礦場組合中的其他美國礦場；根據他們的預測，這些礦場的銅蘊藏量大約占公司的銅總礦藏量（2,350 億磅）的一半。2020 年，費利浦公司斥資 8,500 萬美元，擴建並啟用了亞利桑納州的某座銅礦場，換句話說，它完成了力拓集團與必和必拓集團到目前為止無法在堅毅銅礦推動的事。不過，那些專案開採的是銅，而非鈷。費利浦生產第二種電動車用珍貴金屬的日子，似乎已經一去不復返。

然而，就在那座礦場擴建完成且啟用後不久，費利浦就遭遇到一個新問題：那些礦場要由誰來管理？當時公司正面臨一波退休潮，美國西部許多銅業公司也不例外。2021 年，超過一半的西部礦工年齡超過四十五歲，甚至有五分之一的礦工年齡超過六十歲，並接近退休年齡。美國政府甚至為了解決勞動力老年化的問題以及應對「大眾對採礦業本質之觀感」，成立了一個委員會。相較之下，光是 2020 年一年，中國某家礦業學校的已註冊礦業學生人數，就比美國全國的已註冊的礦業學生還要多。有鑑於此，阿德克爾森和費利浦的其他高階主管安排了很多場大學參訪，試圖說服學生改修礦業工程相關學科。[67]

　　儘管銅在綠色能源轉型方面的角 非常吃重，美國西部似乎沒什麼年輕人想協助生產這項金屬。費利浦公司總經理奎爾克（實際上，她是公司裡和阿德克爾森平起平坐的聯席領導人）告訴我：「我希望有更多人來為這個產業效力。願意加入這個行業的每一個人絕對都能適得其所。以前這個行業被視為骯髒的行業，但如今它已經大幅現代化了。」[68]

　　不過，這些努力最終還是失敗了——至少沒有成功。2023 年，費利浦在美國的銅產量降 低，原因並非疲弱的大宗原物料商品價格、氣候因素或經濟緊張氣氛所造成，而是因為沒有足夠的勞工。不僅如此，奎爾克和阿德克爾森還警告，未來缺工的問題只會變得更嚴重，沒有改善的可能。阿德克爾森說：「我們的工作很辛苦。開重型卡車當然比開亞馬遜、UPS 或聯邦快遞的卡車辛苦。」[69]

第十二章
創新與永續

> 從地質學來看，礦場資源開發的年限介於三十年至五十年。這之後我們還是需要鋰，其中大部分會以回收的方式取得。

 # 梅賽德斯－賓士 # 鋰循環公司 # 鋰電池爆炸 # 直接鋰萃取

2017 年 4 月 23 日星期天傍晚，塔什・賈西亞（Tashi Garcia）把皮卡車停在諾斯賽德村（Northside Village，休士頓繁華市中心北側的一個街區）後，順手把物品拿下車。此時的休士頓微風息息，天空相當清朗，令人心曠神怡。[1] 但就在賈西亞走到自家後門廊時，突然聽到一聲轟隆巨響，突如其來的爆炸產生了一股刺穿空氣的衝擊波，將賈西亞的身體重重地衝撞到家門口的門框上。賈西亞頓時耳鳴，雖然他很幸運未受重傷，但這股意料外的推力，依舊讓他感受到極大的震撼。他家的幾扇窗戶被震碎，還有幾道牆出現了裂痕。[2]

他說：「我完全不知道究竟發生什麼事。那是我有生以來聽過最大的聲響。」[3] 賈西亞住在一條將德州最大城市休士頓（這座城市是火車往來美國東西岸的中繼站之一）一分為二的主要鐵路線附近，他家距離鐵道大約只有 350 英尺。幾分鐘前，聯合太平洋鐵路公司（Union Pacific，美國前幾大鐵路公司）一位營運經理注意到，編號 UMXU 27757 的車廂在穿越這座城市時不斷冒煙。這位營運經理隨即將冒煙的情事轉達給帶領這部列車的列車長，並提醒他要留意。由於列車長未能立刻釐清列車哪個部分著火了，所以他命令整列火車停下來，並通知休士頓消防隊待命。接著，這個車廂就在下午 6 點 01 分爆炸了。現場急救人員在兩個小時內就控制了火勢，隨後整列火車被移到附近的鐵路站場，將著火的車廂移除，剩餘的車廂則繼續上路。[4] 這起事件並沒有任何人身亡，不過整個休士頓市中心卻因這場爆炸而瀰漫著一股刺鼻的惡臭。[5] 這起意外讓聯合太平洋鐵路公司付出了 2 萬 5 千美元的代價：5 千美元用來處理損毀的車廂，5 千美元用來清理爆炸現場附近的區域，另外 1 萬 5 千美元則是付給了休士頓當地的官署。[6]

賈西亞當下並不知道，那場爆炸是聯合太平洋鐵路公司從亞特蘭大（中途經過休士頓）載運到洛杉磯某回收設施的鋰離子電池所引發。爆炸的車廂裡裝滿了 55 加侖容量的廢棄鋰電池桶，桶子裡裝滿了手機以及其他各種消費性電子產品的廢棄鋰電池，而且這些桶子都沒有加蓋，直接暴露在空氣中。大約從那時開始，聯邦官員才意識到，鋰離子電池有可能自燃——也就是產業界所謂的「熱失控」，要是鋰離子電池過度充電、短路或暴露在高溫的環境下，這種情況就有可能發生。[7] 那雖是一場相對小規模的爆炸，卻引起英國雜誌《汽車運籌學》（*Automotive Logistics*，一份追蹤汽車供應鏈狀況的產業公會出版品）的注意。這份出版品報導休士頓的爆炸事件時，曾頗有先見之明地預告：「這則新聞將使持續增長的電動車市場參與者，更甚至於支援市場的所有供應鏈營運者惴惴不安，因為電動車多半藉由鋰離子電池來獲得動力。」[8]

總之，這場意外引發了「鋰離子電池有可能隨機爆炸」的憂慮，同時也顯示出基於回收目的而長途運輸鋰離子電池有多危險。如果這些電池的使用者只是相對小眾，一般人普遍並不使用，就沒有太大的理由感到驚慌。畢竟 2016 年的一份研究顯示，這種電池的失效率大約只有一百萬分之一。[9] 不過，到 2017 年為止，電池組用鋰離子電池的年度生產量，已從 2007 年的大約 30 億顆，增加到大約 70 億顆。[10] 而且隨著這些類型的電池愈來愈普及，相關的爆炸事件勢必也會愈來愈常發生。據報導，2013

年，只有兩座美國的設施公告，有發生過與鋰離子電池有關的火災；但到了 2020 年，曾發生類似火災的設施已竄升至六十五個。[11] 大致上來說，無論是過去還是現在，鋰電池都是安全的，尤其與內燃式引擎動力車相比，它確實比較安全，畢竟搭乘內燃式引擎動力車的乘客，實際上等於是坐在一個配備爆炸性液體的燃料箱上面。不過，隨著鋰離子電池的使用量增加，爆炸情事自然也與日俱增。

休士頓那起意外不僅引發後勤運籌的疑問，也讓世人對相關的基礎建設產生質疑。精確來說，為何要透過大型鐵路車廂，將大量的廢棄電池從美國的某一岸運送到另一岸？難道附近沒有足夠的設施能，將電池分解為當初用來製造電池的金屬嗎？這個問題的答案很簡單：就是「沒有」。

休士頓那場意外過後幾年，一般人愈來愈警覺到鋰離子電池可能造成的損害。電池陽極與陰極之間的電解質溶液本身就極度易燃，而基於電池核心用途而採用的高能量密度，使易燃的問題變得更加嚴重。如果鋰離子電池損壞或過熱，裡面的溶液就有可能燃燒，並釀成一場可能非常難以撲滅的火災。舉例來說，2022 年年初，一艘載運超過 4,000 輛豪華名車的貨船在葡萄牙外海失火並沉沒，當時主管機關就懷疑，起火原因可能是船上運送的某些電動車發生熱失控。[12]

針對這個疑慮，德國漢莎航空（Lufthansa）開了第一槍，它早在 2015 年就成了全球首家禁止託運鋰離子電池的航空公司。[13] 美國政府也在 2019 年禁止將這種電池置入客機的貨艙——[14] 那是在一架波音七八七夢幻客機（Boeing 787 Dreamliner）機內的電池起火燃燒後幾年實施的禁令，畢竟會起火燃燒的電池絕對會構成安全上的疑慮。[15] 紐約市議會甚至考慮禁止重複利用這種電池，因為它擔心一旦重複利用的電池用於不適合原始設計的裝置，會更加危險。[16] 除了一連串的禁令，隨著鋰離子電池的使用範圍不斷擴大，以及電動車革命的迅速展開，人類不得不深思這些電池的後續處理方案，包括如何將電池運送到回收中心。

萊斯大學貝克公共政策研究所的能源、礦物暨材料研究員蜜雪兒・米丘特・佛斯（Michelle Michot Foss）表示：「沒有人想運送鋰。但也沒有人想在每個地方投資電池回收設施，因此到頭來，鋰離子電池還是得靠運輸的方式來回收。」[17]

汽油和柴油為內燃式引擎提供動力時會燃燒殆盡，但鋰離子電池裡的鋰、銅和其他金屬不同，這些金屬可從舊電池中取出再利用。鋰不會只是因為被放在電池裡二十年就失去充電能力，不過，許多國家缺乏實現鋰離子電池回收及再利用的基礎建設。如果能興建更多回收設施來處理電子廢棄物，爆炸的火車車廂就會減少，最終也會有更多金屬被回收再利用到新電池裡，而不是被丟在一般家庭的垃圾場，或被胡亂塞在家裡的任何抽屜與儲藏室裡。2017 年，也就是休士頓火車車廂意外發生那年，美國境內售出的電動車還不到 20 萬輛[18]，但內建鋰離子電池的手機與其他消費性裝置的銷售量，已高達數千萬甚至上億台。

據聯合國估計，2019 年全球產生的電子廢棄物已達 5,360 萬噸，其中只有 17.4% 的廢棄物被收集起來回收再利用。也就是說，有價值高達 570 億美元以上的銅和其他金屬被擱置或未被使用，基本上形同浪費。[19]

一份針對六個歐洲國家進行的調查發現，近一半的受訪人表示，他們會把可回收再利用的家用電子產品囤積起來，因為他們預期自己未來會再使用那些產品；但這樣的處理方式顯示他們根本沒有意識到一個事實：唯有那些電子產品被回收，未來他們才有機會用到。[20]

蓄意拆開電池組會損壞電池，構成可能引發爆炸的條件，所以，回收再利用電池的設施，必須為爆炸的可能性做好萬全的準備，畢竟電池回收設施的爆炸風險，當然遠比單純帶著一支 iPhone 上飛機來得高。儘管如此，隨著愈來愈多人意識到，這個世界需要更多、更有效對抗氣候變遷的金屬，綠色能源轉型的風潮更加方興未艾，連礦業公司也認同這個現實。2020 年代初期，回收產業的主要原料，來自電動車用電池製造過程中所產生的廢料，但預期到 2030 年代中期，回收產業的主要原料將變成廢棄的電動車電池。[21]

礦業公司大致上都認同，回收作業可能會對它們的商業模型形成某種挑戰，只不過，它們認為那個挑戰不會那麼快到來。在四個大陸上都有據點的歐爾肯鋰業公司（Allkem）老闆馬汀・培瑞茲・德・索列（Martín Pérez de Solay）在 2022 年年初的一場產業研討會中表示：「從地質學的角度來看，開發礦場資源的機會之窗有限——介於三十年至五十年。五十年後，你就不會開發礦場了，儘管未來我們還是需要鋰，但屆時自然會有其他取得鋰的管道，其中很大一部分的鋰將來自回收作業。」[22]

儘管如此，回收產業的成長速度還是跟不上綠色能源革命的腳步，電動車更快速普及，以及美國乃至全世界缺少回收中心等現象，在在提醒這個不爭的事實。不過，在休士頓發生火車車廂爆炸意外之際，已經有兩名工程師開始著手解決這個問題。

從各方面來說，轟隆隆地駛過休士頓與全球各地其他大城市的那些火車車廂，預告了一個正向的發展。從前，老舊的電子產品經常被直接丟棄，若不盡快增加電子產品的回收作業，世界各地的垃圾掩埋場將迅速膨脹到無法管理的規模，而全球的鈷、鎳和其他金屬的礦藏則終將消耗殆盡。每年產生的電子廢棄物大約有 5,000 萬噸，這個數字大約相當於有史以來生產的所有商用飛機的總重量，但其中只有大約五分之一的電子廢棄物真正被回收再利用。若未能進行某種干預，到了 2050 年，每年的電子廢棄物重量將躍升到 1.2 億噸。[23] 2019 年，在路上行駛的所有電動車共產生了大約 50 萬噸的電池廢棄物，但到了 2040 年，這個數字可能會達到 800 萬噸。[24]

製造商——尤其是電動車製造商——一直到 2020 年才終於開始思考要如何將產品設計得較容易回收再利用。由於各車廠的電動車電池化學成分設計各有差異，電池回收再利用一事，對電動車產業來說尤其艱難。某些汽車製造商可能會為了提高續航里程，偏好鎳含量較高的電動車電池；某些汽車製造商則選擇設計採用磷酸鐵鋰（LFP）較高的含鐵量電池，因為這種電池往往比較便宜。此外，電子產品的非電池零件回收作業不見得容易進行，相關作業程序也不見得明確，但就經濟層面來說卻是必要的。舉個例子，稀土回收作業所使用的能源，比開採稀土或生產那些金屬所需耗用的能源少了 88％之多。[25]

在綠色能源轉型剛展開的初期階段，鋰離子電池回收業務的商業模型尚未底定，不過，歷史上已經有很多成功的回收案例可作為指引。比方說 1959 年，代表性啤酒公司庫爾斯（Coors）率先推出了史上第一個鋁製飲料罐。它還推行了一項創舉：消費者每退回一個鋁罐，就能得到 1 美分的退瓶費——因為庫爾斯公司知道，回收再利用鋁罐的成本遠比生產新鋁罐低。[26] 此外，到了二十世紀末，在垃圾掩埋場傾倒鉛酸電池多半已屬非法行為；每一家鉛酸電池的製造商都以相同的方式來生產電池，因此，目前幾乎所有鉛酸電池都會被回收——早在 1930 年代，鉛就代表著產業界出借（而非出售）給消費者的一種東西。[27] 然而，如今隨著電動車與其他綠色能源裝置蔚為主流，業界或當局迄今卻仍未設置回收電池的廣泛財務誘因，也未廣泛禁止民眾將電池傾倒在垃圾掩埋場。

中國控制了全球綠色能源所需礦物的市場，也在鋰離子電池回收市場上擁有極大的影響力：中國現有與規劃中的回收產能，是美國的三倍以上。[28] 中國在電池回收研究方面也居於世界領導地位，而且遠遠領先後頭急起直追的三個國家：日本、南韓和美國。[29] 電池的化學成分向來會隨著時間改變，但很多將在 2030 年達到回收期限的老舊鋰離子電池裡，有高含量的鈷，這種金屬多半是從剛果民主共和國開採而來，而當地的生產安全性與勞動標準並不為許多製造商所接受。因此，若能回收較多含有鈷的電池，就能減少依賴當地礦場來尋找這種藍色金屬的新來源。[30] 而且，儘管生產一輛電動車所造成的溫室氣體排放量，高於生產一顆內燃式引擎，電動車的電池卻可以反覆不斷回收再利用，對環境有利。

在歐巴馬總統執政時期擔任美國環境保護署長的莉莎・傑克森（Lisa Jackson）說：「眼前有一個機會可以重新思考採礦業的問題，那就是考慮採用已經出土的材料來源。」[31] 傑克森受過化學工程師的訓練，她在離開政府單位後加入蘋果公司（Apple），負責管理這家科技巨擘減輕環境衝擊的作業。2017 年，蘋果自我設定了一個「停止依賴礦業」的目標，並表示：「總有一天，我們將徹底終結對礦業的依賴。」[32] 2019 年，我和傑克森交換意見時，她和蘋果公司剛從聯合國抱回了一座全球氣候行動獎；當時聯合國盛讚蘋果「在不取之於地球的情況下生產旗下產品」而投入的許多努力。[33] 那年年底，蘋果簽署了一項採購協議，向美國鋁業（Alcoa）及力拓集團採購以零碳的方式所生產出來的鋁，進而把那些鋁用於旗下手錶和 iPhone 等產品的生產，這些作為讓原本碳密集製程的溫室氣體排放得以消除。[34] 從前端採購全新的原物料是一回事，回收再利用自家的產品又是另一回事。關於回收再利用，各方製造商最頭痛的問題在於：包含鋰離子電池的各種裝置，形狀、大小各有不同。儘管蘋果在產品設計上向來以吹毛求疵而聞名，卻也為這個問題所苦。

談到這裡，Daisy 機器人就該登場了，Daisy 是為了快速拆解 iPhone 的玻璃、鋁製機殼、電池和其他零組件而設計打造的機器人。傑克森說：「採礦產業必須知道，如果真心關心氣候、水和責任採購，就必須追求創新。」蘋果的計劃是要成為遵守「循環經濟」原則的所謂「封閉迴路」製造商，而 Daisy 機器人就是這個計劃的一部分。理論上來說，這代表若要打造新的電子產品，就必須拆解舊的電子產品，如此周而復始、不斷循環，最終就能限制公司對新礦場的需要。不過，隨著整個世界對電子裝置的需求愈來愈殷切，或許就目前來說，「限制對新礦場的需要」只能算是一個抱負，而非務實的目標。儘管如此，如果我們能以循環經濟為目標，將有助於減緩持續不斷消耗、乃至持續不斷處置的循環，讓已經非常緊繃的地球資源得以減輕負擔。

南達科他礦業及理工學院的教授裘恩・凱勒（Jon Kellar）說：「我們已經訓練很多人知曉如何回收再利用特定金屬，例如鋼和鋁；我們也讓他們覺得，若不這麼做會有罪惡感。儘管如此，我們還是無法停止開採鋁土礦和鐵礦砂的活動。」[35]

我和傑克森談過不久後，我決定親自去見識一下 Daisy 機器人。蘋果把這個機器人的工作區設置在德州奧斯汀一個不起眼的辦公園區內，工作區外完全沒有任何標誌。我被安排在入口外和蘋果的工作人員見面。聽取安全簡報後，我們入內參觀，不過，工作人員提醒我們，場內禁止拍攝 Daisy 機器人作業中的照片。[36]

Daisy 機器人看起來很像科幻電影中常出現的那種長長的機器手臂，它被單獨安置在一個玻璃櫃裡。它的長度不到 20 碼（註：約等於 91.44 公分），使用一個四步驟的流程來拆解 iPhone。首先，它以大約攝氏負 80 度的噴氣，把手機的玻璃螢幕、電池組和觸覺引擎（這個裝置能使手機產生震動，以稀土磁鐵製成）彈開。接著，從 Daisy 機器人延伸而出的傳送帶，轟隆隆地將 iPhone 的微小電池零件及其他零組件，傳送到幾個收集用的大型麻布袋裡，等著被送到回收設施；回收設施會進而把零組件裡的黃金與其他金屬提取出來。

蘋果公司表示，Daisy 機器人每年可拆解 120 萬支手機。[37] 蘋果公司雖有志成為一家封閉迴路製造廠，卻不代表它一定能實現這個遠大的目標，不過，蘋果確實已陸續交出一些成績單，例如：2021 年，近 20％的蘋果電腦與旗下其他產品是以回收材料製成，是有史以來最高的百分比。[38] 科羅拉多礦業學院克羅爾採礦冶金研究所的回收專家寇比‧安德森（Corby Anderson）表示：「未來金屬需求只會增加，不會減少。回收當然是滿足那股需求的管道之一，但回收無法滿足所有需求。」[39]

參觀蘋果 Daisy 機器人的作業後，我迫切想知道，那些被拆解開來的零組件接下來會怎麼處理。蘋果並沒有在奧斯汀廠區拆解電池，那麼，Daisy 機器人的作業完成後，接下來那些零組件又是怎麼處置的？位於多倫多的一家新創企業是這個問題的部分答案。

艾傑‧柯賈爾（Ajay Kochhar）和提姆‧詹斯頓（Tim Johnston）之間有一件例行公事。這兩位工程師是赫氏工程及諮詢公司（Hatch）的員工，他們每個星期都有幾天會在公司辦公室（位於安大略省）地下室的一間小店見面喝咖啡，並趁著一起喝咖啡的機會進行腦力激盪，只不過，他們兩人的想法幾乎總是南轅北轍。柯賈爾是印度移民之子，總是帶著溫暖且極有感染力的微笑，即使是初次見面的人，都會因他的笑容而立刻放下戒備。詹斯頓則是一名高大的澳洲人，他雖和藹可親，性格卻相當內向，腦子裡總是不斷思考著接下來還有什麼大有可為的點子。在正規的辦公室會議裡，這些點子或許會被當作「稀奇古怪」的想法，不會被認真對待，因此，他常趁兩人一起喝咖啡的時光，向柯賈爾宣洩這些「鬼點子」。2016年 9 月中，詹斯頓在兩人的定期聚會中，對柯賈爾提出一個不尋常的要求：他問柯賈爾願不願意在公司以外的地方見面。

柯賈爾說：「我馬上就推測：『喔，提姆一定要離職了。』」

柯賈爾的父親是一位創業家，他自己則從小立志成為一名醫師，不過，他到多倫多大學就讀時，決定研習化學工程。根據傳統，主修這類課程的人最終都會投入石油或天然氣產業，不過，柯賈爾 2009 年入學時，正好碰上綠色能源轉型概念的萌芽期；他在 2013 年畢業之際，收到了赫氏公司的錄用邀約，公司邀請他加入「有色金屬冶金廢棄處理」事業部，儘管這個事業部的名稱很冗長，實際上卻是在研究新興的潔淨技術。柯賈爾的工作是協助客戶設計降低碳排放的流程——這是安大略省眾多鎳精煉廠最頭痛的問題。他說：「那個經驗逼得我跳出純理論的象牙塔，開始打造實實在在的東西。」[40]

2013 年，柯賈爾在赫氏公司內部轉職，加入一個協助礦業公司與其他客戶興建新專案的小組。他被分配到的第一個專案和力拓集團打算在塞爾維亞興建新鋰礦場的計劃有關，也就是導致力拓集團在和亞利桑納州聖卡洛斯阿帕契族對抗時，無法全力施展的那個專案。柯賈爾被分派到的任務是協助研擬一份研究報告，說明力拓集團要如何興建那個設施。那次的經驗和其他幾個原因，讓柯賈爾開始有機會和當時還住在布里斯本（Brisbane）的詹斯頓共事。重要的是，那份研究引領柯賈爾進入和生產鋰有關的專業技術世界。

幾年後，詹森頓搬到美國，他建議柯賈爾將更多的專業精力投注到鋰，因為他認為，拜特斯拉和其他企業所賜，全球各地對這項金屬的需求即將開始急速增長。他的預測很精準，當時確實有源源不斷的客戶找上赫氏公司，請求公司評估世界各地許多不同的鋰礦專案，柯賈爾也因此有了加入這個新興領域的慾望。直到 2016 年，詹森頓邀請他到公司外喝咖啡時，柯賈爾求變的心已是蠢蠢欲動。

詹森頓的腦袋裡有幾個醞釀多時的商業點子，他確實有離開赫氏的打算。其中一個點子和鋰離子電池的回收再利用有關，他打算把那些電池裡的金屬成分分離出來，尤其是鋰。不過，柯賈爾並不認為現有回收業務的商業模型有可能成功，所以，詹森頓離開後，他就埋首於各種不同的學術研究和產業報告。他發現，儘管鋰離子電池回收業務還不足以構成一個根深柢固的產業，但如果能打造出一個銷售回收鋰及其他回收金屬的商業模型，不出幾年，這個產業就可能向下扎根，而柯賈爾個人想要協助建立那個市場。

於是，詹森頓離開赫氏才兩個月，柯賈爾就跟著離職了。又過了一個星期，他們兩人便一同成立了鋰循環公司（Li-Cycle），目標是要打造一個致力發展從舊電池中取出金屬的事業。公司成立的第一年，他們兩人都沒有領薪水，事後來看，那對柯賈爾的個人關係造成了一些壓力，因為他在和詹森頓喝那杯決定命運的咖啡之前，已經認識了後來將成為他太太的那名女子；而且，潛在投資人也有所遲疑，其中某些人擔心他們的公司將會需要太多前期資金，有些則擔心他們的目標太遙不可及，最終多半裹足不前。

柯賈爾回憶：「有很長一段時間，這家公司在外人眼中只是一項科學研究專案。我們曾接洽過、且最終讓我們空手而返的人差不多有一千個，我還能列出他們的名單。」此外，他們還開始嘗試一系列的隨機實驗，包括用廚房攪拌器絞碎電池。

他們萬萬沒想到，Covid-19 大流行疫情竟然成了鋰循環公司、柯賈爾和詹森頓的意外之喜。那場疫情使得世人不得不接受比以前漫長，許多的日常用品供應鏈，而綠色能源轉型也在這股影響力的推擠下超速前進。驅使美國和其他西方國家考慮開採更多礦產的那幾股動力，也同時促使回收業務明顯增長。隨著電動車愈來愈普及，電動車電池達到使用年限並報廢後應如何處置的議題，也變得愈來愈受重視。此外，鋰離子電池製程本來就會產生一些必須回收的殘餘廢料，這些廢料的後續處置方式也愈來愈受關注。[41]

在柯賈爾和詹斯頓創辦鋰循環公司後一年，傑佛瑞‧布萊恩‧史特勞貝爾（JB Straubel，由於他在特斯拉成立初期的工作實在太重要了，馬斯克將他視為特斯拉的共同創辦人）創辦了紅木材料公司（Redwood Materials），紅木材料的目標和鋰循環很類似，都是要回收舊電池。史特勞貝爾是個理智的幕後操盤型經理人，身為特斯拉第一顆電池的設計者，史特勞貝爾一天比一天更著迷於尋找重新設計與重複利用現有電池的新方法。[42] 他說：「我們的使命可分為幾個重要的環節，其中之一是要盡可能快速且有效率地，讓這些材料重新回到電池供應鏈，但這件事說來容易做來難。」[43] 史特勞貝爾的著名事蹟，還包括 2003 年他在洛杉磯某家海鮮餐廳和馬斯克共用午餐時，成功說服馬斯克投資這家電動車製造商。[44]

儘管紅木材料和鋰循環的目標很類似，但打從一開始，這兩家公司的策略就背道而馳。史特勞貝爾和紅木材料的目標，是要製造電動車電池的陰極——史特勞貝爾創辦紅木材料時，北美洲並沒有任何電池陰極生產線，甚至到 2023 年年底為止依舊沒有。[45] 史特勞貝爾和紅木材料固然希望盡可能在內部製程使用最多的回收材料，但他們也了解，如果這個期望無法實現，必要時絕對不能排除「向礦業公司採購鋰與其他金屬」的選項。紅木材料執行長史特勞貝爾表示：「我們將盡可能提高回收率，但那個目標高度取決於可取得回收材料的多寡。就算我們最終消耗的處女原物料達到全部原物料的 50％以上，也無傷大雅。」[46] 總之，紅木材料的終極自我定位是要成為一家電池陰極生產商，而非電池回收商；回收只是為達目的而採用的一種手段罷了。

反之，鋰循環公司則繼續聚焦拆解電池，以及將電池的組成要素賣回市場上，換句話說，它傾全力於回收再利用的業務。柯賈爾告訴我：「我們選擇堅持我們的 DNA。我們不想自不量力。」[47] 由於美國能源部迫切希望盡可能提高美國的電動車用金屬產量，所以這兩家公司都獲得能源部的鉅額貸款。能源部某官員表示：「回收的好處在於，比起某些礦業公司，回收業務更有把握為市場引進金屬，因為礦業公司從確認資源所在位置到全面生產的過程，比回收更加曠日費時。」[48]

紅木材料和鋰循環對回收方式也有不同的想法。這兩家公司都是從所謂的「黑色物質」（black mass）出發，黑色物質就是被壓碎的電池，基本上就是含有鎳、鋰、和鈷的電池組碎片。不過，紅木材料和其他幾家大型的中國回收企業使用的是火法冶金回收（pyrometallurgical recycling，又稱高溫化學提煉回收）製程，在攝氏 1,482 度的加熱條件下，從黑色物質濾出各種材料，所以需要極多的能量。加熱流程完成後會留下金屬粉末，接著再以化學品處理那些金屬粉末，最終提煉出鈷及其他金屬。[49]

相照之下，鋰循環公司偏好濕式冶金回收技術，這種技術所使用的能量遠低於火法冶金回收製程，但必須使用大量的酸及其他化學品。[50] 鋰循環公司也用不同於紅木材料的方法來製造黑色物質：為了避免 2017 年在休士頓發生的那類火災，他們用一種液態溶劑來分解電池。黑色物質製成後，再透過一系列複雜的步驟，以酸和其他化學品瀝濾出硫酸鎳、硫酸鈷和碳酸鋰。[51] 鋰循環公司從舊電池中回收鎳、鈷和鋰的比例，高達最初用於製造的 95%。[52]

另一方面，紅木材料選擇繼續維持私營企業的型態，由史特勞貝爾控制多數股權。鋰循環公司則是走另一條途徑：它在 2021 年完成了一宗可望使公司的價值上升到 16 億 7 千萬美元的交易，接著開始在紐約證券交易所掛牌。[53] 幸運的是，股票掛牌交易為鋰循環公司引來了新投資人和新顧客，包括全世界前幾大的礦業公司嘉能可，以及電池零件製造商 LG 化學公司（LG Chem）與科氏工業集團（Koch Industries）。[54] 嘉能可還同意為鋰循環公司供應源源不斷的硫酸，好讓它可以處理更多電池。

另外，儘管紅木材料選擇只在內華達州興建一座回收與加工設施（如此一來，它使用的老廢電池必須從其他地方運送到內華達州），鋰循環公司卻選擇採用所謂的軸輻式模型，換句話說，它們在美國與加拿大各地興建一些小型設施來收集舊電池，當場將電池分解為黑色物質後，才將黑色物質運送到紐約州羅徹斯特（Rochester）的一個中央化設施，分離出各種金屬。

運送回收鋰電池的成本有可能高達整個回收製程成本的 70%，取決於具體的回收製程和其他因素，從這個驚人的數字不難看出，為何鋰循環公司會偏好軸輻式模型。[55] 既然美國與其他國家為了實現綠色能源轉型目標，有必要開採更多本國金屬，那就代表各國同樣必須設法應對在本國境內，回收更多電池的需要。尤其是 2020 年年底開始，長久以來大方接納全球廢棄物的中國開始緊縮標準，停止接受更多來自歐盟與美國的可回收材料，包括電子廢棄物——這進一步凸顯美國有必要回收更多電池的事實。[56]

到了 2023 年，鋰循環公司已在紐約州、阿拉巴馬州、安大略省以及亞利桑納州等地興建了上述的軸輻式設施，其中多數設施都很接近公司客戶的電動車生產設施。舉個例子，位於阿拉巴馬州的設施，是為了處理在美國西南部地區快速建廠的梅賽德斯－賓士及其他汽車製造廠的廢料。[57] 鄰近鳳凰城的設施，也是為了因應西南部地區持續成長的電動車市場而設置（包括電動車製造商路西德汽車〔Lucid〕的工廠）。[58]

2022 年 6 月一個溫暖的日子，我在鋰循環公司位於鳳凰城外那座占地 6.8 萬平方英尺的設施和柯賈爾見面。當時，公司剛搬來這裡一個月，建築物外面還沒掛上印有公司名稱的標誌。這棟建築物內部有一間巨大的倉庫，裡面塞滿了 3,500 個集裝架的電池廢料，分別裝在一些黑色的桶子與其他容器裡。其中某些容器裝滿了舊 iPhone 電池，有些則是裝著來自現代汽車與其他汽車製造商的大型車用電池。倉庫的天花板上安裝了許多大型消防灑水裝置，目的是為了避免整個倉庫因任何一個電池自燃而發生火災。我一進門所見到的畫面就立即讓我感到非常震撼，這是一個裝滿了需要回收再利用的電池零件的巨大倉庫，顯而易見，回收的需求確確實實存在，換言之，這個需求不盡然要等到 2030 年或 2040 年才會浮上檯面。

柯賈爾說：「現在才 2022 年，這個倉庫就已經裝滿了。對我們來說，此時此刻最大的限制步驟，不在於我們必須處理的鋰電池材料量有多少，而是我們處理這些材料的速度夠不夠快。」鋰循環公司最近剛在這條道路的幾英里外開設了另一個據點，他們計劃在那裡把廢棄電池轉化為黑色物質（美國的安全監理規定要求電池收藏地點，必須和電池加工設施分開）。第二座設施的規模更大，占地 14 萬平方英尺。新設施內也有一個巨大的倉庫，裡頭安裝了一台相對狹長的裝置（有兩層樓高，長數百英尺），它分三個階段來拆解廢棄電池。第一階段是沿著一條 6 英尺寬的傳送帶，把電池輸送到一個裝滿專用液體的大桶子裡，被送到這裡的電池會被切碎並去除塑膠外殼。第二階段是移除電池的銅，第三階段則是排出黑色物質，製程末端則是等著裝那三種東西的袋子。那一天，我有生以來第一次親眼見到黑色物質，它看起來很像細粉狀的黑炭。我參訪的那天，用來壓碎電池的機器每小時處理了大約 1,100 公斤的老廢電池。那些黑色物質最後會被送到位於北方的羅徹斯特，進一步分離出金屬。

參觀的過程中，柯賈爾不經意地對我說，到了 2024 年，鋰循環公司羅徹斯特設施的營運就會滿載，公司為那一年設定的目標，是每年生產大約 8,500 噸的碳酸鋰。我乍聽這個數字時覺得非常意外，因為當時美國全國一年生產的碳酸鋰不過 5,000 噸，而且是透過內華達州的一座小型設施生產的。個中原因再簡單也不過：因為美洲鋰業、離子先鋒、皮埃蒙特鋰業與其他企業都尚未能取得許可證，遑論啟用新的鋰礦場。

我對柯賈爾說：「那麼一來，你們就會成為北美大陸最大的鋰生產商了吧？」

他微笑並點頭稱是。北美大陸最大的鋰供應來源將不是某座礦場，而是一堆老廢電池。這個訊息著實令人震驚，我需要一點時間才消化得了。他說：「我不認為很多人能搞懂個中的來龍去脈。」不僅如此，鑑於鋰循環公司有意朝歐洲與亞洲擴張，位於亞利桑納州的設施與其他軸幅式場址，也設定了進一步擴大經營的目標。

以截至目前為止的鋰離子電池回收現況來看，蘋果的完全循環經濟夢可能要很久以後才會實現，不過，它絕對不只是一個科學實驗。2020年的鋰離子電池市場價值約13億3千萬美元，預期這個數字將在2030年增長到382億1千萬美元。[59] 鋰與其他金屬的傳統供應來源必須心懷警惕：我們的世界的確需要新的礦場，來供應綠色能源轉型初期階段的金屬需求，不過，未來生產更大量電池所需的金屬，將會有更高的百分比來自回收再利用的業務。

紅木材料的史特勞貝爾表示：「我們用來製造電池以及生產電動車的所有材料並不會憑空消失，它們還是在那裡。這些材料不會降解，也不會被破壞。這些金屬99％甚至更高的百分比，可以不斷重複利用，說不定可重複使用數百、甚至數千次。」[60]

而正當柯賈爾、詹斯頓與鋰循環公司、史特勞貝爾與紅木材料以及其他回收再利用同業努力供應更多金屬給美國乃至全世界之際，其他技術專家則試圖以過去從未商業化規模生產的奇妙新方法，來自行生產鋰，但他們正面臨許許多多的問題。

第十三章
代價高昂的綠色科技

> 新寶公司生產的氫氧化鋰將因「持續短缺」，在六年內達每噸 13,464 美元，為什麼馬斯克還是嫌這項投資「太貴了」？

 # 比亞迪 # 索尼 # 豐田 # 克萊斯勒 # 電動車供應鏈 # 可攜式鋰工廠

「葛文！兄弟，最近好嗎？見到你真好！」

拜登總統身穿一件清爽的白襯衫，打著一條條紋領帶，再配上一身海軍藍西裝，坐在一張小桌子前。他面前的桌子上擺著一個大型數位螢幕，螢幕裡是加州州長葛文‧紐森（Gavin Newsom）和幾位產業界高階主管。能源部長葛蘭霍姆坐在拜登的右手邊，時任總統國家氣候顧問吉娜‧麥卡錫（Gina McCarthy）以及國防部副部長凱瑟琳‧希克斯（Kathleen Hicks）則坐在總統的左手邊。[1]

雖然拜登早已在 2020 年總統選戰期間，反覆闡述他那個協助美國經濟體系從化石燃料轉型至綠色能源的計劃，拜登卻從未公開談論，他期望這個國家要從何處、又該如何採購能實現目標的礦物（相信我，這一路以來，我很努力想釐清這些疑問，但都未能在公開場合聽到他的說法）。2020 年 10 月底，我花了一整個星期的時間隨行採訪拜登的選戰活動，那時我和路透社在佛羅里達州、賓州和喬治亞州等地的十二名記者組成了一個小組，一同跟著當時還只是「前副總統」的拜登走透透。每抵達一站——不管是暴雨中的坦帕（Tampa）、狂風大作的費城午後，還是羅斯福總統當年的療養地溫泉度假村（Warm Springs resort，他最終在那裡過世），我都從一而終，向拜登提出一個問題：「您的潔淨能源計劃需不需要更多採礦活動來配合？」但拜登都沒有上鉤。原因或許在於他沒有意願參與這個話題，也可能是因為他當時有更緊迫的選戰議題要應付，包括Covid-19、俄羅斯和他兒子杭特（Hunter Bide）等問題。

眾所周知，拜登在選戰中擊敗了川普，並在 2021 年 1 月 20 日宣示就職。但接下來一整年，他一樣沒有公開就礦物或採礦活動等議題發表過隻字片語；就算他和葛蘭霍姆反覆談到美國有必要生產與使用更多電動車、太陽能板與風力發電機，他還是沒有提到任何與礦物有關的話題。我不斷問我自己和路透社的同事：「究竟拜登希望我們的國家從哪裡生出這些電動車？」畢竟電動車不是樹上的水果，會自己長出來。

2021 年 8 月，拜登簽署了一份行政命令，設定了一個目標：2030 年銷售的所有新客車與輕型卡車中，必須有一半是電動車。而且，底特律幾家最大型的汽車製造商——包括福特汽車、通用汽車和斯泰蘭蒂斯汽車（Stellantis），也聯合為這個目標背書。[2] 不過，拜登簽署這份行政命令時，不管是上述汽車製造商還是它們的新對手——包括睿維安（Rivian）和洛茲敦電動車（Lordstown Motors），幾乎都沒有說明，它們打算從哪裡採購必要的礦物來製造電動車。這是顯而易見的公開疏漏，且和汽車產業過去習慣提前備料的營運模式不一致。想當年，亨利・福特（Henry Ford）曾為了幫他持續壯大的汽車王國取得穩定的橡膠來源，煞費苦心在巴西的亞馬遜雨林打造了一整座小鎮。[3]

究竟礦物要從何而來？或許我們可以從那之前一個月發生的事件看出一點點端倪：南加州有家小型新創企業和通用汽車簽署了一份鋰供應協議，這家小公司將利用實驗技術，為通用汽車供應來自某座人工湖湖底深處的鋰。索爾頓湖（Salton Sea）位於洛杉磯西南方大約 258 公里，二十世紀初期，科羅拉多河的河水衝破灌溉溝渠，最後形成了這座湖泊。從那時開始，它就一直靜靜躺在那裡，除了收集雨水，也接納了來自農田的農藥和溢流。[4] 富含鋰、鈣和其他金屬的超高溫鹵水（溫度大約是攝氏 371 度，是水沸點的三倍以上）在索爾頓湖底下一英里的位置盤旋。多年來，波克夏海瑟威（Berkshire Hathaway）一直利用那裡的鹵水來閃蒸蒸汽（flashing steam），為葉輪機提供動力，而那些葉輪機生產出來的電力，供應了南加州多數地方所需。那裡的鹵水（基本上就是鹽水）富含大量的鋰，數量多到足以在未來幾十年內，生產拜登期許在美國製造與使用的所有電動車，還綽綽有餘。[5]

理論上來說，只要採用所謂的直接鋰萃取技術，就不需要興建大型露天礦場，也不需要打造蒸發池（這會浪費數百萬加侖的水，而且要好幾個月才能生產出鋰）。露天礦場在很多人眼中就像個詛咒，最顯明的例子就是皮埃蒙特鋰業在北卡羅萊納州的遭遇，而其他鋰礦專案則可能傷害河川流域，甚或是其他生態系統。相較之下，直接鋰萃取技術可直接從鹵水貯水池中過濾出鋰，對景觀的傷害非常微小。大自然保護協會（Nature Conservancy）在 2022 年的某篇有關鋰生產方法的報告中表示：「雖然所有提取方法都有可能造成某種程度的環境影響，但直接鋰萃取技術所造成的環境影響，有可能比地表採礦或蒸發提取法來得小。」這份長達七十四頁的報告還在封面上，印了一張蒂姆蕎麥的照片。[6]

既然如此，一般人最迫切想要了解的問題便是：是否真的有某種或多種直接鋰萃取技術可從南加州的滾燙鹵水──或甚至其他地方，比方說猶他州的大鹽湖（Great Salt Lake）與阿肯色州幾個老油田等地，沒那麼滾燙的鹵水──中濾出鋰？多年來的實驗室測試顯示，某些鹵水確實能濾出金屬。問題是，在最攸關重大的場合，也就是現實世界裡，那些直接鋰萃取製程都不曾真正管用。[7]

紐森透過視訊螢幕對拜登說：「我原本完全猜不出您今天是不是真的會和我們視訊，我實在太感動了。謝謝您沒有取消通話。」當時俄羅斯即將入侵烏克蘭。

拜登用一種戲劇化的語氣來凸顯他有多麼重視即將發表的談話，他說：「你在跟我開玩笑吧？」稀土礦業公司 MP 材料執行長李廷斯基、紅木材料的史特勞貝爾，以及波克夏旗下的波克夏海瑟威能源再生公司（BHE Renewables）的主管艾莉莎・納普（Alicia Knapp），也加入了這場視訊通話。

紐森跟著宣揚信念，他說，他認為美國能以「潔淨且永續的方法」來提取鋰，這個信念和總統的想法不謀而合。[8]

總統說：「過去有太多採礦作業在美國的許多城鎮，留下了諸多的不公不義，我們可以避免再犯。」

基本上，拜登的意思就是說，我們在取得電動車經濟體的新礦物來源時，務必不能再次犯下採礦產業過去的罪行──不再危害環境，不再留下廢棄的荒地給本地社區收拾。如果美國要實現綠能，且如果實現綠能需要金屬，生產那些金屬的活動絕對不能在事後留下破壞──這確實是一個抱負不凡的目標。接著，拜登還告訴納普，波克夏的加州索爾頓湖開發計劃將在他個人的計劃裡扮演「舉足輕重的角色」。

直接鋰萃取技術，原理上與一般家庭用來去除飲用水金屬成分的水質軟化器很類似。一位產業分析師告訴我，他認為到 2030 年為止，全球四分之一的鋰供給量將來自直接鋰萃取製程，因為這個製程可以在一般大小的倉庫裡進行，而且可能只要花短短幾個小時就能濾出鋰。相較之下，傳統的蒸發池可能動輒占地數百英畝、必須永久排乾蒸發池附近的地下含水層，花上好幾年的時間才能產出鋰。然而，多數直接鋰萃取技術的營運成本比單純使用日光的蒸發池昂貴。

納普向總統表示，波克夏公司正「設法利用全世界對環境最友善的技術，來取用美國境內最充沛的鋰來源……的確，我的說法聽起來或許有點自命不凡，不過，世上沒有其他人比波克夏海瑟威能源公司，更適合承擔這麼一個抱負遠大的試驗。」

2021 年 1 月 20 日，就在拜登宣示就職之前幾個小時，美國能源部其實已經決定，由波克夏公司協助能源部，來推動索爾頓湖地區為汽車產業生產鋰的計劃，公司也因此獲得政府的資金補助。那個決定似乎是川普政府卸任前的臨去秋波，後來卻成了拜登政府的夢魘。

這筆補助金的目的是要資助幾份研究，以便釐清索爾頓湖鹵水中的鋰是否可以順利轉化為氫氧化鋰。波克夏公司將為這項總投資金額達 3 千萬美元的專案提供另一半的資金。早在那之前一年，波克夏已先獲得了州政府機關加州能源委員會的 600 萬美元補助，這筆錢的用途也是要用來研究，是否有辦法從超級高溫的索爾頓湖鹵水中濾出鋰。不過，從鹵水提取鋰之前，必須先將鹵水冷卻，但冷卻鹵水需要使用更多能源，光是這個步驟就得花費極高的經費，整個專案的成本也因此大幅上升，而聯邦提供的這筆補助金，主要就是為了補充加州補助款的不足。總之，這個計劃的科學面還不怎麼成熟，但波克夏公司還是滿懷希望。

這個專案的意義顯而易見：如果只要透過水與鹵水的過濾作業，就能從索爾頓湖生產鋰，那麼，美國就不需要在諸如薩克隘口或流紋岩嶺等地方挖礦，也不需要為了是否要犧牲艾草松雞求偶場、原住民舉辦儀式的聖地，或是蒂姆蕎麥而傷透腦筋。屆時，這個國家不僅能擺脫塵土飛揚又惹人厭的落伍採礦活動，還能真正擔綱綠色經濟時代的領頭羊。

不過，拜登的多項計劃、乃至在索爾頓湖生產鋰的不確定性，卻盡在納普的不言中。在此之前十三個月間，波克夏公司一直私下就補助款的條件和能源部爭執不休——包括專利的控制權，以及公司是否有朝一日能賣掉鋰事業部（即使成立鋰事業部的資金部分來自政府）。[9] 嚴格來說，波克夏公司甚至尚未接受這筆補助金，由此來看，邀請納普來參與拜登的這場活動，似乎明顯是個作業疏失。

能源部的幕僚在電子郵件中表示，他們計劃「深度參與專案的技術方向與調整後的新技術方向」；只不過，波克夏公司卻說，他們「期望能以現有的開發計劃來管理這項專案」。[10]

能源部早在 2021 年 12 月 14 日（也就是拜登召開礦物圓桌會議前兩個月）就警告過波克夏公司，談判已陷入「僵局」，若公司再不接受這筆補助金，有可能永遠也得不到補助。問題是，根本沒人跟白宮方面說過，能源部曾對波克夏發出那樣的警告。後來，一位能源部高階官員要求波克夏公司在 2022 年 1 月和她會面，並稱波克夏的索爾頓湖開發案在政府增加美國礦物產量的計劃中，是非常重要的環節。

至於納普，她雖大言不慚向拜登吹噓波克夏公司的技術實力，卻未向總統坦承索爾頓湖計劃實際上正遭遇到巨大的技術挑戰：這個地區的鹵水超級熱，而高溫的鹵水會腐蝕設備，並導致管線阻塞。一位冶金學教授形容這個地區的鹵水是「非常難以應付的熱湯，有時還呈現酸性」。這個說法點出波克夏公司面臨的挑戰有多巨大。[11]

拜登有所不知的是，波克夏公司雖被公開吹捧為華盛頓當局實現綠色能源目標的關鍵，但它背地裡卻似乎處處與拜登政府作對，而且實際上，波克夏似乎也缺乏對外宣稱的專業技術。這不僅象徵拜登的氣候目標可能命運多舛，對索爾頓湖地區的經濟來說（此處為加州前幾窮的角落），也是個壞消息。就在拜登召開礦物圓桌會議那一天，波克夏公司的遊說人員強納生‧衛斯格（Jonathan Weisgall）寫了一封電子郵件給能源部長葛蘭霍姆的一位資深顧問。

衛斯格寫道：「誠如您所知，BHE 再生公司總裁兼執行長方才在白宮的關鍵礦物圓桌會議中，向拜登總統說明我們已經開始動用兩項研發示範補助金——一筆來自加州州政府，另一筆來自美國能源部，那是為了展現⋯⋯我們也能從那裡的鹵水還原出鋰。」

　　儘管在公開場合說得天花亂墜，波克夏公司卻在隔天和能源部接洽，要求調整計劃，以便用較低技術難度的方式來生產某種型態的鋰，言下之意就是暗示，公司現階段未達他們公開向拜登吹噓的那種技術實力。歷經私下來回不斷的爭執之後，波克夏公司最後因為提出那個令人為之氣結的要求，而在幾個星期後和這筆補助金失之交臂。

　　想當初，拜登公開拍胸脯保證波克夏的技術，將對索爾頓湖地區的經濟帶來幫助，且有助於實現他個人在綠色能源方面的抱負，殊不知那個保證最終卻反過來成了他的夢魘。直到那時，利用尖端技術來生產鋰的承諾仍未能兌現。

　　波克夏公司對索爾頓湖專案寄予厚望的局部原因，和其他前人在該區實現的幾項礦物學成就有關。從 1932 年開始，西部卡爾戴斯公司（Cardex Western Company）就從大約一百公尺深的沙沉積層裡抽取二氧化碳，再利用這種氣體製造用於冷卻火車車廂的乾冰。但冷藏車廂在 1954 年問世後，公司便停止經營這項業務。

　　1970 年代，莫頓鹽業公司（Morton Salt Co.）曾在這個地區萃取氯化鈣（一種類型的鹽）。[12] 波克夏公司本身也在 2000 年代以一個小型試驗設施，利用索爾頓湖的地熱鹵水來生產鋅，而且也確實和一家加拿大鋅業公司簽訂了供應合約。不過，打從一開始，波克夏的這個專案就備受眾多問題困擾，公司最終更因鋅價在 2004 年崩盤而黯然結束這個專案。[13]

　　鑑於過去的發展紀錄良莠不齊，在索爾頓湖生產鋰一事絕對稱不上十拿九穩。不過，那倒不是缺乏嘗試所致。早在 1970 年代末期，科學家就曾嘗試開發多項技術，期望能從美國乃至世界各地的鹵水地質層中濾出具商業化規模的鋰。到了 2000 年代末期，加州和美國能源部也雙雙核發了幾乎相等金額的補助金給新寶公司（Simbol Inc.，這家公司雖是一家新創企業，卻有一種令人感到不可思議的魔力，因為它向來都能吸引到某些最優秀的化學加工與工程設計人才）。新寶公司和公司的科學家一共申請了超過十九項與「從索爾頓湖地熱鹵水濾出鋰」有關的專利，也實地利用政府的補助金來檢驗他們的第六感是否準確。但最後他們還是功敗垂成，部分是公司與馬斯克之間的小齟齬所致。

　　儘管如此，索爾頓湖的鋰還是持續吸引科學家的關注。就在拜登設定 2030 年目標的前一個月，汽車業巨擘通用汽車和澳洲的控制熱流資源公司（Controlled Thermal Resources）簽署了一份協議，目的就是要協助這家小型新創企業從索爾頓湖生產鋰。不過，通用汽車並未詳述它打算為這項專案投入多少資金（只含糊地公開表示它正在進行一項「數百萬美元的投資案」），也未詳述它期望生產多少鋰（僅表示索爾頓湖「將供應我們所需的鋰，數量相當可觀」）。[14]

　　與通用汽車簽署這項協議的控制熱流公司欣喜若狂，並洋洋得意地吹噓，在通用汽車的幫助下，公司的索爾頓湖專案（它將這個專案暱稱為「地獄廚房」，或許這個稱呼沒有諷刺的意味）將能在 2024 年生產足夠的鋰——即年度生產量 6 萬噸的鋰，這些鋰將足夠製造數百萬顆電動車電池。那大約是美洲鋰業期望透過薩克隘口專案生產的鋰的兩倍。控制熱流資源公司還補充，由於公司生產的鋰是直接從索爾頓湖的鹵水中濾出，排放的二氧化碳將比澳洲（當時全球最大的鋰生產國）的鋰礦場少十五倍。[15]

　　不過，要啟動這項專案，並讓這項專案真正有利可圖，控制熱流公司必須先興建一座電廠，再利用電廠所生產的電力來過濾鋰。問題是，控制熱流公司過去未曾涉足電廠興建的業務，而且，已經有一家公司在那個地區坐擁十幾家電廠，而這家公司正好也對生產鋰的業務躍躍欲試，它就是當時全球首富巴菲特控制下的波克夏海瑟威。不過，波克夏的鋰生產技術有其極限。

波克夏、控制熱流公司和第三家稱為能量源礦業公司（EnergySource Minerals）的作為，攸關著加州在索爾頓湖生產鋰的成敗。儘管這三家公司都希望能從這個地區生產鋰，但只有波克夏取得了聯邦補助金，而且，2022 年 2 月那天，只有波克夏公司獲邀參加拜登與紐森的視訊會議。

長久以來，赫伯特・亨利・陶（Herbert Henry Dow）就醉心於鹵水，只不過，他心心念念想從鹵水中取得的東西是溴（用於合成染料等產品），而非鋰。陶本身是位非常有創造力的發明家（他父親也是位發明家），二十三歲就申請到人生第一項專利，並在 1897 年創辦了陶氏化學公司（Dow Chemical Co.），如今已是世界上前幾大的化學公司。公司成立之初，陶利用他個人的技術實力、專利和密西根州的多處大型鹵水層，生產遠比德國競爭對手更便宜的溴。[16]

到了一戰倒數第二年，也就是 1917 年，陶的女兒露絲（Ruth）和在安娜堡（Ann Arbor）土生土長的利蘭德・多恩（Leland Doan）結婚。那一年，受過工程師專業訓練的多恩順勢加入岳父的公司，接著經由銷售部門的管道慢慢升遷。[17] 到了 1930 年，陶因長年飲酒所導致的肝硬化而與世長辭。

隨後，多恩協助帶領陶氏化學度過大蕭條與二戰的挑戰，這個功勞最終在 1949 年為他贏得了陶氏公司總經理的職位。無論多恩最初是不是靠著裙帶關係才得以進入公司，但事實證明，喜歡在圓圓的臉上戴一副小框眼鏡的他，絕非德不配位，他確實擁有經營這家公司的能力。多恩掌舵的那十三個年頭，陶氏化學創造了比原本高了近三倍的年度營收，達到大約9億美元。[18]

多恩的個人領導風格有一個特色：他會定期帶著公司最足智多謀的人才，到位於密西根州北部的一間小木屋靜修，並在那裡就各種未來技術的可行性展開脣槍舌戰，同時進一步商討公司要如何調整方向，才能實現新技術。當然，那個做法在當時算是相當創新，尤其戰爭才結束不久——那場戰爭讓好幾個世代的美國人，養成了聽從威權人物指示的習性，鮮少有自由發揮的空間和習慣。反之，這位企業領袖卻鼓勵同仁發表異議、要求他們自由思考，並請求大家坦承對話。

在1950年代初期的某次靜修行程中，一名曾在戰爭期間服役的員工怯生生地舉起手，說出他對未來的預測：「五十年內，每一個人的口袋裡都會帶著一隻電話趴趴走。」[19]

他話一說完，房間裡立刻爆出一陣笑聲，事實上，那是哄堂大笑。在場的同仁大概都在想：這個白痴究竟在想些什麼？

不過，多恩並沒有笑，他要求屋內的人保持安靜。

他問了這名從軍中退伍的低階員工：「你為什麼認為，會有那麼一天？」

「呃⋯⋯畢竟沒有人想被電話線綁在牆上。」

「那麼，會導致那個前景無法實現的最大限制因素是什麼？」多恩真正想問的是：什麼因素會導致大眾溝通形式無法行動化？

「呃⋯⋯重量太重。」

這位退伍軍人解釋，戰爭期間他有整整三十個月的時間，負責幫他的直屬長官背一顆重達40磅的對講機電池，在歐洲走透透。那次的經驗讓他認定有必要開發更好的技術。基本上，問題就出在沉重的鉛酸電池。

經過一番激辯，多恩對研究部門主管比爾・鮑曼（Bill Bauman）提出一個要求：「找出最有效率的電池材料。」隔天早晨，鮑曼就遞上了一份報告。鋰不僅保持電荷的能力非常好，也是元素週期表上最輕的金屬，所以，他認為鋰是未來電池的絕佳候選材料。

陶氏化學公司早就在利用美國各地的鹵水生產溴，而根據多恩、鮑曼等人的推測，鹵水也是取得鋰的好來源。於是，多恩要鮑曼主導一個研究專案，探討未來一旦大眾市場對鋰的需求浮現時，正快速成長的陶氏化學公司要怎樣才能生產鋰。儘管當時世上其他地方，已有某些人利用大型蒸發池來生產鋰，陶氏卻避開這個方法，因為它擔心那樣會產生太多其他沒有市場用途的鹽類（尤其是鈣和鎂）。

如果陶氏化學能從鹵水中生產出溴，合理推論，應該也能從鹵水中生產出鋰。接下來，公司的科學家投入了十幾年的時間研究這個議題，可惜那些年的投入多半沒有明顯的成果。陶氏化學發現，元素週期表中的眾多元素裡，鋰儼然是一種社交生物，它非常不甘寂寞，總喜歡找人作伴。所以，在投入大量資金與十年多的時間之後，陶氏化學在 1960 年代決定將研究鋰的專案束之高閣。

不過，鮑曼並未忘卻這種白色金屬，他卸下陶氏化學公司技術長的職務後，便將自己定位為某種組織內部科學家，職務就是所謂的陶氏研究員（Dow Fellow）。從此，鮑曼開始在他位於德州陶氏園區的實驗室裡（他稱這個實驗室為先進分離實驗室），有一搭沒一搭地研究幾個讓他苦惱多年的議題，包括鋰。

鮑曼告訴團隊：「我們要釐清如何取得鋰。」就這樣，他們開始投入研究。到了 1970 年代末期，鮑曼和陶氏化學公司另一位名叫約翰·李（John Lee）的科學家成功將一種含鋁的金屬鹽和一種離子交換樹脂（一種可去除特定金屬的過濾材）結合在一起。歷經多次試驗，他們終於找出可以從鹵水中提取出鋰的適當合成比例，不過，他們並不了解當中的原理。儘管如此，鮑曼和李終究發現樹脂中的鋰是可以洗出來的，就這樣，他們總算找到了真正從鹵水供應鋰的方法。[20]

不過，當時陶氏化學的團隊還是未能徹底搞懂整個製程的許多問題，而如果他們連分子層面的實際狀況都不了解，就代表這個製程幾乎不可能成功應用到商業化層次。1979 年，剛取得物理化學博士學位的年輕科學家約翰·布爾巴（John Burba）加入了這個團隊。

布爾巴回憶：「我被指派的第一個任務，就是要釐清這個鬼東西是什麼、釐清它的結構、它能發揮什麼功能，以及為什麼它能發揮那些功能。」在布爾巴、鮑曼、李與陶氏實驗室其他人的通力合作下，他們最終申請到好幾個有助於改善這個製程的專利。[21] 陶氏化學公司在 1979 年發展出史上第一個直接鋰萃取製程，並在德州費利浦（Freeport）設立了一個小型設施，以便進行新製程的試驗作業。當時陶氏化學公司在阿肯色州也有一座生產溴的設施——事實證明，富含鋰的鹵水裡也含有大量的溴，於是，陶氏化學也在那裡設置了一座試驗設施。那座設施維持了大約九個月的運作，成果還算不錯，只不過成本太高，而且還有一些缺陷有待解決。不僅如此，在可攜式電子產品風行之前（更別說電動車了），鋰的價格其實長年處於低迷的狀態。

所以，1987 年，陶氏化學公司決定賣掉鹵水化學事業部——包含鮑曼、布爾巴、李及其他人投注了許多血淚與汗水的鋰研究專案。而接手這個事業部的，正是後來眾所周知的雅寶公司。[22]

接下來，鮑曼正式從陶氏化學退休，並搬到其他地方；布爾巴則是留在陶氏化學，繼續進行其他專案。他們兩人都漸漸淡忘了鋰。

1992 年年初的某一天，布爾巴為了修理家裡的屋簷而爬上屋頂。當時他剛離開陶氏化學，並接下大湖化學公司（Great Lakes Chemical Corporation）的一份職務。他打算賣掉德州的房子，舉家搬到阿肯色州，於是他用幾個星期的時間來整修德州的房子。當時他坐在梯子上，突然聽到太太大喊說有他的電話，他應聲緩緩爬下來接電話，結果電話的另一頭是鮑曼。

「約翰，最近過得怎麼樣？」

布爾巴回答，還好，同時反問了鮑曼相同的問題。

「我快無聊死了。我們必須找出更好的方法來生產鋰。」

布爾巴的內心雖然興奮，但還是以化學家特有的淡定語氣回答：「當然，這聽起來是個好點子。」

「那好，我明天就搭飛機去見你。」

鮑曼和布爾巴想改良當年開發的樹脂，接著，他們兩人開始就最佳改良方法展開了激辯，還用鮑曼向太太借來的廚房用具進行多次實驗。最後，他們終於共同開發出兩種提取鋰的新方法。不過，當時鋰的市場並不大，主要用於玻璃、潤滑油和藥品。這個利用廚房器具完成的發明雖獲得了好幾項專利，專利卻閒置多年，沒有真正的用途可言。

1994 年，布爾巴離開阿肯色州，前往紐澤西州普林斯頓（Princeton），為富美實公司做研究（富美實早在 1980 年代就收購了當時全球最大的鋰生產商美國鋰業）。他加入富美實後，公司要求他條列出手上握有的專利；事實上，在這之前，富美實已經取得其中至少一項專利的授權，而且正在實驗室進行試驗。[23]

富美實是當時主要的鋰生產商（那時鋰還只是利基型產品），而公司的鋰供給全數來自北卡羅萊納州的一座礦場；問題是，根據公司內部估計這座礦場將在五年後耗竭殆盡，使得公司面臨極大的壓力。

於是，急著想確保主要鋰生產商地位的富美實公司和阿根廷政府，敲訂了一項協議，計劃在高聳的安地斯山脈的翁布雷穆埃托鹽盤（Salar del Hombre Muerto，位於海拔近 1 萬 4 千英尺，是一個充滿鹵水的巨大鹽盤，而且那裡的鹵水富含鋰）生產鋰。

但富美實幾乎沒有利用鹵水生產鋰的經驗，所以，它計劃仿效一家在內華達州擁有類似生產設施的競爭對手，也就是富特礦業公司（Foote Mineral，後來被雅寶收購）。當時富特礦業公司設置了一系列的蒸發池來生產鋰，這些池子各占地數百英畝，各個池子把不同的化學物質蒸發出來後，最終留下鋰。

理論上來說，把相同的製程應用到阿根廷的鹵水應該可行。不過，富美實公司一將這個製程應用到阿根廷，馬上就踢到鐵板。原因是，當地鹵水裡的鎂、硫和硼的濃度，比富特礦業公司使用的內華達州鹵水高很多。也就是說，由於所謂的「同離子效應」，在阿根廷使用一系列蒸發池的做法將行不通。首先，這個做法無法分離出鎂，因為鎂會黏著鋰。在設法解決問題的過程中，相關人員提議在池塘裡注入石灰來解決這個問題，但若真的這麼做，只會產生一種類似果凍的凝膠狀物質。布爾巴很清楚這樣的狀況必然會發生，所以他向新雇主富美實公司說明了這個做法的後果，但公司堅決不採納他的見解，還駁斥他根本不知所云。

於是，布爾巴回到普林斯頓。

接著，那個阿根廷場址竟停止向富美實的領導階層提交報告，於是兩年前接下公司執行長職務的鮑伯・伯特（Bob Burt）決定親自搭飛機去現場一探究竟。伯特生性努力進取，在接下執行長之前的十八年間，他一路安分守己，在富美實公司的農藥事業部與生產布雷德利坦克（Bradley Tank，這種坦克車在第一次波斯灣戰爭中受到廣泛使用）的獨立事業部工作，並一步步晉升到這個層峰職務。

既然鋰是攸關富美實公司未來發展的關鍵，且富美實確實需要新的鋰供應來源，伯特當然會想搞清楚阿根廷的業務究竟進展得怎麼樣。不過，他一到現場，馬上就被潑了一盆冷水。當地工人先是主動向伯特示好，表示他們將會帶他去視察所有事項，只不過，伯特一提到他最迫切想看的試驗池時，對方卻一再避重就輕，故左右而言他。最後，伯特實在被惹毛了，他乾脆威脅，就算要踏遍整個綜合建築設施，他也要自行找到那座試驗池。

最後，阿根廷當地的員工終於心不甘情不願帶他去看那座試驗池。伯特站定一看，眼前所見竟是一片占地數十英畝的凝膠狀氫氧化鎂。曾擔任菲爾普斯道奇公司（事後被費利浦－麥克莫蘭公司收購的銅業公司）董事的伯特勃然大怒，他一邊氣憤地在池塘裡跺腳，一邊大聲咆哮：「你們這些傢伙竟然搞出 20 英畝的果凍！」他激起的漣漪一陣陣延伸到池塘遠處的角落。

回到公司總部後，伯特解雇了幾名釀成阿根廷那場災難的科學家，這時，他和其他富美實的高階主管也意識到，不找布爾巴談談實在不行了。所以，他們把布爾巴從實驗室裡召喚出來，詳細詢問相關的細節——他們想要知道布爾巴和鮑曼當初究竟以他們的專利技術生產出多少鋰。

布爾巴告訴他們：「我們生產了大約 2.5 公克吧。」這句話讓在場人士倒抽了一口氣。好吧，說穿了，布爾巴的技術根本只是一個科學實驗。他們真正想知道的是：把這個只經過科學實驗驗證的技術，應用到阿根廷的專案行得通嗎？

伯特問布爾巴：「你們能把它轉化成真正可行的製程嗎？」

「可以。」布爾巴語氣堅定。

伯特說：「你的語氣聽起來很有把握。」

布爾巴想都沒想就回答：「嗯，我很肯定我們辦得到。」

伯特問：「那麼，你需要什麼資源才能達到目的？」

布爾巴說明了他將需要的人手、工作人員和實驗室，接著才說出那幾位高階主管真正在意的資訊：「我需要兩至三年的時間，還可能需要 800萬至 1 千萬美元的資金。」

此時已被沉重市場壓力壓得喘不過氣來的伯特對布爾巴說，他只會給六個月的時間和 400 萬美元的資金。「如果我們再等三年，這家公司就玩完了。」

結果，布爾巴果然在六個月內，證明他的技術在阿根廷山區行得通，而且也真正生產出鋰。於是，富美實公司打鐵趁熱，核准了一項把布爾巴的直接鋰萃取技術，還將其與現場蒸發池融合在一起進行的計劃（那些蒸發池經過了四年的建設後，於 1998 年 6 月啟用）。當時那座礦場的鋰產量約占全球總生產量的三分之一，電池產業的需求也正好開始飆升。[24]

那時，索尼公司製造的隨身聽，其年度銷售量已達到 1.5 億台，而蘋果的 iPod（採用革命性的可充電鋰高分子聚合物電池，可連續播放音樂十小時）則是在 2001 年首度亮相。[25]

布爾巴回憶：「阿根廷那項專案的啟用時機可謂躬逢其盛。」接著，全世界其他地區開始陸續注意到他和富美實公司的成就，紛紛興起仿效之心，包括玻利維亞。

布爾巴在 2013 年初退休，不過，一家名為新寶公司的新創企業隨即打電話給他，並表示他們想要找一位領導人。新寶公司是由路卡・厄爾賽格（Luka Erceg）與約翰・康利（John Conle）兩位工程師在 2006 年所創辦，他們倆是在休士頓萊斯大學攻讀研究所期間認識的；這家公司的目標是要把他們的技術應用到地熱發電廠，以便從索爾頓湖提取鋰。找上布爾巴之前，他們已經從勞倫斯・利夫摩爾國家實驗室（Lawrence Livermore

National Laboratory）招募了幾名科學家。[26] 幾年後，這個地區的很多人也爭相模仿這個計劃。

2012 年，一家名為能量源礦業的企業，斥資 4 億美元在索爾頓湖啟用了一座地熱發電廠，它最大的特色在於，這種發電廠能在只產生少量副產品或廢料的情況下生產電力，是該區二十年來建造的第一座那類電廠。這座設施距離聞名遐邇的科切拉山谷（Coachella Valley）不遠，並以科學家約翰・費勒史東（John Featherstone）為名，紀念他多年發展地熱發電廠的努力。地熱發電廠從地殼深處取用超級熱的液體，再利用液體閃蒸出來的蒸汽來旋轉葉輪機，達到發電的目的。這個過程中所產生的水會接著被重新注入到地底下。總之，這座設施能生產接近 50 兆瓦的電力，足夠供應該區 5 萬戶家庭所需。[27]（到了 2016 年，索爾頓湖地區已經有十九座地熱發電廠。）[28]

基本上，新寶公司計劃把自家的技術應用到費勒史東工廠，好讓能量源礦業公司從超過 1 萬英尺以上的地底深處抽出的水中提取鋰，理論上這個計劃相當可行。2008 年，新寶公司估計，全球鋰市場的規模將在 2015 年成長到 15 億美元[29]，而索爾頓湖的鹵水中充滿了鋰，對任何一家懂得如何從超級熱的液體中分離出這項白色金屬的公司來說，這都是一個令人躍躍欲試的前景。

布爾巴決定加入新寶公司，原因之一在於，他認為新寶有潛力以「絕對環保」且「基本上零汙染」的方式來生產鋰（這是他的說法）。[30] 他也希望能在新寶延續他在陶氏化學與富美實所開創的研究，更自我期許能在新寶創下他的研究及職業生涯高峰。總之，走過四十多年職業生涯的布爾巴似乎把新寶公司視為鞏固個人的職業生涯成果、並為後人留下有用遺產的管道。

2013 年，新寶公司在索爾頓湖興建了一個小型設施來試驗自家技術。

這個設施運轉了超過一年。當時新寶遇到的主要問題是二氧化矽，那是一種天然存在的化學物質，也是沙子的主要成分之一。利用鹵水提取鋰之前，必須先將鹵水冷卻，不過，進行冷卻步驟的當下，卻會導致二氧化矽形成玻璃，堵塞管道與其他設備，從而對整個製程造成一大障礙。

新寶公司和布爾巴與其他科學家合作後，終於開發出處理二氧化矽的技術。這項技術對新寶來說是一大突破，也讓位於加州門洛園區（Menlo Park）的莫爾達維多創投公司（Mohr Davidow Ventures，以下簡稱 MDV）非常振奮。多項試驗專案的結果也證明這項技術極度成功。[31]

這項發展以及新寶這座試驗設施的後續表現顯示，尋找適當投資人為公司注資的時機已然成熟——他們希望找到能協助出資興建具商業化規模設施、或甚至買下整個企業的投資人，而布爾巴認為，馬斯克或許會有興趣。

當時特斯拉是向松下電氣購買鋰電池，作為汽車製造商，特斯拉正好也為了汽車組裝相關考量，迫切想在美國境內搜尋一個可興建所謂超級工廠的地點。有不少傳言指出，南加州或許會是馬斯克和特斯拉看中的理想設廠地點。若是如此，特斯拉會不會也希望能從附近採購鋰？

不過，布爾巴連怎麼跟馬斯克聯繫都不知道。他草擬了一份三頁長的簡報，接著開始絞盡腦汁，思考要如何把這份簡報交到那位性格陰晴不定的企業執行長手上。不久後，他想到有個熟人認識某位華爾街分析師，而那位分析師或許有管道可聯繫上馬斯克。就這樣，布爾巴在 2014 年年初，透過這個薄弱的聯繫網路寄出這份簡報，指望它最終會輾轉送到他所期望的目的地。

結果沒讓他失望，這份簡報果然送到馬斯克手上。

幾個月後，特斯拉財務長迪帕克・阿胡賈（Deepak Ahuja）和特斯拉的共同創辦人史特勞貝爾主動聯繫布爾巴，他們想要進一步了解新寶公司、它的技術和索爾頓湖的狀況。6月，特斯拉提出願以3億2,500萬美元買下新寶公司，這個開價顯示，特斯拉迫切想要達成某種協議，而且希望盡快完成。[32] 這份提案明訂新寶將取得價值3億2,500萬美元的特斯拉股票──這是收購企業常見的戰術：能留下自家現金，又能以物質引誘賣方採取行動；換句話說，如果協議中的技術行不通，結果導致收購公司苦嚐失敗後果，那麼，理論上來說，賣方也討不到好處。

阿胡賈透過電子郵件寄出正式報價書，並告訴布爾巴，特斯拉將顯著受惠於新寶公司的「人員、創新技術，以及以環保的手段來提高鋰供應量的潛力」。報價書還附上馬斯克本人寫給布爾巴與新寶公司董事會的一封正式信件：

> 我對特斯拉公司與新寶公司合併的前景感到非常興奮，我希望您們也認同，這是結合兩家創新企業之力，共同促進全球潔淨及永續能源技術發展的大好機會。您與貴公司經營團隊在新寶公司實現的成果，令我們印象深刻，我們殷切期待與您討論您與新寶公司經營團隊，將如何繼續為世界帶來真正的改變。[33]

重要的是，馬斯克要求布爾巴不能向媒體或以其他任何方式，對外透露和這項報價書有關的消息。

接下來，情況變得愈來愈有意思。

新寶公司的主要投資人MDV投資公司曾在1980年代與1990年代買過幾家大型科技公司的股權，胃口早就被養大，看不上一般程度的報酬；如果這項技術真的能幫助全球經濟體系擺脫對化石燃料的依賴，區區3億2,500萬美元的開價，根本就無法說服MDV接受這宗收購案（何況光是一座商業化的新寶公司廠房，可能就得耗費至少6億美元的資金，而且要花三年才能興建完工）。[34] 所以，布爾巴主動接洽馬斯克——馬斯克在公開場合若有所思地說，在沒有收到正式還價的情況下，他不知道這筆交易要如何繼續向前推進。

馬斯克問布爾巴：「你認為我們該怎麼處理這件事？」[35]

布爾巴回答：「我們可以要求傑富瑞金融集團（Jefferies）來評估這項專案的價值。」他指的是一家位於紐約的投資銀行。布爾巴打的如意算盤是，聘請一個獨立超然的第三方來評估新寶的價值後，特斯拉應該就得接受第三方評估出來的數字。

馬斯克告訴布爾巴：「如果傑富瑞金融集團願意評估新寶公司的價值，我們還是可以使用股票交易，屆時就可以順利敲定協議。」[36]

後來，傑富瑞金融集團在一份標記為「高度機密」的二十頁報告中，拿新寶公司和富美實公司（布爾巴先前任職的公司，也是當時具領導地位的鋰生產商）以及智利的智利化工礦業與洛克伍德控股公司進行評估。[37] 那篇報告提到，那幾家企業的技術與其他來源的技術，都「無法滿足大規模電動車製造活動對優質氫氧化鋰的需要」，並補充道，新寶公司的技術比市場上其他廠商更「優異」。這份報告還額外預測，到了 2020 年，新寶公司計劃生產的氫氧化鋰平均售價，將因「持續短缺」而達到每噸 13,464 美元，幾乎是 2014 年的兩倍。重要的是，傑富瑞金融集團認為，新寶公司的未來營運計劃，遠比其他鋰礦專案更有利於環境的保護；此外還提到，新寶公司的計劃不必興建礦場、礦場加工廠，也不用打造大型的尾礦池，更不需要負擔關閉礦場後的補救成本。

綜合考量上述所有因素，傑富瑞金融集團表示，新寶公司可能價值大約 25 億美元，不過，除非全球的鋰需求一如預期巨幅增加，否則這個高評價並不合理。

當時正好在中國出差的布爾巴把這份報告寄給馬斯克，馬斯克也研讀了報告。接著，馬斯克在中國的上班時間——也就是美國的午夜時分——打電話給布爾巴，跟他討論這份報告。

馬斯克說：「我只是不希望公司的董事會把我當白痴。」

布爾巴回答：「好，我能理解。」他還提到，傑富瑞金融集團的研究報告內容不僅透澈，而且不偏不倚。「請考慮看看，其他容後再議。」

一個星期之後，他們兩人再次親自見面。不過，這回馬斯克顯得有點激動，他把傑富瑞金融集團的紙本報告扔到他們倆面前的桌子上。

馬斯克對著房間內的人說：「有人告訴我，約翰‧布爾巴說謊。」

布爾巴聽到這句話後目瞪口呆。

馬斯克繼續說：「有人告訴我，十年後，我只要花 600 美元就能買到 1 噸的鋰。」

布爾巴插嘴道：「胡說八道。」他直接點出了傑富瑞金融集團估計的氫氧化鋰價格，並告訴馬斯克，每噸 600 美元的鋰連生產成本都不夠，遑論獲利。「你們不可能辦得到，任誰都辦不到。」

不過，深受那位不知名人士影響的馬斯克已經下定決心，布爾巴除了在內心不斷詛咒那個人以外，根本無計可施。馬斯克說，現在特斯拉將把開價降到 1 億 2,500 萬美元。

布爾巴回答：「我無法接受這個價格。但你們願意退而求其次，單純投資新寶公司就好嗎？」

馬斯克反駁道：「不願意。」

布爾巴聞言後便起身離開，自此再也沒有和馬斯克交談過，而且，他從頭到尾都不知道究竟是誰毀了這宗交易。後來，特斯拉繼續和新寶公司多數根基雄厚的對手簽訂協議。新寶公司的技術與專利——包括從超級熱的鹵水中去除二氧化矽的重要技術，最終被一家新創企業買走，這家新創企業的老闆是鄉村音樂歌手克雷‧沃克（Clay Walker）。但到我撰寫本書之際，那家新創企業以及它的合作夥伴西方石油公司（Occidental Petroleum），幾乎都沒有採取任何具體行動，利用那些專利與技術生產鋰。

對布爾巴來說，他在新寶公司的整體經歷雖令人感到挫敗，卻也相當發人深省。他體會到，特斯拉與馬斯克希望以盡可能低廉的價格取得新寶公司技術一事，固然令人為之氣結，但興建商業化工廠的時間表——至少三年，有時更久，一樣有可能澆熄他們收購公司的慾望。何況，當時特斯拉也迫切需要資金來興建自家的工廠，或許它根本就沒有 6 億美元的資金用來興建一座商業化的鋰設施，也或許根本不想花那麼多錢興建那樣一座設施。正如同當時馬斯克和布爾巴見面時，特斯拉手上的現金只有 7 億4,600 萬美元。

布爾巴認為，可用卡車四處移動並採用直接鋰萃取技術，來濾出鋰的「可攜式」鋰設施，說不定是解決上述窘境的方案。他透過在陶氏化學、富美實公司乃至新寶公司工作的經驗體察到，鋰的需求只會一路增加，何況，雖然世界各地少有像索爾頓湖那麼大的鋰鹵水礦床，規模遠小於索爾頓湖、但一樣富含鋰的鹵水礦床還是為數不少。總之，潛在的機會還是相當多。

布爾巴設想中的那種可攜式鋰工廠未來有可能成真嗎？當時他認為有可能。因此，布爾巴並沒有因馬斯克乖張的談判戰術（宣告新寶公司死期）而感到悔恨，而是決定再接再厲，創辦一家新公司。後來這家公司在很多同業都失敗的情況下創造了亮麗的成績。而這次的成功關鍵在於，他再次投入他非常擅長的事：申請更多專利。另一方面，他的某個競爭對手正好也躍躍欲試，自認能在全球鋰蘊藏量最多的國家使用這個策略——這個國家是玻利維亞。

第十四章
鋰礦富翁的詛咒

> 美國地質調查局估計玻利維亞蘊藏的鋰，有 1,900 萬噸等著為世人所用，這個量足夠為數十億台電子裝置提供動力。

 # 玻利維亞 # 德國 # 俄國 # EnergyX 公司 # 寧德時代 # 中美貿易戰

連接玻利維亞波托西（Potosí）與烏尤尼（Uyuni）的道路長約 126 英里，這是一條背負了詭異的曲折歷史且充滿鬥爭和希望的顛簸道路。我和幾名夥伴，搭乘一輛配備通氣管和其他越野裝備的豐田（TOYOTA）4Runner，一路上經過了許許多多的髮夾彎，不時大幅度左拐右彎的車體逼得我不得不坐得直挺挺，以免不斷撞到一同坐在後座的兩名夥伴。沿途不時可見的巨大扶壁岩石，令人不由得聯想到毅力號（Perseverance）探測器傳回地球的火星景象照片，不僅如此，這條道路某些路段的築堤外就是極度陡峭的懸崖，萬一不小心跌下去，恐怕只會粉身碎骨。

高速公路旁的排水溝上還留有「2020-2025 年懇請投票給埃沃！」（注：VOTE Si EVO 2020-2025，此為西班牙語）的競選廣告，儘管這些廣告都已褪了色，卻還是發揮了提醒的效果，令人想起玻利維亞多民族國（Plurinational State of Bolivia）的某位總統如何在鋰的煽風點火下垮台，在這裡需要先了解一件事，玻利維亞是全世界蘊藏最多鋰的國家。[1] 路上有一些標誌警告車主要留意突然橫越道路的駱馬與鴕鳥，不過，那並不代表你一定能目擊這些動物出沒。開著開著，道路終於不再那麼彎曲，海拔也漸漸下降，原本一時未能適應海拔近 1.2 萬英尺的環境而陣陣抽動的腦袋，此時終於慢慢好轉。車外的景觀也改變了，不規則起伏的山丘與岩石堆，被廣闊的草原和其他地質奇觀取代，整個畫面會讓人偶爾想起約翰‧韋恩（John Wayne）的電影。

波托西啤酒（Potosína）的廣告自詡為「世界頂級啤酒」（*La cerve za más alta del mundo*），我相信這則廣告，因為在玻利維亞似乎一切都有可能發生，但又似乎一切都不可能發生；這兩種極端在這個國度詭異卻又和諧地並存。玻利維亞的面積大約是 42 萬 4 千平方英里，跟哥倫比亞差不多大。[2] 不過，這個國家的道路總長卻僅大約 5 萬 6,500 英里，和遠比它小的國家如迦納和愛爾蘭比起來明顯落後。[3]

因此，想在被安地斯山脈一分為二、俗稱「美洲西藏」的玻利維亞走透透，往往得花非常多的時間，而這個現象也對這個國家的經濟潛力構成了極大的阻礙。我在波托西遇見一位女士，她說她花了十二個小時以上的艱辛歷程，才好不容易從 297 英里外的某處抵達這個地區的首府，而 297 英里不過是波士頓到費城的距離。

波托西不僅是玻利維亞的重要城市，該國有個相當於州或省的行政區域也叫波托西。「鋪設更多道路」是波托西省本地人對當局的最主要要求；在這個國家，我來此時行經的那條道路可算相當罕見。[4] 隨著道路變得愈來愈筆直，一個充滿淤泥、草地和駱馬與羔羊的山谷，豁然出現在我們眼前。山谷周圍的山丘上覆蓋著白色的鹽——是鹽，不是雪——因為這裡的地面富含氯化鈉礦藏。當地人說，山谷裡的鳥獸吃過這邊的草後，鹽分會滲透到牠們的肌肉裡，最後成為品嚐過後就難以忘懷的美味珍饈。山谷周圍某些山丘的起伏非常滑順，看上去很像在風中飄揚的床單，但某些山丘看起來卻崎嶇不平、坑坑疤疤，像極了長在地面上的疣。我心想，這個地方的美自成一格，尤其是黃昏時分，太陽開始從山丘上方緩緩落下，月亮又慢慢出現在另一端的天空，日月的光芒匯聚在一起，為大地披上一片琥珀色的薄紗，美得令人屏息。

過去的波托西曾經是西班牙帝國主要的白銀供應地，而白銀正是讓西班牙帝國的引擎得以持續運轉的大功臣之一。自世人於 1545 年在此發現一座名符其實的銀山並創立波托西以來，這個地方就源源不斷地穩定為西班牙、中國及全球各地其他熱衷白銀的消費者供應這項金屬。[5] 十七世紀初期，波托西的經濟因一種提取白銀的新技術（這個方法是把含銀的礦石壓碎、將汞混入碎石，接著將碎石放在太陽下曝晒，最終就可提取出白銀）以及一套駭人聽聞的強迫勞動制度而變得欣欣向榮[6]，繁榮的經濟不僅為波托西贏得了「史上第一座資本主義城市」的名號，也讓西班牙變得極度富裕。[7]

十七世紀初期，這座城市的人口一度超過倫敦。[8] 但如今，這裡的居民只剩 17 萬 6 千人，比阿肯色州的小石城（Little Rock）還少一些。雖然西班牙人從未找到傳說中的黃金城（注：El Dorado，此為西班牙語），但事實證明，波托西依舊是個令人艷羨不已的「安慰獎」。十六世紀末，西班牙帝國在這座城市興建了西半球第一座鑄幣場，並在這裡鑄造大量的西班牙銀圓（也就是俗稱的八塊〔pieces of eight〕），從此以後，這座鑄幣廠就成了全球各地海盜垂涎不已的目標。西班牙帝國還在整座城市的各個角落興建了許多精巧的建築，雖然如今都已非常陳舊，卻很幸運保存了下來，也被聯合國教科文組織（UNESCO）列為世界遺產。

不過，隨著時間流逝，這座城市漸漸領悟到提煉白銀對本地民眾所造成的高昂代價。作家愛德華多‧加萊亞諾（Eduardo Galeano）在他的暢銷書《拉丁美洲：被切開的血管》（注：*Las venas abiertas de America Latina*，英文版為 *Open Veins of Latin America*，前委內瑞拉總統烏戈‧查維斯〔Hugo Chávez〕曾在 2009 年送了一本給歐巴馬總統）一書中述說，有八百萬人因波托西提煉白銀的活動而喪生。無論這個死亡人數是否純屬杜撰，它都已深深烙印在玻利維亞人的心中，並將之視為「開採自然資源的代價極大」的證據。

到了十八世紀，此處多數白銀礦藏皆已消耗殆盡，於是，西班牙人遷移到墨西哥與其他擁有更多礦藏的礦場。[9]玻利維亞的錫銷售量最終超過了白銀，但它透過錫獲得的財富，根本無法和白銀相提並論。誠如亞當・斯密（Adam Smith）在堪稱資本主義指南的著作《國富論》（ *The Wealth of Nations* ）中警告，這是不可避免的命運，他表示：「如果新發現的礦藏品質優於波托西當地的礦藏——一如波托西的礦藏品質優於歐洲的礦場——白銀的價值很可能會大幅下跌，最終甚至連波托西的礦場都不值得營運。」[10]鄰家的草果然總是分外青。

事實上，白銀並沒有為玻利維亞人帶來大量的財富，多數隨著白銀而來的財富其實都進了西班牙帝國的國庫；不僅如此，玻利維亞還受害於所謂的天然資源詛咒：擁有豐富礦產的殖民地，往往連最基本的教育或基礎建設都未能為當地民眾提供。因此，即使到了二十一世紀，玻利維亞仍是西半球前幾窮的國家。儘管擁有白銀礦藏的賽羅里科山（Cerro Rico）如今正緩慢坍塌，這裡的手工礦工還是在山區四千多個破舊的礦井中，尋找白銀的碎屑，希望能用那些得來不易的白銀勉強餬口。[11]更糟的是，這些礦工在地底工作時，經常會為了提振能量而嚼食古柯葉。[12]

波托西的歷史最早可追溯到菲利佩二世（Felipe II）統治時期，烏尤尼則相對較晚才發展起來。從敘利亞與斯拉夫殖民者在 1890 年創立這座城鎮以來，這個小小的前哨站就是通往安托法加斯塔（Antofagasta，曾經是玻利維亞太平洋沿岸的珍珠，但如今已成了現代智利的一部分）的鐵路上的重要停靠站之一。[13]烏尤尼鎮的人口大約只有一萬人，鎮內有許多半完工的建築物、被鹽覆蓋的街道、藜麥樹和藜麥（因被視為超級食物而聞名於世，這種植物在高海拔的玻利維亞鹹濕寒冷環境中，生長得特別繁盛）。[14]烏尤尼的重要性在於，它很接近全世界最大的鹽沼——烏尤尼鹽沼（Salar de Uyuni），這片位於安地斯山脈兩股支脈之間的鹽沼，面積超過 3,860 平方英里，大約跟夏威夷島（Big Island）一樣廣闊，是非常值得一探究竟的奇觀。[15]

從波托西通往烏尤尼乃至這片鹽沼的道路蜿蜒且崎嶇，但抵達之後，印入眼簾的卻是一片廣大、平坦且令人不由得聯想到白色地毯的開闊土地。據說太空人尼爾・阿姆斯壯（Neil Armstrong）1969 年從月球看見這片鹽沼時，還以為它是一條巨大的冰川。[16] 這個地方非常寂靜，偶爾劃過空氣的微風，是此處唯一可體驗到的聽覺感受，因此，身處這個寂靜且浩瀚的白色景象之中，很容易分不清自己是夢是醒。

2017 年，導演雷恩・強生（Rian Johnson）為了拍攝《星際大戰：最後的絕地武士》（*Star Wars: The Last Jedi*），堅持要找到一個充滿鹽而非雪的地區來作為電影裡的神話星球場景——克瑞特星（Crait）。場地勘查團隊費了九牛二虎之力，最後終於選上這片鹽沼。[17] 強生在為這部影片做宣傳時，將克瑞特星形容為「遙不可及」、「極度偏遠」的「未知」地帶，並補充它是一個「礦物星球，所以擁有很多礦場」。[18] 的確，玻利維亞和星際大戰的某個神祕星球之間，似乎有著異曲同工之妙，主要差異僅在於它並不位於極度遙遠的銀河系。

傳說圍繞這片鹽沼的那些火山山脈，其實是很久很久以前，三個陷入三角戀的巨人幻化而成。原住民克丘亞族（Quechua）世代相傳的傳說裡提到，雅娜・波萊拉（Yana Pollera）同時和兩名男性有染，分別是圖努帕（Thunupa）與庫斯科（Q'osqo）。後來，雅娜懷孕了，圖努帕和庫斯科為了搶奪孩子而展開一場極度激烈的爭鬥，雅娜見狀非常害怕，不得已之下只好把孩子送走。不過，事後雅娜又擔心被她送走的孩子可能會餓肚子，於是她在鹽沼中注入大量的母乳來哺育這名孩兒。最後，母乳變成了鹽，烏尤尼鹽沼也隨之形成。[19]

地質學家的說法自然和這個傳說大異其趣：安地斯山脈的兩股支脈在玻利維亞的南部分岔，把這片鹽沼（salar 是西班牙語的「鹽原」）夾在中間。幾千年前，這片鹽沼還是當今所謂明鏡湖（Lake Minchin）的湖泊。由於水流進這個湖泊之後無法流出，所以漸漸形成了地理學家所謂「內流盆地」的環境。經年累月下來，湖裡的水逐漸蒸發，最後只留下了鹽層結構。

每年雨季到來時，從附近山脈沖刷下來的雨水無處可去，於是，上述「積水－蒸發－乾涸」的情況遂周而復始，不斷重複發生。從白雪皚皚的山峰流下的雨水攜帶著大量的礦物質，在這片鹽沼蓄積了深達數英寸的水，每每在那樣的時刻，這片鹽沼儼然變成全世界最大的鏡子。這片鹽沼是地球上最平坦的地帶——儘管此處幅員遼闊，但整片鹽沼的地面高低差卻僅僅一公尺，所以，衛星經常用它來校準感測器。每年11月至3月間，總會有大量的火鶴成群結隊湧進這片鹽沼，牠們恣意地泡在水中，繁衍下一代，隨後再繼續遷移。時序流轉，乾季來臨時，這裡的水分就會蒸發殆盡，留下六邊形圖案的鹽覆蓋在整片鹽沼的表面上，看起來就像華麗的家用磁磚。

玻利維亞非常幸運，因為雨水注灌乃至蒸發與乾涸的過程，為它帶來了巨大的礦物財。鹽沼表面堅硬的鹽層結構底下，含有鎂、鉀肥以及大量的鋰，這裡的鋰礦藏占全球總礦藏的比例非常高——玻利維亞蘊藏的鋰，足夠為數十億台電子裝置提供動力。儘管智利與阿根廷等鄰國也擁有鋰礦藏，且這三個國家被統稱為「鋰三角」，但玻利維亞的鋰礦藏在這幾國當中的占比卻是最高的。

根據美國地質調查局的估計，這個國度有 1,900 萬噸的鋰資源等著為世人所用。但由於玻利維亞實際上進行的鋰生產活動非常少，所以，該國的鋰被視為一種「資源」（resource ——基本上這個用語的專業定義是指

可供開採的具體數量尚未確定），資源與蘊藏量（reserve）不同，蘊藏量
是指根據礦業金融家要求的地質分析所推算出來，且可用技術加以取得的
金屬量。儘管如此，玻利維亞還是因為坐擁全世界最豐富的鋰資源，而在
綠色能源轉型方面擁有強大的實力。2018 年，一家號稱擁有最佳技術的
美國新創企業，被玻利維亞的鋰迷得如癡如醉，並吹噓它能幫助玻利維亞
首次大規模生產這項金屬。然而，中國和俄羅斯並不允許玻利維亞獨厚這
家新創企業。

　　隨著以馬德里為權利中心的西班牙帝國從十九世紀開始慢慢凋零，它
在拉丁美洲各地的殖民地也紛紛設法擺脫這個殖民霸主的束縛。在許多天
時地利人和因素的激化下，拉丁美洲各地的民眾追隨委內瑞拉人西蒙‧波
利瓦（Simón Bolívar）的領導而紛紛起義，成立新的國家，並著手建置自
己的法律、常規與經濟體系。其中，查爾卡斯（Charcas）地區為了紀念
解放英雄波利瓦，遂改名為玻利維亞。不過，這個國家自從成立以來，就
陷入與鄰國（特別是西方的智利）之間，反覆不斷開戰與結盟的惡性循環，
而這些征戰對玻利維亞多半只帶來傷害。1879 年至 1938 年間，玻利維亞
有超過一半的土地被割讓給智利、阿根廷、巴拉圭、巴西和秘魯。[20]

　　十九世紀末，玻利維亞和智利之間的一場戰爭，逼得它割讓了進出太
平洋的吞吐口，實質上導致玻利維亞成了一個內陸國。[21]（不過，玻利維
亞還是在世界最高的可通航湖泊的的喀喀湖〔Lake Titicaca，位於秘魯邊
界〕培訓了一支海軍。）十九世紀結束時，玻利維亞對北方的巴西發動戰
爭，但還是不幸落敗，而戰敗的後果就是自此喪失了擁有豐富橡膠資源的
阿克雷州（Acre）一帶。到了 1930 年代，隨著經濟大蕭條在世界各地肆
虐，玻利維亞又向巴拉圭開戰，最終失去了對廈谷（Chaco）地區的控制
權；孰知七十九年之後，巴拉圭竟宣布在廈谷發現了石油。[22] 那段血淚斑
斑的歷史導致玻利維亞人極度不信任每一個覬覦自家財富的外來者。1990

年代，一家智利公司取得在玻利維亞里約格蘭德（Rio Grande）地區，生產硼砂的特許執照，結果此事迅速引發激烈的反彈——玻利維亞人認為當局允許外國企業取用這種礦物（也稱為硼酸鈉，廣泛用於肥皂[23]）的做法十分不當，因此群情激憤。

後來，玻利維亞開始將天然氣賣給鄰國（主要是賣給阿根廷與巴西），國家財政一度有所改善。不過，到了1990年代，一名未能記取過往歷史教誨的愚蠢政客，竟提議透過一條通過智利領土的管線，向美國出口天然氣，問題是，那片智利領土曾經隸屬玻利維亞。這個計劃當然失敗了，原因很簡單：那個計劃讓玻利維亞人驚覺，智利人可以靠它在十九世紀透過戰爭向玻利維亞奪來的土地，出售原屬於玻利維亞的天然氣來牟利。2018年，經過五年的訴訟，聯合國國際法院（International Court of Justice）最終裁定否決了拉巴斯（注：La Paz，玻利維亞首都）當局企圖強迫智利歸還玻利維亞出海口的訴求。[24]

值得一提的是，玻利維亞的鋰礦藏就位於國土的西南端，也就是與智利接壤的那一帶土地。玻利維亞民眾在集體意識上仍對喪失土地一事耿耿於懷，特別是考量到過去多次戰爭所留下的瘡疤，以及邊界地帶還蘊藏了電動車製造商高度珍視的金屬等事實。這些酸甜苦辣使得玻利維亞舉國上下產生一種深刻的怨恨，乃至對外來者的不信任，因為他們認為——無論這種想法是對是錯——所有外來者都只是想來剝削他們的國家以及他們的財富，一旦得手，就會拍拍屁股走人。另外，美國中央情報局（Central Intelligence Agency）曾在1960年代支持玻利維亞軍事獨裁政權的作為，也是導致玻利維亞和華盛頓當局之間漸行漸遠的重要原因。

玻利維亞在1970年代末期與1980年代初期開始意識到它發展鋰業的潛力，當時該國的地質局、美國的地質調查局以及其他地質組織，曾針對烏尤尼鹽沼以及其他附近的鹽沼發表了幾份深入的研究。這些組織的調查結果非常令人震驚：流經鹽沼下方約 32 英尺深的鹵水，含有比地球上其他所有地方占比更高的鋰，不僅如此，那些鹵水也含有非常大量可出售牟利的鎂精礦、碳酸鉀和其他礦物。[25]

玻利維亞很幸運，因為它不僅在數百年前在地底下發現了巨大的銀礦，如今，更是在世界經濟開始質疑化石燃料、並開始對再生能源產生興趣之際，在地底下發現了豐富的鋰礦。基於歷史，我們可以預見此地將會有許多外國企業迅速湧入。美國鋰業公司（後來被富美實公司收購，目前更名為李文特公司）在 1990 年遞出一份提案，計劃利用一系列蒸發池來提取玻利維亞的鋰，交換條件是把 8% 的利潤分給拉巴斯當局。那個分潤條件少得可憐，當然也隨即在烏尤尼鎮一帶引發抗議潮，抗議的民眾要求，如果這個世界想爭取玻利維亞人腳下的財富，就必須分給這個國家更高比例的財務利益。

這宗交易最終破局了，於是，美國鋰業轉向玻利維亞的鄰國阿根廷，並與阿根廷敲定一項交易，打算利用蒸發池及直接鋰萃取技術等混搭做法（這是布爾巴協助開發的方法），從翁布雷穆埃托鹽盤生產鋰。[26]

當時，美國鋰業的高階主管諾里斯提到，他的公司離開玻利維亞、投入阿根廷懷抱的原因包括：玻利維亞的「政治環境不利（於經濟）」、缺乏特定基礎建設，而且就技術層面來說，從烏尤尼鹽沼提取鋰的挑戰性非常大。不過，他提到的第一個理由其實很諷刺，部分原因在於，儘管阿根廷在 1990 年開始進行市場改革實驗，但接下來的二十年，阿根廷的經濟卻像雲霄飛車般急速起落，並對全球銀行體系造成了永久的困擾。但同一時間，2015 年時，玻利維亞卻已累積了 150 億美元的外匯準備，並贏得國際貨幣基金（International Monetary Fund）的讚譽。[27] 第二個原因也讓人覺得有點莫名其妙，因為美國鋰業向玻利維亞提出那個計劃和條件以前，早就知道該國的道路設施有多麼不堪，也知道它大致上缺乏基礎建設。不過，第三個原因則說明玻利維亞在邁向鋰生產活動的漫長道路上，所要面臨的複雜性：它的鹵水含有高濃度的鎂精礦與其他礦物，和鄰國智利發現的鹵水不同。也因如此，在玻利維亞提取鋰的成本確實比較高，需要使用的水也比較多，而這對乾旱國家玻利維亞來說，確實是個問題。

埃沃・莫拉萊斯（Evo Morales）在 2005 年當選為玻利維亞第一位原住民總統時，原本也滿心期待能促進國家的發展。埃沃（一般人對他的稱呼）從不諱言自己是名社會主義者，他當選後協助修訂玻利維亞的憲法，讓東部與南部鄉村地區的土著與其他團體得以掌握更多控制權。2010 年，他向《紐約客》（The New Yorker）雜誌述說了波托西——曾經是西班牙帝國銀冠上的珠寶——的歷史，並表示那是個「象徵掠奪、剝削和屈辱的符號。」[28]

埃沃提倡將重要產業國有化，也努力將這個理想付諸實行，促成政府拿下國家電訊與能源業公司的控制權。[29] 而隨著鋰的發展潛力漸漸明朗，埃沃益發明顯不想被外界看衰他會重蹈前幾任總統的覆轍，他說：「在鋰這方面，我國絕對不會喪失主權。」[30] 埃沃認為，玻利維亞為爭取自決權而戰的表現，和星際大戰系列電影的核心情節幾乎相同，不過這個觀點其實有點諷刺，畢竟有可能讓玻利維亞成為全球經濟強國之一的鋰礦上方那片鹽沼，最終卻成了某部星際大戰電影的拍攝場景。[31]

埃沃的第一個任期在 2009 年屆滿前不久，拉巴斯政府宣布將花費高達 4 億美元的資金，在這片鹽沼附近興建一座國營且國有的鋰生產廠。埃沃政府的目標是在 2014 年開始生產鋰，而這座工廠確實也在 2013 年開始營運。總之，玻利維亞政府決定單打獨鬥，把錢留著自己賺。埃沃政府的某位礦業部高級官員向路透社表示，政府不尋求合作夥伴的原因是，它希望能「全權控制這項資源」。[32]

不過，生產鋰的複雜度比耕種古柯高得多。事實證明，那 4 億美元最後多半打了水漂，沒有明顯的具體成果可言。當年興建試產工廠的地點，目前只剩下一棟空蕩蕩的建築物。缺乏鋰的專業知識、偏遠的地點，以及鹵水中的高鎂含量等，在在使得埃沃的願景變得錯綜複雜。

意圖單打獨鬥的計劃失敗後，埃沃和當時的拉巴斯政府才心不甘情不願地承認，玻利維亞需要外部的協助。於是，他們在 2017 年開始尋找能協助玻利維亞鋰礦床公司（Yacimientos de Litio Bolivianos，也就是那家國營鋰業公司，簡稱 YLB）利用烏尤尼鹽沼的龐大寶藏來獲取利益的事業夥伴。2018 年歲末年終那幾天，德國的 ACI 系統公司（ACI Systems）雀屏中選，這家家族企業以往雖從未生產過鋰，但它擁有德國政府乃至德國強大的汽車產業做為後盾。更讓埃沃動心的是，ACI 還承諾要在玻利維亞興建一座生產電動車電池的工廠，這個計劃有利於埃沃進一步擴大國家的經濟體系。[33] 只不過，那充其量只是個白日夢，因為當時玻利維亞的鄰國智利早已是非常大的鋰出口國，但智利從未生產電動車電池或電動車零件。即使是美國這個擁有代表性汽車產業的國家（以底特律為中心），都沒有生產電動車的電池。

ACI 或許在某種程度上感受到埃沃的不顧一切，才會承諾興建電池廠，並靠著這個承諾打敗了一家也在積極爭取這項合作案的中國企業。[34] 不過，玻利維亞的鋰礦藏實在太豐饒了，豐饒到國家的政客變得貪得無厭——不出兩個月，玻利維亞又和一個中國企業集團簽署了一宗高達 23 億美元的協議，目的是要從烏尤尼鹽沼附近較小型的鹽沼提取鋰。重點是，那項協議顯然並沒有要求中國合作對象興建任何電池工廠。[35]

接下來的事態發展令人跌破眼鏡，連埃沃本人也非常意外。

不知是因為埃沃妄想簽署更大規模的鋰開採協議，還是出自他爭取第四次連任的貪念（這是前所未見的狀況），總之，他最終弄巧成拙。2019 年年底，整個南部山區掀起了一股強大的反埃沃統治抗議潮。波托西與烏尤尼的原住民領袖非常惱火，他們覺得玻利維亞和外國合作開發鋰的所有談判，都把他們排除在外。於是，很多人如法炮製 1990 年的模式，要求提高鋰礦區的特許使用費，並要求提高鋰銷售額的本地人分潤比例。[36]

接著，ACI 的合約突然無聲無息地撤銷了。玻利維亞政府甚至沒有致電告知那家德國承包商（現在應該稱為「前」承包商）：ACI 是透過新聞報導才被動知曉他們的合約被取消了。ACI 董事總經理沃夫岡‧許穆茲（Wolfgang Schmutz）得知新聞時表示：「短短幾天前，這個專案還依照計劃進行。」[37] 後來，埃沃在玻利維亞總統選舉的諸多爭議之中辭職，並遁逃至海外。兩個月後，玻利維亞的官員表示，政府也在重新評估與中國敲定的協議。

隔年，玻利維亞雖換了一位新總統，但他又老調重彈。YLB 公司的新任董事長也表示，玻利維亞將不再尋求與國際的礦業公司合作，反之，YLB 希望直接聘請有助於提升本國專業技術的承包商與其他人員。[38] 這樣的期許使得直接鋰萃取法突然顯得非常吸引人。當時他們打的如意算盤是：玻利維亞可以選擇一種它認為最有成效的直接鋰萃取技術，再由 YLB 授權擁有技術的合作對象在烏尤尼鹽沼生產鋰，屆時政府就能從中獲得屬於它的利益。至少 YLB 是這麼盤算的。

打從鮑曼、李與布爾巴最初的實驗以來，直接鋰萃取技術已經過相當多的改良，幾種利用過濾器、薄膜、陶瓷珠或小型倉庫容納得下的其他設備來提取鋰的不同技術陸續被開發出來。不過，在那個時點，還是沒有任何一項技術能夠以商業化的規模獨立運作。因此，對玻利維亞來說，選擇直接鋰萃取技術一事說穿了只是一個賭注，只不過，它並不是唯一的下注者：全球汽車製造商、礦業公司和諸如比爾‧蓋茲與傑夫‧貝佐斯（Jeff Bezos）等投資人，也正為從事直接鋰萃取業務的企業，投入數百萬至數億美元，賭那些企業將有能力供應促進電動車革命所需的多數鋰。[39]

2021 年年底，急於落實鋰萃取計劃的玻利維亞邀請了八家企業，針對烏尤尼鹽沼的鹵水進行試產試驗。這是一場名符其實的公開競賽：如果這些企業自認它們的直接鋰萃取技術有助於大幅提高全球的鋰生產量，那麼，以玻利維亞來作為商業化的起點，就再適合不過了，畢竟這個國家擁有全世界最多的鋰資源。

這八家企業包括中國電池製造業巨擘寧德時代（以前沒產過任何鋰）、阿根廷的泰克石油公司（Tecpetrol）、俄羅斯的第一鈾公司（Uranium One，俄羅斯國有核力發電企業的子公司），以及另外三家中國企業，包括聚能永拓、特變電工，以及中信國安集團。此外，上榜的還有兩家美國新創企業：包括有德國汽車製造商寶馬作為後盾的萊列克解方，以及一家位於波多黎各的小型企業能源探勘技術公司（Energy Exploration Technologies，也就是一般所知的 EnergyX，它在德州奧斯汀有一座實驗室，規模愈來愈大）。[40]

這些企業的技術各有千秋。不過，即使玻利維亞迫切希望透過鋰致富，拉巴斯當局的官員要面對的卻不僅僅是「應該由哪家公司來協助創造這些財富」的問題，他們還必須釐清是否值得為了從烏尤尼鹽沼底下，抽出富含鋰的鹵水，而付出生態上的代價，畢竟烏尤尼鹽沼是玻利維亞的觀光勝地。[41]

提格・伊根（Teague Egan）的身材相當高大，看起來總是精神抖擻。如果你把他的一頭棕黃色髮絲拉直，可以一路拉到耳朵的位置，但他總是用髮膠、慕斯或其他某種定型產品，把頭髮服貼地梳到頭頂上。他有時候還會把髮梢幾乎筆直地梳到髮旋的位置，好讓他的頭看起來就像永遠困著一個風洞似的，不過，偶爾還是有幾縷髮絲不聽話，在頭頂的位置稍微翹出來。他說話的速度很慢，而且有蓄意拉長語音的習慣，那種腔調令人不由得想起他的家鄉佛羅里達州南部以及他後來居住的加州南部腔——有些人稱之「山谷女孩口音」（"Valley Girl" speak）。不過，他說話的腔調掩蓋了那頭髮型底下的憤青思想。伊根生於 1988 年，是個如假包換的千禧世代：他對自己的潛力非常有信心、熱衷實現變革，而且相信自己終會有功成名就的一天。

不僅如此，用「賣弄」一詞來形容他絕對不誇張。2021 年 1 月，他穿著一件毛皮大衣出現在科羅拉多州的某處停機坪，接著招搖地走到一架龐巴迪挑戰者號（Bombardier Challenger）附近，對他近六萬名的 IG 粉絲說：「How's your Aspen?」（注：環保服飾品牌 Aspen 的口號，受科羅拉多州亞斯本之美啟發而成立）一年後，他在墨西哥圖盧姆（Tulum）的時尚特區迎接新的一年，並和朋友分享他打赤膊在海邊健身以及煙火慶祝活動等影片。提格·伊根的父親是麥可·伊根（Michael Egan），他從尼克森執政時代末期，就開始在阿拉莫租車公司（Alamo Rent-A-Car）工作，並在 1986 年買下公司。麥可很有生意頭腦，他別出心裁，想出為顧客提供不限里程租車服務的點子，顛覆了小資型顧客的租車習慣，從此以後，顧客可以在假期間自由開著租來的車四處探險。[42] 總之，麥可透過這個做法改造了原本古板又乏味的產業，最終更是在 1996 年以 6 億 2,500 萬美元賣掉公司，當時提格才八歲，但他已經注意到個中訣竅。

高中時代的提格·伊根相當熱愛高爾夫球和跑步。[43] 就讀南加州大學二年級時，他創辦了一家宴會推廣事業。接著，他把事業的觸角擴展到音樂領域，並簽下了繞舌歌手山米·亞當斯（Sammy Adams）。伊根把他的新創企業命名為首輪娛樂公司（1st Round Entertainment），並一度打算把「首輪」打造成他的特許品牌，就像理查·布蘭森（Richard Branson）以維京（Virgin）品牌來為他的一系列事業命名那樣。[44]

亞當斯在 2010 年推出的唱片專輯《波士頓男孩》（*Boston Boy*）裡，有句歌詞是「不成為眾所矚目的男人都難」，那張專輯曾擠上 iTunes 排行榜第一名。[45] 不過，那或許還稱不上年僅二十二歲的大學生伊根的最大成就，他的最大成就應該是成功說服國家美式足球聯盟球員協會（National Football League Players Association，簡稱 NFLPA）讓他成為經紀人。2010 年 10 月 1 日當天，他成了 NFL 史上最年輕的潛力人才代表。[46] 那項安排其實有點古怪。首先，NFLPA 要求所有經紀人都必須擁有學士學位，但當時伊根尚未取得學位。不過伊根辯才無礙，主張以他在談判及協商方面的經驗，他理應得到豁免。他說的也沒錯，山米·亞當斯的傳奇故事確實為他帶來一些加分效果。[47]

伊根曾和包括艾佛森·葛瑞芬（Everson Griffen，最終為明尼蘇達維京人隊〔Minnesota Vikings〕效力超過十年）[48] 在內的四名美式足球員一同宣誓加入 Phi Psi 兄弟會。他認為只要能把葛瑞芬和其他一同宣誓的夥伴引進 NFL，他個人的形象就能大幅提升。所以，他定下一個目標，希望能促成南加大特洛伊人隊（USC Trojans）至少四名友人，能在那年 NFL 選秀會上簽約。由於美國國家大學體育協會（NCAA）送禮相關的規定使然，他先前已被禁止與他們來往，不過他根本沒把那些規定放在眼裡，還是經常和球隊成員一起在公開場合出現。[49]

伊根經常開著一輛高爾夫球車在南加大校園裡飛馳，此事遠近皆知。有一天，他讓同班同學迪倫·巴克斯特（Dillon Baxter，也是南加大的美式足球員）搭了一趟便車。根據 NCAA 的嚴格規定，那趟便車已構成贈禮，而依規定，巴克斯特不能接受餽贈，於是，巴克斯特因為搭了那趟便車而遭到停賽處分，不得參與特洛伊人隊和奧勒岡鴨隊（Oregon Ducks）之間即將展開的比賽（奧勒岡鴨在那場比賽以二十一分獲勝）。[50] 巴克斯特雖然事後表示，他並不知道伊根是經紀人，但他還是相當無奈，黯然離開了南加大，之後又輾轉讀了其他幾所大學。[51] 後來，他無緣參加任何 NFL 賽事，最終淪落到聲望遠遠不如 NFL 的室內美式足球聯盟（Indoor Football League）。

在那之後不久，由同齡人代表同齡人擔任 NFL 經紀人的實驗便無疾而終，NFLPA 也撤銷了這位神童代表潛力人才的資格。[52] 但伊根還是一樣目中無人，他語帶挑釁向《洛杉磯時報》（Los Angeles Times）表示：「我的抱負和目標遠遠超過你畢生所見的所有人。」2017 年，伊根在義大利貝加莫（Bergamo）針對他最新的事業投資「善良很酷」（Kindness Is Cool）發表了一場 TED Talk；這個新事業與多家企業合作，為對陌生人伸出援手的一般民眾提供折扣。他透過義大利翻譯人員向在場的觀眾表示：「如果能促使數萬或甚至數百萬人做這件事，隨機的善意行為就會明顯暴增。」[53]

伊根在汽車製造商特斯拉的股票交易價只有每股 9 美元時，就出手投資。到 2022 年我們在玻利維亞見面時，特斯拉已成了全球市值最高的汽車製造商，當時的股票交易價達到每股 750 美元。那時伊根住在波多黎各和奧斯汀之間。

麥可・伊根曾建議兒子交給他兩份各條列五件事的清單：其中一份清單是要他寫出最熱愛的事，另一份則是寫下他認為未來幾年哪些產業將出現突破性進展，以及他對那些產業的想法。伊根在這兩份清單上都寫了氣候變遷和可再生能源。[54] 後來，因緣際會，他讀到了幾篇以薄膜過濾技術從鹵水中過濾鋰的學術研究報告，並隨即設法和報告的作者攀上關係，而那位作者也為他引見了一位玻利維亞籍教授。接下來，伊根申請到這項技術的許可證，並成立了 EnergyX 公司。當時通用、福特等汽車製造商都為了加速生產較不會產生大量環境足跡的鋰，而對直接鋰萃取技術愈來愈感興趣，不過，直接鋰萃取技術的範圍相當廣，這項薄膜過濾技術只是其一。

2018 年 1 月，伊根首度來到玻利維亞。他和一名友人在這片陸地上旅遊時，偶然來到了烏尤尼鹽沼，他們立刻深受這裡的大自然奇觀所吸引。伊根在烏尤尼鋰俱樂部（Lithium Club）的餐廳裡（就我們兩人當時的談話內容來說，此處相當應景：這間餐廳的名稱有鋰，而且似乎只對外來人開放），一邊吃著他面前那盤脫水碎駱馬肉，一邊對我說：「當時我心想：『這就是我要征服的那該死的東西。』」

我問他：「為什麼選擇玻利維亞？」我刻意提點他，世界各地到處都有鋰礦床，特別是美國和德國，都有非常浩瀚且富含鋰的鹵水礦藏等待被開採，不一定非得要到玻利維亞來。

「你知道它是世上最大的鋰資源嗎？」總之，利用這個巨大的鋰礦床來獲利一事，已成了伊根日思夜想的目標，也是他的生活重心。在他眼中，任何障礙都不是障礙，而是即席創作與克服困難的機會。我問伊根，他是否會擔心玻利維亞過去在鋰開發方面的種種紛擾——包括基於不明原因取消和那家德國企業之間的合約，且事後未多作解釋等問題。他直視著我，斬釘截鐵地回答：「不會。」

他解釋，玻利維亞深知它的鋰對這個世界有多麼重要，而這個世界也開始了解鋰有多麼重要。說著說著，他的音調和語氣變得愈來愈激動：「民眾根本不了解他們用的很多東西是怎麼來的！這東西可以為他們的生活創造更多可能。就我所知，鋰之所以用在鋰離子電池，是因為它叫鋰。總之，你需要鋰！」

伊根高度期許 EnergyX 能在綠色能源轉型的過程中扮演舉足輕重的角色，為了讓團隊牢記他對公司的期許，他發給每位員工一本艾德蒙・摩里斯（Edmund Morris）所著的《愛迪生傳》（Edison），並要求員工把這本書列為某個月讀書會的主題——他會在讀書會裡詢問一些和愛迪生生平細節有關的問題。[55] 他的用意相當明顯：他想把這位科學家和作為公司執行長的自己相提並論。

不過，他拒絕別人拿他和另一位創業家相提並論：伊莉莎白‧霍姆斯（Elizabeth Holmes），她是血液檢測新創公司 Theranos 的創辦人，後來因涉嫌詐騙而名譽掃地。霍姆斯只比伊根大幾歲，而且，即使她創辦 Theranos 時，它的技術尚未經證實有效，但她也和伊根一樣自信滿滿。2022 年年初我和伊根在奧斯汀碰面，我們一同開車前往 EnergyX 的某個設施路上，我提到了當時已因詐欺而被逮捕的霍姆斯。伊根說：「伊莉莎白‧霍姆斯和我不同，她是一個心理變態的騙子，而我不是。我認為在嘗試建立一家企業時，必須謹守高尚的品行和道德，除此之外，就是盡力而為，不斷嘗試。」[56]

他的眼中似乎只有 EnergyX，對周遭的事物完全視而不見，對於一個身處在全球地緣政治斷層線瞬息萬變的拉丁美洲，仍追尋成長的創業家來說，這有可能是個危險的失誤。我也在那一次旅途中，問了伊根對剛當選智利總統的博里奇有何看法，畢竟伊根也期許 EnergyX 有朝一日，能將業務觸角延伸到智利。令我訝異的是，他竟不知博里奇是何方神聖，我向他解釋，年僅三十五歲的社會主義者博里奇，曾反覆在競選活動中批評民營的鋰業公司。[57] 但伊根聽完我的提示後，似乎只聚焦在博里奇的年紀。「你說他只有三十五歲？！或許我應該邀請他一起玩投杯球（注：beer pong，一種將乒乓球投入杯子的喝酒遊戲）。」

伊根倒不是那種除了自信以外便一無是處的人。2022 年 5 月，他到波托西省長喬尼‧馬馬尼（Jhonny Mamani）的私人餐廳等他，伊根穿了藍色的細條紋西裝與筆挺的白襯衫，繃緊了全身的神經。他面前擺著一盤白汁燉肉塊（fricasé，一種傳統的玻利維亞湯品，湯裡面有豬肉、白玉米和稱為丘紐〔chuño〕的凍乾馬鈴薯），但他幾乎沒碰那道餐點。他的目光掃過他的 MacBook 螢幕（螢幕背後貼著他公司的識別標誌），且不時察看手錶。

他問政府助理：「我們很快就會開始嗎？我必須在三點離開。」但那時還不到早上十一點。

他的西班牙文翻譯員瓦萊莉雅‧阿瑞亞斯‧賈爾丁（Valeria Arias Jaldin）表示：「你得理解玻利維亞時間是怎樣的概念。在這裡，遲到是家常便飯。」有人告訴伊根，馬馬尼正在樓下主持一場不相關的活動，所以會遲到；不過沒有人為此道歉，也沒有人請求他的理解，只是單純向他陳述這個事實。在這裡，遲到是家常便飯。但對一個有任務在身的美國人來說，時間的拖延會導致非常不便。房間的一角擺設了一個精緻的瓷器櫃，對角線那一頭的燃氣壁爐裡正熊熊燃燒，無形中似乎暗示著玻利維亞身為天然氣生產國的實力。

伊根招募了一群志同道合的科學家、工程師和一名行銷專家來協助他經營 EnergyX，這名行銷專家就是凱莉‧卡利爾（Kellee Khalil）。卡利爾和伊根一樣，都是非常主動進取的創業家，她在 2012 年創辦了一家企業，並致力於成為「備受摩登夫婦信任的數位婚禮規劃指定廠商」。[58] 她為 EnergyX 設計了一個以向下旋轉的綠色「X」為主軸的識別標誌，看起來大膽且狂放。伊根對這個識別標誌非常滿意，於是他乾脆說服卡利爾加入 EngergyX，全職擔任公司的行銷長。

就在伊根愈來愈坐立不安之際，坐在角落的我開始和卡利爾閒聊，並交換一些和住宅裝修有關的話題，還一邊自拍。聊著聊著，我和她之間的對話開始變得有一搭沒一搭，這時我問她，為什麼會對 EnergyX 產生興趣。

她回答：「和蜜蜂有關。」

卡利爾解釋，她會在閒暇的時候（看起來她的閒暇時刻非常少）去紐約上州的養蜂場（那裡養了數萬甚至數十萬隻蜜蜂），為對抗生物多樣性滅絕盡一份心力，她認為她在 EnergyX 的工作和這項志業有關。她告訴我：「我們必須做點什麼來拯救地球。你懂嗎？」

卡利爾對伊根極度效忠，也對 EnergyX 非常忠誠。她一度不經意地提到，她計劃搬到離 EnergyX 奧斯汀實驗室近一點的地方，至少部分時間待在那裡。我和卡利爾一同等待和波托西當地官員開會時，我跟她分享 2020 年選戰過程中，我為了路透社的工作而跟著總統候選人拜登走透透時所發生的一些軼事——當時我不斷對拜登提出一些辛辣的問題，像是如果他要實踐他的環境目標，是否需要進行更多採礦活動等問題。卡利爾聽了笑了笑，附在我的耳朵旁邊小小聲說：「美國政府在玻利維亞並不怎麼受待見。」

我當然知道拉巴斯和華盛頓之間的關係並不麻吉。長期以來，這兩座首都的毒品政策向來都很分歧，在其他事務上也多有歧見（小布希總統還在 2008 年將玻利維亞列入黑名單，理由是拉巴斯當局在打擊販毒方面不夠努力）。[59] 說穿了，鋰只是這兩國之間近期新的緊張點罷了。

三個星期之前，正在爭取玻利維亞政府核准函的伊根和卡利爾為了取得更大的進展，提出願意捐 10 萬美元給烏尤尼鹽沼一帶社區的想法；根據他們的規劃，這筆錢將作為當地的醫療與教育計劃基金。多年來，一直有謠言指出，埃沃在 2019 年遭到驅逐一事，和美國政府渴望取得玻利維亞的鋰有關，儘管根據美國地質調查局的資料，美國已擁有世界第五大鋰礦藏[60]，美國政府想讓埃沃出局的說法卻還是傳得甚囂塵上。基於那樣的耳語，作為美國企業的 EnergyX 當然希望盡可能在這個國家廣結善緣，特別是最接近鋰礦藏的地區。

卡利爾告訴我：「我研判我們必須捐款，所以，我打電話和省長與市長交換意見，並盤點他們的需求。」EnergyX 似乎下定決心展現它高度關懷玻利維亞、該國經濟與其福祉的姿態。伊根告訴我：「這些鋰屬於玻利維亞，所以，它自然應該要能幫得上玻利維亞。」

位於波托西市中心的政府自治部大樓裡有一個鏡廳，裡頭除了有華麗的金色木柱和天花板裝飾，還有南美洲多數國家的革命偶像西蒙・玻利瓦（玻利維亞更是以他來命名）的一座半身像，靜靜地凝視著一群由原住民社區、礦工與孩童組成的觀眾。

伊根和卡利爾與另外幾位 EnergyX 職員一同走進這棟建築，等待說著西班牙語的東道主來引導他們。一群打扮成礦工的小朋友戴著安全帽，提著燈籠慢慢走過。幾名電視台員工被安排在房間後方，那裡還擠滿了許多玻利維亞人。伊根被要求坐到舞台上一張排了五個座位的桌子前，翻譯員阿瑞亞斯・賈爾丁坐在他的左側，卡利爾和我則一起坐在房間的最前方，直接面對伊根和講台。她好像為了進一步強調她先前所說的話，附在我耳旁小聲地說：「知道嗎，美國政府並沒有為我們提供任何協助。」對照之下，大家都知道，中國和俄羅斯的外交官正為了這項鋰開採合約，而積極遊說拉巴斯當局。弗拉迪米爾・普丁（Vladimir Putin）甚至兩度親自打電話給路易斯・阿爾塞（Luis Arce）總統，就玻利維亞這項電池用金屬的礦藏交換意見。[61]

我回她：「或許華盛頓當局有其他因素要考量？」我的目的是要含蓄地提醒她，美國政府還有俄羅斯持續侵略烏克蘭、Covid-19 疫情大流行，以及經濟岌岌可危等更重要的問題要應對。

卡利爾微笑了一下，接著轉身以口形對著坐在我們前方講台上的伊根，無聲地說：「這實在是太瘋狂了！」

他也無聲地用口形回答：「對啊。」一抹微笑在他的臉上化開，臉上新冒出來的鬍渣讓他的笑意顯得更深了。

　　短短幾年前眼前這位年輕的創業家，基於一個點子而成立了一家新創企業，就此協助開啟了一扇掌握世界最大鋰資源的政府大門，而鋰將是二十一世紀的決定性資源，它的角色和作為二十世紀決定性資源的石油有著異曲同工之妙。如今的伊根已今非昔比，他不再是那個只因讓球員搭一趟便車就和 NCAA 槓上的年輕人。此時此刻的他已是大聯盟的一員，正沿著礦業高階主管前輩們為他弭平的途徑前進，並以金錢作為最強大的社交潤滑劑，期待能藉此爭取到關鍵天然資源的開採權。

　　伊根向在場觀眾表示：「玻利維亞擁有改造這個國家與整個世界的必要能源。我有信心，我們的技術是『解鎖』玻利維亞龐大鋰礦藏的關鍵。」

　　觀眾聽到他的話後反應非常熱烈，現場爆出了欣喜若狂的掌聲。伊根繼續表示，他的公司將捐 5 萬美元給烏尤尼的學校，並捐款 5 萬美元給此地的醫療系統。烏尤尼市長尤斯比歐・羅培茲（Eusebio López）說：「EnergyX 願意傾聽我們的問題，並和我們一同尋找適當的解決方案，我敢保證，這樣的企業一定能保我們世代傳承的自然遺產的周全。」[62] 這些資金將被指定用途，部分用來教導烏尤尼六所學校的學生學習鋰的化學作用，部分則被用來贊助免費的眼科檢查。不過，幾天後伊根告訴我，唯有相關單位提交的收據能證明他們已達到幾個預設的里程碑，他才會撥付這些款項。[63]

　　州長和市長送了伊根一頂闊緣帽和一件斗蓬作為謝禮，那是該區原住民族幾個世紀以來的傳統穿著。伊根靦腆地收下那些禮物，並將它們穿戴在身上。在那個當下，我很難不想起此刻美國國內因白人文化挪用（注：cultural appropriation，指某些較強勢的個體或文化群體以未能充分理解、誤解、取笑、歧視、或不尊重的方式，直接複製、侵佔、剝削、抄襲或複製某個較弱勢個體或文化群體的文化，或甚至宣稱擁有那些文化）與不尊重傳統文化等而起的緊張情勢。不過，那終究是當地人致贈的禮物，所以伊根接下來一整天都戴著。

　　一位戴著原住民頭飾和帽子的小男孩走到房間的最前方，接著，他花了幾分鐘的時間，表演重新創作的庭古舞（Tinku dance）——這種舞蹈用儀式化的方式來呈現某些傳統玻利維亞社群之間的暴力搏鬥行為。整段舞蹈看起來簡直就像大衛‧芬奇（David Fincher）1999 年拍攝的電影《鬥陣俱樂部》（*Fight Club*）真人版。[64]

　　舞蹈表演結束後幾分鐘，換另外十幾名小男孩上場表演一場精心設計的舞蹈，其中有人穿得像礦工，有些則扮成惡魔。一位政府官員向我解釋，惡魔是從玻利維亞地底下挖出的黃金、白銀、鋰與其他金屬的化身。礦工稱這個惡魔為「*tío*」，也就是「叔叔」的意思，很多礦工家裡都會擺放許多紅色的娃娃。[65] 看來魔鬼確實藏在細節裡。

　　過了接近一個小時後，伊根和州長終於簽了協議並與官員們合影，隨後大家前往附近一家餐廳慶祝。途中，他被民眾攔下來一起拍照。午餐時，他點了啤酒和水，並跟大約二十名原住民社群領袖還有烏尤尼市長乾杯。我坐在阿瑞亞斯‧賈爾丁旁邊，我們倆熱烈討論起玻利維亞對鄰國的不信任、漫長且支離破碎的戰爭史，還有它雖企圖創造更多本國礦產財富，方法卻失之僵化等話題。她惋惜地說，就礦產生產來說，這個國家一路走來盡是艱辛，不管是白銀、橡膠，甚至天然氣生產，無一例外。

　　我問她：「這次的鋰有什麼不同嗎？」

　　她沉吟了片刻，扁了扁嘴，說出一個令我相當吃驚的答案：「說真的，我不知道。希望吧？希望我們終將促成玻利維亞的工業化。」正當我還在思索她的答覆代表著什麼意義時，卡利爾突然走了過來，她需要有人擔任她和一群克丘亞族婦人之間的翻譯。

　　她要求阿瑞亞斯‧賈爾丁幫忙翻譯，並說：「告訴她們，我是從商的女性，深知從商女性的酸甜苦辣。我們來到貴寶地是為了要幫忙。」事後卡利爾低聲對我說，她原本的規劃是要由 EnergyX 多捐 25 萬美元，這個計劃讓我想起過去許多礦業公司為了爭取社會同意他們的營運，而捐款給在地社區的慣有做法。她也告訴我，她要求應強制 EnergyX 的投資人簽署一份遵守特定環境、社會及治理標準（簡稱 ESG）的誓約。儘管我並不確定那樣的計劃是否具法律約束力，但我還是點了點頭，給她一個微笑。

由於當地的海拔過高，我的胸口不時一陣抽痛，我只好不斷喝著手邊的水和啤酒（注：cerveza，此為西班牙語）。我用來寫字的鉛筆很快就鈍了，原子筆更是不斷漏水，弄得手到處都是，畢竟這裡的海拔高達 13,100 英尺。

我瞥了伊根一眼，他身上還穿著斗蓬。他把那頂闊緣帽放在身邊的桌上，桌子另一頭的賓客們正喋喋不休講著他聽不懂的語言，他則百般聊賴，不斷滑著 iPhone。

烏尤尼鹽沼偶爾也會變成一個無情的地帶。2008 年，兩輛巴士在光天化日之下，不小心在鹽沼的中央相撞。這場因司機過勞而起的車禍，共造成十三名遊客身亡，包括五名以色列人，五名日本人和三名玻利維亞人，原因是兩輛車相撞後引發了大火——他們是被活活燒死的。[66]

薩爾宮殿酒店（Palacio de Sal）位於烏尤尼鹽沼的某處，這間酒店的幾英里外，矗立著玻利維亞藝術家加斯頓・烏加爾德（Gastón Ugalde）設置的一組大型階梯：著名的「通往天國的階梯」（注：Escalera al Cielo，此為西班牙語）。這組階梯刻意採仿古設計，外觀看起來像年代久遠但實則不然；基本上，這座階梯並沒有通向任何地方，但根據烏加爾德設計作品時所賦予的藝術意義，它代表玻利維亞可以通往任何地方。[67] 我參加了伊根和 EnergyX 員工開車穿越烏尤尼鹽沼的行程，我們的第一站就是那些階梯。抵達目的地後，我下了休旅車，踏在堅硬的鹽地上。眼前的鹽沼不斷向前延伸，看起來似乎廣大無垠，只有安地斯山脈在遠處若隱若現。

這裡的地面非常堅硬，摸起來相當涼爽。地面的層層鹽晶在我們的踩踏之下碎裂並沙沙作響。那個景象讓我想起一段兒時記憶：住在緬因州的我們習慣在自家車道上灑鹽，特別是暴風雪過後。陽光無情地直射這片被漂成白色的「大海」，狠狠地燒灼我暴露在外的每一吋皮膚，如果沒有戴上太陽眼鏡，根本就無法在這麼刺眼的光線之下看清任何東西。附近的薩爾宮殿酒店（用鹽磚蓋成的酒店，有二十一個房間）的口號建議訪客「盡情體驗另一個世界」（Experiencia de Otro Mundo）。我看到遠處有一輛重型罐槽車正在穿越這片平坦的大地，車子後方不斷噴出柴油廢氣。這個地帶並沒有鋪設任何道路，不過，地上有許多軌跡，玻利維亞人慣常將那些軌跡當做橫貫本國山區這一角的高速公路。

伊根安排了一個攝影團貼身紀錄他在玻利維亞的一切，最後製作了一段長三十秒的商業廣告，準備在本地的電視台播放。那其實是他為了說服拉巴斯政府，選擇以 EnergyX 的技術從這座鹽沼提取鋰的手段之一。

我們在這座巨大的階梯周圍停留了大約一個小時，攝影團隊用空拍機和其他攝影器材，拍攝了伊根和其他 EnergyX 員工，在這裡有條不紊地上下階梯、抓起鹽並望向地平線等畫面。極目望去，除了那座階梯，眼前盡是耀眼的白色平原。伊根在幕後穿梭，忙碌地指揮攝影團隊拍攝各種不同鏡頭與角度。伊根希望竭盡所能增強廣告效果，以爭取當地民眾的友善對待。

接著，伊根指揮我們一行人全部爬到階梯上，他想要用空拍機拍下我們在階梯上跳舞的畫面。有懼高症的我出聲抗議——這座階梯高近 12 英尺。但最後我還是拗不過伊根的堅持。

我們慢慢爬到階梯的頂端，接著，伊根大聲招呼遠處的某些遊客來加入我們。那群遊客是一家人，包括幾名幼童，他們應聲走了過來。等到他們爬到階梯的頂端時，我問他們從哪裡來的。

一名簇擁著幼兒爬上階梯的婦人回答：「巴西！」

這位巴西媽媽用英文問伊根，為什麼要拍攝這部影片。他面無表情地回答：「這是要在玻利維亞播出的廣告。」

拍完大合影後，我們魚貫回到 4Runner 休旅車上，開始朝西方行駛。休旅車司機羅比（Robbie）以時速六十英里的速度，在這片遼闊的白色土地上奔馳了四十分鐘。途中經過一間已停業的酒店，淒涼地矗立在烏尤尼鹽沼的中心地帶。然而，即使我們繼續向前行駛，整片鹽沼看起來卻依舊平坦，好像有一股力量持續把我們往後推，所以無論我們向前推進了多遠，看起來卻好像寸步不前。

這裡的鹽晶瑩剔透，幾乎和水晶沒兩樣，我很納悶為什麼這裡沒有一點積水的痕跡，也絲毫看不到往來車輛所留下的污痕。鹽沼某些區域的地殼大約只有四至八吋，地底下就是藏有碳酸鉀、鋰和其他礦物的鹵水。曾在力拓集團擔任工程師的 EnergyX 技術長阿密特・佩特沃爾丹（Amit Patwardhan）解釋，此地累積了可使用數百年的鋰礦藏。

不久後，鹽沼上出現了一些寫著「限制區域」的警告標誌。YLB 公司的試產設施就位於這座鹽沼邊緣，那裡也是一個軍事基地，負責守護這片玻利維亞最寶貴的天然資源。

我們的車子愈來愈靠近基地，原本潔白且平坦的鹽沼地面，漸漸變成農家鮮起司般的黏稠狀物質。阿密特突然大喊：「那裡有水！」我們搭乘的休旅車不小心被困在這片鹽沼較薄的位置，我們不由得提心吊膽了起來，畢竟這輛休旅車的重量超過 2,300 公斤。

　　阿密特解釋，這裡之所以會出現那種看起來像農家鮮起司的物質，是因為夏天落下的雨水這時尚未完全蒸發，而凝結是結晶化的初期階段。我們離軍事基地愈來愈近，水位並沒有下降，看起來甚至上升了，只不過我們別無選擇，只能讓這輛 4Runner 載著我們硬闖過去。卡利爾嘴裡開始念念有詞地祈禱。

　　我們如履薄冰，只能慢慢向前開，中間還閃過幾個較深的水坑。坐在我們後面那輛 4Runner 上的伊根把車停在一邊，並問道：「我們還要繼續向前嗎？」孩子氣的興奮之情溢於言表。阿密特回過頭來賣弄他的博士學問：「地面看起來相當穩固，只要保持安全距離就好，這樣萬一我們陷進去，你們才能拉我們出來！」幾天後，坐在伊根那輛休旅車上的某位乘客發了一段影片給我，影片裡是我們那輛 4Runner 穿越鹽沼深處的畫面。他說，在一旁即時看著我們開車穿越浸在水中的鹽沼，最後進入那個軍事基地，實在太瘋狂了！不過我們辦到了！我們把車子停在基地附近一條布滿鹽巴的小路上，並和警衛打招呼。我們的司機一下車，就從後車廂拿出一袋午餐給他們。雖然我們已事先預約參觀這個基地，但食物終究能發揮潤滑劑的效果。

　　通過檢查哨後，我們又經過兩棟建築物，其中一棟綠色屋頂的建築物是用來加工處理從烏尤尼鹽沼取得的鉀肥，換句話說，這家政府經營的企業已經開始用蒸發池從這片鹽沼的鹵水中提取肥料。不過，這些鹵水含有高濃度的鎂精礦，只用蒸發池很難將鎂精礦與鋰分離開來。YLB 公司已經花了接近 10 億美元的資金，卻還是未能順利產出鋰，而這也是玻利維亞政府啟動直接鋰萃取招標合約的原因。

　　鹽沼這個區域的水呈現加勒比亞海般的顏色。這種融合了青色與海寶石藍的深色調，在整片浩瀚的白色土地上顯得特別醒目。我們在兩片潟湖之間又行駛了幾英里，最終抵達另一個軍事崗哨，崗哨警衛的制服上縫著 YLB 的臂章，由此可見，這家國營鋰業公司和軍方之間的關係，有多麼密切。

不遠處隱約可見到一個小岩石懸崖，懸崖下方藏著一間加油站。附近有一棟三層樓的辦公大樓，大樓的某些窗戶不逸而飛，只留下床單孤孤單單地在風中飄揚。埃沃曾在 2013 年為這棟大樓命名，他當時正試圖在玻利維亞生產鋰——那是玻利維亞有史以來第一次試著自行生產鋰，可惜最終功敗垂成。大樓的陰影下躺著一個貼有 EnergyX 識別標誌的船運貨櫃。在角逐玻利維亞直接鋰萃取契約的八家企業當中，只有 EnergyX 真正把一座試產實驗室運送到玻利維亞來，剩下幾家公司都是把鹵水從鹽沼運出，送到位於中國、俄羅斯或美國的實驗室。這個船運貨櫃是 2022 年年初在奧斯汀組裝完成的，完工後，EnergyX 用車子把它運到休士頓、裝上一艘開往哥倫比亞迦太基（Cartagena）的駁船、經由巴拿馬運河送到智利的最大港阿里卡（Arica），再以船運運至拉巴斯，最終透過貨車載到這個鹽沼。

這一趟輾轉運送貨櫃的旅程不僅漫長，更是大費周章，而伊根之所以願意費盡千辛萬苦，拖著一個貨櫃穿越赤道並深入高山區，其實是刻意為了向玻利維亞政府展現，他是真心關懷當地的鋰開採計劃。貨櫃內部是一座臨時打造的化學實驗室，裡面配備了面罩、防毒面具、眼科檢查站，以及其他安全設備，其中，伊根特別提到了氯氣監測儀。他一邊向我展示 LiTAS 裝置，一邊說：「那真的非常重要。」

LiTAS 其實就是 EnergyX。這項裝置採用伊根授權的技術，能以三十個薄膜從鹵水中瀝濾出鋰。伊根打開這項新發明的蓋子（看起來很像一個超大型的吉他放大器），並在鼻子前面揮揮手，空氣中隨即瀰漫著一股氯氣的味道，遠比一般社區游泳池的氯味還要濃厚。

LiTAS 裝置生產出來的東西實際上是氯化鋰，而氯化鋰可進一步轉化成兩種可用來生產電動車電池的鋰：碳酸鋰和氫氧化鋰。伊根在那次參訪行程中解釋，EnergyX 正在研究一項可以省略這個中間步驟的技術。不過，他和阿密特說，在我們來訪之前，LiTAS 裝置已經運作了四個月，那段期間，它持續不斷過濾出鋰，完全沒有休息，也不需要更換任何薄膜。我無從證實他們的說法，所以，我要求他們提供更多和現場有關的資訊：他們究竟可以從這裡的鹵水提取出多少數量的鋰。伊根遲疑了一下，拒絕回答我的問題，他說這是商業機密，還說一旦政府做出決定，我自然就會知道答案了——當時他預期，玻利維亞政府將在幾個星期內做出決定。

我記下了相關的化學反應，接著對 LiTAS 裝置的設計作了一番評論，我說，我一看到 LiTAS，隨即想到蘋果的史帝夫・賈伯斯（Steve Jobs）可能會設計的東西。有趣的是，伊根說他正是這個想法。「它的風格、曲線、拉絲不鏽鋼以及照明都超乎你的期待。它帶有一些時尚特質，而時尚對我來說很重要。」[68]

外觀固然重要，商業機密也同樣攸關重大。這個運輸貨櫃的四個角落都裝著監視器。伊根不在這裡時，將由本地的一家外包公司負責為這個試產設施派遣員工，而這些監視攝影機的設置就是為了不斷監視此處的狀況。

貨櫃外是 YLB 公司曾用來加工鋰的建築物，上頭釘著一面小牌匾。那是為了紀念埃沃在 2013 年為這棟建築物舉行命名儀式而懸掛上去的。牌匾上寫著（玻利維亞的工業化立足於尊嚴與主權 Bolivia Industrializa con Dignidad y Soberania）」。伊根走到那面牌匾下，告訴阿密特：「我們該離開了。五點半要和力拓集團見面。」此話一出，他才意識到我就站在他面前。阿密特遲疑了一下，連忙抹去額頭上的汗水。

「是今天嗎？我們要用哪些幻燈片？」

伊根回答：「談綜合技術的那份。」

回程的路上，伊根和我換了車，這樣他比較方便和阿密特一起接電話。回烏尤尼的路程大約 37 英里，此時太陽正漸漸西沉，被我們遠遠拋在腦後，不過，夕陽的餘暉依舊燦爛，甚至讓人感到平靜。正當我們沉浸在那一片美好之際，我們這輛車的左後方輪胎突然在泥土路上爆了胎，輪胎的橡膠襯帶用力拍擊著地面，不過，我並不怎麼擔心。我們的新司機葛瑞格里歐（Gregorio）把車停了下來，我則趁他更換輪胎之際，逗弄在附近休息的一群駱馬。在落日餘暉的襯映之下，我們的身影在眼前這片浩瀚的鹽沼之中顯得更加渺小。

　　6 月第二個星期三當天，拉巴斯當局低調地在能源部的臉書專頁上宣布：EnergyX 和阿根廷的艾科石油公司（Ecopetrol），失去資格爭取玻利維亞廣大鋰礦藏的直接鋰萃取開發案。新聞稿上並未說明這兩家公司為何落選。伊根和 EnergyX 都拒絕發表評論，他們的社群媒體帳戶也變得異常沉寂。[69]

　　隔天，消息傳出 EnergyX 未能在期限內提交例行性的初步鹵水流量數據，但個中原因看起來頗啟人疑竇，尤其 EnergyX 的試產設施基本上就位於玻利維亞的某個軍事基地裡。如果期限一開始就設定好了，難道玻利維亞當局不能在 EnergyX 未能如期交出數據時，派士兵去設施向相關人員索取數據嗎？但無論如何從那時開始，EnergyX 的領導階層之間開始出現裂痕，且對來電置之不理。

　　幾個星期後伊根終於現身了，還表現出贏回玻利維亞相關業務的堅定決心。他和力拓集團、歐爾肯鋰業公司以及其他礦業公司會談。一家私募股權公司在次一個月表示，它將為 EnergyX 投資 4 億 5 千萬美元，不過，附帶的條件是：等 EnergyX 公開發行股票後，才會投入資金；問題是，除非 EnergyX 已經有實際的客戶，否則根本不可能辦理股票公開發行。伊根告訴我：「我絕對相信我們在玻利維亞還有突圍的機會。如果他們改變心意，想要回頭讓 EnergyX 當他們的服務提供廠商，或者和 EnergyX 共同建立任何型態的業務結構，我們都不會排斥。」[70]

伊根恢復了他慣有的虛張聲勢姿態，但他的對手也依舊以自己的節奏繼續前進。無論後續發展如何，且讓我們先把焦點轉回美國的流紋岩嶺，蒂姆蕎麥的命運變得更加緊張了。

第十五章
問題不在資源，更不在能源

> 某單位考慮阻止礦產開發，另一個單位卻在評估借他們一大筆錢。聯邦政府卻宣稱這沒問題，彼此只是在「善盡職責」。

 # MP 材料公司 # 永續悖論 # 去全球化 # 政黨輪替

距離內華達州雷諾市南方大約一小時車程的農田與群山之間，有一間小小的溫室。溫室裡嬌養著成百上千棵以種子培育出來的蒂姆蕎麥「實生苗」，每一棵幼苗都像黃金般，被離子先鋒公司捧在掌心裡。那一天，離子先鋒董事總經理（相當於公司執行長）羅維權充嚮導，領我走進這間位於康斯托克種子公司（Comstock Seed，一家位於內華達州的農業顧問公司）綜合大樓裡的溫室。

溫室的工作人員根據種子的採摘地點（都位於流紋岩嶺），將這些以種子培育出來的幼苗分門別類。為了購買這裡所有的農業培育設備，離子先鋒已斥資超過 100 萬美元。如此煞費苦心，只是為了證明它有能力拯救這種小花，並證明蒂姆蕎麥能在流紋岩嶺以外的土壤中成長茁壯（也就是鋰與硼精礦含量不高的土壤）。

在這個玻璃密閉空間內，公司聘請的全職植物學家，正專注地照料著數百個小型塑膠容器，為種子催芽。山區午後的陽光毒辣地灑在容器和我們身上。這些種子是 2019 年從蒂姆蕎麥的樣本收成而來（內華達州的法律只准許公司收集蒂姆蕎麥 10% 的可用種子），種子收成後就被冷凍起來，直到今年才取出進行催芽。

羅維說：「我們是拯救這種花卉的解決方案。由我們培育的幼苗，存活機率肯定比其他人高很多，而且一定會存活更久。政府沒有資金為那麼多瀕危物種做事，而我們很樂意服其勞。」[1]

我問土生土長的澳洲人羅維，他當初入這行時，是否曾想過自己會花那麼多時間為某一種植物，而不是礦場興建事宜傷腦筋嗎？畢竟礦業公司並不習慣花那麼多時間在非採礦的活動上。他回答：「我的確沒想到。」不過，他話鋒一轉，隨即開始將蒂姆蕎麥形容成另一個有待解決的挑戰。「我喜歡接受挑戰，也喜歡解決問題。」

我問他對 2020 年 9 月的蒂姆蕎麥死亡事件有何看法（離子先鋒已經在初步催芽後，將其中某些蒂姆蕎麥種回流紋岩嶺）。[2] 美國政府的科學家已表示，事件的元兇是松鼠，牠們為了尋找水分而吃掉那些蕎麥；只不過，唐納利與其他保育人士並不認同這個說法。[3] 雖然羅維也認為這起事件應該歸咎於口渴的齧齒動物，但他和公司卻無奈地承擔了部分的責難。

羅維告訴我：「我們從種子開始培育這些幼苗，並將它們種回地上，接著就沒有再採取任何保護措施。我們沒有採取措施來杜絕松鼠的靠近，但或許我們當初應該這麼做。」他接著說明，公司種下幼苗時，原本打算安裝地下圍籬，並且進一步採取對一株植物來說似乎流於誇張的其他安全措施。不過我心想，在這個氣候不斷變遷的時代，需要水分的動物就算拚了命，也會想盡所有辦法找到水，在那種情況下，再嚴密的防護措施也不見得管用。

2019 年對內華達州西部的山丘來說，是特別潮濕的一年，蒂姆蕎麥也生長得特別旺盛，影響所及齧齒動物自然也大量開枝散葉。充沛的水讓這些動物變得忙碌起來，族群數量也大幅增加。不過，隔年的乾旱則對這個地區造成更不尋常的重創。「突然間，這一帶不再有足夠的水或食物可養活比往常還多的動物。這時牠們該如何應對？當然是開始吃平常不會吃的食物。換言之，那一年，這裡的動物開始像草食性動物般吃這種被命名為蒂姆蕎麥的植物」。這是科學家的解答。

我站在溫室裡，不由得開始思考這座鋰礦場和這種外表嫻靜的花卉之間的命運關聯。溫室裡有兩棵成熟的蒂姆蕎麥種在大型盆子裡頭，在此處的理想環境下，加上專業植物學家的細心呵護，這兩株蕎麥長得非常好。不過，一旦少了這裡的定期澆水、遮蔭、陽光、食物和其他物質享受，這兩株蕎麥有辦法在開放空間裡活下來嗎？

儘管離子先鋒公司斥資進行種子培育，但歷經多年的風風雨雨，公司還是逐漸意識到，唯有和這種蕎麥共存，它才會有活路——就在我前往溫室參觀前幾個星期，離子先鋒才剛向土地管理局提交了一份修訂後的營運計劃。實質上來說，離子先鋒已改變了礦場計劃，目前它想對聯邦監理機關表達的訊息是：它將不會干擾到現有的蒂姆蕎麥族群。

羅維說：「新計劃避開了所有蕎麥，而且，還專為蕎麥設計了一個緩衝區。我們原本以為可以把一部分的蕎麥移植到其他地方，但新的計劃將會讓它們留在原地生長。」

這個新計劃打算避開六個蕎麥特區，所以，公司在流紋岩嶺挖掘的礦坑將會是一個彎彎曲曲的巨大露天礦坑。這只是一個提案，土地管理局當然有權駁回這項計劃，不過，離子先鋒公司在這份冗長的文件中，詳述了公司計劃如何防止灰塵落到葉子上（定期澆水），並使蜜蜂與其他授粉型動物繼續在這個地區生存（在附近興建花園，種植授粉型動物喜愛的其他植物）。但從這個計劃本身也可以看出，儘管離子先鋒公司先前砸重金想證明這種植物能在其他土裡生長，但如今它已有意無意地默認，蒂姆蕎麥確實無法在其他土裡生長。

就在唐納利卯足全力和離子先鋒公司的礦場對抗之際，離子先鋒決定聘請內華達大學雷諾分校的植物學專家，針對蒂姆蕎麥進行深入的研究，以說明即使將這種花移植到其他地方，它一樣能成長茁壯。[4] 這個做法很合邏輯，因為這份研究理應顯示，即使把這種看起來平凡無奇的植物移到路邊，它一樣能好好成長。此外，離子先鋒公司刻意禮聘內華達州公立學校的本地科學家來執行這項計劃的目的，也是希望能贏得當地人的支持。

貝絲・列格爾（Beth Leger）是在加州大學河濱分校取得博士學位的植物學家，她曾在 2020 年就蜜蜂、蜘蛛和其他昆蟲與流紋岩嶺的蒂姆蕎麥之間的互動、植物對不同溫度與降雨量的反應、以及此處植株的數量等等，進行了多項深入的研究。[5] 打從一開始，離子先鋒公司似乎打算利用列格爾原本就在進行中的研究來證明它的觀點：這種花可以移植到其他地方，美國官員不盡然有必要將它列入瀕危物種清單。不過，列格爾和離子先鋒的認知與態度並不相同，她打算繼續長期研究這項植物，但離子先鋒老是催促她盡快發表初期的研究結論，並為此支付了大約 22 萬 8 千美元給她。[6]

列格爾覺得公司的催促對她造成了過當的壓力，為了反擊，她在 2020 年 4 月寫信給離子先鋒公司，並表示：「我想我還有一件非常重要的事還沒跟你們說清楚：這些植物有可能在實驗的任何階段死掉。我不習慣有人那麼緊迫盯著我，研究明明才進行一半。」[7]

唐納利深知公立大學必須對大眾負責，於是他開始申請索取和列格爾的研究有關的所有公開紀錄，包括電子郵件。就這樣，他在偶然的情況下發現了科學家和鋰業公司之間的幕後緊張關係——看來唐納利似乎比離子先鋒更加聰明。他取得了超過五百頁的大量電子郵件、備忘錄、報告和其他文件；這些資料顯示，離子先鋒公司聘請的某位顧問預期，蒂姆蕎麥將被聯邦官員列為瀕危物種，不僅如此，大學有位研究人員認為（他的名字被隱藏起來），至少要花上幾年的時間，才有辦法研判蒂姆蕎麥能否移植到其他地方。不過，離子先鋒並沒有幾年的時間可以消磨，渴求鋰的電動車產業也沒有。

這名大學研究人員寫信給離子先鋒公司的一位顧問：「我不希望他們濫用我們的研究成果，來暗示沒必要將蒂姆蕎麥列入瀕危物種，或暗示由於這種植物可被移植，故外界擔心這個族群將因採礦活動而受到衝擊的想法缺乏根據。就算我們透過一系列的繁殖和移植作業，而斬獲令人振奮的初步成果，也無法肯定地說，我們真的有可能建立一個全新的蒂姆蕎麥族群，要達到那個目標，有可能得花上非常多年的時間。」[8]

整個過程中，列格爾感到自己愈來愈像大棋局裡的小棋子。她在2020年2月的一封電子郵件中說：「離子先鋒公司的媒體人員再次聯繫我們，他們似乎想要亦步亦趨地揭露我們的研究進度。」當公司再一次詢問研究的最新進展時，她終於忍不住強烈反彈，表示她寧可等待「實際的成果」出爐後再對外發表。[9]

惹毛列格爾之際，離子先鋒公司也愈來愈擔心這種花卉，可能會引來聯邦政府的更多關注。如果蒂姆蕎麥被貼上「瀕危」的標籤，公司的流紋岩嶺開採計劃可能將岌岌可危，而他們想利用列格爾的研究來壓制這股潛在的不利浪潮。何況，可能威脅這種花卉的因素並不僅止於採礦活動；2019年，一整簇的蒂姆蕎麥曾被駕駛越野型沙灘車的獵羊人直接碾過。[10]

2020年7月，魚類及野生動物管理局表示，唐納利與生物多樣性中心已提出「大量科學或商業資訊」證明，根據1973年的《瀕危物種法》，蒂姆蕎麥可能需要保護。魚類及野生動物管理局在《聯邦公報》（Federal Register）上寫道：「為確保狀態審查的完整與全面性，我們要求提供和這項物種及可能影響其狀態的因素有關的科學、商業及其他資訊。魚類及野生動物管理局將根據這些資訊，決定是否要將傑瑞·蒂姆發現的這種植物標記為瀕危物種。」[11]

隔年 1 月，列格爾發表了研究報告，內容長達七十四頁。她在報告中說明，在某些情況下，這種花卉是可以移植的，但在移植前，必須進行更多的研究。這份研究報告提到，蒂姆蕎麥「顯著促進了我們在採樣區域發現的節肢動物與授粉型動物的數量及多樣性，同時也受惠於那些動物的數量及多樣性……未來的研究或許可以釐清，能否找到可滿足這種植物所有生命階段的成長需求的空置地點」。[12]

這份同樣受到聯邦監理機關高度期待的報告，遠遠未能達到離子先鋒所期待的「輕鬆取勝」結果。事實上，它反而為正在考慮是否將蒂姆蕎麥列為瀕危物種的各個美國監理機關背書。列格爾發表報告後四個月，路透社的報導指出，拜登總統傾向從盟國進口金屬來支持美國持續成長的電動車部門，這個策略有可能使離子先鋒以及其他擬議中的美國採礦專案，直接被「三振出局」。

次月，魚類及野生動物管理局透過一篇報告表示，它發現離子先鋒的礦場可能會對蒂姆蕎麥造成「永久且不可逆之損害」，因此提議將這種花列為瀕危物種。管理局表示：「經審查當前可用之最佳科學及商業資訊，本局判斷，為申請將蒂姆蕎麥列入瀕危物種清單而進行的請願行動，實屬合理。」[13] 簡單來說，離子先鋒自費進行的研究，反而促成了這項決定。管理局還補充，鑑於蒂姆蕎麥喜愛流紋岩嶺當地那種富含鋰的土壤，所以移植這些花卉的計劃最終可能會以失敗收場。[14] 由於管理局還必須徵求公眾意見，列入瀕危清單的決定並非已成定局，不過，這件事已經對離子先鋒造成重創，公司的股價在一天之內大跌了 10% 以上。[15]

離子先鋒尚未取得許可證，一旦蒂姆蕎麥被列入瀕危物種名錄，公司先前的努力可能將全數付諸東流。卡拉威與其他高階主管原本計劃在 2022 年展開興建工程，並在隔年啟用礦場。但如今那些計劃都成了泡影。同年 12 月，蒂姆蕎麥正式被列為瀕危物種。[16] 政府官員表示，研究發現蒂姆蕎麥喜愛流紋岩嶺特有的土壤。[17]

　　然而，篤信「失敗為成功之母」的離子先鋒公司，還是相對快速提出一個有可能拯救這種花卉的計劃：在挖掘礦場的同時，在礦場一帶每一叢蒂姆蕎麥的外圍建構某種緩衝區。那個計劃就是唐納利對我形容的「蕎麥島度假區」，計劃力求實現卡拉威心目中的最佳前進途徑：離子先鋒公司絕對不會碰目前已正式被列為瀕危物種的蒂姆蕎麥一根汗毛。就這樣，礦場預估的啟用時間被推延到 2024 年。

　　一年前，卡拉威曾告訴我：「我們本來大可堅持我們的論點，也就是異地移植，只要做好保護措施就好。直到現在，我們還是相信那是正確的做法。不過，我們最終領悟到，還有另外一條既可前進、又不會傷害到任何一株蒂姆蕎麥的道路：只要在那些植物周圍設置緩衝區，我們一樣可以繼續進行工作。」從他當時的說法可以看出，緩衝區設置計劃已經進入籌備階段。[18]「在那麼偏僻的地方、也沒有人提出其他問題，如果我們做到那樣的程度還不夠好……那麼不如乾脆宣布美國是禁止採礦的國家吧。」

　　即使卡拉威忙著和唐納利與魚類及野生動物管理局抗衡，他也沒有忘記一邊向其他聯邦監理機關請求資金挹注。在我們見面的前一天，卡拉威和離子先鋒公司宣布，他們即將取得美國能源部的先進技術汽車製造（Advanced Technology Vehicles Manufacturing，以下簡稱 ATVM）貸款計劃的數億美元貸款，該計劃曾在特斯拉成立初期提供了 4 億 6,500 萬美元的貸款。[19]

　　在川普總統執政時代，ATVM 計劃暫時蟄伏，不過，拜登總統上任後，計劃又重新恢復。當局從私募股權產業禮聘伊加爾・沙阿（Jigar Shah）來管理 ATVM 計劃，從那時開始，計劃的作業人員就開始有條不紊地逐步審查來自皮埃蒙特鋰業、福特汽車、美洲鋰業、離子先鋒等公司行號的數百宗貸款申請。換句話說，儘管當時美國聯邦政府的某個單位，正考慮採取可能阻礙離子先鋒礦產開發專案的措施，另一個單位卻在考慮是否要借給這家公司一大筆錢。這看起來又像是華盛頓方面的穀倉效應（silo effect）在作祟——聯邦機器的每個小零件都只關心自己的運作，不在乎整體機器的運行。

負責監督這項貸款計劃的能源部官員沙阿為人深思熟慮且行事慎重，他並不認為各個機關之間有立即脫節的現象，但他倒不諱言，每個機關扮演的角色確實各有不同。他告訴我：「本質上，我並不認為那讓人感到混淆。我認為每個小組都有理應要進行的不同檢核……我的任務是要找出所有想要進行某項專案的人，並給予支持，所以我正在善盡我的職責；另一方面，政府某些其他部門的職責，是確保政府善盡保護瀕危物種與原住民社群的責任，那些部門盡忠職守的行為自然也無可厚非。」[20]

沙阿解釋，萬一兩個機關之間發生衝突，自有白宮會做最後的決定。他說：「我們的權限是給予某人一個有條件的承諾；承諾的條件是，他們必須取得所有攸關的必要許可證和同意，才能啟動整項專案。除非他們達到這些條件，否則我們不會核可貸款。」

蒂姆蕎麥被列為瀕危物種後四天，流紋岩嶺的所有權人美國土地管理局決定加速離子先鋒的許可流程；它發出了所謂的意向書（Notice of Intent），從這個華盛頓專有用語可以看出，這個專案已進入最後許可階段。[21] 這是拜登執政以來第一個進入這個階段的鋰礦專案。離子先鋒期待能在 2024 年開始挖掘礦場，不過，離子先鋒公司、公司的植物學家、承包商、工程師和許許多多的其他職員，都必須證明這座礦場將不會傷害到蒂姆蕎麥，這是整個流程的關鍵環節。[22] 換句話說，他們必須設法確保流紋岩嶺永遠都會是那些小花兒的天堂，否則其餘免談。

後記
贏家只能有一個？

█ # 通用汽車 # 日本住友公司 # 韓國鮮京集團 # 綠色能源革命 # 氣候危機

　　2023 年，就在馬丁·路德·金恩（Martin Luther King Jr.）長假週末開始前的星期五早上，沙阿和美國能源部表示，他們將對卡拉威與離子先鋒公司提供最多 7 億美元的貸款，協助興建流紋岩嶺的鋰礦專案。兩年多來，能源部官員仔細研究了數千頁的貸款申請文件，內容包括離子先鋒和福特汽車之間的協議，以及蒂姆蕎麥保護計劃的眾多細節。雖然貸款的撥付取決於公司是否取得許可證，但這篇公開新聞稿終究暗示，拜登政府已對這個專案的命運投下了信任票。[1]

　　卡拉威的離子先鋒公司是美國擬議中的鋰礦場當中，第一個吸引沙阿領導的貸款計劃注意的專案（延伸到能源部長葛蘭霍姆及拜登總統本人）。沙阿說，這項位於流紋岩嶺的專案每年將生產足夠製造三十七萬輛電動車的鋰，並因此能防止排放 130 萬噸的二氧化碳——減少二氧化碳排放是《巴黎氣候協定》的關鍵目標之一。[2]

　　沙阿是在接觸到流紋岩嶺鋰礦專案的那一天，才首度耳聞蒂姆蕎麥相關的爭議。[3] 他說：「打從第一天開始，我就把這件事放在心上，處理這筆貸款的其他人也一樣。如果我們認為他們不該興建這個設施……我們就不會繼續審核流程。」重要的是，沙阿強調，他曾和魚類及野生動物管理局與其他聯邦機關，先後談過這種花卉以及它被指定為瀕危物種的事。他形容離子先鋒的計劃是邁向綠色能源轉型的一大步，而且，他認為這個計劃能以他所謂「對環境負責」的方式生產鋰。[4] 當然，大眾的觀感也很重要。沙阿告訴我，他選擇在放款給皮埃蒙特鋰業、美洲鋰業或其他專案之前，先放款給離子先鋒公司的原因在於：「離子先鋒公司已做好充分的準備，計劃縝密且有條理。」

卡拉威當然非常興奮，他說：「感覺現在風向轉到我們這一邊了。這代表政府釋出了強烈的訊號，說明放手讓我們興建礦場的時機已經成熟。」[5] 儘管由於疫情後通貨膨脹等因素影響，公司 2020 年估計的礦場興建成本（7 億 8,500 萬美元）勢必得上修，但能源部的這筆貸款還是足夠應付其中一大部分支出。新聞稿一發布，公司的股票價格隨即飆漲。

卡拉威說：「我們將花費數億美元來確保我們的專案，能成為美國境內最安全的採礦專案。」為了取得沙阿無法提供的細部資訊，我問卡拉威，在談判過程中，雙方如何協商蒂姆蕎麥的問題。他回答我：「能源部並沒有不把這個議題當一回事。我向你保證，如果他們認為我們的營運計劃是要割掉這些植物，他們絕對不可能繼續審查我們的專案。如果政府不認為我們有保護瀕危物種的可行計劃，我們根本不可能有機會簽署意向書，也不可能有任何進展。」

相照之下，唐納利非常崩潰。他說：「星期五一大早就聽到這樣的消息，真的是爛透了。」[6] 他認為，儘管沙阿和能源部有希望貸款 7 億美元給卡拉威和離子先鋒公司，他們卻不一定有能力真的撥出這筆款項。在那之前一個月，也就是蒂姆蕎麥被列為瀕危物種後，魚類及野生動物管理局在《聯邦公報》上刊了一段耐人尋味的文字。雖然離子先鋒在 2022 年夏天修訂的營運計劃中，加入了更多保護花卉的緩衝區，也就是「蕎麥島度假區」，卻有幾叢蒂姆蕎麥將會「相當靠近」進行開採作業的採石區。另外，即使他們避開了那些花，礦場計劃本身就會破壞這種植物 38% 的關鍵自然生產環境，也就是蜜蜂、蜘蛛和其他授粉型動物飲食且賴以為生的地帶。[7] 為了保護這些花卉，離子先鋒必須保留至少 1,640 英尺的緩衝區，但礦場計劃顯示，採石區和某些蒂姆蕎麥群聚地的距離只有 13 英尺。[8]

唐納利氣沖沖地說：「能源部完全是本末倒置。對方提議的礦場根本不可能依照計劃進行。多數人真正關心的是蒂姆蕎麥的命運，而不是澳洲礦業公司的命運。」唐納利推測，就算離子先鋒成功說服沙阿的團隊取得貸款，它還是無法稱心如意取得許可證。

除非離子先鋒公司證明這些花卉將安然無恙，否則貸款資金將不會釋出，就好像一根懸在半空中的紅蘿蔔。[9] 離子先鋒公司最終會取得這筆資金嗎？葛蘭霍姆說：「離子先鋒已經表示他們會基於永續採礦理念，進行最崇高且最優質的作業。不過，我們還是希望能確保他們實踐那個承諾。」[10] 到那時為止，離子先鋒為了這種花卉的保育而付出的 120 萬美元──包括植物學家的費用，以及一間能容納 13,000 株幼苗和 600 株成熟蕎麥的溫室──發揮了助攻的力量。不過，從某些方面來看，更艱辛的工作才剛要開始，況且，公司還得應付磨刀霍霍的唐納利。

同樣在那個月，玻利維亞的官員選擇了中國電池生產商寧德時代所領軍的財團，協助國家從烏尤尼鹽沼生產鋰。和美國企業合作開發專案幾乎沒有誘因可言，因為根據美國的《降低通貨膨脹法》，唯有已簽署「美國自由貿易協定（*Free Trade Agreements*）」的國家所生產的鋰，才能得到美國的租稅抵免，而玻利維亞並沒有簽署那項協定。玻利維亞當然希望國家最終有能力自行生產國內的鋰，供應整個世界。問題是，寧德時代從未生產過鋰，所以，選擇和他們合作，或多或少還是有一點風險。正因如此，EnergyX 的伊根還是抱著一線希望，他的盤算是，萬一寧德時代失敗了，他還有機會回到這個國家。[11] 幾個月後，通用汽車對伊根的新創企業丟出了一條救生索，它投資了 5 千萬美元，為北美與南美五家直接鋰萃取的示範工廠提供資金奧援[12]，交換條件是未來通用汽車，將有權優先購買所有以 EnergyX 的技術生產出來的鋰。而為了方便在世界各地其他區域運作，伊根已微調這項技術，納入薄膜製程以外的直接鋰萃取製程。

在美國能源部為離子先鋒的內華達州礦場提供貸款後不到兩個星期，美國內政部突然表示，未來二十年，北明尼蘇達州 22 萬 5,504 英畝的土地將禁止採礦，那個區域包含了擬議中的雙子星金屬銅、鈷及鎳礦專案。拜登政府的官員表示，他們並不認為政府在凍結雙子星金屬專案的同時，又宣告綠色能源轉型時代來臨有何矛盾。一位政府官員說：「內政部懂得關鍵礦物的價值，也深知這些礦物對國家未來的關鍵重要性。」內政部這番言詞激怒了代表明尼蘇達州的史陶伯眾議員，他說：「如果民主黨真的有心發展可再生能源的來源，真的有心破解中國在全球市場上的壓制力量，他們就會迅速對美國境內所有負責任的礦產開發案件敞開大門。」[13] 華爾街方面也同樣一頭霧水。銀行業巨擘瑞士信貸（Credit Suisse）表示：「如果美國有意繼續推行脫碳政策，它勢必需要銅；問題是，在禁止國內所有礦場開發案的同時，又期待能有足夠的銅可用，似乎不太理智。美國可能不得不核准某些專案。」[14] 2023 年稍晚階段，一位美國法官駁回了雙子星金屬公司，請求恢復被拜登撤銷的明尼蘇達州租約的訴願。在此同時，世界各地呼籲停止使用手工開採鈷的壓力也愈來愈大。就連 NBA 球員凱里・厄文（Kyrie Irving）都在社群媒體上說：「如果我明知剛果民主共和國還有童工為了特斯拉生產電動車所需而繼續在鈷礦場裡工作，我又如何感到心安？」[15]

MP 材料公司與帕斯山礦場，則是由住友公司在日本銷售稀土的協議，不過，這兩家公司都沒有揭露協議究竟牽涉到多少噸的策略性礦物。

MP 材料公司的營收主要還是仰賴中國的貢獻，不僅如此，MP 的高階主管在 2023 年年底表示，他們在校準加州稀土精煉設備時遭遇到很大的困難。艾克森公司與雪佛龍公司，都對布爾巴生產「可攜式」直接鋰萃取裝置的計劃頗感興趣，因為這兩家公司在開採石油與天然氣時，會順道採出一些水，它們也都正在研究要怎麼從那些水中濾出鋰。[16] 鋰循環公司和嘉能可公司將在義大利興建電池回收中心，下一步有可能會朝越南擴張。[17] 長存資源公司與聶斯坡斯部落則同意，就他們之間有關水質的長期爭端達成和解，排除了鮑爾森在愛達荷州開採黃金與銻的主要障礙。[18] 在阿拉斯加州，共和黨籍州長麥克·鄧利維（Mike Dunleavy）在 2023 年請求最高法院推翻聯邦監理機構對卵石礦場的否決權，這個行動是他為了讓這個垂死的計劃得以重生而做的最後努力。

原住民團體對薩克隘口鋰礦開採專案提起了另一起訴訟，希望通用汽車能就此打消從這個場址購買鋰的念頭。不過，其實這座礦場的建築活動已經展開了。[19] 另一方面，皮耶蒙特鋰業公司已承認，即使到 2020 年代結束之際，北卡羅萊納州露天礦場的開發專案也很有可能無法收成，甚至有可能從此石沉大海。[20] 不過，史諾登夫婦等人雖看似打了勝仗，但那裡的地底下終究還是埋藏著鋰礦，未來還是會有其他礦業公司前仆後繼「聞香而來」。特斯拉位於德州的鋰精煉廠已經完成動土儀式，未來有可能成為北美最大的電池用鋰加工廠，只不過，雅寶公司在南卡羅萊納州興建的複合工廠進度更快，可以預見這座複合工廠，將成為特斯拉德州鋰加工廠的勁敵。[21]

2023 年 6 月，雅寶公司成了全球第一家，完成責任採礦保險倡議組織查核的鋰業公司。IRMA 執行董事布蘭格表示，檢視雅寶公司位於智利的營運狀況後，便可看出雅寶確實「致力於提高透明度與強化社區參與」。[22] 但那一份聲明是在智利總統博里奇表示，他計劃把智利龐大的鋰業國有化，並且強制採用直接鋰萃取技術之後兩個月發布。博里奇總統說：「這是我們轉型為永續已開發經濟體的最佳機會。平白浪費掉這個機會的代價太大，我們著實負擔不起。」[23] 這個行動導致全球各地開始擔心智利有可能和玻利維亞及阿根廷合作，共組一個鋰的卡特爾，也就是玻利維亞總統阿爾塞所謂「某種鋰版本的 OPEC」。[24]

在亞利桑納州，諾西和阿帕契要塞團體繼續在屬於他們的法庭上，與力拓集團和堅毅銅礦搏鬥，他們誓言若有必要，將一路上訴至美國最高法院。矛盾的是，在拜登尋求原住民支持的同時，拜登政府的律師卻持續在法庭裡為力拓集團的計劃辯護。儘管目前已有少數聖卡洛斯阿帕契族人，受雇於堅毅銅礦，諾西在部落中的支持度還是相當高，他寄了一封信給部落的報紙，其中部分內容是這麼寫的：「我和許多人站在一起，永遠不會被有心人利用，摧毀神送給這個世界的瑰寶，也就是生命的靈氣。」[25]

同一時間，一家位於溫哥華的小企業承諾在不挖掘任何礦坑的前提下，為綠色能源轉型供應銅與鎳。這家小企業是金屬公司（Metals Co.），它的目標是從太平洋海床抽出富含礦物質、大小像馬鈴薯的岩球，再加工成電池零件。不出所料，這個計劃讓綠色和平組織與其他環保團體義憤填膺，他們警告，這個做法將對鯨魚及其他水生物種造成永久的傷害。一份同儕評閱的研究報告寫道：「採礦作業包括在遙遠海床上作業的工具，作業期間內發出的聲音和鯨類動物互相交流的頻率重疊」。[26]

儘管業界積極尋找其他能生產綠色能源轉型所需金屬的另類方法，但採礦活動吵雜不堪、危險且具破壞性的事實終究無可迴避，這個事實在可預見的未來並沒有改善的餘地，更糟的是，這個現實問題將繼續激化全球各地「為人類集體未來而戰」的鬥爭。

世界野生動物基金的國際總幹事馬爾柯·蘭伯提尼（Marco Lambertini）表示：「很多人說，氣候危機早已是現在進行式，而為了緩解氣候危機，人類必須將眼前所有可用的選項全部列入考慮，我認同他們的觀點。我也認同情況急如星火。但我們萬萬不能再飲鴆止渴，為了解決某個問題，而漠視那個解方可能導致原有問題進一步惡化的可預見後果。正因為我們當前的環境面臨嚴峻的挑戰，我們更應該格外小心呵護這個星球的維生系統：也就是大自然。」[27]

　　在離子先鋒公司宣布取得政府貸款後不到一個星期，驕傲又興奮的卡拉威馬上就踢到一個大鐵板。離子先鋒的某個承包商把鑽井設備擺在通往流紋岩嶺的道路旁，此舉違反了聯邦監理機關頒發的探勘許可規定。雖然離子先鋒隨即道歉，並誓言不再犯相同的失誤，那終究是個令人難堪的事件，畢竟沙阿和能源部才剛公開表揚過離子先鋒公司。[28]

　　卡拉威和我原本約好要在幾個星期後一同前往流紋岩嶺，但我們的計劃被一場暴風雪打亂了。厚度超過 2 英尺的雪，吞噬了流紋岩嶺及周遭的區域，覆蓋了休眠中的蒂姆蕎麥植株。這場大風暴甚至導致位於流紋岩嶺以南數百英里的洛杉磯，發出了罕見的暴風雪警報。[29] 所以，我們並沒有在礦場場址見面，而是改在休士頓一家休閒快餐店共進午餐。卡拉威不久前才剛結束和公司高階主管之間的一系列規劃會議，連續幾天的會議把他搞得疲憊不堪，看起來幾近心力交瘁。儘管如此，他還是語帶樂觀，跟我談論這項專案以及許可證的申請流程。

　　短短幾天前，福特汽車剛剛宣布，將和中國夥伴寧德時代（全世界最大的電池製造商，也是在玻利維亞鋰礦專案角力戰中勝出的廠商[30]），斥資 35 億美元在密西根州共同興建一座電池廠。然而，福特汽車和離子先鋒之間的協議是，離子先鋒將供應鋰給福特位於肯塔基州的藍色橢圓園區合資案（注：BlueOvalSK，由福特與韓國鮮京集團合資），而非其他專案。

想當初，卡拉威創立離子先鋒公司的目的，是要幫助美國擺脫對中國供給來源的依賴，而不是向中國的電池公司供應原料。卡拉威告訴我：「我們當然馬上就和福特汽車聯繫。他們保證，我們的材料絕對不會流向寧德時代。我們會努力設法不讓我們的材料流入中國人的手中，而且我們對這件事的態度一如往常十分嚴肅。」[31]

卡拉威除了思考地緣政治的議題，也開始反思環境的問題。如果卡拉威在流紋岩嶺的案件成功了，他應該不會只建立一個鋰礦專案，而是兩個，這樣才能確保他在這個對抗氣候變遷的核心產業裡的泰斗地位。卡拉威的第一個孫子剛在八個月前出生，新生命的到來讓他情緒頗為激動，也讓他想起打造流紋岩嶺專案的初衷。他說：「我希望在我死之前，能夠問心無愧說我已竭盡全力留給我的子孫一個更宜居的地球。」

我回想起傑瑞・蒂姆在 1983 年開車經過內華達州貧瘠荒野的那趟命運之旅。他那一天的意外發現沉寂了很多年，就好像為了過冬而休眠的蒂姆蕎麥。不過，綠色能源革命的蓬勃發展，最終還是讓蒂姆蕎麥得以嶄露頭角，並使它成為全世界努力應對氣候危機的過程中，所面臨的選擇及後果的象徵。

我和蒂姆聊過幾次，有一次談話即將結束時，我問他對圍繞著流紋岩嶺、當地的鋰礦，以及用他的名字命名的花卉等種種固有緊張氣氛有何看法。這位植物學家沉吟片刻，彷彿是在思考這件事的分量，然後回答我：「只要能找到有趣的自然生長環境，就一定能找到有趣的植物。」

致謝

　　傑克・凱魯雅克（Jack Kerouac）曾若有所思地說：「總有一天，我一定會找到言簡意賅的適當文字。」這本書探討的主題對地球上的每一個人都至關重要，但它偏偏極其複雜。所以，我為了撰寫本書而接觸了許許多多的人，在此深深感謝他們願意大方和我分享他們的時間與專業知識。

　　非常榮幸能和詹姆斯・卡拉威、派崔克・唐納利、艾咪・布蘭格、理查・阿德克爾森、約翰・布爾巴博士、溫斯勒・諾西博士、克里斯・貝瑞、傑瑞・蒂姆、凱絲琳・奎爾克、瓊安・伊凡斯、華倫與桑雅・史諾登、馬克斯・威爾伯特、伊加爾・沙阿、麥肯錫・萊恩、提格・伊根、喬・羅瑞、凱斯・菲利普斯、泰瑞・藍伯勒主席、海蒂・海特坎普（Heidi Heitkamp）參議員、艾蜜莉・尼爾森、伯納德・羅維、艾傑・柯賈爾、貝琪・羅姆、詹姆斯・李廷斯基、艾瑞克・諾里斯、莉莎・穆爾考斯基參議員、羅德・柯威爾（Rod Colwell）、米拉・貝希奇鎮長等人多次促膝長談。

　　由衷感謝我的編輯兼出版商 One Signal 的 Julia Cheiffetz，她的熱情與智慧對我助益良多。另外，我也要感謝 Abby Mohr 及 Nicholas Ciani 的支持。Andrew Stuart 從一開始就看出這個專案的潛力，並為此堅持不懈，我非常感謝他極力鼓勵我寫這本書。Janine Pineo 給了當年還是年輕媒體工作者的我跨入這個行業的第一份工作，多年後，她還為我的第一本書提供了許多關鍵的建議與修訂，謝謝 Janine。感謝 Marshall Burke、Judy Bergen、Erin Cavallaro 與 Beth Enson 為本書的初期草稿提供了彌足珍貴的回饋，以及 Nicholas Jahr 為我進行了完美的事實查核工作。我還要深深感謝 Julie Witmer 以及 Kathleen Rizzo。

在路透社工作的我要感謝 Amran Abocar 很多事，尤其是他讓我有機會深入挖掘關鍵礦物的世界。我還要感謝 Tiffany Wu、Alessandra Galloni、Roni Brown、Trevor Hunnicutt、Helen Reid、Clara Denina、Paul Lienert、Kevin Krolicki、Kieran Murray、Christian Plumb、Ben Klayman、Katy Daigle、Bud Seba、Joe White、Claudia Parsons、Dave Sherwood、Alex Villegas、Adam Jourdan 以及很多其他人。

感謝許多領域的多位專家和我分享了他們對這個專案的高見，包括丹尼爾‧尤金、Jason Bordoff、Abby Wulf、寇比‧安德森、Steve Enders、Colin Bennett、Jeff Green、David Deak、Andy Sabin、Jeff Marn、史卡特‧安德森、裘恩‧凱勒、Peter Hannah、Roger Flynn、Adam Matthews、Jordan Roberts、Ryan Castilloux、Stan Trout、Roger Featherstone、Rod Eggert、David Sandalow、蜜雪兒‧米丘特‧佛斯，以及夏比爾‧阿梅德博士。

我還要感謝石道成、馬塞洛‧金、波爾德‧巴托、肯特‧梅斯特、Chris Papagianis、Dan Poneman、Paul Graves、Jon Cherry、Tim Johnston、David Snydacker、布萊恩‧梅奈爾、Will Adams、Eric Spomer、Robert Mintak、迪恩‧迪貝爾茲、Andy Blackburn、Simon Moores、Andrew Miller、Ana Cristina Cabral Gardner、Rohitesh Dhawan、Mike Kowalski、梅莉莎‧桑德森、Emily Hersh、Jean-Sebastien Jacques、Chad Brown 特派員、Arlan Menendez 主席、山德拉‧藍伯勒、Josh Kastrinsky、Lilly Yejin Lee、參議員喬‧曼欽，以及眾議員皮特‧史陶伯、貝蒂‧麥考倫、蓋伊‧瑞森紹爾和艾瑞克‧史瓦維爾。

很感恩有機會和 Todd Malan、Matt Klar、Linda Hayes、Juan Carlos Cruz、Emily Olson、Kristi Golnar、Matt Sloutscher、Bruce Richardson、凱

莉‧卡利爾、Gary McKinney、Kathy Graul、Kim Ronkin Casey、Kelli Hopp-Michlosky、Martin Cej、Brian Risinger、Bethany Sam、Jamie Dolan、Jennifer Flake、Bobby Pollock、Will Baldwin、Susan Assadi、Valeria Arias Jaldin、Hugh Carpenter、Ben Schiltz、Aaron Mintzes、Will Falk、Jeremy Drucker、Darrin Lewis、Jan Morrill、Bonnie Gestring、Bill Erzar、Seraphine Rolando、Emily Flitter、Bunmi Ishola、Kate Ward，以及 Julie Tinari 等人合作。

我身邊有很多實力堅強的良師益友，包括 Harvey Kail、Pat Burnes、Robin Reisig、Nick Lemann、Judith Crist、Reverend Leo Schuster、Philana Patterson、Greg McManus、Ruth Reitmeier、Jim 與 Jan Dolle、Erica 與 Mark DiBella、Ann Sexton、Dianne West、Jo-Ann Vatcher、Yolande Clark，還有 Thomas Clark 牧師，有他們為伴，是我畢生之幸。感謝我遍布新英格蘭、紐約、北達科他州、德州、新墨西哥州和其他地方的所有親朋好友。Martin，如果沒有你（和西奧），就不會有這本書。我還要感謝繼父與父親對我的鞭策，讓我得以成為最好的自己。

最後，謹將本書以及我最深的謝意獻給我的母親和祖母。「天涯海角，無論何處，我必追隨並長伴您們左右。」

附注

序言

1. Author's interview with Jerry Tiehm, August 10, 2022.
2. Author's interview with Jerry Tiehm, July 7, 2022.
3. Josh Ong, "Witness the First Commercial Cellular Call Being Made in 1983,"The Next Web, April 17, 2013, thenextweb.com/news/call-history-witness-the-first-commercial-cellular-phone-call-being-made-in-1983.
4. Adele Peters, "In a Battle Between This Endangered Flower and a Lithium Mine, Who Should Win?" Fast Company, January 25, 2022, www.fastcompany.com/90714243/in-a-battle-between-this endangered-flower-and-a-lithium-mine-who-should-win.
5. James L. Reveal, "New Nevada Entities and Combinations in Eriogonum (Polygonaceae)," The Great Basin Naturalist, April 30, 1985, www.jstor.org/stable/41712129.
6. U.S. Fish and Wildlife Service, "Species Status Assessment Report for Eriogonum tiehmii (Tiehm's Buckwheat), Version 2.0," May 2022, ecos.fws.gov /ServCat/DownloadFile /220616.
7. Author's interview with Jerry Tiehm, July 7, 2022.
8. U.S. Fish and Wildlife Service, "Species Status Assessment Report for Eriogonum tiehmii (Tiehm's Buckwheat), Version 2.0."
9. Bill King, "The Plight of Eriogonum tiehmii," Sego Lily: The Newsletter of the Utah Native Plant Society, Winter 2021, www.unps.org/segolily/Sego2021Winter .pdf.
10. Barbara Ertter, "Floristic Surprises in North America North of Mexico," Annals of the Missouri Botanical Garden, 2000 edition, ucjeps.berkeley.edu/floristic_surprises.html.
11. "U.S. Energy System Factsheet," Center for Sustainable Systems, accessed December 30, 2022, css.umich.edu/publications/factsheets/energy/us-energy-system-factsheet.

第一章｜鋰電池驅動的未來

1. United Nations, UNFCC, "April 22 Paris Agreement Signing Ceremony in New York," press release, April 2, 2016, newsroom.unfccc.int/news/april-22-paris-agreement-signing-ceremony-in-new-york.
2. Doyle Rice, "175 Nations Sign Historic Paris Climate Deal on Earth Day," USA Today, April 22, 2016, www.usatoday.com/story/news/world/2016/04/22 /paris-climate-agreement-signing-united-nations-new-york/83381218/.
3. The White House, "President Obama Marks an Historic Moment in Our Global Efforts to Combat Climate Change," press release, October 5, 2016,obamawhitehouse.archives.gov/blog/2016/10/05/president-obama-marks-historic-moment-our-global-efforts-combat-climate-change.
4. International Energy Agency, "Global Energy-Related CO2 Emissions by Sector," official website, last updated October 26, 2022, www.iea.org/data-and-statistics/charts/global-energy-related-co2-emissions-by-sector.
5. U.S. Environmental Protection Agency's Office of Transportation and Air Quality, "Fast Facts: U.S. Transportation Sector Greenhouse Gas Emissions 1990–2020," official website, May 2022, nepis.epa.gov/Exe/ZyPDF.cgi?Dockey =P10153PC.pdf.
6. David Owen, "The Efficiency Dilemma," The New Yorker, December 13, 2010,www.newyorker.com/magazine/2010/12/20/the-efficiency-dilemma.
7. Raymond Zhong, "For Planet Earth, This Might Be the Start of a New Age," The New York Times, December 17, 2022, www.nytimes.com/2022/12/17 /climate/anthropocene-age-geology.html.
8. International Energy Agency, "Executive Summary-the Role of Critical Minerals in Clean Energy Transitions-Analysis," official website, accessed January7, 2023, www.iea.org/reports/the-role-of-critical-minerals-in-clean-energy-transitions/executive-summary.
9. International Energy Agency, "Global Supply Chains of EV Batteries," official website, accessed January 7, 2023, www.iea.org/reports/global-supply-chains-of-ev-batteries.
10. Rachel Coker, "The Nobel Journey of M. Stanley Whittingham: Distinguished Professor Earns Chemistry Prize for Lithium-ion Battery Development," BingUNews, May 6, 2020, www.binghamton.edu/news/story/2424 /the -nobel-journey-of-m-stanley-whittingham; and EnergyFactor Europe by Exxon-Mobil, "Pioneer of Innovation: The Battery That Changed the World," official website, November 29, 2019, energyfactor.exxonmobil.eu/news/lithium-ion-whittingham/.
11. The Royal Swedish Academy of Sciences, "The Nobel Prize in Chemistry 2019," press release, October 9, 2019, www.nobelprize.org/prizes/chemistry/2019/press-release/.

12. Katrina Krämer, "The Lithium Pioneers," Chemistry World, October 17, 2019,www.chemistryworld.com/features/the-lithium-pioneers/4010510.article.

13. Evan Keuhnert and Alex Grant, "Big Lithium Will Be Built, but by Who? Why the Mining Industry Needs New People with New Ideas to Meet the Decarbonization Moment," Mining Magazine, March 8, 2022, www.miningmagazine .com/sustainability/news/1427933/big-lithium-will-be-built-but-by-who.

14. Science History Institute, "Rare Earth Elements and Why They Matter," 2019, www.sciencehistory.org/sites/default/files/rare-earth-elements-why-they-matter.pdf.

15. U.S. Department of Energy, Office of Energy Efficiency and Renewable Energy, "How Lithium-ion Batteries Work," official website, accessed February 20, 2023, www.energy.gov/eere/how-lithium-ion-batteries-work.

16. Author's interview with Dr. Shabbir Ahmed, December 16, 2021.

17. Argonne National Laboratory, "BatPac: Battery Manufacturing Cost Estimation,"official website, accessed August 21, 2022, www.anl.gov/partnerships /batpac -battery-manufacturing-cost-estimation.

18. Chris Nelder, "Clean Energy 101: Electric Vehicle Charging for Dummies," RMI, June 10, 2019, rmi.org/electric-vehicle-charging-for-dummies/.

19. "2021 Tesla Model 3 Standard Range Plus RWD-Specifications and Price,"EVSpecifications, accessed September 15, 2022, www.evspecifications.com/en/model/4ab310f.

20. John Voelcker, "EVs Explained: Consumption Versus Efficiency," Car and Driver, April 10, 2021, www.caranddriver.com/features/a36064484/evs-explained -consumption-versus-efficiency/.

21. "Tesla Model 3 Standard Range Plus," Electric Vehicle Database, accessed December 30, 2022, ev-database.org/car/1485/Tesla-Model-3-Standard-Range-Plus.

22. Fred Lambert, "Breakdown of Raw Materials in Tesla's Batteries and Possible Bottlenecks," electrek, November 1, 2016, electrek.co/2016/11/01/breakdown-raw-materials-tesla-batteries-possible-bottleneck/.

23. U.S. Geological Survey, "Minerals Commodity Summaries 2022-Lithium,"accessed August 30, 2022, pubs.usgs.gov/periodicals/mcs2022/mcs2022-lithium .pdf.

24. Jonathon Davidson, "Eastern Resources Joins Chinese Lithium Giant to Target Lepidolite," Market Index, June 20, 2022, www.marketindex.com.au/news/eastern-resources-joins-chinese-lithium -giant-to-target-lepidolite.

25. "Minerals Commodity Summaries 2022-Copper," U.S. Geological Survey, accessed August 30, 2022, pubs.usgs.gov/periodicals/mcs2022/mcs2022-copper.pdf.

26. Wilda Asmarini, "Update 1-Indonesia Nickel Ore Export Ban to Remain-Mining Ministry Director," Reuters, June 3, 2020, www.reuters.com/article/indonesia -mining/update-1-indonesia-nickel-ore-export-ban-to-remain-mining -ministry-director-idUSL4N2DH17Q.

27. CreditSuisse, "US Inflation Reduction Act: A Tipping Point in Climate Action," official website, September 28, 2022, www.credit-suisse.com/about-us-news /en/articles/news-and-expertise/us-inflation-reduction-act-a-catalyst-for-climate-action-202211.html, 108.

28. U.S. Geological Survey, "Minerals Commodity Summaries 2022-Cobalt," accessed August 30, 2022, pubs.usgs.gov/periodicals/mcs2022/mcs2022 -cobalt .pdf.

29. Amy Joi O'Donoghue, "Elon Musk's Quiet Success with Cobalt-Free EVBatteries at Tesla," DeseretNews, May 6, 2022, www.deseret.com/utah /2022 /5/6/23060115/elon-musk-and-his-success-with-a-cobalt-free-ev-battery -at-tesla-congo-lithium-child-labor-abuse.

30. "Minerals Commodity Summaries 2022-Cobalt."

31. U.S. Geological Survey, "Minerals Commodity Summaries 2022-Rare Earths,"accessed August 30, 2022, pubs.usgs.gov/periodicals/mcs2022 /mcs2022 -rare-earths.pdf.

32. Ben Blanchard, Michael Martina, and Tom Daly, "China Ready to Hit Back at U.S. with Rare Earths: Newspapers," Reuters, May 28, 2019, www.reuters.com /article/us-usa-trade-china-rareearth/china-ready-to-hit-back-at-u-s-with-rare -earths-newspapers-idUSKCN1SZ07V.

33. Ernest Scheyder, "Nevada Copper Starts Production at Mine in Western U.S.," Reuters, December 16, 2019, www.reuters.com/article/nevada-copper-mine-idUKL1N28N1T8.

34. Ernest Scheyder, "U.S. Faces Tough Choices in 2022 on Mines for Electric-Vehicle Metals," Reuters, December 22, 2021, www.reuters.com/markets /commodities /us-faces-tough-choices-2022-mines-electric-vehicle-metals-2021-12-22/.

35. U.S. Department of Energy, Office of Energy Efficiency and Renewable Energy, Vehicle Technologies Office, "FOTW#1124, March 9, 2020: U.S. All-Electric Vehicle Sales Level Off in 2019," official website, March 9, 2020, www.energy .gov/eere/vehicles/articles/fotw-1124-march-9-2020-us-all-electric-vehicle-sales-level-2019.

36. U.S. Department of Energy, "New Plug-In Electric Vehicle Sales in the United States Nearly Doubled from 2020 to 2021," official website, March 1, 2022, www.energy.gov/energysaver/articles/new-plug-electric-vehicle-sales-united-

states-nearly-doubled-2020-2021.

37. Mike Colias, "U.S. EV Sales Jolted Higher in 2022 as Newcomers Target Tesla," The Wall Street Journal, January 6, 2023, www.wsj.com/articles/u-s-ev-sales -jolted-higher-in-2022-as-newcomers-target-tesla-11672981834.

38. "Tesla Q1 Earnings Call 2022 Transcript," Rev, April 21, 2022, www.rev.com/ blog/transcripts/tesla-q1-earnings-call-2022-transcript.

39. Colias, "U.S. EV Sales Jolted Higher in 2022 as Newcomers Target Tesla."

40. Nivedita Balu and Maria Ponnezhath, "Tesla to Charge More for Cars in United States as Inflation Bites," Reuters, June 16, 2022, www.reuters.com/business /autos-transportation/tesla-hikes-us-prices-across-car-models-2022-06-16/.

41. Ernest Scheyder, "To Go Electric, America Needs More Mines. Can It Build Them?" Reuters, March 1, 2021, www. reuters.com/article/us-usa-mining -insight -idINKCN2AT39Z.

42. "Megafactories Hit 200 Mark," Benchmark Minerals Magazine, Q1 2021 edition, 28.

43. "China Controls Sway of Electric Vehicle Power Through Battery Chemicals, Cathode and Anode Production," Benchmark Source, May 6, 2020, source .benchmarkminerals.com/article/china-controls-sway-of-electric -vehicle-power -through-battery-chemicals-cathode-and-anode-production.

44. Sean McLain and Scott Patterson, "Rivian CEO Warns of Looming Electric-Vehicle Battery Shortage: Much of the Battery Supply Chain Isn't Built, Challenging an Industry Aiming to Sell Tens of Millions of EVs in Coming Years, RJ Scaringe Says," The Wall Street Journal, April 18, 2022, www.wsj .com /articles /rivian -ceo-warns-of-looming-electric-vehicle-battery-shortage -11650276000.

45. Joseph White, "China Has a 10,000 Euro Cost Advantage in Small EVs,Auto Suppliers Say," Reuters, January 5, 2023, www.reuters.com/business /autos-transportation/china-has-10000-euro-cost-advantage-small-evs-auto-supplier-says-2023-01-05/.

46. Ernest Scheyder, "Analysis: Biden's EV Minerals Cash Fruitless Without Permitting Reform," Reuters, October 24, 2022, www.reuters.com/markets/commodities/bidens-ev-minerals-cash-fruitless-without-permitting -reform-2022-10-24/.

47. Howard Gleckman, "The IRA's Green Energy Tax Credits Lose Their PunchBecause They Try to Do Too Much," TaxVox: Business Taxes, August 17, 2022, www.taxpolicycenter.org/taxvox/iras-green-energy-tax-credits-lose-their-punch-because-they-try-do-too-much.

48. The White House, "Building Resilient Supply Chains, Revitalizing American Manufacturing, and Fostering Broad-Based Growth," official website, June 2021, www.whitehouse.gov/wp-content/uploads/2021/06/100-day-supply -chain-review-report.pdf.

49. Sarah Kaplan, "Biden Wants an All-Electric Fleet. The Question Is: How Will He Achieve It?" The Washington Post, January 28, 2021, www.washingtonpost .com/climate-solutions/2021/01/28/biden-federal-fleet-electric/.

50. Author's interview with Mark Senti, April 30, 2021.

51. Bill Carter, Boom, Bust, Boom: A Story About Copper, the Metal That Runs the World (New York: Simon & Schuster, 2012), 115.

52. Jesse Vega-Perkins, Joshua P. Newell, and Gregory Keoleian, "Map Electric Vehicle Impacts: Greenhouse Gas Emissions, Fuel Costs, and Energy Justice in the United States," Environmental Research Letters, January 11, 2023, iopscience .iop.org/article/10.1088/1748-9326/aca4e6/pdf.

53. Reg Spencer, Timothy Hoff, and James Farr, "Lithium | 2H'22 Recharge: 'Giga-Demand' Needs Major Supply Growth," Canaccord Genuity note to clients, August 22, 2022.

54. Defense Logistics Agency, "About Strategic Materials," official website, accessed June 3, 2022, www.dla.mil/Strategic-Materials/About/.

55. Memorandum from U.S. Deputy Secretary of the Interior Katharine Sinclair MacGregor to Assistant to the President for Economic Policy Larry Kudlow, July 15, 2020, biologicaldiversity.org/programs/public_lands/pdfs /Department-of-the-Interior-Response-to-EO-13927.pdf.

56. Jeff Lewis, Yereth Rosen, Nichola Groom, and Ernest Scheyder, "Alaska's Pebble Mine Told to Offset Damage as Republican Opposition Grows,"Reuters, August 24, 2020, www.reuters.com/article/us-usa-alaska-pebblem ine -idUSKBN25K1W5.

57. Author's interview with Senator Joe Manchin, September 18, 2019.

58. Saeed Shah, "China Pursues Afghanistan's Mineral Wealth After U.S. Exit," The Wall Street Journal, March 14, 2022, www.wsj.com/articles/china-pursues-afghanistans-mineral-wealth-after-u-s-exit-11647172801.

59. Nicholas Bariyo, "In Congo, China Hits Roadblock in Global Race for Cobalt,"The Wall Street Journal, March 12, 2022, www.wsj.com/articles/in-congo -china-hits-roadblock-in-global-race-forcobalt-11647081180.

60. "Spotlight: China's Lithium Business in Argentina and Chile," BNAmericas, September 15, 2022, www.bnamericas.com/en/features/spotlight-chinas -lithium -business-in-argentina-and-chile.

61. Neha Arora and Mayank Bhardwaj, "India Eyes Overseas Copper, Lithium Mines to Meet Domestic Shortfall," Reuters, January 11, 2023, www.yahoo.com/now/india-eyes-overseas-copper-lithium-111936828.html.

62. Andy Home, "Column: Europe Urgently Needs an Accelerator in CriticalMetals Race," Reuters, May 1, 2022, www.reuters.com/markets/commodities/europe -urgently-needs-an-accelerator-critical-metals-race-2022-04-29/.

63. Peter Frankopan, The Silk Roads: A New History of the World (London: Bloomsbury, 2016), 318.

64. Niraj Chokshi and Kellen Browning, "Electric Cars Are Taking Off, but When Will Battery Recycling Follow?" The New York Times, December 21, 2022, www.nytimes.com/2022/12/21/business/energy-environment / battery -recycling -electric-vehicles.html.

65. Amitav Ghosh, The Nutmeg's Curse: Parables for a Planet in Crisis (London: John Murray, 2022).

66. Amos Hochstein, "Securing the Energy Transition," Center for Strategic and International Studies, October 29, 2021, www.csis.org/analysis/securing-energy -transition.

67. "The USA Hosts 24% of Global Lithium Resources but Benchmark Forecasts It Will Only Produce 3% of Global Requirements in 2030," Benchmark Mineral Intelligence, email newsletter, December 22, 2022.

68. Zachary J. Baum, et al., "Lithium-Ion Battery Recycling-Overview of Techniques and Trends," ACS Energy Letters, January 19, 2022, pubs.acs.org/doi/ full/10.1021/acsenergylett.1c02602#, 715.

69. Melanie Burton, "Rio Tinto Reaches Historic Agreement with Juukan Gorge Group," Reuters, November 27, 2022, www.reuters.com/world/asia -pacific /rio-tinto-reaches-historic-agreement-with-juukan-gorge-group -2022-11-28/.

70. Gram Slattery and Marta Nogueira, "Brazil's Vale Dam Disaster Report Highlights Governance Shortcomings," Reuters, February 21, 2020, www.reuters .com/article/uk-vale-disaster-idINKBN20F2SM.

71. "Terrifying Moment of Brazil Dam Collapse Caught on Camera," The Guardian, February 1, 2019, www.youtube.com/watch?v=sKZUZQytads.

72. Moira Warburton et al., "The Looming Risk of Tailings Dams," Reuters, December 19, 2019, updated January 3, 2020, www.reuters.com/graphics/MIN ING-TAILINGS1 /0100B4S72K1 /index.html.

73. Alistair MacDonald, Kris Maher, and Kim Mackrael, "'Sense of Dread': How a Mining Disaster in Brazil Raised Alarms in Minnesota," The Wall Street Journal, October 14, 2019, www.wsj.com/articles/minnesotas-iron-range-likes-its -miners-a-deadly-brazil-disaster-is-giving-it-pause-11571064180.

74. John Eligon, Lynsey Chutel, and Ilan Godfrey, "The World Got Diamonds. A Mining Town Got Buried in Sludge," The New York Times, September 23, 2022, www.nytimes.com/2022/09/23/us/south-africa-diamond-mine -collapse .html.

75. John Kemp, "Critical Minerals and Mining Reform in the U.S.," Reuters, January 31, 2014, www.reuters.com/article/usa-mining-rare-earths/column-critical-minerals-and-mining-reform-in-the-u-s-kemp-idUSL5N0L52QP20140131.

76. Letter from U.S. Senator Lisa Murkowski et al. to U.S. Secretary of the Interior Deb Haaland and U.S. Secretary of Agriculture Tom Vilsack, November 14, 2022, www.murkowski.senate.gov/imo/media/doc/Letter%20to%20DOI_USDA%20on%20Sec.%2040206.pdf.

77. Angus Tweedie et al., "Electric Vehicle Transition: EVs Shifting from Regulatoryto Supply-Chain-Driven Disruption," Citi GPS: Global Perspectives & Solutions, February 2021, icg.citi.com/icghome/what-we-think/citigps /insights /electric-vehicle-transition-20210216, 40.

78. Author's interview with Scot Anderson, October 21, 2022.

79. Helen Reid and Nelson Banya, "U.S. Bid for Battery Metals Has Africa Blind Spot," Reuters, December 9, 2022, www.reuters.com/markets/commodities /us-bid-battery-metals-has-africa-blind-spot-2022-12-09/.

80. Oralandar Brand-Williams, "Ford CEO Farley Calls for Making EVs More Affordable, Bringing Mining Back to US," The Detroit News, September 28, 2021, www.detroitnews.com/story/business/autos/ford/2021/09/25/ford-ceo-urges -making-evs-more-affordable-bringing-mining-back-us/5852516001/.

第二章｜綠能毀綠地？

1. Author's interview with James Calaway, November 11, 2021. Much of Calaway's history is based on this and subsequent interviews, as well as corroboration from contemporaneous news articles and other sources.

2. Chris King, "When Are Soft Rocks Tough, and Hard Rocks Weak?" EarthLearningIdea. com, accessed March 15, 2022, www.earthlearningidea .com /PD/312_Hard_soft_rocks.pdf.

3. "Tesla Overtakes Toyota to Become World's Most Valuable Carmaker," BBC News, July 1, 2020, www.bbc.com/news/business-53257933.

4. Yuka Obayashi and Ritsuko Shimizu, "Japan's Sumitomo to Focus on Battery Material Supply to Panasonic, Toyota," Reuters, September 13, 2018, www .reuters .com/article/us-sumitomo-mtl-min-strategy/japans-sumitomo-to-focus -on -battery -material-supply-to-panasonic-toyota-idUSKCN1LT1SN.

5. Buzz Aldrin, Reaching for the Moon (New York: HarperCollins, 2008).

6. Ioneer, "Rhyolite Ridge Lithium-Boron Project, Definitive Feasibility Study (DFS) Report," official website, accessed December 30, 2022, rhyolite-ridge .ioneer .com/wp content/uploads/2020/05/ioneer_DFS_Executive Summary_ Imperial_Units.pdf, 6.
7. Matt McGrath, "Climate Change: US Formally Withdraws from Paris Agreement," BBC News, November 4, 2020, www.bbc.com/news/science -environment -54797743.

第三章 ｜ 來自潔淨能源的汙染

1. These events are recounted in Lauren Redniss's Oak Flat: A Fight for SacredLand in the American West (New York: Random House, 2021). Additionally,they were relayed in a March 31, 2021, interview with Marlowe Cassadore,director of the San Carlos Apache Culture Center.
2. Redniss, Oak Flat, 41.
3. Ibid.
4. Diego Archuleta, "To the Editor of the New York Times," The New YorkTimes, January 26, 1859, nyti.ms/3EiKHwk. Archuleta, a Mexican native, wasappointed to his post as Indian agent in 1857 and reappointed by President Abraham Lincoln in 1865.
5. Redniss, Oak Flat, 18. Also author's interview with Dr. Wendsler Nosie, March 29, 2021.
6. Letter from San Carlos Apache Tribal Chairman Terry Rambler to U.S. Department of Agriculture's Tonto National Forest Supervisor Neil Bosworth, December 23, 2019.
7. Redniss, Oak Flat, 49.
8. San Carlos Apache Tribal Chairperson Kathleen W. Kitcheyan, "Oversight Hearing on the Problem of Methamphetamine in Indian Country," U.S. Senate Committee on Indian Affairs, official website, April 5, 2006, www. indian .senate .gov/sites/default/files/Kitcheyan040506.pdf.
9. "2020 Needs and Assets Report," First Things First: San Carlos Apache Region, official website, accessed December 15, 2022, www.firstthingsfirst .org /wp-content/uploads/2022/08/Regional-Needs-and-Assets-Report-2020-San-Carlos-Apache.pdf.
10. "Superior, Arizona, Demographics," Data Commons, Place Explorer, accessed October 14, 2022, datacommons. org/place/geoId/0471300? Utm medium =explore &mprop =income&popt =Person&cpv =age%2C Years15 Onwards&hl=en.
11. Ibid.
12. "Copper in the USA: Bright Future-Glorious Past," Copper Development Association, official website, accessed December 30, 2022, www.copper.org /education/history/us-history.
13. Bill Carter, Boom, Bust, Boom: A Story About Copper, the Metal That Runs the World (New York: Simon & Schuster, 2012), 116.
14. "Copper in the USA: Bright Future-Glorious Past."
15. Dan Yergin et al., "The Future of Copper: Will the Looming Supply Gap Short-Circuit the Energy Transition?" S&P Global, official website, July 2022, cdn.ihsmarkit.com/www/pdf/1022/The-Future-of-Copper_Full -Report _SPGlobal. pdf, 9.
16. Ernest Scheyder, "Net Zero Climate Target Could Fail Without More Copper Supply," Reuters, July 14, 2022, www.reuters.com/markets/commodities/net -zero -climate-target-could-fail-without-more-copper-supply-report 2022-07-14/.
17. Yergin et al., "The Future of Copper."
18. Ibid.
19. Federal Register, vol. 20, no. 192, pp. 7336–37, October 1, 1955. Public Land Order 1229.
20. Federal Register, vol. 36, no. 187, p. 19029, September 25, 1971. Public Land Order 5132.
21. Matthew Philips, "Inside the Billion-Dollar Dig to America's Biggest Copper Deposit: Miners Are 7,000 Feet Down and They Aren't Turning Back," Bloomberg Businessweek, March 14, 2016, www.bloomberg.com/features /2016-arizona-copper-mine/.
22. CME Group, "Copper's Role in Growing Electric Vehicle Production," Reuters sponsored content, May 5, 2021, www. reuters.com/article/sponsored/copper-electric-vehicle.
23. Ernest Scheyder, "Arizona Mining Fight Pits Economy, EVs Against Conservation, Culture," Reuters, April 19, 2021, www.reuters.com/article/us-usa-mining -resolution-insight-idTRNIKBN2C612L.
24. U.S. Department of Agriculture, Tonto National Forest, "Draft EIS for Resolution Copper Project and Land Exchange," official website, accessed December 30, 2022, www.resolutionmineeis.us/documents/draft-eis.
25. Arizona State Climate Office, "Drought," official website, accessed December 20, 2022, azclimate.asu.edu/drought/.
26. Letter from San Carlos Apache Tribal Chairman Terry Rambler to U.S. Departmentof Agriculture's Tonto National Forest

Supervisor Neil Bosworth,December 23, 2019.

27. U.S. Department of Agriculture, Tonto National Forest, "Draft EIS for Resolution Copper Project and Land Exchange," official website, accessed December30, 2022, www.resolutionmineeis.us/documents/draft-eis.

28. Resolution Copper, "Project Profile," official website, accessed October 20, 2022, resolutioncopper.com/wp-content/uploads/2022/03/RTRC -Project-Profile -Fact-Sheet-600x800-FINAL.pdf.

29. The White House, "Statement by the President on H.R. 3979," press release, December 19, 2014, obamawhitehouse.archives.gov/the-press-office /2014/12/19/statement-president-hr-3979.

30. U.S. Congress, "Carl Levin and Howard P. 'Buck' McKeon National Defense Authorization Act for Fiscal Year 2015," official website, accessed December 30, 2022, www.congress.gov/113/plaws/publ291/PLAW-113publ291.pdf.

31. Author's interview with Bold Baatar, April 8, 2021.

32. Ibid.

33. "Historic Hotel Magma," official website, accessed April 9, 2021, www .hotel magmasuperior.com/index.php/history.

34. Resolution Copper, "Project Overview," official website, accessed December 2, 2022, resolutioncopper.com/project-overview/.

35. Rio Tinto, "Resolution Copper Project Enters Next Phase of Public Consultation,"official website, January 15, 2021, www.riotinto.com/en/news/releases /2021/Resolution-Copper-project-enters-next-phase-of-public-consultation.

36. CreditSuisse, "US Inflation Reduction Act: A Tipping Point in Climate Action,"official website, September 28, 2022, www.credit-suisse.com/about-us -news /en /articles /news-and-expertise/us-inflation-reduction-act-a-catalyst-for-climate -action -202211.html, 148.

37. Author's interview with Mayor Mila Besich, March 29, 2021.

38. "Superior Unified School District," AZ School Report Cards, accessed December 30, 2022, azreportcards.azed.gov/Districts/detail/4440.

39. Resolution Copper, "Resolution Copper Fulfills Back-to-School Needs for Hundreds of Local Students and Teachers," official website, September 22, 2020, resolutioncopper.com/resolution-copper-fulfills-back-to-school-needs -for-hundreds-of-local-students-and-teachers/.

40. Associated Press, "Old Copper Smelter's Smokestack Is Demolished in Superior," November 11, 2018, apnews.com/article/73f90300fc9644b3b8e acc37639d1642.

41. Ryan Randazzo, "Mining Co. Conundrum: $2M to Destroy Historical Smelter or $12M to Preserve It," The Arizona Republic, October 23, 2015, www .azcentral .com/story/money/business/energy/2015/10/23/resolution-copper -mining-faces-decision-smelter-stack-superior-arizona/74237478/.

42. Author's interview with Darrin Lewis, March 30, 2021.

43. Superior Lumber & Hardware, Facebook post, December 17, 2021, www.face book.com/people/Superior-Lumber-Hardware/100063807983409/.

44. D. F. Hammer and R. N. Webster, "Some Geologic Features of the Superior Area, Pinal County, Arizona," New Mexico Geological Society, 1962, www .resolutionmineeis.us/sites/default/files/references/hammer-webster-geologic-features-superior-1962.pdf.

45. Nosie portions based largely on author's interview with him, March 29, 2021.

46. "Authorities Investigating Vandalism at Sacred Apache Site," Arizona Daily Star,March 19, 2018, tucson.com/news/local/authorities-investigating-vandalism-at-sacred-apache-site/.

47. Dale Miles, "Oak Flat Is a Sacred Site? It Never Was Before. Former Tribe Historian: A Mining Shaft Was Built There in the 1970s with No Protest from the Tribe," AZCentral, July 23, 2015, www.azcentral.com/story/opinion/op -ed/2015/07/23/oak-flat-sacred/30587803/.

48. University of Arizona's Office of Native American Advancement, Initiatives and Research, "San Carlos Apache Tribe Community Profile," official website,accessed September 29, 2022, naair.arizona.edu/san-carlos-apache-indian -tribe.

49. Laurel Morales, "For the Navajo Nation, Uranium Mining's Deadly Legacy Lingers," NPR, April 10, 2016, www.npr.org/sections/health -shots /2016 /04 /10 /473547227/for-the-navajo-nation-uranium-minings-deadly-legacy-lingers.

50. Peter H. Eichstaedt, If You Poison Us: Uranium and Native Americans (Santa Fe, N.M.: Red Crane Books, 1994).

51. Pope Francis, "Address of His Holiness Pope Francis to Participants at the Meeting Promoted by the Dicastery for Promoting Integral Human Development of the Mining Industry," Vatican, May 3, 2019, www.vatican.va/content /francesco/en/speeches/2019/may/documents/papa-francesco_20190503 _incontro -industria-mineraria.html.

52. Carter, Boom, Bust, Boom, 161.

53. Joni Mitchell, "Big Yellow Taxi," official website, accessed February 20, 2023,jonimitchell.com/music/song.cfm?id=13.

54. Mark Mazzetti with Helene Cooper and Peter Baker, "Behind the Hunt for Bin Laden," The New York Times, May 2, 2011, www.nytimes.com/2011/05/03/ world/asia/03intel.html?_r=2.

55. American Experience: We Shall Remain, Episode 4: "Geronimo," PBS, May 11, 2009, www-tc.pbs.org/wgbh/

americanexperience/media/pdf/transcript / WeShallRemain_4_transcript.pdf.

56. Leandra A. Swanner, "Mountains of Controversy: Narrative and the Making of Contested Landscapes in Postwar American Astronomy," Harvard University doctoral dissertation, 2013, dash.harvard.edu/bitstream/handle/1/11156816 /Swanner_gsas.harvard_0084L_10781.pdf ?sequence=3&isAllowed=y.

57. U.S. Forest Service, "14 Day Stay Limit at National Forest Campgrounds and Dispersed Areas," official website, accessed December 16, 2022, www.fs.usda .gov/Internet/FSE_DOCUMENTS/fseprd491179.pdf.

58. McCain died in 2018 and his archives were sealed during the coronavirus pandemic.

59. Author's interview with Marlowe Cassadore, March 31, 2021.

60. Redniss, Oak Flat, 171.

61. Philips, "Inside the Billion-Dollar Dig to America's Biggest Copper Deposit."

62. Scheyder, "Arizona Mining Fight Pits Economy, EVs Against Conservation, Culture."

63. Nicholas K. Geranios, "Ferry County Gold Mine Opens After Decades of Wrangling," The Seattle Times, October 8, 2008, www.seattletimes.com/seattle-news/ferry-county-gold-mine-opens-after-decades-of-wrangling/.

64. U.S. Department of Agriculture, Tonto National Forest, "Draft EIS for Resolution Copper Project and Land Exchange," official website, accessed December 30, 2022, www.resolutionmineeis.us/documents/draft-eis.

65. Ernest Scheyder, "U.S. Copper Frenzy Grows as Rio Tinto Plans $1.5 Billion Utah Mine Expansion," Reuters, December 3, 2019, www.reuters.com/article/us-rio-tinto-plc-utah/u-s-copper-frenzy-grows-as-rio-tinto-plans-1-5-billion-utah-mine-expansion-idUSKBN1Y7272.

66. Ernest Scheyder, "U.S. Copper Projects Gain Steam Thanks to Electric Vehicle Trend," Reuters, January 24, 2019, www.reuters.com/article/us-usa-copper-electric-focus-idUSKCN1PI0GZ.

67. Tiffany Turnbull, "Destruction of Ancient Aboriginal Site Sparks Calls for Reform in Australia," Thomson Reuters Foundation, May 29, 2020, www.reuters .com/article/us-australia-rights-mining-feature-trfn/destruction-of-ancient-aboriginal-site-sparks-calls-for-reform-in-australia-idUSKBN2351UK.

68. Gregg Borschmann, Oliver Gordon, and Scott Mitchell, "Rio Tinto Blasting of 46,000-Year-Old Aboriginal Sites Compared to Islamic State's Destruction in Palmyra," RN Breakfast, Australian Broadcasting Commission, May 29, 2020, www.abc.net.au/news/2020-05-29/ken-wyatt-says-traditional-owners-tried-to-stop-rio-tinto-blast/12299944.

69. Ibid.

70. Rio Tinto, "Rio Tinto Executive Committee Changes," press release, September 12, 2020, www.riotinto.com/news/ releases/2020/Rio-Tinto-Executive -Committee-changes.

71. The National Congress of American Indians, "Resolution #ABQ-19-062," press release, October 20, 2019, www.aph. gov.au/DocumentStore.ashx?id=e2510a7c-2d0f-485e-932a-8ac7588a051c&subId=690788.

72. Ibid.

73. Ernest Scheyder, "In Arizona, Rio Tinto CEO Seeks 'Win-Win' for Resolution Copper Project," Reuters, September 29, 2021, www.reuters.com/business /energy/arizona-rio-tinto-ceo-seeks-win-win-resolution-copper -project -2021-09-29/.

74. Praveen Menon, "Rio Tinto Has Not Given Up on $2.4 Billion Serbian Lithium Project," Reuters, December 15, 2022, www.reuters.com/article/rio-tinto-lithium-serbia/rio-tinto-has-not-given-up-on-2-4-billion-serbian-lithium-project-idUSKBN2SY22N.

75. Clara Denina, "Analysis-Rio Tinto Has Few Options to Save Serbia Lithium Mine, None Good," Reuters, January 24, 2022, www.reuters.com/article/rio-tinto-serbia/analysis-rio-tinto-has-few-options-to-save-serbia-lithium-mine-none-good-idUSKBN2JY1SZ.

76. "Rio Tinto Mines," Andalucia.com, accessed December 15, 2023, www.anda lucia .com/province/huelva/riotinto/ home.htm.

77. Rio Tinto, "Rio Tinto Releases External Review of Workplace Culture," press release, February 1, 2022, www.riotinto. com/news/releases/2022/Rio-Tinto -releases-external-review-of-workplace-culture.

78. Dalton Walker, "Joe Biden, Kamala Harris Meet with Tribal Leaders in Phoenix," Indian Country Today, October 8, 2020, indiancountrytoday.com/news/joe-biden-kamala-harris-head-to-phoenix-to-meet-with-tribal-leaders.

79. "Hundreds of Tribal and Indian Country Leaders Endorse Joe Biden for President," IndianZ.com, October 15, 2020, www.indianz.com/News/2020/10/15/hundreds-of-tribal-and-indian-country-leaders-endorse-joe-biden-for-president/.

80. U.S. Federal Election Commission records.

81. Ernest Scheyder, "Exclusive: Biden Campaign Tells Miners It Supports Domestic Production of EV Metals," Reuters, October 22, 2020, www.reuters .com/article/usa-election-mining/exclusive-biden-campaign-tells-miners-it -supports-domestic-production-of-ev-metals-idUSKBN27808B.

82. Brendan O'Brien, "Apache Tribe Marches to Protect Sacred Arizona Site from Copper Mine," Reuters, February 28, 2020, www.reuters.com/article/us-usa -oakflat-apache/apache-tribe-marches-to-protect-sacred-arizona-site-from-

copper-mine-idUSKCN20M1QM.

83. Felicia Fonseca and Angeliki Kastanis, "Native American Votes Helped Secure Biden's Win in Arizona," Associated Press, November 19, 2020, apnews.com /article/election-2020-joe-biden-flagstaff-arizona-voting-rights -fa452fbd 546 fa00535679d78ac40b890.

84. U.S. Forest Service, "Tonto National Forest Releases Final Environmental Impact Statement Draft Decision for Resolution Copper Project and Land Exchange," press release, January 15, 2021, www.fs.usda.gov/detail/r3/home /?cid=fseprd858166.

85. Ibid.

86. Ibid.

87. Ernest Scheyder, "Trump Admin Set to Approve Arizona Land Swap for Mine Opposed by Native Americans," Reuters, December 7, 2020, www.reuters .com/article/us-usa-mining-resolution/trump-admin-set-to-approve-arizona -land-swap-for-mine-opposed-by-native-americans-idUSKBN28H0FW.

88. Patrick Reis and Greenwire, "Obama Admin, McCain Spar over Ariz. Copper Mine Bill," The New York Times, June 18, 2009, archive.nytimes.com/www .ny times.com/gwire/2009/06/18/18greenwire-obama-admin-mccain-spar -over -ariz-copper-mine-72687.html.

89. Associated Press, "House Votes to Boost Huge Arizona Copper Mine," October 26, 2011, azcapitoltimes.com/ news/2011/10/26/house-votes-to-boost-huge-arizona-copper-mine/.

90. Ryan Randazzo, "Sen. John McCain Visits Resolution Mine, Pledges Support," Arizona Republic, October 7, 2014, apnews.com/article/arizona-john -mccain-jeff-flake-forests-financial-markets-9acf7a87127757b11a080217561db1f1.

91. John McCain, "McCain: Why I'll Vote for Resolution Copper," AZCentral, October 15, 2014, www.azcentral.com/story/ opinion/op-ed/2014/10/15 /resolution-copper-arizona-mccain/17325487/.

92. Felicia Fonseca, "Apaches' Fight over Arizona Copper Mine Goes Before US Court," Associated Press, February 3, 2021, apnews.com /article /arizona -john -mccain -jeff -flake -forests -financial -markets -9acf7a 87127757b 11a080217561db1f1.

93. Shane Goldmacher, "Flake's Past as Lobbyist at Odds with His Image," National Journal, April 18, 2012, news.yahoo. com/flake-past-lobbyist-odds -image -181053586.html.

94. Fonseca, "Apaches' Fight over Arizona Copper Mine Goes Before US Court."

95. U.S. Department of the Interior, "Statement by Interior Secretary Sally Jewell on the National Defense Authorization Act for Fiscal Year 2015," press release, December 19, 2014, www.doi.gov/news/pressreleases/statement-by -interior-secretary-sally-jewell-on-the-national-defense-authorization-act-for-fiscal-year-2015.

96. Senator Bernie Sanders, "Sanders, Baldwin Introduce Bill to Stop Land Giveaway, Protect Native American Place of Worship," press release, November 5,2015, www.sanders.senate.gov/press-releases/sanders-baldwin-introduce-bill-to-stop-land-giveaway-protect-native-american-place-of-worship.

97. Jessica Swarner, "Did Obama Just Block the Sale of Sacred Apache Land to a Foreign Mining Company? Well . . . ," Indian Country Today, March 17, 2016,indiancountrytoday.com/archive/did-obama-just-block-the-sale-of-sacred-apache-land-to-a-foreign-mining-company-well.

98. Reuters, "Timeline-Rio Tinto's 26-Year Struggle to Develop a MassiveArizona Copper Mine," April 19, 2021, www. reuters.com/business/energy /rio -tintos -26-year-struggle-develop-massive-arizona-copper-mine-2021 -04-19/.

99. Aluminum Corp. of China held roughly 15 percent of Rio Tinto's shares at the end of 2022, making it the company's largest shareholder.

100. Letter from San Carlos Apache Tribal Chairman Terry Rambler to U.S. Department of Agriculture's Tonto National Forest Supervisor Neil Bosworth, December 23, 2019.

101. Derek Francis, "Native Americans Sue Trump Administration over Rio Tinto's Arizona Copper Project," Reuters, January 13, 2021, www.reuters.com/world /us /native-americans-sue-trump-administration-over-rio-tintos-arizona-copper -project-2021-01-13/.

102. Ernest Scheyder, "Native Americans Say U.S. Does Not Own Land It Is About to Give to Rio Tinto," Reuters, January 14, 2021, www.reuters.com/article /us -usa-mining-resolution/native-americans-say-u-s-does-not-own-land-it -is -about-to-give-to-rio-tinto-idUSKBN29J2R9.

103. Reuters, "U.S. Judge Denies Native American Bid to Block Land Swap for Rio Tinto Copper Mine," January 14, 2021, www.reuters.com/business/legal /us-judge-denies-native-american-bid-block-land-swap-rio-tinto-copper -mine-2021-01-15.

104. Ernest Scheyder, "U.S. Judge Will Not Stop Land Transfer for Rio Tinto Mine in Arizona," Reuters, February 12, 2021, www.reuters.com/business/us-judge-will-not-stop-land-transfer-rio-tinto-mine-arizona-2021-02-12/.

105. Ibid.

106. Ernest Scheyder, "U.S. Appeals Court Hints at Support for Rio's Resolution Copper Mine," Reuters, October 22, 2021,

www.reuters.com/legal/litigation /us -appeals-court-hints-support-rios-resolution-copper-mine-2021-10-22/.

107. Ibid.

Chap ter Three: Rad ical Work

1. Blood Diamond, directed by Edward Zwick (Warner Bros. Pictures, 2006).

2. Author's interview with Michael J. Kowalski, January 23, 2023.

3. "Michael J. Kowalski Biography," 16th Nikkei Global Management Forum offi- .html.

4. Victoria Gomelsky, "Jewelers Divided over Use of Coral," The New York Times,December 8, 2009, www.nytimes.com/2009/12/08/business/global/08iht-rbogcoral.html.

5. Jasen Lee, "Utah's Kennecott Mines Silver, Gold for Tiffany & Co.," DeseretNews,March 13, 2012, www.deseret.com/2012/3/13/20499939/utah-s -kennecott-mines -silver-gold-for-tiffany-co.

6. "Top 10 Deep Open-Pit Mines," Mining Technology, September 26, 2013, www.mining-technology.com/features/feature-top-ten-deepest-open-pit-mines.

7. Nicholas K. Geranios, "Environmentalists Lash Out at Jewelry," Associated Press, April 27, 2004, www.ocala.com/story/news /2004 /04 /27 /environmentalists -lash -out -at -jewelry /31304835007/.

8. Marc Gunther, "Green Gold?" CNN Money, September 3, 2008, money.cnn.com/2008/09/03/news/companies/gunther_gold.fortune/index2.htm.

9. Tiffany & Co., "Tiffany Blue: A Color So Famous, It's Trademarked," officialwebsite, accessed January 27, 2023, press.tiffany.com/our-story/tiffany-blue/.

10. Washington Post advertisement, March 24, 2004, A11.

11. Geranios, "Environmentalists Lash Out at Jewelry."

12. Michael J. Kowalski, "When Gold Isn't Worth the Price," The New York Times, November 6, 2015, www.nytimes.com/2015/11/07/opinion/when-gold-isnt -worth-the-price.html.

13. Author's interview with Michael J. Kowalski, January 23, 2023.

14. Tilde Herrera, "Jeweler Opposition to Bristol Bay Gold Grows," GreenBiz,February 14, 2011, www.greenbiz.com/article/jeweler-opposition-bristol -bay-gold-grows.

15. Joel Reynolds, "A Gem of an Ad: Tiffany's Applauds EPA for Action on Pebble Mine," The Huffington Post, March 6, 2014, www.huffpost.com/entry/a -gem-of-an-ad-tiffanys-a_b_4913482.

16. "IRMA Principles of Engagement," official website, accessed January 30, 2023, responsiblemining.net/wp-content/uploads/2018/09/IRMAPrinciples of Engagement.pdf.

17. IRMA, "Finance," official website, accessed January 30, 2023, responsiblemining .net/what-you-can-do/finance/.

18. "Mind Your Mines: The Push to Make Mining Safer and Cleaner," How to Save a Planet, March 24, 2022, gimletmedia.com/shows/howtosaveaplanet /meheke2 /mind-your-mines-the-push-to-make-mining, 13:00 mark.

19. Ibid., 21:30.

20. Ibid., 17:00.

21. Ibid., 17:40.

22. IRMA, "Standard Development Process," official website, accessed January 30, 2023, responsiblemining.net/what-we-do/standard/standard-develop ment/.

23. IRMA, "IRMA-Stillwater Field Test," official website, October 2015, responsiblemining .net /wp -content /uploads /2018 /09 /IRMA FieldTest Report_StillwaterMine .pdf.

24. IRMA, "IRMA-Anglo American Unki Mine Field Test Report," official website, November 2016, responsiblemining.net/wp-content/uploads/2018/09/Unki _Field_Test_Report_Nov2016.pdf.

25. Author's email with Aimee Boulanger, February 22, 2023.

26. "Mind Your Mines: The Push to Make Mining Safer and Cleaner," 20:00.

27. Tiffany & Co. Sustainability report 2016, 18.

28. IRMA, "Mines Under Assessment," official website, accessed January 30, 2023, responsiblemining.net/what-we-do/certification/mines-under-assessment/.

29. "Mind Your Mines: The Push to Make Mining Safer and Cleaner," 26:00.

30. Ibid., 24:00.

31. Author's interview with Aimee Boulanger, January 30, 2023.

32. Fred Lambert, "Tesla Releases List of Battery Material Suppliers, Confirms Long-Term Nickel Deal with Vale," electrek, May 6, 2022, electrek .co /2022 /05/06/tesla-list-battery-material-suppliers-long-term-nickel-deal -vale/.

33. Ayanti Bera, "Ford Joins Global Initiative to Promote Responsible Mining," Reuters, February 15, 2021, www.reuters.com/article/us-fordmotor-mining /ford -joins-global-initiative-to-promote-responsible-mining-idUSKB N2AF1E9.

34. Ford Motor Company, "Ford Motor Company Is First American Automaker to Join Initiative Promoting Responsible

Mining," press release, February 15,2021, media.ford.com/content/fordmedia/fna/us/en/news/2021/02/15 /ford-initiative-promoting-responsible-mining.html.

35. Author's interview with James Calaway, January 13, 2023.

36. Author's interview with Aimee Boulanger, January 30, 2023.

第四章 | 吹葉機之戰

1. Brian Palmer, "How Bad for the Environment Are Gas-Powered Leaf Blowers?" The Washington Post, September 16, 2013, www.washingtonpost.com /national/health-science/how-bad-for-the-environment-are-gas-powered-leaf-blowers/2013/09/16/8eed7b9a-18bb-11e3-a628-7e6dde8f889d_story.html.

2. Dennis Fitz et al., "Determination Particulate Emission Rates from Leaf Blowers," research paper presented to U.S. Environmental Protection Agency conference, accessed February 15, 2023, www3.epa.gov/ttnchie1/conference/ei15 /session5 /fitz.pdf.

3. Margaret Renkl, "The First Thing We Do, Let's Kill All the Leaf Blowers," The New York Times, October 25, 2021, www.nytimes.com/2021/10/25/opinion /leaf-blowers-california-emissions.html.

4. Edmunds, "Leaf Blower's Emissions Dirtier Than High-Performance Pick-Up Truck's, Says Edmunds' InsideLine.com," press release, December 6, 2011,www.edmunds.com/about/press/leaf-blowers-emissionsdirtier-than-high-performance-pick-up-trucks-says-edmunds-insidelinecom.html.

5. James Fallows, "Get Off My Lawn: How a Small Group of Activists (Our Correspondent Among Them) Got Leaf Blowers Banned in the Nation's Capital," The Atlantic, April 2019, www.theatlantic.com/magazine/archive/2019/04 / james-fallows-leaf-blower-ban/583210/.

6. Tik Root, "California Set to Become First State to Ban Gasoline-Powered Lawn Equipment," The Washington Post, October 12, 2021, www.washingtonpost .com /climate-solutions/2021/10/12/california-newsom-law-equipment -pollution/.

7. Ibid.

8. Thomas Münzel et al., "Environmental Noise and the Cardiovascular System," Journal of the American College of Cardiology, February 13, 2018, www.science direct .com/science/article/pii/S0735109717419309?via%253Dihub.

9. Palmer, "How Bad for the Environment Are Gas-Powered Leaf Blowers?"

10. The Home Depot, "The Home Depot Launches the Next Generation of Outdoor Power," press release, April 3, 2014, ir.homedepot.com/news -releases/2014/04-03-2014-014520700.

11. The Home Depot, "ONE+ 18V 100 MPH 280 CFM Cordless Battery Variable-Speed Jet Fan Leaf Blower with 4.0 Ah Battery and Charger," online sale page, accessed February 1, 2023, www.homedepot.com/p/RYOBI-ONE-18V -100-MPH-280-CFM-Cordless-Battery-Variable-Speed-Jet-Fan-Leaf-Blower-with-4-0-Ah-Battery-and-Charger-P2180/206451819.

12. Emma Bubola, "Europe Reaches Deal for Carbon Tax Law on Imports," The New York Times, December 13, 2022, www.nytimes.com/2022/12/13/world /europe /eu-carbon-tax-law-imports.html.

13. TTI, "Technical Data Sheet-Ryobi Lithium-Ion Battery Pack," accessed February 1, 2023, images.thdstatic.com/catalog/pdfImages/62/628a990d-1d88-478c-8829-43232ba26ae4.pdf.

14. Marcelo Rochabrun, "Peruvian Community Blocks Road Used by MMGCopper Mine, Source Says," Reuters, March 2, 2022, www.reuters.com/world/americas/peruvian-community-blocks-road-used-by-mmg-copper-mine-source-says-2022-03-02/.

15. Jon Emont, "EV Makers Confront the 'Nickel Pickle,'" The Wall Street Journal, June 4, 2023, www.wsj.com/articles/ electric-vehicles-batteries-nickel-pickle -indonesia-9152b1f ?page=1.

第五章 | 一個小鎮，兩種渴望

1. Author's interview with Becky Rom, June 8, 2022.

2. Ibid.

3. Josephine Marcotty, "Loved and Loathed, Longtime Activist Has Drawn a Line in BWCA," Minneapolis Star Tribune, November 27, 2016, www.startribune .com/bwca-girl-guide-is-now-a-woman-warrior/403115576/?refresh=true.

4. Jack Brook, "Conservation vs. Copper: Minnesota Town Debates Its Future with a Mine," Pulitzer Center, July 7, 2020, pulitzercenter.org/stories/conservation-vs-copper-minnesota-town-debates-its-future-mine.

5. Ben Cohen, "'Canoe King of Ely' Bill Rom Dies," Minneapolis Star Tribune, January 22, 2008, www.startribune.com/ canoe-king-of-ely-bill-rom-dies /14014121/.

6. Author's interview with Becky Rom, June 8, 2022.

7. International Joint Commission, "The Boundary Waters Treaty of 1909," official website, accessed February 20, 2023, www.ijc.org/sites/default/files/2018-07/Boundary%20Water-ENGFR.pdf.

8.   Marcotty, "Loved and Loathed, Longtime Activist Has Drawn a Line in BWCA."
9.   Ibid.
10. Author's interview with Becky Rom, June 8, 2022.
11. United States Department of the Interior, "Principal Deputy Solicitor Exercising the Authority of the Solicitor Pursuant to Secretarial Order 3345," official memorandum, December 22, 2017, www.doi.gov/sites/doi.gov/files /uploads / m-37040.pdf.
12. Daniel Gross, "Obscure Economic Indicator: The Price of Copper," Slate, November 11, 2005, slate.com/ business/2005/11/obscure-economic-indicator-the-price-of-copper.html.
13. Christopher Cannon et al., "Bloomberg Billionaires Index," Bloomberg, March 1, 2017, www.bloomberg.com/ billionaires/profiles/iris-fontbona/, #53, Iris Fontbona & Family.
14. "Twin Metals Mine, Minnesota," Mining Technology, accessed January 4, 2023, www.mining-technology.com/ projects/twin-metals-minnesota -tmm -mine-minnesota/.
15. Author's interview with Becky Rom, June 8, 2022.
16. "The Ely Miner," Minnesota Digital Newspaper Hub (Minnesota Historical Society), accessed January 3, 2023, www. mnhs.org/newspapers/hub/ely -miner.
17. "It All Began with Mining: Ely Mines," Ely's Pioneer Museum, accessed January 3, 2023, assets.simpleviewinc.com/ simpleview/image/upload/v1/clients /elymn/file_1131_ad6c7d48-9b73-4e2e-93e4-9e832ab8ded1.pdf.
18. Richard Helgerson, "Miner Tells How He Ran from Death in Tons of Falling Mud," Minneapolis Sunday Tribune, October 2, 1955.
19. "Closing of Pioneer Mine in 1967 Was No April Fool's Joke," The Ely Echo, accessed January 3, 2023, www.elyecho. com/articles/2017/03/31/closing -pioneer -mine-1967-was-no-april-fool%E2%80%99s-joke.
20. Dennis Anderson, "Defined by Its Complex History, Ely Is a Colorful Town Minnesota Is Lucky to Have," Minneapolis Star Tribune, February 4, 2022, www.startribune.com/ely-minnesota-history-bwca-town-mining-wilderness-canoe- superior-forest-dennis-anderson/600142997/.
21. James H. Stock and Jacob T. Bradt, "Analysis of Proposed 20-Year Mineral Leasing Withdrawal in Superior National Forest," Ecological Economics, August 2020, doi.org/10.1016/j.ecolecon.2020.106663.
22. Ibid.
23. U.S. Department of Agriculture, "Obama Administration Takes Steps to Protect Watershed of the Boundary Waters Canoe Wilderness Area," press release, December 15, 2016, www.usda.gov/media/press-releases/2016/12/15 / obama-administration-takes-steps-protect-watershed-boundary-waters.
24. Ibid.
25. Hiroko Tabuchi and Steve Eder, "A Plan to Mine the Minnesota Wilderness Hit a Dead End. Then Trump Became President," The New York Times, June 25, 2019, www.nytimes.com/2019/06/25/climate/trump-minnesota-mine.html.
26. Ibid.
27. Dan Kraker, "Feds Give Twin Metals New Lease on NE Minn. Mining," MPR News, July 14, 2019, www.mprnews.org/ story/2018/12/20/feds-move-to-formally -renew-leases-for-twin-metals-mine.
28. Tabuchi and Eder, "A Plan to Mine the Minnesota Wilderness Hit a Dead End. Then Trump Became President."
29. U.S. House Natural Resources Committee, "Oversight: Hybrid Full Committee Oversight Hearing Notice-June 23, 2021," official website, accessed June 23, 2021, naturalresources.house.gov/hearings/hybrid-full-committee -oversight-hearing-notice_june-23-2021.
30. Ernest Scheyder, "Exclusive-Biden Campaign Tells Miners It Supports Domestic Production of EV Metals," Reuters, October 22, 2023, www.reuters .com/article/usa-election-mining-idCNL1N2HD0RW.
31. Ibid.
32. Ibid.
33. Ernest Scheyder and Trevor Hunnicutt, "Exclusive: Biden Looks Abroad for Electric Vehicle Metals, in Blow to U.S. Miners," Reuters, May 25, 2021, www .reuters.com/business/energy/biden-looks-abroad-electric-vehicle-metals- blow-us-miners-2021-05-25/.
34. Ibid.
35. Ibid.
36. Andrea Shalal and Ernest Scheyder, "Biden Admin Still Undecided on Minnesota Copper Mine Project-Vilsack," Reuters, May 5, 2021, www.reuters.com /article/us-usa-biden-antofagasta-idCAKBN2CM1WS.
37. Trevor Hunnicutt and Ernest Scheyder, "Biden Administration Waiting for Legal Opinion Before Twin Metals Decision," Reuters, September 8, 2021, www.reuters.com/article/usa-mining-twinmetals-idCNL1N2QA2I4.
38. Ernest Scheyder, "U.S. Plan Would Block Antofagasta Minnesota Copper Mine," Reuters, October 20, 2021, www. reuters.com/business/environment /blow-twin-metals-us-proposes-mining-ban-boundary-waters-2021-10-20/.

39. Ashley Hackett, "The Biden Administration's Mining Study and the Future of Twin Metals, Explained," MinnPost, October 27, 2021, www.minnpost.com /national/2021/10/the-biden-administrations-mining-study-and-the-future-of-twin-metals-explained/.

40. Ernest Scheyder, "Biden Administration Kills Antofagasta's Minnesota Copper Project," Reuters, January 26, 2022, www.reuters.com/business /sustainable-business/biden-administration-kills-antofagastas-minnesota-copper -project-2022-01-26/.

41. Representative Pete Stauber, "Stauber Issues Statement Blasting Biden Administration for Political Decision on Twin Metals Permit," press release,January 26, 2022, stauber.house.gov/media/press-releases/stauber-issues-statement-blasting-biden-administration-political-decision-twin.

42. Ernest Scheyder, "U.S. Faces Tough Choices in 2022 on Mines for Electric-Vehicle Metals," Reuters, December 22, 2021, www.reuters.com /markets /com modities /us -faces -tough-choices-2022-mines-electric -vehicle -metals -2021 -12-22.

43. Ibid.

44. Scheyder, "Biden Administration Kills Antofagasta's Minnesota Copper Project."

45. Julie Padilla, "Prepared Testimony Before US Senate Energy and Natural Resources Committee," official website, March 31, 2022, www.energy.senate.gov /services /files/C226ADF6-F7D7-4024-AA0B-12663870816E.

46. Ibid.

47. Ibid.

48. Ibid.

49. The White House, "Memorandum on Presidential Determination Pursuant to Section 303 of the Defense Production Act of 1950, as Amended," official website, March 31, 2022, www.whitehouse.gov /briefing -room /presidential -actions /2022/03/31/memorandum-on-presidential-determination -pursuant-to -section -303-of -the -defense -production -act -of -1950 -as -amended/.

50. John S. Adams and Neil C. Gustafson, "Minnesota," Encyclopaedia Britannica,accessed November 9, 2022.

51. International Joint Commission, "The Boundary Waters Treaty of 1909," official website, accessed February 20, 2023, www.ijc.org/sites/default/files/2018 -07/Boundary%20Water-ENGFR.pdf.

52. Ibid.

53. Author's interview with Twin Metals staff, June 7, 2022.

54. Ibid.

55. Jim L. Bower, The Irresponsible Pursuit of Paradise (Minneapolis: Levins Publishing, 2017).

56. Author's interview with Twin Metals staff, June 7, 2022.

第六章 │ 挑戰者加入

1. I"Rental Space: 824 N Market St," Loopnet, accessed March 4, 2022, www .loopnet.com/Listing/824-N-Market-St-Wilmington-DE/19219572/.

2. Maureen Milford, "Companies Turn to Delaware to Survive Bankruptcy,"The News Journal, September 19, 2014, www.delawareonline.com/story /money /business/2014/09/19/companies-turn-delaware-survive-bankruptcy/15891887/.

3. Molycorp Minerals LLC v. Debtors, 15-11371 (U.S. Bankruptcy Court, District of Delaware), Document 374.

4. K. A. Gschneidner Jr. and J. Capellen, "Two Hundred Years of Rare Earths, 1787–1987," Journal of the Less Common Metals, January 1, 1987, www.osti.gov /biblio /6893525.

5. Lynas Rare Earths, "Did You Know-Rare Earths Magnets Mean Wind Turbines Are Now Highly Efficient?" official website, accessed November 15, 2022, lynasrareearths.com/products/how-are-rare-earths-used/wind-turbines.

6. U.S. Environmental Protection Agency, "Rare Earth Elements: A Review of Production, Processing, Recycling, and Associated Environmental Issues," official publication, January 17, 2013, cfpub.epa.gov/si/si_public_record_report.cfm?Lab=NRMRL&dirEntryId=251706.

7. Steve H. Hanke, "China Rattles Its Rare-Earth-Minerals Saber, Again," National Review, February 25, 2021, www.nationalreview.com/2021/02/china -rattles-its-rare-earth-minerals-saber-again/.

8. U.S. Geological Survey, "2011 Minerals Yearbook: Rare Earths," official publication, 2011, d9wret.s3.us-west-2.amazonaws.com/assets/palladium /production /mineral -pubs/rare-earth/myb1-2011-raree.pdf, 2.

9. Royal Australian Chemical Institute, "Europium," official publication, 2011, raci.imiscloud.com/common/Uploaded%20files/Periodic%20files/424.pdf.

10. Katherine Bourzac, "Can the U.S. Rare-Earth Industry Rebound?" MIT Technology Review, October 29, 2010, www.technologyreview.com/2010/10/29/89827 /can-the-us-rare-earth-industry-rebound/.

11. Joanne Abel Goldman, "The U.S. Rare Earth Industry: Its Growth and Decline," The Journal of Policy History, April 2014, 139–66.

12. Science History Institute, "The History and Future of Rare Earth Elements," official publication, accessed November 1, 2022, www.sciencehistory.org /learn/science-matters/case-of-rare-earth-elements-history-future.

13. Goldman, "The U.S. Rare Earth Industry: Its Growth and Decline."

14. Science History Institute, "The History and Future of Rare Earth Elements."

15. Stanley Reed, "Sweden Says It Has Uncovered a Rare Earth Bonanza," The New York Times, January 13, 2023, www.nytimes.com/2023/01/13/business /sweden-rare-earth-minerals.html.

16. U.S. Bureau of Mines, "1941 Minerals Yearbook," official publication, accessed November 15, 2022, www.usgs.gov/ centers/national-minerals-information-center/bureau-mines-minerals-yearbook-1932-1993, 1,535.

17. Ibid.

18. U.S. Bureau of Mines, "1946 minerals yearbook," official publication, accessed November 15, 2022, www.usgs.gov/ centers/national-minerals-information-center/bureau-mines-minerals-yearbook-1932-1993.

19. U.S. Bureau of Mines, "1947 Minerals Yearbook," official publication, accessed November 15, 2022, www.usgs.gov/ centers/national-minerals-information-center/bureau-mines-minerals-yearbook-1932-1993, 1,275.

20. Nuclear Threat Initiative, "Aspara Research Reactor," archived version of website, accessed November 15, 2022, web.archive.org/web/20150419042039 /http:/www.nti.org/facilities/818/.

21. Robert J. McMahon, "Food as a Diplomatic Weapon: The India Wheat Loan of 1951," Pacific Historical Review, August 1, 1987, doi.org/10.2307/3638663.

22. Harold B. Hinton, "Senate Votes India a $190,000,000 Loan to Buy U.S. Wheat," The New York Times, May 17, 1951, timesmachine.nytimes.com /timesmachine/1951/05/17/89438648.html?pageNumber=1.

23. Goldman, "The U.S. Rare Earth Industry: Its Growth and Decline."

24. Donald L. Fife, "U.S. Rare Earths: We Have and We Have Not," presentation to the RREs South Coast Geological Society Meeting, October 14, 2013, www .mineralsandminingadvisorycouncil.org/pdf/Rare-Earths.pdf.

25. Cindy Hurst, "China's Rare Earth Elements Industry: What Can the West Learn?" Institute for the Analysis of Global Security, March 2010, www.iags .org/rareearth0310hurst.pdf, 10.

26. J. C. Olson, D. R. Shawe, L. C. Pray, and W. N. Sharp, "Rare-Earth Mineral Deposits of the Mountain Pass District, San Bernardino County, California,"U.S. Department of the Interior Geological Survey Professional Paper 261,1954, pubs.usgs.gov/pp/0261/report.pdf.

27. Ibid., 5.

28. "Goodsprings Trail Feasibility Study: Clark County Nevada," official county publication, May 2009, cdn2.assets-servd. host/material-civet/production /images /documents/FINAL-REPORT_GOODSPRINGS -TRAIL -STUDY_COMPILED Opt.pdf.

29. U.S. House Subcommittee on Mining and Natural Resources, "Mineral Exploration and Development Act of 1990," official publication, September 6, 1990, www.google.com/books/edition/Mineral_Exploration_and Development_ Act/156MPoL5gbAC?hl=en&gbpv=0.

30. Olson et al., "Rare-Earth Mineral Deposits of the Mountain Pass District, San Bernardino County, California."

31. Ibid., 5.

32. Ibid.

33. "Marx Hirsch, 76, Ex-Mining Chief; Retired Molybdenum Head, Rare-Earth Specialist, Dies," The New York Times, August 26, 1964, www.nytimes .com /1964 /08/26/archives/marx-hirsch-76-exmining-chief-retired -molybdenum-head -rareearth.html.

34. Ira U. Cobleigh, "Moly's Minerals," The Commercial and Financial Chronicle, November 25, 1954, fraser.stlouisfed.org/ title/1339#555990, 4.

35. "Southern California's Rare-Earth Bonanza," Engineering and Mining Journal, January 1952, archive.org/details/sim_ engineering-and-mining -journal 1952-01_153_1/page/100/mode/2up, 100.

36. Ibid.

37. Ibid.

38. Goldman, "The U.S. Rare Earth Industry: Its Growth and Decline."

39. "Processing Ores," Encyclopedia Britannica, accessed February 20, 2023, www.britannica.com/science/rare-earth-element/Processing-ores.

40. Hurst, "China's Rare Earth Elements Industry: What Can the West Learn?" 4–5.

41. Goldman, "The U.S. Rare Earth Industry: Its Growth and Decline."

42. Ibid.

43. U.S. Geological Survey, "Minerals Yearbook: Rare Earths," for each year.

44. Goldman, "The U.S. Rare Earth Industry: Its Growth and Decline."

45. Yelong Han, "An Untold Story: American Policy Toward Chinese Students in the United States, 1949–1955," The

Journal of American–East Asian Relations, Spring 1993, www.jstor.org/stable/23612667.

46. Hepeng Jia, "Xu Guangxian: A Chemical Life," Chemistry World, March 25, 2009, www.chemistryworld.com/news/xu-guangxian-a-chemical-life/3004348.article.

47. Goldman, "The U.S. Rare Earth Industry: Its Growth and Decline."

48. Hurst, "China's Rare Earth Elements Industry: What Can the West Learn?" 11.

49. Goldman, "The U.S. Rare Earth Industry: Its Growth and Decline."

50. Ezra F. Vogel, Deng Xiaoping and the Transformation of China (Cambridge, MA: Belknap Press of Harvard University Press, 2013), 551.

51. Andreas Kluth, "China's Got the Dysprosium. That's a Problem," Bloomberg, January 9, 2023, www.bloomberg.com/opinion/articles/2023-01-09/china-s-way-ahead-in-the-rare-earths-race-an-ill-omen-for-global-stability.

52. Hurst, "China's Rare Earth Elements Industry: What Can the West Learn?" 11.

53. Ibid.

54. Goldman, "The U.S. Rare Earth Industry: Its Growth and Decline."

55. Ibid.

56. Ibid.

57. Robert Pear, "With New Budget, Domestic Spending Is Cut $24 Million," The New York Times, April 27, 1996, www.nytimes.com/1996/04/27/us/with-new-budget-domestic-spending-is-cut-24-million.html.

58. U.S. Geological Survey, "2009 Minerals Yearbook: California," official publication,2009, d9-wret.s3.us-west-2.amazonaws.com/assets/palladium/production/mineral-pubs/rare-earth/myb1-2011-raree.pdf.

59. U.S. House Committee on Science and Technology, "Hearing on Rare Earth Minerals and 21st Century Industry," official publication, March 16, 2010, www.govinfo.gov/content/pkg/CHRG 111hhrg55844/pdf/CHRG-111hhrg55844.pdf, 70.

60. Ibid.

61. Marc Humphries, "Rare Earth Elements: The Global Supply Chain," Congressional Research Service, September 30, 2010, www.everycrsreport.com/files/20100930_R41347_280a374dedfad91970bb123b0a05180bd8f18159.pdf, page.

62. Simony Parry and Ed Douglas, "In China, the True Cost of Britain's Clean, Green Wind Power Experiment: Pollution on a Disastrous Scale," Daily-Mail Online, January 26, 2011, www.dailymail.co.uk/home/moslive/article-1350811/In-China-true-cost-Britains-clean-green-wind-power-experiment-Pollution-disastrous-scale.html.

63. Buqing Zhong, Lingqing Wang, Tao Liang, and Baoshan Xing, "Pollution Level and Inhalation Exposure of Ambient Aerosol Fluoride as Affected by Polymetallic Rare Earth Mining and Smelting in Baotou, North China," Atmospheric Environment, August 10, 2017, www.sciencedirect.com/science/article/abs/pii/S1352231017305216.

64. Tim Maughan, "The Dystopian Lake Filled by the World's Tech Lust," BBC, April 2, 2015, www.bbc.com/future/article/20150402-the-worst-place-on-earth.

65. Hurst, "China's Rare Earth Elements Industry: What Can the West Learn?" 16.

66. Keith Bradsher, "Main Victims of Mines Run by Gangsters Are Peasants," The New York Times, December 30, 2010, www.nytimes.com/2010/12/30/business/global/30smugglebar.html.

67. Eric Charles Nystrom, "Mojave: From Neglected Space to Protected Place, an Administrative History of Mojave National Preserve," National Park Service History, April 5, 2005, www.nps.gov/parkhistory/online_books/moja/adhi8.htm, Chapter Eight: Resource Management.

68. Brooks Mencher, "U.S. Rare Earth Mine Revived," SFGate, November 21, 2012, www.sfgate.com/opinion/article/U-S-rare-earth-mine-revived-4057911.php.

69. Marla Cone, "Desert Lands Contaminated by Toxic Spills," Los Angeles Times, April 24, 1997, www.latimes.com/archives/la-xpm-1997-04-24-mn-51903-story.html.

70. Nystrom, "Mojave: From Neglected Space to Protected Place, an Administrative History of Mojave National Preserve."

71. Ibid.

72. John Tkacik, "Magnequench: CFIUS and China's Thirst for U.S. Defense Technology,"Heritage Foundation, May 2, 2008, www.heritage.org/asia/report/magnequench-cfius-and-chinas-thirst-us-defense-technology.

73. Nystrom, "Mojave: From Neglected Space to Protected Place, an Administrative History of Mojave National Preserve."

74. Mike Alberti, "Digging a Deep Hole: Rare Earths Debacle Puts U.S. Trade Policy Under Scrutiny," Remapping Debate, January 11, 2011, www.remappingdebate.org/article/digging-deep-hole-rare-earths-debacle-puts-us-trade-policy-under-scrutiny/page/0/1.

75. "Molycorp to Submit 30-Year Plan," Baker Valley News, May 13, 1999, archived on Molycorp legacy website, accessed November 30, 2022, web.archive.org/web/20010726034224/http://www.molycorp.com/lan_news-01.html.

76. Mencher, "U.S. Rare Earth Mine Revived."

77. Ernest Scheyder and Ben Klayman, "General Motors Returns to Rare Earth Magnets with Two U.S. Deals," Reuters, December 9, 2021, www.reuters.com /business/general-motors-sets-rare-earth-magnet-supply-deals-with-two-us-suppliers-2021-12-09/.

78. Neal E. Boudette and Coral Davenport, "G.M. Will Sell Only Zero-Emission Vehicles by 2035," The New York Times, January 28, 2021 (updated October 1,2021), www.nytimes.com/2021/01/28/business/gm-zero-emission-vehicles.html.

79. Andrew Leonard, "How G.M. Helped China to World Magnet Domination,"Salon, August 31, 2010, www.salon.com/2010/08/31/china_neodymium_domination/.

80. U.S. Senate Committee on Banking, Housing, and Urban Affairs, "A Reviewof the CFIUS Process for Implementing the Exon-Florio Amendment," October 2005, www.govinfo.gov/content/pkg/CHRG-109shrg33310/html/CHRG-109shrg33310.htm.

81. Office of the Under Secretary of Defense (Acquisition, Technology & Logistics), Deputy Under Secretary of Defense (Industrial Policy), "Foreign Sources of Supply-Annual Report of United States Defense Industrial Base Capabilities and Acquisitions of Defense Items and Components Outside the United States," official publication, accessed January 2, 2023, www.hsdl.org/?view& did=713562, 4.

82. Scheyder and Klayman, "General Motors Returns to Rare Earth Magnets with Two U.S. Deals."

83. Keith Bradsher, "Challenging China in Rare Earth Mining," The New York Times, April 21, 2010, www.nytimes.com/2010/04/22/business/energy -environment /22rare.html.

84. ChevronTexaco, "ChevronTexaco Announces Agreement to Acquire Unocal," press release, April 4, 2005, chevroncorp.gcs-web.com/news-releases /news-release-details/chevrontexaco-announces-agreement-acquire-unocal.

85. Bradsher, "Challenging China in Rare Earth Mining."

86. John Miller and Anjie Zheng, "Molycorp Files for Bankruptcy Protection," The Wall Street Journal, June 25, 2015, www.wsj.com/articles/this -article -also -appears -in-daily-bankruptcy-review-a-publication-from-dow -jones-co-1435219007.

87. Bradsher, "Challenging China in Rare Earth Mining."

88. Peter Smith, Jonathan Soble, and Leslie Hook, "Japan Secures Rare Earths Deal with Australia," Financial Times, November 24, 2010, www.ft.com/content /63a18538-f773-11df-8b42-00144feab49a.

89. Ernest Scheyder, "Lynas Touts Its Independence from China in Push for Rare Earths Growth," Reuters, June 6, 2019, www.reuters.com/article/us-usa-rareearths -lynas-corp/lynas-touts-its-independence-from-china-in-push-for-rare-earths-growth-idUSKCN1T7255.

90. Keith Bradsher, "China Said to Widen Its Embargo of Minerals," The New York Times, October 19, 2010, www.nytimes.com/2010/10/20/business /global /20rare.html.

91. Sarah McBride, "Rare Earth Producer Molycorp Wins OK for Mine," Reuters, December 13, 2010, www.reuters.com/article/molycorp-california -idCNN1321376420101213.

92. James B. Kelleher, "Molycorp in Talks with More JV Partners: CEO," Reuters, December 30, 2010, www.reuters.com/article/us-molycorp-ceo/molycorp-in -talks-with-more-jv-partners-ceo-idUKTRE6BT46820101230.

93. Shirley Jahad, "New 'Call of Duty: Black Ops 2' Video Game Parallels US Quest to Rise in Rare Earths Metals Industry," KPCC, May 31, 2012, www .kpcc.org/2012-05-31/rare-earths-are-key-ingredients-high-tech-age-and.

94. Kelleher, "Molycorp in Talks with More JV Partners: CEO."

95. Rohit Gupta, "Molycorp Counting on Project Phoenix, New Demand: Incremental Production Could Help Molycorp Break Even This Year," TheStreet, March 26, 2014, www.thestreet.com/markets/emerging-markets /molycorp-counting -on -project-phoenix-new-demand-1557070.

96. Julie Gordon, "Update 4-Molycorp Speeds Up Plan to Boost Rare Earth Supply," Reuters, October 20, 2011, www.reuters.com/article/molycorp/update-4-molycorp-speeds-up-plan-to-boost-rare-earth-supply-idUSN1E79 I1RB201¦1020.

97. Julie Gordon, "Molycorp Buys Neo Material for C$1.3 Billion," Reuters, March 8, 2012, www.reuters.com/article/us-molycorp/molycorp-buys-neo-material -for-c1-3-billion-idUSBRE82800T20120309.

98. Sarah McBride, "Update 2-Rare Earth Producer Molycorp Wins OK for Mine," Reuters, December 13, 2010, www.reuters.com/article/molycorp-california -idCNN1321376420101213.

99. Author's interview with a former Molycorp executive.

100. John W. Miller and Annie Zheng, "Molycorp Files for Bankruptcy Protection," The Wall Street Journal, June 25, 2015, www.wsj.com/articles/this-article -also-appears-in-daily-bankruptcy-review-a-publication-from-dow-jones-co-1435219007.

101. Reuters, "Update 2-Molycorp CEO Quits Amid SEC Investigation," December 11, 2012, www.reuters.com/article/molycorp-ceoresignation/update-2-molycorp -ceo-quits-amid-sec-investigation-idUKL4N09L65R20121211.

102. Molycorp Inc., "Form 10-Q for the Third Quarter of 2012," U.S. Securities and Exchange Commission public filing, www.sec.gov/Archives/edgar /data /1489137/000148913712000008/mcp930201210q.htm, 30.

103. Jim Steinberg, "EPA Fines San Bernardino County's Molycorp $27,300," San Bernardino Sun, April 21, 2014, www.sbsun.com/2014/04/21/epa-fines-san-bernardino-countys-molycorp-27300/.

104. Gupta, "Molycorp Counting on Project Phoenix, New Demand."

105. Molycorp Minerals LLC v. Debtors, 15-11371 (U.S. Bankruptcy Court, District of Delaware), Document 1.

106. Neo Performance Materials, "Molycorp, Inc. Emerges from Chapter 11 as Neo Performance Materials," press release, August 31, 2016, www.globenewswire.com/news-release/2016/08/31/868672/0/en/Molycorp-Inc-Emerges-from-Chapter-11-as-Neo-Performance-Materials.html.

107. Peg Brickley, "Molycorp Defeats Effort to Delay Chapter 11 Exit Plan Hearings," The Wall Street Journal, March 30, 2016, www.wsj .com /articles/molycorp -defeats -effort -to -delay -chapter-11-exit-plan -hearings -1459365802?mod=Searchresults pos1 &page=1.

108. Ibid.

109. Ibid.

110. Peg Brickley, "Brickley's Take: Molycorp's Rare Earths Money Pit," The Wall Street Journal, August 30, 2016, www.wsj.com/articles/brickleys-take -moly corps-rare-earths-money-pit-1472493505?mod=Searchresults_pos20 &page=1.

111. Peg Brickley, "California's Mountain Pass Mine to be Auctioned in Bankruptcy: Former Molycorp Mine Is Major U.S. Source of Rare Earths; Auction Has Opening Offer of $40 Million," The Wall Street Journal, February 1, 2017, www .wsj.com/articles/californias-mountain-pass-mine-to-be-auctioned-in-bankruptcy -1485955874.

112. Ibid.

113. Ibid.

114. Peg Brickley, "Brickley's Take: JHL, QVT Steal a March on Mountain Pass Mine," The Wall Street Journal, May 9, 2017, www.wsj.com/articles/brickleys -take-jhl-qvt-steal-a-march-on-mountain-pass-mine-1494270396.

115. Molycorp Minerals LLC v. Debtors, 15-11371 (U.S. Bankruptcy Court, District of Delaware), Document 338.

116. Molycorp Minerals LLC v. Debtors, 15-11371 (U.S. Bankruptcy Court, District of Delaware), Document 333.

117. Peg Brickley, "Clarke Challenges JHL Bid for Mountain Pass Mine: Virginia Entrepreneur Says Rival Bid Is Supported by 'Substantial Chinese Investment,' Posing Regulatory Risk," The Wall Street Journal, June 13, 2017, www.wsj.com /articles /clarke-challenges-jhl-bid-for-mountain-pass-mine-1497397842.

118. Shearman & Sterling, "Final CFIUS Regulations Implement Significant Changes by Broadening Jurisdiction and Updating Scope of Reviews," Shearman & Sterling Perspectives, January 14, 2020, www.shearman.com / perspectives /2020 /01 /final -cfius -regulations -implement-changes-by -broadening -jurisdiction -and-updating -scope-of-reviews.

119. Molycorp Minerals LLC v. Debtors, 15-11371 (U.S. Bankruptcy Court, District of Delaware), Document 374.

120. Ibid.

121. Author's interview with Jim Litinsky, January 30, 2020.

122. Author's interview with Stan Trout, December 17, 2019.

123. MP Materials Corp., "Form 10-Q for the Second Quarter of 2022," U.S. Securities and Exchange Commission public filing, s25.q4cdn.com/570172628/files/doc_financials/2022/q2/MP-Materials-2Q-2022-10Q-as-Filed.pdf, 8.

124. MP Materials Corp., "Form 10-Q for the Third Quarter of 2021," U.S. Securities and Exchange Commission public filing, www.sec.gov/ix?doc=/Archives /edgar/data/0001801368/000180136821000046/mp-20210930.htm, Note 3.

125. Ernest Scheyder, "U.S. Rare Earths Miner MP Materials to Go Public in $1.47 Billion Deal," Reuters, July 15, 2020, www.reuters.com/article/us-mp -materials -ipo/u-s-rare-earths-miner-mp-materials-to-go-public-in-1-47-billion -deal -idUSKCN24G1WT.

126. Ibid.

127. Sam Boughedda, "MP Materials Stock Drops Following Grizzly Research Short Report," Investing.com, October 26, 2021, www.investing.com/news /stock -market-news/mp-materials-stock-drops-following-grizzly-research -short-report-2655805.

128. "MP Materials Corp. (NYSE: MP): Rare Earth Shenanigans in Chamath Backed Company Will Likely Cost Investors Dearly," Grizzly Research, October 26, 2021, grizzlyreports.com/Research/MP%20Materials%20Corp.pdf, 10.

129. Ernest Scheyder, "American Quandary: How to Secure Weapons-Grade Minerals Without China," Reuters, April 22, 2020, www.reuters.com/article /us-usa -rareearths -insight /american-quandary-how-to-secure-weapons -grade-minerals -without -china-idUSKCN2241KF.

130. Ibid.

131. Reuters, "California's MP Materials Wins Pentagon Funding for Rare Earths Facility," April 22, 2020, www.reuters.com/article/usa-rareearths -mpmaterials /californias -mp -materials-wins-pentagon-funding -for -rare -earths -facility-idUS L2 N2CA2NO.

132. Ernest Scheyder, "Pentagon Halts Rare Earths Funding Program Pending 'Further Research,'" Reuters, May 22, 2020, www.reuters .com /article /us -usa -rareearths-exclusive/exclusive-pentagon-halts-rare-earths-funding -program-pending-further-research-idUSKBN22Y1VC.

133. Ernest Scheyder, "Pentagon Resumes Rare Earths Funding Program After Review," Reuters, July 21, 2020, www.reuters.com/article/us-usa-rareearths/pentagon-resumes-rare-earths-funding-program-after-review-idUSKCN2 4M2Z4.

134. Anastasia Lyrchikova and Gleb Stolyarov, "Russia Has $1.5 Billion Plan to Dent China's Rare Earth Dominance," Reuters, August 12, 2020, www.reuters .com/article/russia-rareearths/russia-has-1-5-billion-plan-to-dent-chinas -rare-earth-dominance-idUSL8N2F73F4.

135. Demetri Sevastopulo, Tom Mitchell, and Sun Yu, "China Targets Rare Earth Export Curbs to Hobble US Defence Industry," Financial Times, February 16, 2021, www.ft.com/content/d3ed83f4-19bc-4d16-b510-415749c032c1.

136. Ernest Scheyder, "Exclusive U.S. Bill Would Block Defense Contractors from Using Chinese Rare Earths," Reuters, January 14, 2022, www.reuters.com /business/energy/exclusive-us-bill-would-block-defense-contractors-using-chinese-rare-earths-2022-01-14/.

137. Ernest Scheyder, "U.S. House Bill Would Give Tax Credit for Rare Earth Magnets," Reuters, August 10, 2021, www.reuters.com/article/usa-mining-washington-idCNL1N2PD2DD.

138. John Kemp, "Critical Minerals and Mining Reform in the U.S.," Reuters, January 31, 2014, www.reuters.com/article/usa-mining-rare-earths/column-critical-minerals-and-mining-reform-in-the-u-s-kemp-idUSL5N0L52QP20140131.

第七章｜政治歸政治，綠能歸綠能？

1. Jacob Pramuck, "Trump Signs Executive Order Aiming to Slash Regulations,"CNBC, January 30, 2017, www.cnbc.com/2017/01/30/trump-set-to-sign-executive -order-aiming-to-slash-regulations.html.

2. Ibid.

3. Nolan D. McCaskill and Matthew Nussbaum, "Trump Signs Executive Order Requiring That for Every One New Regulation, Two Must Be Revoked,"Politico, January 30, 2017, politico.com/story/2017/01/trump-signs -executive-order -requiring-that-for-every-one-new-regulation-two-must-be -revoked-234365.

4. Mike Soraghan, "Interior Lawyer Knows Colorado," The Denver Post, December 4, 2006, www.denverpost.com/2006/12/04/interior-lawyer-knows-colorado/.

5. David Bernhardt, You Report to Me: Accountability for the Failing Administrative State (New York: Encounter Books, 2023), 129.

6. U.S. Deputy Secretary of the Interior David Bernhardt, "Order No. 3355," official publication, August 31, 2017, www.doi.gov/sites/doi.gov/files/elips /documents/3355_-_streamlining_national_environmental_policy_reviews_and_implementation_of_executive_order_13807_establishing_discipline_and accountability_in_the_environmental_review_and_permitting_process_for.pdf.

7. Bernhardt's successor, Deb Haaland, revoked the order in 2021: Kurt Repanshek,"Interior Secretary Reverses Many of Trump Administration's Energy Actions," National Parks Traveler, April 16, 2021, www.nationalparkstraveler .org /2021 /04/interior-secretary-reverses-many-trump-administrations -energy-actions.

8. Lithium Americas, "Independent Technical Report for the Thacker Pass Project, Humboldt County, Nevada, USA," filed with the U.S. Securities and Exchange Commission, May 17, 2018, www.sec.gov/Archives/edgar /data /1440972/0001564590180139879/lac-ex991_8.htm.

9. Antonio Lara, et al., "Natural Clays with an Inherent Uranium Component That Nevertheless Sequester Uranium from Contaminated Water," Journal of Environmental Science and Health, November 8, 2018, www.ncbi.nlm.nih.gov/ pmc /articles/PMC6447444.

10. "Lithium Americas Thacker Pass," Desert Fog blog, accessed July 15, 2022, desertfog.org/projects/lithium-mining-in-the-mojave-and-great-basin -deserts/exploration-sites/lithium-americas-thacker-pass/.

11. Ibid.

12. Author's interview with Jon Evans, November 18, 2022.

13. Lithium Americas, "Western Lithium Announces Name Change to Lithium Americas and Provides Corporate Update," press release, March 22, 2016, www.lithiumamericas.com/news/-western-lithium-announces-name-change-to-lithium-americas--and-provides-corporate-update.

14. "Lithium Americas Thacker Pass."

15. Lithium Americas, "Annual Information Form," public filing, March 15, 2022, www.lithiumamericas.com/_resources/

pdf/investors/AIF/2021.pdf ?v=0.137.

16. Western Lithium, "Western Lithium Secures US$5.5 Million from Strategic Investor Orion Mine Finance," press release, September 23, 2013, www.globe newswire.com/en/news-release/2013/09/23/1343344/0/en/Western-Lithium -Secures-US-5-5-Million-From-Strategic-Investor-Orion-Mine-Finance.html.

17. Diane Cardwell and Clifford Krauss, "Frack Quietly, Please: Sage Grouse Is Nesting," The New York Times, July 19, 2014, www.nytimes.com/2014/07/20 /business/energy-environment/disparate-interests-unite-to-protect-greater-sage-grouse.html.

18. Bartell Ranch LLC et al. v. Ester M. McCullough et al., 3:21-cv-00080 (U.S. District Court, Nevada), Document 202.

19. Ibid.

20. Ibid.

21. Letter from Senators Catherine Cortez Masto and Jacky Rosen to U.S. Secretary of the Interior David Bernhardt, April 3, 2020, www.rosen.senate .gov /wp-content/uploads/sites/default/files/2020-04/Rosen%20CCM%20letter%20to%20 DOI%20on%20suspending%20public%20comment%20periods%20during%20COVID-19.pdf.

22. Loda was asked for comment about the emails. He declined to comment in a message conveyed through the U.S. Bureau of Land Management's Winnemucca District Office public affairs specialist.

23. Bartell Ranch LLC et al. v. Ester M. McCullough et al., Document 200.

24. Ernest Scheyder, "Lithium Americas Moves Closer to Nevada Mine Approval," Reuters, January 20, 2020, www. reuters.com/article/us-usa-mining-lithium-americas/lithium-americas-moves-closer-to-nevada-mine-approval-idUSKBN1ZJ1WP.

25. Ernest Scheyder, "China's Ganfeng to Take Control of Argentina Lithium Project,"Reuters, February 7, 2020, www. reuters.com/article/lithium-americas-ganfeng-lithium/chinas-ganfeng-to-take-control-of-argentina-lithium -project-idUSL1N2A704J.

26. Bartell Ranch LLC et al. v. Ester M. McCullough et al., Document 202.

27. Ibid.

28. U.S. Bureau of Land Management, "Thacker Pass Lithium Mine Project: Final Environmental Impact Statement," official publication, December 4, 2020, eplanning.blm.gov/public_projects/1503166/200352542/20030633/2 50036832/ Thacker%20Pass_FEIS_Chapters1-6_508.pdf, 2–8.

29. Ibid., Table 4.18, 4–109.

30. Bartell Ranch LLC et al. v. Ester M. McCullough et al., Document 1.

31. Ibid.

32. Ibid.

33. Scott Sonner, "Nevada Rancher Sues to Block Lithium Mine Near Oregon Border," Associated Press, February 18, 2021, nbc16.com/newsletter-daily /nevada-rancher-sues-to-block-lithium-mine-near-oregon-border.

34. Ivan Penn and Eric Lipton, "The Lithium Gold Rush: Inside the Race to Power Electric Vehicles," The New York Times, May 6, 2021, www.nytimes .com/2021/05/06/business/lithium-mining-race.html.

35. Bill McKibben, "It's Not the Heat, It's the Damage: Two Questions Lie at the Heart of the Climate Crisis," The New Yorker, August 4, 2021, www.newyorker .com/news/annals-of-a-warming-planet/its-not-the-heat-its-the-damage.

36. Penn and Lipton, "The Lithium Gold Rush: Inside the Race to Power Electric Vehicles."

37. Ernest Scheyder, "U.S. Judge Rules Lithium Americas May Excavate Nevada Mine Site," Reuters, July 26, 2021, www.reuters.com/business/environ ment/us -judge-rules-lithium-americas-may-excavate-nevada-mine-site-2021 -07-24/.

38. Ernest Scheyder, "Native Americans Win Ruling to Join Lawsuit Against Lithium Americas Project," Reuters, July 29, 2021, www.reuters.com /legal/litigation/native-americans-win-ruling-join-lawsuit-against-lithium-americas-project -2021-07-28.

39. Author's interview with Gary McKinney, February 2, 2023.

40. Derrick Jensen, Lierre Keith, and Max Wilbert, Bright Green Lies: How the Environmental Movement Lost Its Way and What We Can Do About It (Rhinebeck, N.Y.: Monkfish Book Publishing, 2021).

41. Derrick Jensen, Lierre Keith, and Max Wilbert, "It's Time for Us All to Stand Up Against Big 'Sister,'" Feminist Current, October 5, 2019, www.feministcurrent.com/2019/10/05/its-time-for-us-all-to-stand-up-against-big-sister/.

42. Jennifer Solis, "Feds Slap Fines on Thacker Pass Protestors," Nevada Current, September 29, 2021, www. nevadacurrent.com/2021/09/29/feds-slap-fines-on-thacker-pass-protestors/.

43. Ernest Scheyder, "Lithium Americas Expects Court Ruling on Nevada Lithium Mine by Autumn," Reuters, February 25, 2022, www.reuters.com/legal /transactional /lithium-americas-expects-court-ruling-nevada-lithium-mine-by -autumn -2022 -02-25.

44. Ernest Scheyder, "Exclusive-Lithium Americas Delays Nevada Mine Work After Environmental Lawsuit," Reuters, June

11, 2021, www.reuters.com/business /environment/exclusive-lithium-americas-delays-nevada-mine-work -after -environmentalist -2021-06-11.

45. Lithium Americas, "Annual Information Form," public filing, March 15, 2022, www.lithiumamericas.com/_resources/ pdf/investors/AIF/2021.pdf ?v=0.137,41–42.

46. The average concentration of lithium in Chile's Salar de Atacama, one of the world's largest active lithium sources, is about 1,500 parts per million: Carolina F. Cubillos et al., "Microbial Communities from the World's Largest Lithium Reserve, Salar de Atacama, Chile: Life at High LiCl Concentrations," Journal of Geophysical Research: Biogeosciences, December 3, 2018, agupubs.onlinelibrary .wiley.com /doi /full/10.1029/2018JG004621#:~:text=Ab stract,leading%20 producer%20of %20lithium%20products.

47. Jensen, Keith, and Wilbert, "It's Time for Us All to Stand Up Against Big'Sister.'"

48. Associated Press, "New Zealand River's Personhood Status Offers Hope to Māori," August 15, 2022, www.usnews. com/news/world/articles/2022-08-15 /new-zealand-rivers-personhood-status-offers-hope-to-maori.

49. Author's interviews with Max Wilbert, August 12–13, 2022.

50. Elaine Sciolino, Persian Mirrors: The Elusive Face of Iran (New York: Free Press, 2000, 2005), 282.

51. Jensen, Keith, and Wilbert, "It's Time for Us All to Stand Up Against Big 'Sister.'"

52. Jael Holzman, "How an 'Anti-Trans' Group Split the Fight Against a Lithium Mine," E&E News, January 27, 2022, www. eenews.net/articles/how-an-anti -trans-group-split-the-fight-against-a-lithium-mine/.

53. Ibid.

54. Ibid.

55. Jennifer Solis, "BLM's Rediscovery of Massacre Site Renews Calls for Halt of Lithium Project," Nevada Current, September 6, 2022, www.nevadacurrent .com/2022/09/06/blms-rediscovery-of-massacre-site-renews-calls-for-halt- of-lithium-mine-project/.

56. Tom Kertscher, "Fact-Checking Whether Senate Hopeful Adam Laxalt Helped Oil Industry Then Got Campaign Money from It," Politifact, August 12, 2022, www.politifact.com/factchecks/2022/aug/12/catherine-cortez-masto/fact -checking-whether-senate-hopeful-adam-laxalt-h/.

57. Senator Catherine Cortez Masto, "Cortez Masto Applauds Investments She Secured in the Bipartisan Infrastructure Law to Boost Domestic Battery Manufacturing and Supply Chains," press release, May 2, 2022, www.cortezmasto. senate.gov/news/press-releases/cortez-masto-applauds-investments-she-secured -in-the-bipartisan-infrastructure- law-to-boost-domestic -battery-manufacturing -and-supply-chains.

58. Ernest Scheyder, "Update 1-U.S. Senator Manchin Promises to Block Mining Royalty Plan," Reuters, October 14, 2021, www.reuters.com/article/usa-mining-royalties-idAFL1N2RA2X5.

59. Nathaniel Phillipps, "Westside Residents Need Local Opportunity, Not Distant Mining Jobs," Nevada Current, December 7, 2021, www.nevadacurrent.com/2021/12/07/westside-residents-need-local-opportunity-not-distant- mining-jobs/.

60. "We were very happy to welcome Senator Cortez Masto @SenCortezMasto to tour the Lithium Nevada Research & Process Testing Facility in Reno today," tweet from Lithium Americas Twitter account, September 27, 2019,twitter .com/lithiumamericas/status/1177675777782865922.

61. Ernest Scheyder, "Lithium Americas Trims Production Target, Budget for Nevada Mine," Reuters, September 25, 2019, www.reuters.com/article /usa-mining-lithium-americas/lithium-americas-trims-production-target-budget-for-nevada- mine-idNL2N26E1RP.

62. Lithium Nevada, a Lithium Americas company, "Newsletter December 2019,"corporate publication, www. lithiumamericas.com/_resources/thacker-pass/LAC -LNC -Thacker-Pass-Newsletter-Dec-17-2019.pdf.

63. Lithium Nevada, a Lithium Americas company, "2021 Q4 Newsletter,"corporate publication, www.lithiumamericas. com/_resources/thacker-pass/LNC-Thacker-Pass-Newsletter-Q4-2021.pdf.

64. The White House, "FACT SHEET: Securing a Made in America Supply Chain for Critical Minerals," official publication, February 22, 2022, www .whitehouse.gov/briefing-room/statements-releases/2022/02/22/fact-sheet-securing-a- made-in-america-supply-chain-for-critical-minerals/.

65. Andy Home, "US Green Metals Push Needs a Revamp of Gold-Rush Mining Law," Reuters, February 25, 2022, www. reuters.com/article/usa-mining-ahome/us-green-metals-push-needs-a-revamp-of-gold-rush-mining -law-andy -home -idUSKBN2KU1HG.

66. Scheyder, "Update 1-U.S. Senator Manchin Promises to Block Mining Royalty Plan."

67. Author's interview with Jon Evans, November 18, 2022.

68. Joseph Menn, "Chinese Posed as Texans on Social Media to Attack Rare Earths Rivals," The Washington Post, June 28, 2022, www.washingtonpost.com/technology /2022/06/28/china-misinformation-rare-earths/.

69. Tim Burmeister, "Lithium Americas Signs Agreement with Local Tribe," Elko Daily, October 25, 2022, elkodaily.com/

mining/lithium-americas-signs-agreement -with-local-tribe/article_a7e6d900-5418-11ed-9e4f-1f9853aa0ad0.html.

70. Ernest Scheyder, "GM to Help Lithium Americas Develop Nevada's Thacker Pass Mine," Reuters, January 31, 2023, www.reuters.com/markets /commodities/gm-lithium-americas-develop-thacker-pass-mine-nevada-2023-01-31/.

71. Ernest Scheyder, "U.S. Judge Orders Waste Rock Study for Thacker Pass Lithium Project," Reuters, February 7, 2023, www.reuters.com/legal/us-judge-orders-fresh-review-part-lithium-americas-nevada-permit-2023-02-07/.

72. Daniel Rothberg, "'We're Just Somebody Little': Amid Plans to Mine Lithium Deposit, Indigenous, Rural Communities Find Themselves at the Center of the Energy Transition," The Nevada Independent, June 20, 2021, thenevada independent .com /article /were -just -somebody -little -rural -indigenous-communities -on -the -frontlines -of -energy -transition -amid -plans -to -mine-major -lithium -deposit.

第八章｜共存共榮

1. "Yellow Pine, Idaho, Population 2023," World Population Review, accessed December 15, 2023, worldpopulationreview.com/us-cities/yellow-pine-id-population.

2. "Yellow Pine Post Office 83677," PostOfficeHours.com, postofficeshours.com /id /yellow-pine/yellow-pine.

3. "Music & Harmonica Festival," Village of Yellow Pine, www.yellowpinefestival.org/.

4. "1950 Census of Populations: Volume 1. Number of Inhabitants, Idaho," www2.census.gov/library/publications/decennial/1950/population-volume-1/vol-01-15.pdf.

5. U.S. Geological Survey, "Antimony," official publication, 2017, pubs.usgs.gov /pp/1802/c/pp1802c.pdf.

6. U.S. Department of the Interior, National Park Service, "National Register of Historic Places Inventory Nomination Form," June 8, 1987, history.idaho.gov/wp-content/uploads/2018/09/Stibnite_Historic_District_87001186.pdf.

7. "Thunder Mountain, Idaho," Western Mining History, accessed October 31,2022, westernmininghistory.com/towns/idaho/thunder-mountain/.

8. U.S. Department of the Interior, National Park Service, "National Register of Historic Places Inventory Nomination Form," https://history.idaho.gov /wp-content/uploads/2018/09/Stibnite_Historic_District_87001186.pdf.

9. Ibid.

10. Susan van den Brink et al., "Resilience in the Antimony Supply Chain," Resources, Conservation and Recycling, August 10, 2022, www.sciencedirect.com /science/article /pii/S0921344922004219#bib0054.

11. U.S. Department of the Interior, National Park Service, "National Register of Historic Places Inventory Nomination Form."

12. Ibid.

13. "Moving Day at Stibnite," Payette Lake Star, October 3, 1963, portal.laserfiche.com/Portal/DocView.aspx?id=44152&repo=r-d76fb24e.

14. Associated Press, "Mobil Sells Mine," May 1, 1986, www.nytimes.com/1986 /05/01/business/mobil-sells-mine.html.

15. Midas Gold, "Stibnite Gold Project: Feasibility Study Technical Report," official publication, January 27, 2021, perpetuaresources.com/wp-content /uploads/2021 /06/2021-01-27-feasibility-study.pdf.

16. U.S. Geological Survey, "Antimony."

17. Idaho State Historical Society, "Idaho's State Motto," official publication, accessed November 2, 2022, history.idaho.gov/wp-content/uploads/0134.pdf.

18. Author's interview with Mckinsey Lyon, August 15, 2022.

19. Thomas Bulfinch, Bulfinch's Mythology (New York: HarperCollins, 1991), 43.

20. Perpetua Resources, "Midas Gold Announces Name Change to Perpetua Resources and Approved NASDAQ Listing," press release, February 16, 2021, www.investors.perpetuaresources.com/investors/news/2021/midas-gold-announces-name-change-to-perpetua-resources-and-approved-nasdaq-listing.

21. Author's interview with Mckinsey Lyon, August 15, 2022.

22. Midas Gold, "Stibnite Gold Project: Feasibility Study Technical Report," 15.

23. David Blackmon, "Perpetua, Ambri Ink Key Antimony Supply Deal to Boost Liquid Metal Battery Tech," Forbes, August 14, 2021, www.forbes.com/sites/davidblackmon/2021/08/14/perpetua-ambri-ink-key-antimony-supply-deal-to-boost-liquid-metal-battery-tech/?sh=47aa1a476afd.

24. Jack Healy and Mike Baker, "As Miners Chase Clean-Energy Minerals, Tribes Fear a Repeat of the Past," The New York Times, December 27, 2021, www.nytimes .com/2021/12/27/us/mining-clean-energy-antimony-tribes.html.

25. Ibid.

26. Ibid.

27. Perpetua Resources, "U.S. Forest Service Chooses Perpetua Resources' Proposed Stibnite Gold Project as Preferred Alternative," press release, Octo- ber 28, 2022, www.prnewswire.com/news-releases/us-forest-service -chooses-perpetua -resources-proposed-stibnite-gold-project-as-preferred -alternative-301661983.html.

28. Author's interviews with Aimee Boulanger, January 10, 2023.
29. Senator Martin Heinrich, "Heinrich, Risch Introduce Bipartisan Legislation to Remove Hurdles for Good Samaritans to Clean Up Abandoned Hardrock Mines," press release, February 3, 2022, www.heinrich.senate.gov/newsroom/press-releases/heinrich-risch-introduce-bipartisan-legislation-to-remove-hurdles-for-good-samaritans-to-clean-up-abandoned-hardrock-mines-.
30. Midas Gold, "Midas Gold to Enter Strategic Relationship with Paulson & Co.and Raise C$55.2 million," press release, February 22, 2016, www.globenewswire.com /news-release/2016/02/22/1330827/0/en/Midas-Gold-to-Enter-Strategic-Relationship-With-Paulson-Co-and-Raise-C-55-2-Million.html.
31. Midas Gold, "Consolidated Financial Statements for the Years Ended December 31, 2015, and 2014," public filing, February 26, 2016, perpetuaresources. com/wp-content/uploads/2021/06/2015-q4-fs.pdf.
32. Midas Gold, "Midas Gold Complements Its Leadership Team with New Appointments," press release, September 20, 2016, midasgoldcorp.com/investors /news /2016 /midas -gold-complements-its-leadership-team -with-new -appointments/.
33. "About Perpetua Resources," corporate website, accessed February 20, 2023, perpetuaresources.com/about/.
34. Midas Gold Corp., "Paulson & Co. Provides Notice of Intention to Exercise Convertible Notes in Midas Gold," press release, August 26, 2020, www.newswire .ca/news-releases/paulson-amp-co-provides-notice-of-intention-to-exercise-convertible-notes-in-midas-gold-857031914.html.
35. Ibid.
36. Gregory Zuckerman, "Trade Made Billions on Subprime: John Paulson Bet Bid on Drop in Housing Values," The Wall Street Journal, January 15, 2008, www.wsj.com/articles/SB120036645057290423?mod=article_inline.
37. Kip McDaniel, "The Obsession of John Paulson," Chief Investment Officer, December 10, 2013, www.ai-cio.com/news/the-obsession-of-john-paulson/.
38. Gregory Zuckerman, "Worried About Your Tax Bill? Hedge Fund Star John Paulson Owes $1 Billion," The Wall Street Journal, April 11, 2018, www.wsj.com /articles/worried-about-your-tax-bill-hedge-fund-star-john-paulson-owes-1-billion-1523458528.
39. Nicole Mordant, "Hedge Fund Paulson & Co. Declares War on Poor Gold Mining Returns," Reuters, September 26, 2017, www.reuters.com/article/us -mining-gold-paulson/hedge-fund-paulson-co-declares-war-on-poor-gold -mining-returns-idUSKCN1C12OJ.
40. Ibid.
41. Author's interview with Marcelo Kim, June 22, 2022.
42. U.S. Department of Defense, "DoD Issues $24.8M Critical Minerals Award to Perpetua Resources," press release, December 19, 2022, www.defense.gov/News/Releases/Release/Article/3249350/dod-issues-248m-critical-minerals-award-to-perpetua-resources/.
43. PebbleWatch, "Pebble Project," accessed February 20, 2023, pebblewatch.com/pebble-project/.
44. Reuters, "Factbox-History of Alaska's Pebble Mine Project: A Long-Running Saga," August 25, 2020, www.reuters.com/article/usa-alaska-pebblemine-history /factbox -history-of-alaskas-pebble-mine-project-a-long-running-saga-idUSL1N2FR1JK.
45. Ernest Scheyder, "Alaska's Pebble Mine Told to Offset Damage as Republican Opposition Grows," Reuters, August 24, 2020, www.reuters.com/article/us-usa-alaska -pebblemine/alaskas-pebble-mine-told-to-offset-damage-as-republican-opposition -grows -idUSKBN25K1W5.
46. Juliet Eilperin and Brady Dennis, "Obama Blocked This Controversial Alaskan Gold Mine. Trump Just Gave It New Life," The Washington Post, October 27,2021, www.washingtonpost.com/news/energy-environment/wp/2017/05/12/obama-blocked-this-controversial-alaskan-gold-mine-trump-just-gave-it-new-life/.
47. Edwin Dobb, "Alaska's Clash over Salmon and Gold Goes National," National Geographic, November 18, 2012, www.nationalgeographic.com/science/article/121116-bristol-bay-alaska-salmon-gold-pebble-mine-science-nation.
48. Powell Michael and Jo Becker, "Palin's Hand Seen in Battle over Mine in Alaska,"The New York Times, October 22, 2008, www.nytimes.com/2008/10/22/us /politics/22mining.html.
49. Bill Carter, Boom, Bust, Boom: A Story About Copper, the Metal That Runs the World (New York: Simon & Schuster, 2012), 121.
50. Dobb, "Alaska's Clash over Salmon and Gold Goes National."
51. Ibid.
52. Ibid.
53. Reuters, "Factbox-History of Alaska's Pebble Mine Project: A Long-Running Saga."
54. Eilperin and Dennis, "Obama Blocked This Controversial Alaskan Gold Mine. Trump Just Gave It New Life."
55. Ernest Scheyder, "EPA Breathes New Life into Controversial Alaska Mining Project," Reuters, June 26, 2019, www.

reuters.com/article/us-usa-alaska-mine /epa-breathes-new-life-into-controversial-alaska-mining-project-idUSKCN
1TR35G.

56.　Yereth Rosen, "U.S. Army Corps Poised to Recommend Approval of Alaska's Pebble Mine," Reuters, July 20, 2020,
www.reuters.com/article/us-usa-alaska-mine/u-s-army-corps-poised-to-recommend-approval-of-alaskas-pebble-
mine-idUSKCN24L2UC.

57.　Reuters, "Danish PM Says Trump's Idea of Selling Greenland to U.S. Is Absurd," August 18, 2019, www.reuters.com/
article/uk-usa-trump-greenland-idUKKCN1V80M2.

58.　Tweet from the account of Donald Trump Jr., @DonaldJTrumpJr, August 4, 2020, twitter.com/DonaldJTrumpJr/status/
1290723762523045888?s=20.

59.　Author's interview with Andrew Sabin, August 20, 2020.

60.　Annie Karni, "Trump Signs Landmark Land Conservation Bill," The New York Times, August 4, 2020, www.nytimes.
com/2020/08/04/us/politics /trump-land-conservation-bill.html.

61.　Tucker Carlson, "Alaska's Pebble Mine Could Significantly Harm Fishing and the Environment," Fox News, August 14,
2020, www.foxnews.com/video/6181326417001#sp=show-clips.

62.　Ibid.

63.　U.S. Army Corps of Engineers, "Army Finds Pebble Mine Project Cannot Be Permitted as Proposed," press release,
August 24, 2020, www.army.mil /article /238426 /army finds pebble_mine_project_cannot_be_permitted_as_
proposed.

64.　Scheyder, "Alaska's Pebble Mine Told to Offset Damage as Republican Opposition Grows."

65.　Reuters, "Doubts Grow Alaska's Pebble Mine Can Satisfy New Regulatory Hurdles, Shares Tumble," August 25, 2020,
www.reuters.com/article/us-usa -alaska-pebblemine /doubts-grow-alaskas-pebble-mine-can-satisfy -new -regulatory-
hurdles -shares -tumble -idUSKBN25L26A.

66.　Martin Kaste, "This Pebble Is Stirring a Whole Lot of Controversy in Alaska,"NPR, January 22, 2014, www.npr.
org/2014/01/22/265035184/this-pebble-is-stirring-a-whole-lot-of-controversy-in-alaska.

67.　Author's interview with Ron Thiessen, March 6, 2022.

68.　Reuters, "Alaska Mining Project CEO Criticizes U.S. EPA Veto Suggestion," December 2, 2022, www.reuters.com/
legal/litigation/alaska-mining-project-ceo -criticizes-us-epa-veto-suggestion-2022-12-02/.

69.　Reuters, "Conservationists Move to Permanently Protect Areas Around Proposed Alaskan Mine," December 22, 2022,
www.reuters.com/business /environment /conservationists -move-permanently-protect-areas-around -proposed
-alaskan-mine -2022 -12-22/.

70.　KTVB, "Twin Brothers Pass Away in Valley County Plane Crash", August 18, 2022, www.ktvb.com/article/news/local/
twin-brothers-pass-away-valley-county-plane-crash/277-92d886db-925c-48bb-9446-7db97a5a742f.

第九章 | 又是地松鼠搞的鬼？

1.　Center for Biological Diversity, "More Than 17,000 Rare Nevada Wildflowers Destroyed: Tiehm's Buckwheat, Under
Review for Federal Protection, Loses up to 40% of Population," press release, September 16, 2020, biologicaldiversity.
org /w /news /press -releases/more-17000-rare-nevada-wildflowers -destroyed-2020 -09-16/.

2.　Author's text messages with Patrick Donnelly, December 15, 2022.

3.　Adam Federman, "'This Is the Wild West Out Here': How Washington Is Bending Over Backward for Mining
Companies in Nevada at the Expense of Environmental Rules," Politico, February 9, 2020, www.typeinvestigations.org
/investigation/2020/02/09/this-is-the-wild-west-out-here/.

4.　LinkedIn profile of Daniel R. Patterson, accessed January 15, 2023, www .linkedin .com/in/dpatterson2/.

5.　Federman, "'This Is the Wild West Out Here.'"

6.　Author's interview with Patrick Donnelly, August 11, 2022.

7.　John Smith, "Whistleblower Puts Nevada BLM's Chummy Industry Relationships in the Spotlight," Nevada
Independent, February 9, 2020, thenevada independent.com/article/whistleblower-puts-nevada-blms -chummy
-industry-relationships -in-the-spotlight.

8.　Dan Patterson, "Supplement to Information Disclosed to the U.S. Office of Special Counsel," whistleblower complaint,
October 4, 2019, s3.document cloud.org/documents/6768915/Nevada-Whisteblower-Complaint.pdf, 1.

9.　Ibid., 13.

10.　Smith, "Whistleblower Puts Nevada BLM's Chummy Industry Relationships in the Spotlight."

11.　Tweet from Twitter account of Dan Patterson, @DanPattersonUSA, mobile .twitter.com/DanPattersonUSA/
status/1254095825371709440.

12.　Patterson, "Supplement to Information Disclosed."

13.　Center for Biological Diversity, "Emergency Petition to the U.S. Fish and Wildlife Service to List Tiehm's Buckwheat

(Eriogonum tiehmii) Under the Endangered Species Act as an Endangered or Threatened Species and to Concurrently Designate Critical Habitat," petition to U.S. Department of the Inte- rior, October 7, 2019, www.biologicaldiversity.org/ species/plants/pdfs /Tiehms-buckwheat-petition-to-FWS.pdf.

14. Author's interview with Patrick Donnelly, August 11, 2022.

15. CBD, "Emergency Petition," 4.

16 Ibid., 28.

17. Ibid.

18. Center for Biological Diversity, "Lawsuit Aims to Protect Rare Nevada Wildflower from Exploratory Mining," press release, October 30, 2019, biologicaldiversity.org/w/news/press-releases/lawsuit-aims-protect-rare -nevada -wildflower-exploratory -mining-2019-10-30/.

19. Ioneer, "Mine Plan of Operations / Nevada Reclamation Permit Application: Rhyolite Ridge Lithium-Boron Project, Esmeralda County, Nevada," official corporate filing to U.S. Bureau of Land Management, July 2022.

20. Ernest Scheyder, "As Lithium Prices Drop, Private Equity Investors Hunt for Deals," Reuters, November 22, 2019, www.reuters.com/article/us -mining-lithium-investment/as-lithium-prices-drop-private-equity-investors-hunt-for -deals -idUSKBN1XW24N.

21. Ioneer, "Successful Completion of A$40 Million Placement," press release, November 22, 2019, wcsecure.weblink. com.au/pdf/INR/02176241.pdf.

22. Ibid.

23. Center for Biological Diversity, "Agreement Protects Rare Nevada Wildflower from Mine Exploration: Tiehm's Buckwheat Still Threatened by Proposed Open-Pit Mine," press release, January 3, 2020, biologicaldiversity.org/w /news/press-releases/agreement-protects-rare-nevada-wildflower-mine -exploration-2020-01-03/.

24. Ernest Scheyder, "Lithium Americas Moves Closer to Nevada Mine Approval," Reuters, January 20, 2020, www. reuters.com/article/usa-mining -lithium-americas-idINL1N29P0F0.

25. Alice Yu, "Lithium and Cobalt CBS December 2022-Lithium Prices Pressured; Cobalt Down," S&P Global Market Intelligence, December 26, 2022, www.spglobal.com/marketintelligence/en/news-insights/research/lithium -and-cobalt-cbs-december-2022-lithium-prices-pressured-cobalt-down.

26. Ernest Scheyder, "Lithium Developer Ioneer Forecasts High Margins for Nevada Project," Reuters, April 29, 2020, www.reuters.com/article/ioneer-lithium -usa-idUKL1N2CH33Y.

27. Terell Wilkins, "Rare Wildflowers in Nevada Destroyed, 40% of World Population Ruined," Reno Gazette Journal, September 23, 2020, www.rgj .com/story/news/2020/09/23/40-percent-worlds-population-rare-nevada -wildflowers-tiehms-buckwheat-destroyed/5820913002/.

28. Ioneer, "ioneer Enters into 12-Month Employement Agreement with Chairman Mr James D. Calaway," July 2, 2020, https://wcsecure.weblink.com.au/pdf/INR/02250712.pdf.

29. Ioneer, "ioneer's Plan of Operations for Rhyolite Ridge Lithium-Boron Project Accepted by BLM," August 31, 2020, https://wcsecure.weblink.com.au/pdf/ INR/02274700.pdf.

30. Letter from Patrick Donnelly and Dr. Naomi Fraga to Douglas Furtado, U.S. Bureau of Land Management, September 15, 2020, www.biologicaldiversity.org/programs/public_lands/pdfs/Tiehms-buckwheat-large-scale -destruction-incident-letter-20200916.pdf.

31. Center for Biological Diversity, "More Than 17,000 Rare Nevada Wildflowers Destroyed."

32. Wilkins, "Rare Wildflowers in Nevada Destroyed, 40% of World Population Ruined."

33. Letter from Donnelly and Fraga to Furtado.

34. Wilkins, "Rare Wildflowers in Nevada Destroyed, 40% of World Population Ruined."

35. Blake Apgar, "More Than 17,000 Rare Nevada Wildflowers Destroyed," Las Vegas Review-Journal, September 16, 2020, www.reviewjournal.com/local /local -nevada/more-than-17k-rare-nevada-wildflowers-destroyed-2122 795/.

36. Ioneer, "Overwhelming Scientific Validation Overrides False and Misleading Claims Regarding Tiehm's Buckwheat," official website, accessed February 21, 2023, rhyolite-ridge.ioneer.com/wp-content/uploads/2021/06/Tiehms-Buckwheat-Destruction-Comparison-Statements_0616.pdf.

37. Reuters, "Rodents, Not Mining, Caused Damage to Nevada Wildflowers, Says Government Agency," December 4, 2020, www.reuters.com/article/us-ioneer-nevada-wildflowers/rodents-not-mining-caused-damage-to-nevada-wildflowers -says-government-agency-idUSKBN28E2WL.

38. From an email obtained by the author.

39. Ernest Scheyder, "Exclusive: Biden Campaign Tells Miners It Supports Domestic Production of EV Metals," Reuters, October 22, 2020, www.reuters .com/article/usa-election-mining/exclusive-biden-campaign-tells-miners-it-supports-domestic-production-of-ev-metals-idUSKBN27808B.

40. U.S. Federal Election Commission donation reports on both individuals.

41. Ernest Scheyder, "U.S. to List Nevada Flower as Endangered, Dealing Blow to Lithium Mine," Reuters, June 3, 2021, www.reuters.com/article/usa-mining-ioneer-idCNL2N2NL1DO.
42. Ernest Scheyder, "To Go Electric, America Needs More Mines. Can It Build Them?" Reuters, March 1, 2021, www.reuters.com/article/us-usa-mining -insight /to-go-electric-america-needs-more-mines-can-it-build-them-idUSKC N2A T39Z.
43. From an email obtained by the author.
44. Ibid.
45. Amy Alonzo, "Threatened by Mining, Nevada's Rare Tiehm's Buckwheat Listed as Endangered," Reno Gazette Journal, December 14, 2022, www.rgj.com /story /news/2022/12/14/nevadas-tiehms-buckwheat-threatened-by-lithium-declared -endangered/69728977007/.
46. Elizabeth Leger, Jamey McClinton, and Robert Shriver, "Ecology of Eriogonum tiehmii: A Report on Arthropod Diversity, Abundance, and the Importance of Pollination for Seed Set; Plant-Soil Relationships; Greenhouse Propagation and a Seedling Transplant Experiment; and Wild Population Demography," University of Nevada, Reno, report, January 2021.
47. Jael Holzman, "Lithium Miner Rips Its Own Research in ESA Fight," E&E News, December 17, 2021, www.eenews.net/articles/lithium-miner-rips-its-own-research-in-esa-fight/.
48. Ernest Scheyder, "Rare Flower to Get Protected Zone Near ioneer's Nevada Lithium Mine," Reuters, February 3, 2022, www.reuters.com /business /environment /us -regulators -preserve-acreage-near-ioneers-lithium-mine-site -2022 -02-02.
49. Ernest Scheyder, "Australia's ioneer Says U.S. Gov't Loan Application Moves Forward," Reuters, December 19, 2021, www.reuters.com/markets /commodities/australias -ioneer-says-us-govt-loan-application-moves-forward -2021-12-19/.
50. Ernest Scheyder, "Update 2-Sibanye Stillwater Buys Half of ioneer's Nevada Lithium Project in $490 Million Deal," Reuters, September 15, 2021, www.reuters.com/article/usa-mining-ioneer-idAFL1N2QH34A.
51. Reuters, "Australia's ioneer Signs Lithium Offtake Deal with South Korea's Ecopro,"June 29, 2021, www.reuters.com/article/ioneer-deals-ecorpo/australias-ioneer-signs-lithium-offtake-deal-with-south-koreas-ecopro-idUSL3N2O C0RA.
52. Michael Wayland, "Ford Plans to Produce 2 Million EVs Annually, Generate 10% Operating Profit by 2026," CNBC, March 2, 2022, www.cnbc .com/2022/03/02/ford-plans-to-produce-2-million-evs-generate-10percent -operating-profit-by-2026.html.
53. Ernest Scheyder, "Ford Chairman Praises CEO, Mulls Lithium Venture," Reuters, March 12, 2019, www.reuters.com/article/us-ceraweek-energy-ford -motor/ford-chairman-praises-ceo-mulls-lithium-venture-idUSKBN1QT209.
54. Ernest Scheyder, "CERAWEEK-As EV Demand Rises, Biden Officials Warm to New Mines," Reuters, March 11, 2021, www.reuters.com/business /ceraweek-ev-demand-rises-biden-officials-warm-new-mines-2022-03-11/.
55. Secretary Jennifer Granholm virtual speech to Securing America's Future Energy, March 9, 2021.
56. Ernest Scheyder and Steve Holland, "Biden Voices Support for New U.S. Mines, if They Don't Repeat Past Sins," Reuters, February 22, 2022, www .reuters .com/business/energy/biden-set-tout-us-progress-critical-minerals-production-2022-02-22/.
57. Calculation assumes lithium prices of $20,000 per tonne.
58. Ernest Scheyder, "Ford Inks Argentina Lithium Supply Deal with Lake Resources," Reuters, April 11, 2022, www.reuters.com/business /autos -transportation /ford -inks -argentina -lithium-supply-deal-with-lake -resources-2022 -04-11/.
59. Ernest Scheyder, "Ford to Buy Lithium from ioneer for U.S. EV Battery Plant," Reuters, July 21, 2021, www.reuters.com/business/autos-transportation/ford -buy-lithium-ioneer-american-ev-battery-plant-2022-07-21/.
60. Author's interview with James Calaway, January 13, 2023.
61. Tweet from Patrick Donnelly's Twitter account, July 21, 2022, twitter.com /BitterWaterBlue/ status/1550131044321353729.
62. "Edward Abbey," University of Montana's Wilderness Connect, accessed January 15, 2023, wilderness.net/learn-about-wilderness/edward-abbey.php.
63. Ibid.
64. Ibid.
65. Video obtained by author.
66. Isla Binnie and Gloria Dickie, "Factbox: '30-by-30': Key Takeaways from the COP15 Biodiversity Summit," Reuters, December 19, 2022, www.reuters.com /business/environment/30-by-30-key-takeaways-cop15-biodiversity-summit-2022-12-19/.
67. Michael Barbaro et al., "Consider the Burying Beetle (or Else)," The New York Times, January 6, 2023, www.nytimes.com/2023/01/06/podcasts/the-daily /biodiversity-cop15-montreal.html?showTranscript=1.

68. Evan Halper, "Is Sustainable Mining Possible? The EV Revolution Depends on It," The Washington Post, August 11, 2022, www.washingtonpost.com /business /2022/08/11/electric-vehicle-nickel-mine/.

69. Ioneer, "Mine Plan of Operations / Nevada Reclamation Permit Application."

70. Ibid.

71. Ibid.

72. Ibid.

73. Ioneer, "Ioneer and Caterpillar Complete Definitive Agreement Regarding Autonomous Haul Trucks at Rhyolite Ridge," press release, September 15,2022, rhyolite-ridge.ioneer.com/ioneer-and-caterpillar-complete-definitive-agreement -regarding -autonomous-haul-trucks-at-rhyolite-ridge/.

74. Ioneer, "Mine Plan of Operations / Nevada Reclamation Permit Application."

75. Ibid.

第十章 | 回收比開採更重要

1. IRonnie W. Faulkner, "William J. Gaston (1778–1844)," North Carolina HistoryProject, accessed January 10, 2023, northcarolinahistory.org/encyclopedia/william -j-gaston-1778-1844/.

2. IWilliam Gaston, "Address Delivered Before the Philanthropic and Dialectic Societies, at Chapel Hill: June 20, 1832," University of North Carolina, archive.org /details/addressdelivered00gaston/page/14/mode/2up?q =economy.

3. IIbid.

4. I"Paul Edward Hastings," FindaGrave.com, accessed January 15, 2023, www.findagrave.com/memorial/32343630/paul-edward-hastings.

5. IThe account of Paul Hastings and his descendants is drawn from interviews on July 15, 2021, and October 17, 2022, with Sonya Snowdon and Warren Snowdon,with corroboration from property records and vital statistics.

6. I"Carpenter and Hastings Tin Mine," Diggings.com, accessed December 15,2022, thediggings.com/mines/27012.

7. IGaston County, North Carolina, property tax records.

8. IKristen Korosec, "Tesla Delivers Nearly 500,000 Vehicles in 2020," Tech-Crunch, January 2, 2021, techcrunch.com/2021/01/02/tesla-delivers-nearly-500000-vehicles-in-2020.

9. I"Tesla 2020 Battery Day Transcript September 22," Rev, September 23, 2020,www.rev.com/blog/transcripts/tesla-2020-battery-day-transcript -september-22.

10. IIbid.

11. IIbid.

12. IIbid.

13. IThis paragraph is based on sources close to Elon Musk. Neither Tesla nor Musk responded to multiple interview requests.

14. IScott Patterson and Amrith Ramkumar, "America's Battery-Powered Car Hopes Ride on Lithium. One Producer Paves the Way," The Wall Street Journal,March 10, 2021, www.wsj.com/articles/americas-battery-powered-car-hopes-ride-on-lithium-one-producer-paves-the-way-11615311932.

15. IThe White House, "Fact Sheet: The Biden-Harris Electric Vehicle Charging Action Plan," press release, December 13, 2021, www.whitehouse.gov /briefing-room/statements-releases/2021/12/13/fact-sheet-the-biden-harris -electric-vehicle-charging-action-plan/.

16. IFlyer obtained by author.

17. IAuthor's interview with Hugh Carpenter and Will Baldwin, July 15, 2021.

18. IAuthor's interview with Emilie Nelson, July 15, 2021.

19. IBrandy Beard, "Call of the Wild," Gaston Gazette, November 23, 2018, https://www.gastongazette.com/story/news/local/2018/11/23/nc-wildlife-rehab-providing-safe-space-for-injured-wildlife/8305149007/.

20. IPiedmont said it was not aware if one of its contracted landmen made the alleged threat, adding it did not approve or condone it.

21. IWCP Resources Ltd., "Resignation of Managing Director," press release, January 15, 2016, piedmontlithium.com/wp-content/uploads/160115_resignation_of_managing_director-1-1.pdf.

22. IWCP Resources Ltd., "Strategic Landholding Secured in Historic Lithium Producing Region in USA," press release, September 27, 2016, piedmontlithium.com/wp-content/uploads/160927_strategic-USA-landholding-secured -in -historic-lithium-producing-region.pdf.

23. IWCP Resources Ltd., "Senior Wall Street Mining Executive Appointed as Managing Director & CEO," press release, July 4, 2017, piedmontlithium .com/wpcontent/uploads/170706_wcp_senior_wall_street_mining_executive_appointed as_md_ceo-1.pdf.

24. IAuthor's interview with Keith Phillips, February 22, 2019.

25. Ibid.

26. ｜Katherine Towers and Andrew Main, "ASIC Probe Bans Mochkin," Australian Financial Review, December 4, 2001, www.afr.com/politics/asic-probe-bans -mochkin-20011204-j88xt.

27. ｜Ernest Scheyder, "In Push to Supply Tesla, Piedmont Lithium Irks North Carolina Neighbors," Reuters, July 21, 2021, www.reuters.com/business/energy/push -supply-tesla-piedmont-lithium-irks-north-carolina-neighbors-2021 -07-20/.

28. ｜Ibid.

29. ｜Ernest Scheyder, "N. Carolina County Slaps Moratorium on Mining as Piedmont Lithium Plans Project," Reuters, November 15, 2021, www.reuters .com/world/us/n-carolina-county-slaps-moratorium-mining-piedmont-lithium-plans-project-2021-08-06/.

30. ｜Scheyder, "In Push to Supply Tesla, Piedmont Lithium Irks North Carolina Neighbors."

31. ｜Ibid.

32. ｜Ernest Scheyder, "Update 1-Piedmont Lithium Delays Timeline to Supply Tesla," Reuters, August 2, 2021, www.reuters.com/article/usa-mining -piedmont-lithium-idCNL1N2P91B0.

33. ｜Scheyder, "N. Carolina County Slaps Moratorium on Mining as Piedmont Lithium Plans Project."

34. ｜Catherine Clifford, "Elon Musk Says Tesla May Have to Get into the Lithium Business Because Costs Are So 'Insane,'" CNBC, April 8, 2022, www.cnbc.com/2022/04/08/elon-musk-telsa-may-have-get-into-mining-refining-lithium-directly.html.

35. ｜Ernest Scheyder, "North Carolina County Zoning Changes to Affect Piedmont Lithium Project," Reuters, September 29, 2021, www.reuters.com/legal /litigation /north-carolina-county-zoning-changes-affect-piedmont-lithium-project -2021-09-28.

36. ｜Ken Lemon, "Piedmont Lithium CEO: Mining Operation Is Safe for Residents,"WSOC TV, August 31, 2022, www.wsoctv.com/news/local/piedmont-lithium-ceo-mining-operation-is-safe-residents/74OAMMYXTVHHPDRZ72RJ7GYUKY/?fbclid=IwAR2Vk6xOZLdVwQWKrSlMCQ2enM-yPaDsS1fqGGlmx-kz4BzoMR_nkr73MGg.

37. ｜David Shepardson and Ernest Scheyder, "Biden Awards $2.8 Billion to BoostU.S. Minerals Output for EV Batteries," Reuters, October 19, 2022, www.reuters.com/markets/us/us-awards-28-billion-ev-battery-grid-projects -2022-10-19/.

38. ｜Ernest Scheyder, "Piedmont Lithium Looks Abroad amid North Carolina Uncertainty," Reuters, June 22, 2022, www.reuters.com/markets/commodities /piedmont -lithium -looks-abroad-amid-north-carolina-uncertainty-2022 -06-22/.

39. ｜Author's interview with Eric Norris, September 27, 2022.

40. ｜U.S. Patent Application Publication Number US 2021/0207243 A1.

41. ｜Ernest Scheyder, "Tesla's Nevada Lithium Plan Faces Stark Obstacles on Path to Production," Reuters, September 23, 2020, www.reuters.com/article/us-tesla -batteryday-lithium-idUKKCN26E3G1.

42. ｜Reuters, "Tesla Considering Lithium Refinery in Texas, Seeks Tax Relief," September 9, 2022, www.reuters.com/technology/tesla-considering-lithium-refinery-texas-2022-09-09/.

43. ｜Ernest Scheyder, "Albemarle Calls for High Lithium Prices to Fuel EV Industry Growth," Reuters, January 24, 2023, www.reuters.com/markets /commodities /albemarle-expects-lithium-prices-remain-high-fuel-fresh -supply -2023-01-24/.

44. ｜ExxonMobil figures are based on 2022 daily production of 2.4 million barrels,per corporate figures, contrasted with daily global liquid fuels production of 99.95 million barrels, per U.S. Energy Information Administration data.

45. ｜Shepardson and Scheyder, "Biden Awards $2.8 Billion to Boost U.S. Minerals Output for EV Batteries."

46. ｜The White House, "Remarks by President Biden on the Bipartisan Infrastructure Law," official website, October 19, 2022, www.whitehouse.gov/briefing-room /speeches-remarks/2022/10/19/remarks-by-president-biden-on-the-bipartisan-infrastructure-law-6/.

47. ｜Colin Huguley, "Piedmont Lithium Pegs Its Investment in Gaston County Mine Project at More Than $100M," Charlotte Business Journal, August 25,2022, www.bizjournals.com/charlotte/news/2022/08/25/piedmont-lithium-gaston-county-mine-100-million.html?utm_source=sy&utm_medium=nsyp&utm_campaign=yh&fbclid=IwAR1IznHC6z5_yLUDgwiHBeR_a3Hqrv5WfAmv5jXUAbRmuZml18UJmLHdtNM.

第十一章｜政府、企業與投資人

1. Bryant Park Corporation, "Horticulture," official website, accessed on February21, 2023, bryantpark.org/the-park/horticulture.

2. NYC Parks, "Bryant Park: William Earl Dodge History," official website,accessed February 21, 2023, www.nycgovparks.org/parks/bryant-park/monuments /389.

3. Carlos A. Schwantes, Vision & Enterprise: Exploring the History of Phelps Dodge Corporation (Tucson: University of Arizona Press, 2000), 44.

4. Ibid., 31.
5. Kim Kelly, Fight Like Hell (New York: One Signal, 2022), 95.
6. Phelps Dodge, "Morenci," official corporate document, accessed February 21,2023, docs.azgs.az.gov/ OnlineAccessMineFiles/M-R/MorenciMineGreenlee T4SR29ESec16-5.pdf.
7. Ibid.
8. Copper Development Association Inc., "Copper in the Arts," official website, accessed February 23, 2023, www. copper.org/consumers/arts/2015/april/thomas-edison.html.
9. Google Arts & Culture, "Cubic Foot of Copper," accessed February 23, 2023, artsandculture.google.com/asset/ cubic-foot-of-copper-tiffany-co/UAFPdpVEj6lDDQ?hl=en.
10. Edmund Morris, Edison (New York: Random House, 2019), 124.
11. Freeport-McMoRan Form 10-K Annual Report for 2021, 10.
12. Ibid., 9.
13. Robert Chilicky and Gerald Hunt, Images of America: Clifton and Morenci Mining District (Charleston, S.C.: Arcadia Publishing, 2015), 36.
14. Ibid.
15. Ibid., 121.
16. Walter Mares, "U.S. 191 to Be Rerouted Around FMI Morenci Copper Mine," The Copper Era, February 25, 2015, www.eacourier.com/copper_era/news/u-s-to-be-rerouted-around-fmi-morenci-copper-mine/article_e0b3489a-bc36-11e4-b941-2fae514b31d0.html.
17. Melanie Burton, "Copper Takes Aim at COVID-19 with Virus-Killer Coatings,"Reuters, May 8, 2020, www.reuters. com/article/us-health-coronavirus-copper-antimicrobi/copper-takes-aim-at-covid-19-with-virus-killer-coatings-idUSKBN22K0RX.
18. Freeport-McMoRan Form 10-K Annual Report for 2021, 39.
19. Author's interview with Richard Adkerson, December 2, 2022.
20. Ibid.
21. Bonnie Gestring, "U.S. Operating Copper Mines: Failure to Capture and Treat Wastewater," Earthworks, accessed February 23, 2023, www.congress.gov/116/meeting/house/110436/documents/HHRG-
22. Freeport's average total compensation for all employees in 2021 (other than the CEO, Adkerson) was $77,036, according to corporate filings with the U.S. Securities and Exchange Commission. For the same year, U.S. Census Bureau data show a median national income of $70,784.
23. Freeport-McMoRan, "Transforming Tomorrow Together: Community Partnership Panel Meeting Summary," corporate document, accessed February 23, 2023,www.freeportinmycommunity.com/uploads/Q4_Meeting_Notes_ Summary_2018_Greenlee.pdf.
24. U.S. Congress, "H.R. 429-Reclamation Projects Authorization and Adjustment Act of 1992," October 30, 1992, www. congress.gov/bill/102nd-congress/house-bill/429.
25. U.S. Department of the Interior, "People Land & Water," internal newsletter, npshistory.com/publications/doi/plw/v4n6. pdf.
26. Ibid.
27. Lawrence Blaskey, "Payment Made to Tribe to Secure Water for Morenci,"Eastern Arizona Courier, January 5, 1999, www.eacourier.com/news /payment-made -to -tribe-to-secure-water-for-morenciby-lawrence-blaskey-eastern-arizona -courier-january/article_fc9d8d04-ea8c-522e-a8c3-ba82ca5770f4. html.
28. U.S. Department of the Interior, "People Land & Water."
29. Greg Hahne, "San Carlos Apache Tribe Reaches Preliminary Agreement for Rio Verde Foothills Community Water," KJZZ, kjzz.org/content/1831921 /san-carlos-apache-tribe-reaches-preliminary-agreement-rio-verde-foothills-community.
30. Author's interview with Chairman Terry Rambler, April 5, 2021.
31. "John McCain's Pallbearers: 5 Fast Facts You Need to Know," heavy.com, accessed February 23, 2023, heavy.com/ news/2018/08/john-mccain-pall bearers/.
32. Author's interview with Richard Adkerson, December 2, 2022.
33. Andrew Ross Sorkin and Ian Austen, "Phelps Dodge and Freeport-McMoRan Agree to Merge to Form Market Leader," The New York Times, November 20, 2006, www.nytimes.com/2006/11/20/business/worldbusiness/20iht -copper. 3599828.html.
34. Author's interview with Richard Adkerson, December 2, 2022.
35. Kelly, Fight Like Hell, 98–99.
36. Author's interview with Richard Adkerson, December 2, 2022.

37. Freeport-McMoRan, "Webcast to Discuss FCX Acquisition of PXP and MMR11 AM," conference call transcript, December 5, 2012.
38. Christopher Swann and Kevin Allison, "Freeport's Deals Epitomize Industry's Conflicts of Interest," Reuters Breakingviews, December 5, 2012, archive.nytimes.com/dealbook.nytimes.com/2012/12/05/freeports-deals-epitomize-industrys-conflicts-of-interest/.
39. James B. Stewart, "Freeport-McMoRan Battles the Oil Slump," The New York Times, January 21, 2016, www.nytimes.com/2016/01/22/business/energy-environment/freeport-mcmoran-battles-the-oil-slump.html.
40. Russ Wiles, "Moffett Resigns as Freeport-McMoRan Chairman," The Arizona Republic, www.azcentral.com/story/money/business/2015/12/28/moffett-resigns -freeport-mcmoran-chairman/77971352/.
41. Ibid.
42. Author's interview with Richard Adkerson, December 2, 2022.
43. Stewart, "Freeport-McMoRan Battles the Oil Slump."
44. Antoine Gara, "Freeport-McMoRan Exits Disastrous Foray into Gulf of Mexico Amid Pressure from Carl Icahn," Forbes, September 13, 2016, www.forbes.com /sites/antoinegara/2016/09/13/freeport-mcmoran-exits-disastrous-foray-into-gulf-of-mexico-oil-amid-pressure-from-carl-icahn/?sh=2c24532419f1.
45. Ben Miller and Olivia Pulsinelli, "Freeport-McMoRan to Sell California Oil and Gas Assets for $742M," Houston Business Journal, October 17, 2016, www .bizjournals .com/houston/news/2016/10/17/freeport-mcmoran-to-sell-california -oil-and-gas.html.
46. Freeport-McMoRan, "Freeport-McMoRan Announces Agreement to Sell a13% Interest in Morenci Mine for $1.0 Billion in Cash," press release, February15, 2016, www.businesswire.com/news/home/20160214005059/en /Freeport-McMoRan-Announces-Agreement-to-Sell-a-13-Interest-in-Morenci -Mine-for -1.0-Billion-in-Cash.
47. Golder Associates, "Environmental and Social Impact Assessment," consultant's report for Tenke Fungurume Mining S.A.R.L., March 2007, www3 .dfc .gov /environment/eia/tenke/Executive%20Summary-Long-Apr9 .pdf #page=58.
48. Dionne Searcey, Michael Forsythe, and Eric Lipton, "A Power Struggle over Cobalt Rattles the Clean Energy Revolution," The New York Times,November 20, 2021, www.nytimes.com/2021/11/20/world/china-congo-cobalt.html?.
49. Author's interview with Richard Adkerson, December 2, 2022.
50. Anet Josline Pinto and Denny Thomas, "Freeport to Sell Prized Tenke Copper Mine to China Moly for $2.65 Billion," Reuters, May 9, 2016, www.reuters.com/article/us-freeport-mcmoran-tenke-cmoc/freeport-to-sell-prized -tenke-copper-mine-to-china-moly-for-2-65-billion-idUSKCN0Y015U.
51. Freeport-McMoRan Second Quarter Earnings Call Transcript, 2016.
52. Author's interview with Melissa Sanderson, February 3, 2023.
53. David Stanway, "China's Belt and Road Plans Losing Momentum as Opposition, Debt Mount-Study," Reuters, September 29, 2021, www.reuters .com/world/china/chinas-belt-road-plans-losing-momentum-opposition-debt-mount-study-2021-09-29/.
54. Searcey, Forsythe, and Lipton, "A Power Struggle over Cobalt Rattles the Clean Energy Revolution."
55. Nicholas Niarchos, "The Dark Side of Congo's Cobalt Rush," The New Yorker, May 24, 2021, www.newyorker.com/magazine/2021/05/31/the-dark-side-of-congos-cobalt-rush.
56. Pratima Desai, "Explainer: Costs of Nickel and Cobalt Used in Electric Vehicle Batteries," Reuters, February 3, 2022, www.reuters.com /business/autos -transportation /costs-nickel-cobalt-used-electric-vehicle -batteries -2022-02-03/.
57. Ibid.
58. Helen Reid, "Microsoft Calls for 'Coalition' to Improve Congo's Informal Cobalt Mines," Reuters, February 8, 2023, www.reuters.com/markets/commodities /microsoft-calls-coalition-improve-congos-informal-cobalt-mines -2023 -02-08/.
59. Siddharth Kara, Cobalt Red: How the Blood of the Congo Powers Our Lives (New York: St. Martin's, 2023), 126.
60. Thomas Catenacci, "Biden Turns to Country with Documented Child Labor Issues for Green Energy Mineral Supplies: 'It's Egregious,'" Fox News, December16, 2022, www.foxnews.com/politics/biden-turns-country-documented-child-labor-green-energy-mineral-supplies-its-egregious.
61. Reid, "Microsoft Calls for 'Coalition' to Improve Congo's Informal Cobalt Mines."
62. Searcey, Forsythe, and Lipton, "A Power Struggle over Cobalt Rattles the Clean Energy Revolution."
63. Hyunjoo Jin and Paul Lienert, "Iron Man Elon Musk Places His Tesla BatteryBets," Reuters, April 27, 2022, www.reuters.com/business/autos-transportation/iron-man-elon-musk-places-his-tesla-battery bets-2022-04-27/.
64. U.S. Department of State, "Secretary Blinken at an MOU Signing with Democratic Republic of the Congo Vice Prime Minister and Foreign Minister Christophe Lutundula and Zambian Foreign Minister Stanley Kakubo," press release, December 13, 2022, www.state.gov/secretary-blinken-at-an-mou-signing-with-democratic-republic-of-the-congo-

vice-prime-minister-and-foreign-minister-christophe-lutundula-and-zambian-foreign-minister-stanley-kakubo/.

65. U.S. Representative Pete Stauber, "Stauber Statement on Biden's Northern Minnesota Mining Ban," press release, January 26, 2023.

66. Philip Pullella and Paul Lorgerie, "'Hands off Africa,' Pope Francis Tells Rich World," Reuters, February 1, 2023, www. reuters.com/world/africa/popes-visit-shine-spotlight-war-ravaged-dr-congo-2023-01-31/.

67. Clara Denina, Helen Reid, and Ernest Scheyder, "Analysis: Miners Face Talent Crunch as Electric Vehicles Charge Up Metals Demand," Reuters, December10, 2021, www.reuters.com/article/mining-education-analysis-idCAKBN2IP10R.

68. Author's interview with Kathleen Quirk, June 30, 2022.

69. Reuters, "U.S. Worker Shortage Denting Freeport-McMoRan's Copper Output,"January 25, 2023, www.reuters.com/ markets/commodities/freeport-mcmoran-quarterly-profit-falls-lower-copper-price-2023-01-25/.

第十二章 ︱ 創新與永續

1.   "Past Weather in Houston, Texas, USA-April 2017," TimeAndDate.com, accessedJanuary 21, 2022, www. timeanddate.com/weather/usa/houston /historic?month=4&year=2017.

2.   KHOU, "Train Car Carrying Lithium Batteries Explodes Near DowntownHouston," April 23, 2017, www.khou.com/ article/news/local/train-car-carrying-lithium-batteries-explodes-near-downtown-houston/285-433576556.

3.   Sophia Beausoleil, "Lithium Batteries Cause Train Car Explosion in NEHouston," Click2Houston.com, April 23, 2017, www.click2houston.com/news/2017/04/24/lithium-batteries-causes-train-car-explosion-in-ne-houston/.

4.   Gareth Tredway, "Train Car Carrying Used Batteries Bursts into Flames,"Automotive Logistics, April 26, 2017, www. automotivelogistics.media/train -car-carrying-used-batteries-bursts-into-flames/18117.article.

5.   Marina Smith, "Union Pacific Train Car Carrying Used Lithium Ion Batteries Explodes and Catches Fire Near Downtown Houston, Texas," Metropolitan Engineering Consulting & Forensics Expert Engineers blog, April 27, 2017, metroforensics.blogspot.com/2017/04/union-pacific-train-car-carrying-used.html.

6.   U.S. Department of Transportation, Research and Special Programs Administration, "Hazardous Materials Incident Report, Incident Id: E-2017060716," official publication, June 29, 2017.

7.   Victoria Hutchinson, "Li-Ion Battery Energy Storage Systems: Effect of Separation Distances Based on a Radiation Heat Transfer Analysis," Worcester Polytechnic Institute graduate independent study research project, June 12, 2017, www.wpi.edu/sites/default/files/docs/Departments-Programs/Fire-Protection/Final_ESS_Report.pdf.

8.   Tredway, "Train Car Carrying Used Batteries Bursts into Flames."

9.   U.S. Environmental Protection Agency's Office of Resource Conservation and Recovery, "An Analysis of Lithium-Ion Battery Fires in Waste Management and Recycling," official publication, July 2021, www.epa.gov/system/files / documents /2021-08/lithium-ion-battery-report-update-7.01_508.pdf, 19.

10. David Shepardson, "U.S. Bars Lithium Batteries as Cargo on Passenger Aircraft," Reuters, February 27, 2019, www. reuters.com/article/us-usa-airlines-safety/u-s-bars-lithium-batteries-as-cargo-on-passenger-aircraft-idUSKCN1QG1XI.

11. U.S. Environmental Protection Agency, Office of Resource Conservation and Recovery, "An Analysis of Lithium-Ion Battery Fires in Waste Management and Recycling," 27.

12. Reuters, "Fire Dies Down on Ship Carrying Luxury Cars, with Little Left to Burn," February 21, 2022, www.reuters. com/world/europe/fire-dies-down-ship-carrying-luxury-cars-with-little-left-burn-2022-02-21/.

13. Lufthansa Cargo, "From 31 August: Restrictions for Air Transport of Lithium Batteries," official publication, accessed February 21, 2023, lufthansa-cargo.com/documents/20184/746434/Tabelle_EN_02.pdf/1fbfe705-b787-4558-8844-b7dacc2dab49.

14. Reuters, "Fire Dies Down on Ship Carrying Luxury Cars, with Little Left to Burn."

15. Hutchinson, "Li-Ion Battery Energy Storage Systems."

16. Aaron Gordon, "New York City Bill to Ban Reuse of Lithium Ion Batteries Is 'Absolutely Crazy,' Right-to-Repair Advocates Warn," Vice, November 17, 2022,www.vice.com/en/article/dy7eka/new-york-city-bill-to-ban-reuse-of-lithium-ion-batteries-is-absolutely-crazy-right-to-repair-advocates-warn.

17. Author's interview with Michelle Michot Foss, October 3, 2019.

18. U.S. Department of Energy, Office of Energy Efficiency & Renewable Energy, "U.S. Plug-In Electric Vehicle Sales by Model," official publication, accessed February 21, 2023, afdc.energy.gov/data/10567.

19. United Nations Institute for Training and Research, "The Global E-Waste Monitor 2020," official publication, accessed February 21, 2023, ewastemonitor .info/gem-2020/.

20. Emily Barone, "Your Junk Drawer Full of Small, Unused Electronics Is a Big Climate Problem," Time, October 21, 2022, time.com/6223653/electronic-waste-climate-change/.

21. Niraj Chokshi and Kellen Browning, "Electric Cars Are Taking Off, but When Will Battery Recycling Follow?" The New York Times, December 21,2022, www.nytimes.com/2022/12/21/business/energy-environment/battery-recycling

-electric-vehicles.html.

22. Pérez de Solay participated in a lithium panel on March 9, 2022, at the CERAWeek conference in Houston.

23. Platform for Acclerating the Circluar Economy/World Economic Forum, "A New Circular Vision for Electronics, Time for a Global Reboot," official publication, January 2019, www3.weforum.org/docs/WEF_A_New_Circular_Vision for_ Electronics.pdf, 5.

24. Madeline Stone, "As Electric Vehicles Take Off, We'll Need to Recycle Their Batteries," National Geographic, May 28, 2021, www.nationalgeographic.com /environment/article/electric-vehicles-take-off-recycling-ev-batteries.

25. Benjamin Spreche et al., "Life Cycle Inventory of the Production of Rare Earths and the Subsequent Production of NdFeB Rare Earth Permanent Magnets," Environmental Science & Technology, 48 (7) (February 27, 2014): 3951–58, pubs.acs.org/doi/10.1021/es404596q.

26. Andy Home, "Humble Aluminium Can Shows a Circular Economy Won't Be Easy," Reuters, March 26, 2021, www. reuters.com/business/energy/humble-aluminium -can-shows-circular-economy-wont-be-easy-andy-home -2021 -03- 26/.

27. James Morton Turner, "Recycling Lead-Acid Batteries Is Easy. Why Is Recycling Lithium-Ion Batteries Hard?" CleanTechnica, July 24, 2022, cleantechnica.com/2022/07/24/recycling-lead-acid-batteries-is-easy-why-is-recycling- lithium-ion-batteries-hard/.28. Maria Virginia Olano, "Chart: China Is Trouncing the US on Battery Recycling,"Canary Media, June 17, 2022, www.canarymedia.com/articles/batteries/chart-china-is-trouncing-the-us-on-battery-recycling.

29. Baum et al., "Lithium-Ion Battery Recycling-Overview of Techniques and Trends," American Chemical Society, accessed February 21, 2023, pubs.acs .org/doi/pdf/10.1021/acsenergylett.1c02602.

30. Ibid.

31. Author's interview with Lisa Jackson, September 27, 2019.

32. "Environmental Responsibility Report: 2017 Progress Report, Covering Fiscal Year 2016," Apple, accessed February 21, 2023, images.apple.com/environment /pdf/Apple_Environmental_Responsibility_Report_2017.pdf, 16.

33. William Gallagher, "Apple Wins UN Climate Action Award for Environmental Work," AppleInsider.com, September 26, 2019, appleinsider.com /articles/19/09/26/apple-wins-un-climate-action-award-for-environmental-work.

34. Stephen Nellis, "Apple Buys First-Ever Carbon-Free Aluminum from Alcoa–Rio Tinto Venture," Reuters, December 5, 2019, www.reuters.com/article /us-apple-aluminum/apple-buys-first-ever-carbon-free-aluminum-from -alcoa-rio-tinto- venture-idUSKBN1Y91RQ.

35. Author's interview with Jon Kellar, October 1, 2019.

36 Reuters, "Apple Pushes Recycling with Robot, but Mined Metals Still Needed,"January 10, 2020, www.reuters.com/ article/usa-minerals-recycling/apple-pushes-recycling-with-robot-but-mined-metals-still-needed-idUSL1N298151.

37. Apple, "Apple Expands the Use of Recycled Materials Across Its Products," pressrelease, April 19, 2022, www.apple. com/newsroom/2022/04/apple -expands-the-use-of-recycled-materials-across-its-products/.

38. Ibid.

39. Author's interview with Corby Anderson, October 1, 2019.

40. Author's interview with Ajay Kochhar, November 18, 2022.

41. Reuters, "Glencore Investing $200 Mln in Battery Recycler Li-Cycle," May 5, 2022, www.reuters.com/business/ sustainable-business/glencore-investing-200-mln-battery-recycler-li-cycle-2022-05-05/.

42. Tim Higgins, "One of the Brains Behind Tesla May Have a New Way to Make Electric·Cars Cheaper," The Wall Street Journal,. August 29, 2020, www.wsj.com/articles/one-of-the-brains-behind-tesla-found-a-new-way-to-make-electric- cars-cheaper-11598673630?mod=e2tw.

43. Paul Lienert, "Battery Recycling Firm Redwood Raises $700 Mln from Big Fund Managers," Reuters, July 28, 2021, www.reuters.com/business /finance /battery-recycling-firm-redwood-raises-700-mln-big-fund -managers -2021-07- 28/.

44. Daniel Yergin, The New Map (New York: Penguin Press, 2020), 327.

45. Matt Blois, "Cathode Projects Advance in North America: Redwood Materials Will Supply a Panasonic Battery Factory," November 17, 2022, cen.acs.org/energy/energy-storage-/Cathode-projects-advance-North-America/100/i41.

46. Tom Randall and Bloomberg, "Tesla Co-Founder Has a Plan to Become King of EV Battery Materials-in the U.S.," Fortune, September 14, 2021,fortune .com/2021/09/14/tesla-cofounder-jb-straubel-redwood-materials-battery- materials/.

47. Author's interview with Ajay Kochhar, November 18, 2022.

48. Ernest Scheyder, "U.S. to Loan Li-Cycle $275 Million for New York Recycling Plant," Reuters, February 27, 2023, www.reuters.com/business/sustainable -business/us-loan-li-cycle-375-million-new-york-recycling-plant-2023 -02- 27/.

49. Baum et al., "Lithium-Ion Battery Recycling-Overview of Techniques and Trends."

50. Ibid.
51. Author's interview with Ajay Kochhar, June 30, 2022.
52. Katerina Rosova, "Li-Cycle: Sustainable Lithium-Ion Battery Recycling Technology,"InnovationNewsNetwork, May 10, 2022, www.innovationnewsnetwork.com/li-cycle-sustainable-lithium-ion-battery-recycling-technology/21097.
53. Joshua Franklin, "Battery Recycler Li-Cycle to Go Public in Deal with Peridot SPAC," Reuters, February 16, 2021, www.reuters.com/article/peridot-acqsn-ma-licycle/battery-recycler-li-cycle-to-go-public-in-deal-with-peridot-spac-idUSL8N2KI6LE.
54. Reuters, "Glencore Investing $200 Mln in Battery Recycler Li-Cycle."
55. Baum et al., "Lithium-Ion Battery Recycling-Overview of Techniques and Trends."
56. Kenneth Rapoza, "China Quits Recycling U.S. Trash as Sustainable Start-Up Makes Strides," Forbes, January 10, 2021, www.forbes.com/sites/kenrapoza /2021/01/10/china-quits-recycling-us-trash-as-sustainable-start-up-makes-strides/?sh=147200625a56.
57. Ernest Scheyder, "Li-Cycle to Build EV Battery Recycling Plant in Alabama," Reuters, September 8, 2021, www.reuters.com/technology/li-cycle-build-ev -battery-recycling-plant-alabama-2021-09-08/.
58. Cameron Murray, "Li-Cycle Opens Third Battery Recycling Facility at 'Strategic' Southwest US Location," EnergyStorageNews, May 18, 2022,www.energy-storage.news/li-cycle-opens-third-battery-recycling-facility-at-strategic -southwest -us-location.
59. Allied Market Research, "Lithium-Ion Battery Recycling Market to Reach $38.21 Bn, Globally, by 2030 at 36.0% CAFR: Allied Market Research,"press release, July 19, 2021, www.prnewswire.com/news-releases/lithium-ion-battery-recycling-market-to-reach-38-21-bn-globally-by-2030-at-36-0-cagr-allied-market-research-886028135.html.
60. Casey Crownhart, "This Is Where Tesla's Former CTO Thinks Battery Recycling Is Headed," MIT Technology Review, January 17, 2023, www.technology review .com/2023/01/17/1066915/tesla-former-cto-battery-recycling/.

第十三章 | 代價高昂的綠色科技

1. The White House, "President Biden Hosts a Roundtable on Securing CriticalMinerals for a Future Made in America," official video via YouTube, February22, 2022, www.youtube.com/watch?v=DYZfC8JNsZ0.
2. The White House, "Executive Order on Strengthening American Leadership in Clean Cars and Trucks," press release, August 5, 2021, www.whitehouse.gov/briefing-room/presidentialactions/2021/08/05/executive-order-on-strengthening -american-leadership-in-clean-cars-and-trucks/.
3. Greg Grandin, Fordlandia: The Rise and Fall of Henry Ford's Forgotten Jungle City (New York: Macmillan, 2010).
4. The lake has no outlet.
5. Peter Valdes-Dapena, "This California Desert Could Hold the Key to Powering All of America's Electric Cars," CNNBusiness, May 11, 2022, www.cnn .com/2022/05/11/business/salton-sea-lithium-extraction/index.html.
6. Sophie Parker et al., "Potential Lithium Extraction in the United States: Environmental, Economic, and Policy Implications," Nature Conservancy, August 2022, www.scienceforconservation.org/assets/downloads /Lithium_Report_FINAL.pdf.
7. Some of these DLE technologies had worked in tandem with evaporation ponds in Argentina and China, but none as of late 2023 had worked independently.
8. California Governor's Office, "Governor Newsom Joins President Biden to Uplift California's Vision for an Inclusive, Sustainable, Clean Energy Economy in Lithium Valley," press release, February 22, 2022, www.gov .ca .gov/2022/02/22/governor-newsom-joins-president-biden-to-uplift-californias-vision-for-an-inclusive-sustainable-clean-energy-economy-in-lithium-valley/.
9. Ernest Scheyder, "U.S. Steps Away from Flagship Lithium Project with Buffett's Berkshire," Reuters, October 5, 2023, www.reuters.com/markets/us/us-steps-away-flagship-lithium-project-with-berkshire-2022-10-05/.
10. Emails obtained by author.
11. Scheyder, "U.S. Steps Away from Flagship Lithium Project with Buffett's Berkshire."
12. T. D. Palmer et al., "Geothermal Development of the Salton Trough, California and Mexico," U.S. Department of Commerce, January 1, 1975, www.osti .gov /biblio /5107191.
13. William Stringfellow and Patrick Dobson, "Technology for the Recovery of Lithium from Geothermal Brines," Energies, October 18, 2021, doi.org /10.3390/en14206805.
14. Ernest Scheyder, "GM Shakes Up Lithium Industry with California Geothermal Project," Reuters, July 2, 2021, www.reuters.com/business/autos -transportation/gm-shakes-up-lithium-industry-with-california-geothermal-project-2021-07-02/.
15. Ibid.
16. Dow Chemical Company, "Visualizing Our History," corporate website, accessed February 21, 2023, corporate.dow.

17. "Leland Doan Dies at 79," Ann Arbor News, April 5, 1974, aadl.org/node/83745.
18. Doan was also at the helm during the napalm saga, one of Dow Chemical's darkest chapters.
19. This account and related portions were relayed by Dr. John Burba during multiple interviews, and based on reflections from Bill Bauman.
20. John M. Lee and William C. Bauman, "US-4116856-A-Recovery of Lithium from Brines," UnifiedPatents portal, accessed February 21, 2023, portal .unified patents .com/patents/patent/US-4116856-A.
21. John Burba, "Lithium-the Key to Our Energy Transformation," Innovation News Network, April 13, 2021, www.innovationnewsnetwork.com/lithium /10672/.
22. J. D. Bailey, "Albemarle Celebrates 50 Years in Magnolia," Banner-News, July 19,2019, www.magnoliabannernews.com/news/2019/jul/19/albemarle -celebrates-50-years-magnolia/.
23. DuPont has also used the patents: DuPont, "Separation of Lithium from Liquid Media," accessed February 21, 2023, www.dupont.com/water/periodic-table/lithium.html.
24. "FMC: Hombre Muerto Lithium Output," GlassOnline.com, February 5, 1998,www.glassonline.com/fmc-hombre-muerto-lithium-output/.
25. Apple, "Apple Presents iPod," press release, October 23, 2001, www.apple.com/newsroom/2001/10/23Apple-Presents-iPod/.
26. Elsa Wenzel, "Simbol Mining Raises Funds for 'Zero-Waste' Lithium Extraction,"CNET, August 11, 2008, www.cnet.com/culture/simbol-mining-raises-funds-for-zero-waste-lithium-extraction/.
27. EnergySource, "EnergySource's First Geothermal Plant in Imperial Valley Lauded for Creating Jobs, Boosting the Economy, Delivering Clean Energy to 50,000 Homes; Second Plant to Follow," press release, May 18, 2012, www.businesswire .com/news/home/20120518005065/en/EnergySource%E2%80%99s-First-Geothermal-Plant-in-Imperial-Valley-Lauded-for-Creating-Jobs-Boosting-the-Economy-Delivering-Clean-Energy-to-50000-Homes-Second-Plant-to-Follow.
28. Sammy Roth, "Tesla Offered $325 Million for Salton Sea Startup," The Desert Sun, June 8, 2016, www.desertsun.com/story/tech/science/energy /2016 /06/08/tesla-offered-325-million-salton-sea-startup/84913572/.
29. Wenzel, "Simbol Mining Raises Funds for 'Zero-Waste' Lithium Extraction."
30. Roth, "Tesla Offered $325 Million for Salton Sea Startup."
31. Alexander Richter, "Simbol Materials Succeeds in Producing Lithium from Geothermal Brine," Think GeoEnergy, October 11, 2013, www.thinkgeoenergy.com/simbol-materials-succeeds-in-producing-lithium-from-geothermal-brine/.
32. Letter from Elon Musk to Dr. John Burba, June 21, 2014.
33. Ibid.
34. Interview with Dr. John Burba, November 2, 2022. This account was corroborated by multiple parties.
35. Ibid.
36. Neither Tesla, nor its chief executive, Elon Musk, responded to multiple interview requests.
37. Rockwood was bought by Albemarle in 2014.

第十四章 | 鋰礦富翁的詛咒

1. Danny Ramos and Mitra Taj, "Explainer: Bolivia's 'Evo'-Socialist Icon or Would-be Dictator?" Reuters, October 18, 2019, www.reuters.com/article /us-bolivia-election-candidates-explainer/explainer-bolivias-evo-socialist-icon-or-would-be-dictator-idUSKBN1WX158.
2. NationMaster, "Countries Compared," accessed February 21, 2023, www.nationmaster .com/country-info/stats/Geography/Land-area/Sq.-km.
3. U.S. Central Intelligence Agency, "Bolivia," World Factbook, accessed February21, 2023, www.cia.gov/the-world-factbook/countries/bolivia/.
4. Clifford Krauss, "Green-Energy Race Draws an American Underdog to Bolivia's Lithium," The New York Times, December 16, 2021, www.nytimes.com/2021/12/16/business/energy-environment/bolivia-lithium-electric-cars.html.
5. Adolfo Arranz and Marco Hernandez, "When China Wanted Silver from the Rest of the World," South China Morning Post, February 6, 2019, www.scmp.com/news/china/article/2184313/when-china-wanted-silver-rest-world.
6. Dennis Flynn and Arturo Giráldez, "Born with a 'Silver Spoon': The Origin of World Trade in 1571," Journal of World History, Fall 1995, www.jstor.org /stable/20078638.
7. Tony Hillerman, "Old Knowledge from the New World: Indian Givers: How the Indians of the Americas Transformed the World, by Jack Weatherford,"Los Angeles Times, December 11, 1998, articles.latimes.com/1988-12-11/books /bk-144_1_indian-knowledge.

8.   Patrick Greenfield, "How Silver Turned Potosi into 'the First City of Capitalism,'"The Guardian, March 21, 2016, www.theguardian.com/cities/2016 /mar/21/story-of-cities-6-potosi-bolivia-peru-inca-first-city-capitalism.

9.   John Maxwell Hamilton, "The Glory That Was Once Potosi," The New York Times, May 29, 1977, www.nytimes.com/1977/05/29/archives/the-glory-that-was-once-potosi-the-glory-that-was-once-potosi.html.

10. Adam Smith, The Wealth of Nations, Chapter 11.

11. Lawrence Wright, "Lithium Dreams: Can Bolivia Become the Saudi Arabia of the Electric-Car Era?" The New Yorker, March 15, 2010, www.newyorker.com /magazine/2010/03/22/lithium-dreams.

12. Marcelo Rochabrun and Santiago Limachi, "In Bolivia's Silver Mountain, Artisanal Miners Turn to Coca and the Devil," Reuters, May 30, 2022,www .reuters.com/world/americas/bolivias-silver-mountain-artisanal-miners-turn-coca-devil-2022-05-30/.

13. "Uyuni," Encyclopedia Brittanica, accessed February 21, 2023, www.britannica.com/place/Uyuni.

14. Lisa M. Hamilton, "The Quinoa Quarrel: Who Owns the World's Greatest Superfood?"Harper's, accessed February 21, 2023, harpers.org/archive/2014/05/the-quinoa-quarrel/.

15. NASA, "An Expanse of White in Bolivia," Earth Observatory, accessed February21, 2023, earthobservatory.nasa.gov/images/84853/an-expanse-of-white-in-bolivia.

16. Wright, "Lithium Dreams."

17. Ian Failes, "Crafting Crait: ILM's VFX Supe on How Rian Johnson Wanted to Go 'Redder, Redder, Redder,'" VFXBlog, January 1, 2018, vfxblog.com/2018 /01/01/crafting-crait-ilms-vfx-supe-on-how-rian-johnson-wanted-to-go -redder-redder-redder/.

18. Anthony Breznican, "Rian Johnson Reveals Details of New Plant in The Last Jedi Trailer," Entertainment Weekly, April 14, 2017, ew.com/movies/2017/04/14 /star-wars-rian-johnson-last-jedi-planet/.

19. "Uyuni Info," Sala De Uyuni tourism website, accessed February 21, 2023,www.salardeuyuni.com/info.

20. "Increase in Tin Mining," Encyclopedia Britannica, accessed February 21, 2023,www.britannica.com/place/Bolivia/Increase-in-tin-mining.

21. Argus Media, "Gas-Rich Bolivia Loses Fight for Sea Access," October 1, 2018,www.argusmedia.com/en/news/1764389-gasrich-bolivia-loses-fight-for-sea-access.

22. Bloomberg, "President Energy Finds Oil in Paraguay's Chaco Basin," October 20, 2014, www.epmag.com/president-energy-finds-oil-paraguays-chaco-basin -757736.

23. Daniel Hofer, "Borax Production in Rio Grande," Daniel in Bolivia blog, September

24, 2010, danielinbolivia.wordpress.com/2010/09/24/borax-production-in-rio-grande_ulexit_-daniel-hofer-bolivia-bolivien-blog-fotograf-serie -fotos-documentary-photographer-salar_de_uyuni_bolivia_bolivien_fotoserie_fotos/. 24. Argus Media, "Gas-Rich Bolivia Loses Fight for Sea Access."

25. S. L. Rettig, B. F. Jones, and F. Risacher, "Geochemical Evolution of Brines in the Salar of Uyuni, Bolivia," Chemical Geology, April 1, 1980, www.sciencedirect.com /science/article/pii/0009254180901163.

26. Wright, "Lithium Dreams."

27. Ronn Pineo, "Progress in Bolivia: Declining the United States Influence and the Victories of Evo Morales," Journal of Developing Societies, December 2016,www.researchgate.net/publication/312406225_Progress_in_Bolivia_Declining_the_United_States_Influence_and_the_Victories_of_Evo_Morales.

28. Wright, "Lithium Dreams."

29. Diego Ore, "Bolivia Set to Build Large Lithium Plant in Uyuni," Reuters, September 30, 2009, www.reuters.com/article/bolivia-lithium/bolivia-set-to-build-large-lithium-plant-in-uyuni-idUKN3021269020090930.

30. Wright, "Lithium Dreams."

31. Ibid.

32. Ore, "Bolivia Set to Build Large Lithium Plant in Uyuni."

33. Mitra Taj, "In the New Lithium 'Great Game,' Germany Edges Out China in Bolivia," Reuters, January 28, 2019, www.reuters.com/article/bolivia-lithium-germany/in-the-new-lithium-great-game-germany-edges-out-china-in-bolivia idUKL1N1ZL0I1.

34. Ibid.

35. Daniel Ramos, "Bolivia Picks Chinese Partner for $2.3 Billion Lithium Projects," Reuters, www.reuters.com/article/us-bolivia-lithium-china/bolivia-picks-chinese-partner-for-2-3-billion-lithium-projects-idUSKCN1PV2F7.

36. Argus Media, "Bolivia Scraps Lithium Deal with Germany's ACI," November4, 2019, www.argusmedia.com/en/news/2008429-bolivia-scraps-lithium-deal-with-germanys-aci.

37. Ibid.

38. Adam Jourdan, "Exclusive: Bolivia's New Lithium Tsar Says Country Should Go It Alone," Reuters, January 15, 2020, www.reuters.com/article/us-bolivia -lithium-exclusive/exclusive-bolivias-new-lithium-tsar-says-country-should-go-it-

alone-idUSKBN1ZE2DW.

39. Ernest Scheyder, "New Lithium Technology Can Help the World Go Green-If It Works," Reuters, April 7, 2022, www. reuters.com/article/mining-lithium-technology-focus-idCAKCN2LZ25R.40. Marcelo Rochabrun, "Legendary Lithium Riches from Bolivia's Salt Flats May Still Just Be a Mirage," Reuters, May 23, 2022, www.reuters.com/markets/commodities/legendary-lithium-riches-bolivias-salt-flats-may-still-just-be-mirage-2022-05-23/.

41. "Bolivia's Lithium Mining Dilemma," BBC News, September 10, 2008, news.bbc.co.uk/1/hi/business/7607624.stm.

42. Associated Press, "Republic Agrees to Buy Alamo Rent-A-Car for $625 Million in Stock," November 7, 1996, apnews. com/article/880c8e23dd9bc17e655a9f28a63cfbb1.

43. "Teague Egan," Sports Agent Blog, accessed February 21, 2023, sportsagent blog.com/interview-with-the-agent/teague-egan/.

44. Ibid.

45. Sam Adams, "Swang," Genius.com lyrics, accessed February 21, 2023, genius .com /Sam-adams-swang-lyrics.

46. T. J. Simers, "Teague Egan, the Student Agent with the Golf Cart, Could be Taking USC on a Dangerous Ride," Los Angeles Times, November 29,2010, www.latimes.com/archives/la-xpm-2010-nov-29-la-sp-simers-20101130-story. html.

47. Ibid.

48. "Teague Egan," Sports Agent Blog.

49. Ibid.

50. ESPN, "Oregon Ducks v. USC Trojans, October 31, 2010," score statistics, www.espn.com/college-football/game/_/gameld/303030030.

51. Tom Pelissero, "Dillon Baxter Seeks Chance at NFL After Growing Up," USA Today, April 5, 2014, www.usatoday. com/story/sports/nfl/2014/04/05/dillon-baxter-usc-baker-university-nfl-draft/7356305/.

52. Holly Anderson, "Teague Egan's Agent Certification Revoked; Trojans Rejoice,"SBNation.com, December 3, 2010, www.sbnation.com/ncaa -football/2010/12/3/1853768/teague-egan-agent-certification-revoked-nflpa-dillon-baxter.

53. Teague Egan, "Making Kindness Cool," TEDxBergamo, www.vexplode.com /en/tedx/making-kindness-cool-teague-egan-tedxbergamo/?t=00:18:22.

54. Krauss, "Green-Energy Race Draws an American Underdog to Bolivia's Lithium."

55. Author's interview with Teague Egan, January 5, 2022.

56. Ibid.

57. Ernest Scheyder, "Albemarle Unfazed by Chilean Election, Cites 'Unique' Lithium Contract," Reuters, December 23, 2021, www.reuters.com/markets/commodities/albemarle-unfazed-by-chilean-election-cites-unique-lithium-contract-2021-12-23/.

58. Loverly, "About Loverly," accessed February 21, 2023, loverly.com/about-us.

59. Wright, "Lithium Dreams."

60. U.S. Geological Survey, "Lithium," official publication, accessed February 21, 2023, pubs.usgs.gov/periodicals/mcs2023/mcs2023-lithium.pdf.

61. Krauss, "Green-Energy Race Draws an American Underdog to Bolivia's Lithium."

62. "EnergyX Will Support Health and Education Infrastructure in the Potosi and Uyuni Regions of Bolivia Through a Multi-Year Funding Commitment, "ElPotosi.net, May 5, 2022, elPotosi.net/local/20220505_energyx-apoyara-la-infraestructura-de-salud-y-educacion-en-las-regiones-de-potosi-y-uyuni-de-bolivia-a-traves-de-un-compromiso-de-financiacion-plurianual.html.

63. Author's interview with Teague Egan, May 6, 2022.

64. Daniel Brett, "Bolivian Fight Club: Honor Mother Earth, Beat Thy Neighbor at the World's Wildest Ritual Mass Brawl," Noble Sapien, September 26, 2021, noblesapien.com/body/bolivian-fight-club-beat-thy-neighbor-honor-mother-earth/.

65. Rochabrun and Limachi, "In Bolivia's Silver Mountain, Artisanal Miners Turn to Coca and the Devil."

66. "Bolivian Bus Crash Kills 13," The Sydney Morning Herald, May 3, 2008, www.smh.com.au/world/bolivian-bus-crash-kills-13-20080503-2ahb.html.

67. Chantel Delulio, "This Glamping Experience on the Bolivian Salt Flats Drops You into Your Own Personal Adventure Serial," Fodor's Travel, August 15,2019, www.fodors.com/world/south-america/bolivia/experiences/news/this-glamping-experience-on-the-bolivian-salt-flats-drops-you-into-your-own-personal-adventure-serial.

68. Author's interview with Teague Egan, May 5, 2022.

69. Marcelo Rochabrun, "American Startup EnergyX Out of Bolivian Lithium Race," Reuters, June 8, 2022, www.reuters. com/markets/commodities /american-startup-energyx-out-bolivian-lithium-race-2022-06-09/.

70. Ernest Scheyder, "Lithium Startup EnergyX Gets $450 Mln Investment Tied to IPO Plans," Reuters, July 22, 2022,

www.reuters.com/markets/us/lithium-startup-energyx-gets-450-mln-investment-tied-ipo-plans-2022-07-22/.

第十五章 | 問題不在資源，更不在能源

1. Author's interview with Bernard Rowe, August 12, 2022.
2. Terell Wilkins, "Rare Wildflowers in Nevada Destroyed, 40% of World Population Ruined," Reno Gazette Journal, September 23, 2020, www.rgj.com /story/news/2020/09/23/40-percent-worlds-population-rare-nevada -wildflowers-tiehms-buckwheat-destroyed/5820913002/.
3. Reuters, "Rodents, Not Mining, Caused Damage to Nevada Wildflowers, Says Government Agency," December 4, 2020, www.reuters.com/article/us-ioneer-nevada-wildflowers/rodents-not-mining-caused-damage-to-nevada-wildflowers-says-government-agency-idUSKBN28E2WL.
4. Scott Sonner, "AP Exclusive: Rare Wildflower Could Jeopardize Lithium Mine," Associated Press, August 4, 2020, apnews.com/article/ap-top-news-deserts -technology-reno-business 3ab59bbc4fd6e6c602b4b6d037ec7f12.
5. Elizabeth Leger, Jamey McClinton, and Robert Shriver, "Ecology of Eriogonum tiehmii: A Report on Arthropod Diversity, Abundance, and the Importance of Pollination for Seed Set; Plant-Soil Relationships; Greenhouse Propagation and a Seedling Transplant Experiment; and Wild Population Demography,"University of Nevada, Reno, report, January 2021.
6. Sonner, "AP Exclusive: Rare Wildflower Could Jeopardize Lithium Mine."
7. Ibid.
8. Leger files were obtained via public records request.
9. Ibid.
10. Ibid.
11. Federal Register, vol. 85, no. 141, July 22, 2020, 44265–67.
12. Ibid.
13. U.S. Fish & Wildlife Service, "Endangered and Threatened Wildlife and Plants; Finding on a Petition to List the Tiehm's Buckwheat as Threatened or Endangered," official website, June 4, 2021,www.fws.gov/species-publication-action/endangered-and-threatened-wildlife-and-plants-finding-petition-list.
14. Federal Register, vol. 86, no. 106, June 4, 2021, 29975–77.
15. Federal Register, vol. 87, no. 241, December 16, 2022, 77368, 77401.
16. Ibid.
17. Ibid.
18. Author's interview with James Calaway, December 20, 2021.
19. Ernest Scheyder, "Australia's ioneer Says U.S. Gov't Loan Application Moves Forward," Reuters, December 19, 2021, www.reuters.com/markets /commodities /australias-ioneer-says-us-govt-loan-application-moves-forward-2021 -12-19/.
20. Author's interview with Jigar Shah, March 10, 2022.
21. Federal Register, vol. 87, no. 241, December 20, 2022, 77879–80.
22. Ioneer, "Ioneer's Rhyolite Ridge Project Advances into Final Stage of Permitting," press release, December 19, 2022, www.prnewswire .com /news -releases /ioneers -rhyolite-ridge-project-advances-into-final-stage-of -permitting -301706219.html.

後記 | 贏家只能有一個？

1. Ioneer, "U.S. Department of Energy Offers Conditional Commitment for a Loan of Up to US$700 Million for the Rhyolite Ridge Project," press release,January 13, 2023, www.prnewswire.com/news-releases/us-department-of-energy-offers-conditional-commitment-for-a-loan-of-up-to-us700-million-for-the-rhyolite-ridge-project-301721334.html?tc=eml_cleartime.
2. Jigar Shah, "5 Big Things About Rhyolite Ridge, LPO's Latest Critical Materials Project Conditional Commitment," U.S. Department of Energy's YouTube page, January 26, 2023,www.youtube.com/watch?v=TAN8JtzxmSo.
3. Author's interview with Jigar Shah, January 13, 2023.
4. Tweet from Jigar Shah's Twitter account @JigarShahDC, January 13, 2023, twitter.com/JigarShahDC/status/1613901 652649738247?s=20&t=syt1u5mEUJ7TlJ3i2DqNOQ.
5. Author's interview with James Calaway, January 13, 2023.
6. Author's interview with Patrick Donnelly, January 13, 2023.
7. Federal Register, vol. 87, no. 241, December 16, 2022, 77368.
8. Ibid.
9. U.S. Department of Energy's Loan Programs Office, "LPO Announces Conditional Commitment to Ioneer Rhyolite Ridge to Advance Domestic Production of Lithium and Boron, Boost U.S. Battery Supply Chain," press

release,January 13, 2023, www.energy.gov/lpo/articles/lpo-announces-conditional-commitment -ioneer-rhyolite-ridge-advance-domestic-production.

10. Associated Press, "Nevada Lithium Mine Gets $700 Million Conditional Loan from Dept. of Energy," January 13, 2023, www.2news.com/news/nevada-lithium-mine-gets-700-million-conditional-loan-from-dept-of-energy/article_cce8bd7e-936d-11ed-92bf-531c93138755.html.

11. Daniel Ramos, "Bolivia Taps Chinese Battery Giant CATL to Help Develop Lithium Riches," Reuters, January 20, 2023, www.reuters.com/technology /bolivia-taps-chinese-battery-giant-catl-help-develop-lithium-riches-2023-01-20.

12. John Rosevear, "General Motors Will Lead a $50 Million Funding Round for Lithium Extraction Startup EnergyX," CNBC, April 11, 2023, www.cnbc .com/2023/04/11/general-motors-energyx-investment.html.

13. Ernest Scheyder, "U.S. Bans Mining in Parts of Minnesota, Dealing Latest Blow to Antofagasta's Copper Project," Reuters, January 26, 2023, www .reuters .com/legal/litigation/us-blocks-mining-parts-minnesota-dealing-latest -blow-antofagastas-copper-project-2023-01-26/.

14. CreditSuisse, "US Inflation Reduction Act: A Tipping Point in Climate Action," September 28, 2022, www.credit-suisse.com/about-us-news/en/articles/news-and-expertise/us-inflation-reduction-act-a-catalyst-for-climate-action-202211.html, 109.

15. Samir Mehdi, "'How Am I Free if My Brothers Work in Mines for Tesla?': Kyrie Irving Contemplates His Own Freedoms Following Mavs Loss," The Sports Rush, March 9, 2023, thesportsrush.com/nba-news-how-am-i-free-if-my-brothers-work-in-mines-for-tesla-kyrie-irving-contemplates-his-own-freedom-following-mavs-loss/.

16. Ernest Scheyder, "Inside the Race to Remake Lithium Extraction for EV Batteries," Reuters, June 16, 2023, www.reuters.com/markets/commodities /inside-race-remake-lithium-extraction-ev-batteries-2023-06-16/.

17. Elena Vardon, "Glencore and Li-Cycle Plan to Build Battery Recycling Hub In Italy," The Wall Street Journal, May 10, 2023, www.wsj.com/articles/glencore -and-li-cycle-plan-to-build-battery-recycling-hub-in-italy-58960d31.

18. Perpetua Resources press release, "Perpetua Resources and Nez Perce Tribe Reach Agreement in Principle Under the Clean Water Act," June 20, 2023, www.prnewswire.com/news-releases/perpetua-resources-and-nez-perce-tribe-reach-agreement-in-principle-under-the-clean-water-act-301854763.html.

19. Matthew Daly, "Biden Administration Clarifies 1872 Mining Law; Says Huge Nevada Lithium Mine Can Proceed," Associated Press, May 16, 2023, apnews.com/article/mining-lithium-nevada-thacker-rosemont-decision-c7e251ef3994dfea4f2dff58322ff4ac.

20. Reuters, "North Carolina Seeks More Info for Piedmont Lithium Mine Permit Review," May 31, 2023, www.reuters.com/markets/commodities/north -carolina-seeks-more-info-piedmont-lithium-mine-permit-review-2023-05-30/.

21. Reuters, "Elon Musk and Tesla Break Ground on Massive Texas Lithium Refinery,"May 9, 2023, www.reuters.com/business/autos-transportation/tesla-plans-produce -lithium-1-mln-vehicles-texas-refinery-elon-musk-2023-05-08/.

22. Albemarle Press Release, "Albemarle Becomes First Lithium Producer to Complete Independent Audit and Publish IRMA Report," June 20, 2023, www.prnewswire.com/news-releases/albemarle-becomes-first-lithium -producer-to-complete-independent-audit-and-publish-irma-report-301855202.html/.

23. Alexandra Sharp, "Chile's White Gold Rush: In a Move to Nationalize Lithium,Santiago Could Freeze Vital Foreign Capital Investments," Foreign Policy, April21, 2023, foreignpolicy.com/2023/04/21/chile-lithium-reserves-albemarle-sqm-nationalize-boric-santiago/.

24. Ciara Nugent, "What Would Happen if South America Formed an OPEC for Lithium," Time, April 28, 2023, time.com/6275197/south-america-lithium-opec/.

25. Wendsler Nosie, letter to the editor, Apache Messenger, May 10, 2023.

26. Helen Reid, "Deep-Sea Mining May Disrupt Whale Communication, Study Finds," Reuters, February 14, 2023, www.yahoo.com/now/1-deep-sea-mining-may-185200258.html.

27. "The Future Is Circular," World Wildlife Fund, November 15, 2022, wwfint.awsassets.panda.org/downloads/the_future_is_circular_sintefminerals final report nov_2022_1_1.pdf.

28. Ioneer, "Ioneer Permitting Violation," press release, January 19, 2023,company-announcements.afr.com/asx/inr/5c3e46e2-9776-11ed-b701 -befebebb5124.pdf.

29. Max Matza, "Los Angeles Sees First Blizzard Warnings Since 1989," BBCNews, February 24, 2023, www.bbc.com/news/world-us-canada-64753583.

30. Claire Bushey, "Ford to License Electric Vehicle Battery Tech from China's CATL," Financial Times, February 13, 2023, www.ft.com/content/08f08895-0ea0-40da-af31-2d29e2ae62e9.

31. Author's interview with James Calaway, February 24, 2023.

國家圖書館出版品預行編目(CIP)資料

鋰戰：全球儲能競賽的未來真相／厄尼斯特‧謝德（Ernest Scheyder）著；陳儀譯. -- 新北市：感電出版／遠足文化事業股份有限公司發行，2024.12
　　408 面；16×23 公分

譯自：The war below: lithium, copper, and the global battle to power our lives.

ISBN 978-626-7523-13-1（平裝）

1.CST：能源經濟　2.CST：能源開發　3.CST：能源政策
4.CST：國際政治

554.68　　　　　　　　　　　　　　　113014576

鋰戰
全球儲能競賽的未來真相
The War Below: Lithium, Copper, and the Global Battle to Power Our Lives

作者：厄尼斯特．謝德（Ernest Scheyder）｜譯者：陳儀｜封面設計：白日設計｜內文排版：顏麟驊｜主編：賀鈺婷｜副總編輯：鍾顏聿｜出版：感電出版｜發行：遠足文化事業股份有限公司（讀書共和國出版集團）｜地址：23141 新北市新店區民權路108-2號9樓｜電話：02-2218-1417｜傳真：02-8667-1851｜客服專線：0800-221-029｜信箱：info@sparkpresstw.com｜法律顧問：蘇文生律師（華洋法律事務所）｜ISBN：978-626-7523-13-1（平裝本）、9786267523179（PDF）、9786267523162(ePub)｜出版日期：2024年12月｜定價：650元

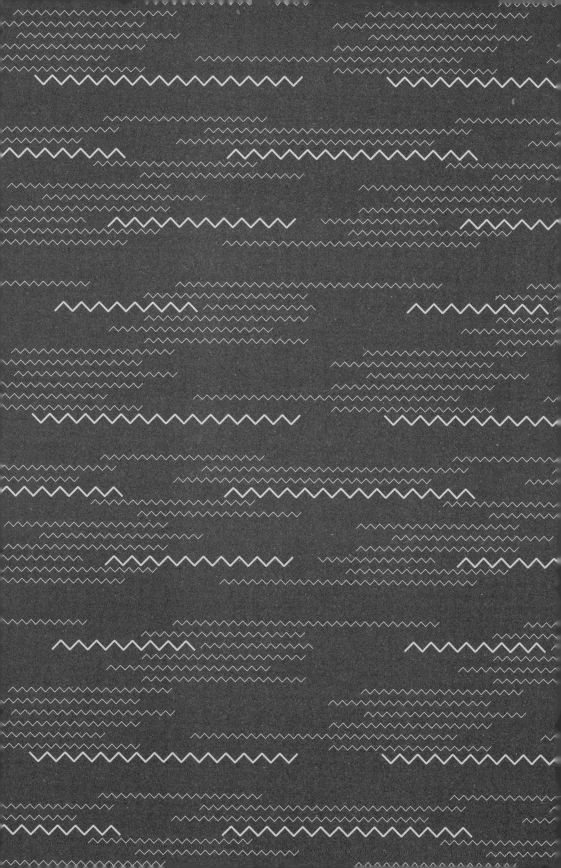

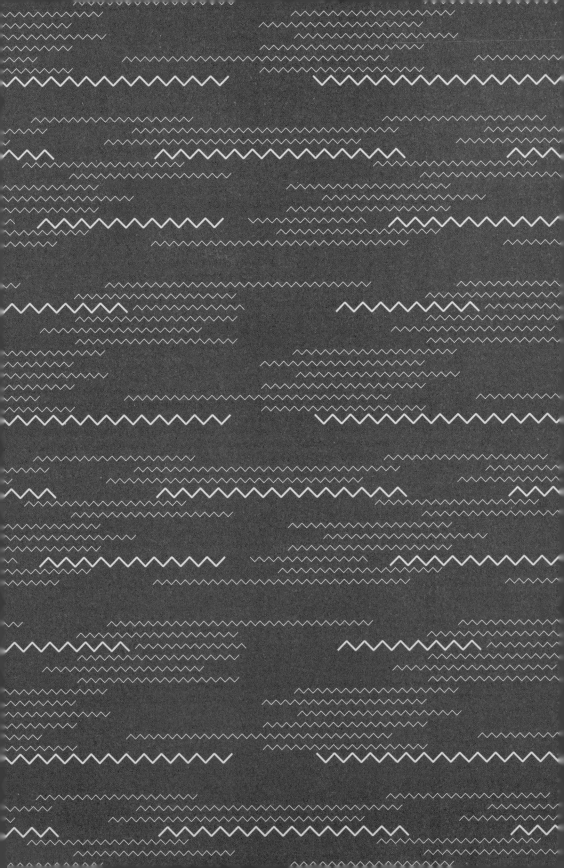

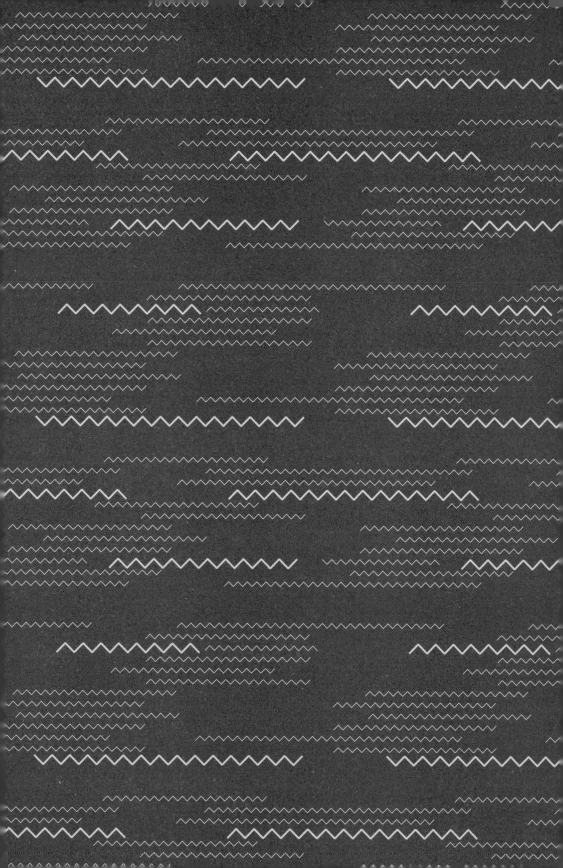